■ 高等职业技术院校公路类专业教材 ■

土质与筑路材料

主编 王 玮
主审 吴跟上

中国劳动社会保障出版社

简介

本书根据高等职业技术院校教学实际，由人力资源和社会保障部教材办公室组织编写。主要内容包括土质、集料、水泥及水泥混凝土、无机结合料稳定材料、沥青及沥青混合料、其他筑路材料，旨在培养学生熟悉公路施工常用材料的基本性质和常用指标，掌握其检验方法和工程应用，以便为后续课程打下基础。

本书由王玮主编，刘伟、王智博、周卫红、张艳华、王智玉、王丹参加编写，吴跟上主审。编写分工如下：绪论、模块三由王玮编写，模块一由刘伟编写，模块二由王智博编写，模块四由周卫红编写，模块五由张艳华编写，模块六任务一由王智玉编写，模块六任务二、任务三由王丹编写。

图书在版编目（CIP）数据

土质与筑路材料/王玮主编. —北京：中国劳动社会保障出版社，2012
高等职业技术院校公路类专业教材
ISBN 978-7-5045-9813-4

Ⅰ.①土… Ⅱ.①王… Ⅲ.①道路工程-土质学-高等职业教育-教材②道路工程-建筑材料-高等职业教育-教材 Ⅳ.①U412.22②U414

中国版本图书馆 CIP 数据核字（2012）第 196011 号

中国劳动社会保障出版社出版发行
（北京市惠新东街 1 号　邮政编码：100029）
出 版 人：张梦欣

*

北京谊兴印刷有限公司印刷装订　新华书店经销
787 毫米×1092 毫米　16 开本　22 印张　492 千字
2012 年 8 月第 1 版　2025 年 6 月第 5 次印刷
定价：41.00 元

营销中心电话：400-606-6496
出版社网址：http://www.class.com.cn
http://jg.class.com.cn

前言

随着我国公路交通的高速发展，公路施工、养护、工程测量等岗位从业人员的数量日益增多，对其具备的知识和能力的要求也在不断提高。为了更好地满足各类职业院校对公路类专业高技能人才的培养需求，全面提升教学质量，人力资源和社会保障部教材办公室组织全国有关院校的教学专家、行业企业专家，在充分调研学校教学情况和企业生产实际的基础上，精心编写了高等职业技术院校公路类专业教材，包括公路类专业基础平台课教材《公路概论》《公路工程识图》《公路 CAD》《工程力学基础》《土质与筑路材料》，以及公路类专业课教材《路基路面施工技术》《桥涵工程施工技术》《公路养护技术》《公路工程测量》《公路勘测及简单设计》《公路工程现场测试技术》《公路工程施工组织与概预算》《公路施工养护机械》《公路施工安全》。

在教材的编写过程中，力求做到以下几点：

1. 采用模块化设计，合理构建专业教材体系

针对公路类专业培养目标和企业对岗位能力的不同需求，本套教材分为公路施工养护模块、公路工程测量模块、公路试验检验模块、公路施工组织与管理模块等。教师可以在专业基础平台上组合不同的能力模块实施教学，以达到公路（桥梁）施工、养护、工程测量等专业方向的能力培养要求。

2. 以国家职业标准为依据，以能力培养为目标组织教材内容

教材编写以筑路养护工、工程测量工、桥梁工、隧道工等职业的国家职业标准为依据，注重企业对公路施工、养护、工程测量等岗位从业人员的能力要求，坚持实用、够用的原则，合理组织教材内容，有效解决了公路类教材存在的理论性过强的问题。

3. 贯彻先进的教学理念，根据教学内容的不同精心选择编写模式

本次教材编写贯彻了职业教育的先进教学理念，对于理实一体化和工程实践操作性较强的课程，采用了任务驱动的编写模式；对于理论性较强的课程，采用了理论与工程实践相结合的编写模式。在教材的表现形式上，尽量采用以图代文、以表代文的表达方式，增强教材的可读性，激发学生的学习兴趣，引导学生自主学习。

为方便教学，与《公路概论》《公路工程识图》《工程力学基础》《土质与筑路材料》《公路工程测量》《公路工程施工组织与概预算》相配套，开发了习题册；与《公路概论》《公路工程识图》《公路CAD》《工程力学基础》《土质与筑路材料》《路基路面施工技术》《桥涵工程施工技术》《公路工程测量》《公路工程现场测试技术》相配套，开发了多媒体教学课件，可进入中国人力资源和社会保障出版集团网站（http://www.class.com.cn）免费下载。

在本套教材的编写过程中，得到了有关省市教育部门、人力资源和社会保障部门以及一批高等职业技术院校的大力支持，教材的主编、主审等有关人员做了大量的工作，在此表示衷心的感谢！同时，恳切希望广大读者对教材提出宝贵的意见和建议，以便修订时加以完善。

人力资源和社会保障部教材办公室

2012年6月

目录

绪　论

1. 了解本课程的性质和意义。
2. 熟悉本课程的主要内容，熟悉公路施工常用材料的种类、相关技术指标和试验方法。

一、本课程的性质和意义

1. 本课程的性质

土质与筑路材料课是职业院校公路类专业的一门核心专业基础课，主要培养学生对公路施工常用材料的种类、技术指标、试验方法有较为明晰的认识，同时培养学生运用标准、规程的能力以及实践动手能力。

2. 学习本课程的意义

土质与筑路材料是构成道路与桥梁工程结构物的物质条件，通过本课程的学习，除了为其他专业课程的学习奠定基础外，还有以下意义：

（1）加强公路材料质量检测有利于提高工程质量

道路与桥梁工程结构物裸露于大自然中，承受瞬时、反复的汽车动荷载作用，同时还要经受自然灾害（滑坡、泥石流、洪灾、地震等）等因素的破坏，加之交通量的迅猛增长及车辆超载等因素的影响，公路材料的性能发生变化，使道路桥梁出现了大量的病害甚至损坏，从而影响公路的正常使用，对国家财产及人民生命安全造成威胁。公路路面常见病害如车辙、龟裂、坑槽、断板等（见图 0—1）对车辆行驶造成了重大影响。因此，熟练掌握公路材料的性能，对公路进行定期的质量检测，有利于提高工程质量，保障公路安全。

（2）正确选用公路材料有利于降低工程造价

公路是线性构造物，里程长，体积大，要消耗大量道路材料。据统计，在道路与桥梁结构物的修筑费用中，用于材料的费用约占 30% ~50%，某些重要工程甚至可达 60% ~70%。表 0—1 为某公路建筑安装工程费计算表，从表中可以看出，在所有结构中，第 19 项“里程碑、百米桩、公路界碑”材料占总费用比重为 47%，第 20 项“各类标志牌”材料费占总费用比重为78.6%，第11～13项三层路面结构层分别为63%，64%和66%。同时，公路材料中大部分材料来源于自然界，如沥青、碎石等，均属不可再生资源，大量开采对环境及社会可持续发展都会产生极其严重的影响。所以，合理地选择和使用材料，对节约工程投资、降低工程造价及环境保护起着十分重要的作用。同时，注重公路材料特别是路面材料的再生及循环利用，以减轻工程建设对资源的依赖，减轻工程废弃料对环境的污染，建设节约型、环保型公路工程。

图0—1　道路路面常见病害

（3）有利于促进新材料在公路工程建设中的推广应用

随着经济的飞速发展、科学技术的不断进步，出现了许多新的道路材料，如沥青路面施工采用的土工格栅，用玻璃纤维（见图0—2）制成，能有效提高路面的抗裂能力、平整度和路面使用寿命，使路面的养护费用大大降低。

图0—2　工人铺设玻璃纤维格栅

表 0—1　　××公路改建工程建筑安装工程费计算

序号	工程名称	单位	工程量	直接费（元）						间接费（元）	利润（元）费率 7.0%	税金（元）综合税率 3.41%	建筑安装工程费	
				直接工程费				其他工程费	合计				合计（元）	单价（元）
				人工费	材料费	机械使用费	合计							
1	2	3	4	5	6	7	8	9	10	11	12	13	14	15
1	临时电力线路	km	1.000	2 151	23 780		25 931	1 478	27 408	2 015	2 007	1 072	32 503	32 502.50
2	清除表土	m^3	3 016.000	596		20 431	21 027	812	21 838	731	1 565	823	24 958	8.28
3	耕地填前压实	m^2	6 917.000	850		899	1 749	86	1 834	361	133	79	2 407	0.35
4	挖除水泥混凝土路面	m^2	1 610.000	283		5 794	6 077	283	6 360	279	458	242	7 339	4.56
5	挖路基土方	m^3	10 476.000	2 400		20 149	22 549	1 103	23 652	1 652	1 712	921	27 938	2.67
6	利用土方运输	m^3	7 035.000			42 597	42 597	1 482	44 079	883	3 147	1 641	49 750	7.07
7	利用土方填筑	m^3	10 476.000	1 379		37 825	39 204	1 917	41 121	1 895	2 977	1 568	47 562	4.54
8	借土方填筑	m^3	2 759.000	363		9 962	10 325	505	10 830	499	784	413	12 526	4.54
9	石灰土	m^3	158.000	599	2 616	423	3 638	171	3 808	339	276	151	4 574	28.95
10	边沟盖板涵	m	70.000	9 757	34 258	2 728	46 743	2 683	49 426	5 526	3 608	1 997	60 556	865.09
11	厚 18 cm 石灰稳定类底基层	m^2	18 230.000	18 163	197 088	40 226	255 477	11 822	267 298	15 424	19 346	10 301	312 369	17.13
12	厚 18 cm 水泥稳定类基层	m^2	17 510.000	6 763	307 446	87 269	401 478	17 412	418 890	15 678	30 254	15 850	480 672	27.45
13	厚 24 cm 水泥混凝土面层	m^2	16 430.000	42 944	889 918	186 036	1 118 898	56 099	1 174 997	38 761	83 911	44 251	1 341 919	81.67
14	3 - φ0.75 m 圆管涵	m/道	42.000	11 157	22 992	995	35 144	2 085	37 228	5 533	2 720	1 551	47 032	1 119.81
15	1.0×1.0 m 钢筋混凝土盖板涵	m/道	12.500	7 351	27 109	1 606	36 065	2 016	38 081	4 095	2 772	1 533	46 481	3 718.47
16	公路与公路平面交叉	处	6.000	15 355	303 704	78 256	397 316	19 001	416 317	15 397	29 844	15 739	477 297	79 549.49
17	圆管涵	m/道	9.000	2 365	5 580	221	8 167	482	8 649	1 207	632	358	10 846	1 205.12
18	公路标线	km	1.941	1 564	30 048	3 371	34 983	2 012	36 996	2 252	2 709	1 431	43 387	22 353.01
19	里程碑、百米桩、公路界碑	块	30.000	244	468	26	738	44	783	121	57	33	994	33.13
20	各类标志牌	块	13.000	7 230	140 585	989	148 804	6 426	155 230	6 532	11 146	5 896	178 804	13 754.19
	各项费用合计		1.941	152 981	2 044 650	539 935	2 737 566	132 653	2 870 219	130 630	206 311	109 364	3 316 524	1 708 667.62

二、本课程的主要内容

1. 公路施工常用材料

公路从词义上讲就是供各种无轨车辆和行人通行的基础设施，一般包括路基、路面、桥梁（见图 0—3）、隧道、涵洞、安全设施等构造物。不同的公路，其所采用的结构物的种类也不尽相同；公路等级不同，各结构物承受的荷载也不同。目前公路工程常见构造物常用建筑材料见表 0—2。

图 0—3　常用公路结构物

1—路基　2—路面　3，4—交通安全设施　5—桥梁

表 0—2　　**公路常见构造物常用建筑材料**

构造物名称	结构名称	材料名称	主要原材料
路基	土方路基	土	土
	路基边坡	浆砌片石	水泥、砂、水、片石
	排水设施	浆砌片石	水泥、砂、水、片石
涵洞	垫层	碎石或砂砾垫层	碎石、砂砾
	基础	片石混凝土	水泥、碎石、砂、水、片石
	台身、洞口	浆砌片石	水泥、砂、水、片石
	盖板	钢筋混凝土	水泥、碎石、砂、水、钢筋
	伸缩缝	沥青浸木板	沥青、木材
路面	底基层	石灰稳定土	石灰、土、水
	基层	水泥稳定碎石	水泥、碎石、砂、水
	沥青混凝土面层	沥青混凝土	沥青、碎石、砂、石屑、矿粉、土工合成材料
	水泥混凝土路面	水泥混凝土	水泥、碎石、砂、水、钢筋

续表

构造物名称	结构名称	材料名称	主要原材料
桥梁	桩柱式墩台	钢筋混凝土	水泥、碎石、砂、水、钢筋
	预应力空心板	预应力混凝土	水泥、碎石、砂、水、钢筋、钢绞线
	锥坡防护	浆石片石	水泥、砂、水、片石
	泄水管	铸铁管或 PVC 管	铁、PVC
安全设施	防撞护栏	立柱 + 波形板	钢材
	标志标牌	混装土或金属	钢材、水泥、碎石、砂、水
	标线	热融或喷涂标线	化工类标线漆

从表 0—2 中可以看出，除土方路基和安全设施在有些情况可以用单一材料（原材料）制作（或施工）外，其他构造物均是由多种材料组成的混合料铺筑而成或由胶结材料与石料（或人造砌块）砌筑而成，部分构造物还要用到加筋材料或其他材料。道路材料涉及单一材料（原材料）以及由它们组成的混合料两个层面，因而原材料质量的优劣，混合料配制是否合理及选用是否适当等，均会直接影响结构物的工程质量。

由上述分析可知，道路结构物是由原材料及由其组成的混合料构成的，道路桥梁工程中常用的原材料包括以下几种，其组成关系如图 0—4 所示。

（1）道路工程常用原材料

1）土。土是地壳表层的物质，是在长期风化、搬运、磨蚀、沉积作用的过程中形成的颗粒大小不等、未经胶结的一切松散物质。

土既可作为路基材料，又可作为无机结合料稳定类基层的主要材料。

2）工业废渣。工业废渣是用做筑路材料的铁渣、钢渣和炉渣的总称。它主要包括：火力发电厂排放的废渣——粉煤灰，冶金生产过程中由矿石、燃料和助溶剂中易熔硅酸盐化合而成的副产品——冶金矿渣和煤炭工业精选煤后剩余的废渣——煤矸石等。

粉煤灰和冶金矿渣经加工后既可作为水泥原料，又可以直接作为路面基层材料，也可作为水泥混凝土和沥青混合料中的掺合料。

3）无机结合料。道路与桥梁工程中最常用到的无机结合料主要是石灰和水泥。

水泥是水泥混凝土的胶结材料，主要用于修筑水泥混凝土结构物、预应力混凝土结构和水泥混凝土路面等，无机结合料（水泥和石灰）稳定材料广泛用于道路路面基层结构，水泥（或水泥、石灰）砂浆是各种桥梁圬工结构物砌筑的重要结合料。

4）矿质材料。矿质材料是指经人工开采的岩石或轧制得到的颗粒状碎石，以及地壳表层岩石经天然风化呈松散颗粒状的材料。

这类材料是道路与桥梁工程结构中使用量最大的一种材料。其中尺寸较大的块状石料经加工后，可以直接用于砌筑道路、桥梁工程结构及附属构造物；性能稳定的轧制碎石等可制成沥青混合料或水泥混凝土，也可用于生产无机结合料稳定材料。

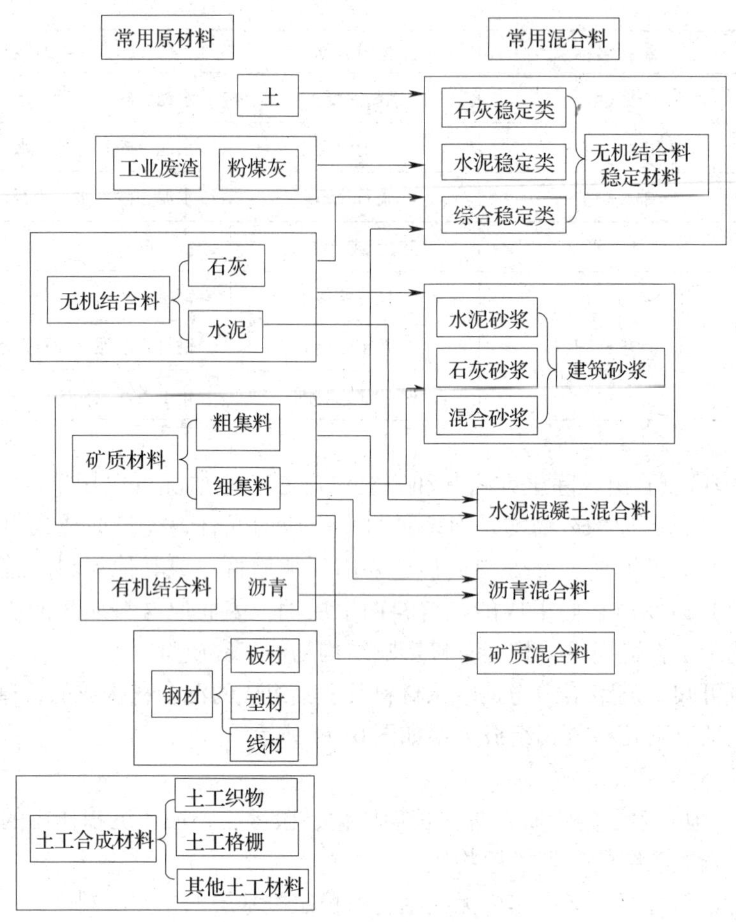

图 0—4　公路工程常用原材料及混合料关系

5）有机结合料。有机结合料主要是指沥青类材料，如石油沥青、煤沥青等。这类材料与不同颗粒粒径（大小）的碎石、石屑、砂等组成沥青混合料，可以修筑成各种类型的沥青路面。沥青混合料是现代路面建筑中极为重要的一种材料。

6）钢材。钢材有型材、板材和线材之分，型材和板材是桥梁钢结构的重要材料，线材是钢筋混凝土和预应力钢筋混凝土结构的重要材料。

7）土工合成材料。土工合成材料是土木工程应用的合成材料的总称。作为一种土木工程材料，它是以人工合成的聚合物（如塑料、化纤、合成橡胶等）为原料，制成各种类型的产品，置于土体内部、表面或各种土体之间，发挥加强或保护土体的作用。聚合物是指由一种或几种低分子化合物（单体）聚合而成的高分子有机物质。随着我国化学工业和高等级公路的发展，越来越多的高分子聚合物用于道路和桥梁工程中。工程高分子聚合物在道路和桥梁工程中主要用来改善沥青混合料或水泥混凝土的性能、路基或路面的结构性能等。

（2）道路工程常用混合料

1）矿质混合料。由各种大小不同粒级集料组成的混合料，当其级配符合技术规范的规定时，称为级配型集料。级配型集料包括级配碎石、级配碎砾石（碎石和砂砾的混合料，也常将砾石中的超尺寸颗粒砸碎后与砂砾一起组成碎砾石）和级配砾石（或称级配砂砾）。

级配型集料可以用做沥青路面和水泥混凝土路面的基层和底基层，也可用做路基改善层。在排水良好的前提下，级配型集料可在不同气候区用于不同交通等级的道路上。在潮湿多雨地区使用级配型集料特别有利。

2）无机结合料稳定材料混合料。在集料或粉碎的（或原来松散的）土中掺入一定量的无机结合料（包括水泥、石灰或粉煤灰等）和水，拌和得到的混合料经压实与养生后，其抗压强度符合规定的要求时，称为无机结合料稳定类材料。

水泥稳定集料类材料适用于各级公路的基层和底基层。水泥土用于二级、四级公路的基层或二级及二级以上公路的底基层。

石灰粉煤灰稳定集料类材料适用于各级公路的基层和底基层。二灰土用于三级、四级公路的基层或二级及二级以上公路的底基层。

3）水泥混凝土。由水泥、集料、水和外加剂按一定比例拌和而成的混合料，称为水泥混凝土混合料或新拌混凝土；水泥混凝土混合料经浇注、振捣、硬化后形成的强度符合要求的固体材料，称为水泥混凝土。

道路工程中的水泥混凝土路面及大部分桥梁、涵洞、构件等均是由水泥混凝土构成的。

4）沥青混合料。它是由矿料与沥青结合料拌和而成的混合料的总称，其中矿料起骨架作用，沥青与填料起胶结和填充作用。

沥青混合料经摊铺、压实成型后成为沥青路面。

5）建筑砂浆。建筑砂浆和水泥混凝土的区别在于不含粗骨料，它是由胶凝材料、细骨料和水按一定的比例配制而成，有时也掺入某些掺合料。

建筑砂浆常用于砌筑砌体（如砖、石、砌块）结构，建筑物内外表面（如墙面、地面、顶棚）的抹面，大型墙板、砖石墙的勾缝，以及装饰材料的黏结等。

2. 公路材料的相关技术指标

道路与桥梁建筑物，不仅要受到车辆荷载复杂力系的作用，而且受到各种复杂的自然因素的恶劣影响。用于道路与桥梁建筑的材料，既要具备一定的力学性能，又要保证在各种自然因素影响下，综合力学性能不会明显下降。

道路建筑材料应具有的技术性能，通过适当的测试手段来检测。检验测定道路与桥梁用材料在实际结构物中的性质，通常采用试验室内原材料性能测定、试验室内模拟结构物检验测定，以及现场修筑试验性足尺寸结构物检验测定等方法。本课程着重于试验室内原材料性能和混合材料性能检验测定。为了保证道路与桥梁用建筑材料的综合力学性能和稳定性，要求对建筑材料的下列性能（性质）进行评价：

（1）物理性质指标

材料的物理性质用物理指标表示，有密度、含水率、细度、级配、吸水率等。物理常数是材料内部组成结构的反映，与力学性质之间有一定的相关性。

材料在使用过程中，其力学强度随温度和湿度等环境因素影响而改变。一般情况下，材料的强度随温度的升高或含水率的增加而降低。通常用材料的温度稳定性、水稳定性来表示其强度变化的程度。

材料的物理常数采用物理试验的方法测定。测定公路材料的物理常数，除了为混合料组成设计提供原始资料外，通过物理常数测定可以间接推断材料的力学性能。

(2) 力学性能指标

力学性能是材料抵抗车辆荷载复杂力系综合作用的性能。其性能指标不仅有抗压强度、抗拉强度、抗剪强度等能用试验机直接测试的静态指标，还有能反映材料在综合因素作用下抗冲击、抗磨耗、抗车辙等通过间接试验法评定的力学性能指标。

随着科学技术的发展，建筑材料的力学性质试验方法不断完善，对道路建筑材料在不同温度与不同荷载作用时间条件下动态的弹—黏—塑性性能试验已成为可能。可以相信，随着科学技术的发展，反映材料力学性能的指标和试验方法会越来越多，越来越接近工程实际的需要。

(3) 化学性质指标

化学性质主要是指材料抵抗周围各种环境因素对其化学作用的性能。道路与桥梁建筑材料除了受到周围介质（如桥墩在工业污水中）侵蚀外，还受到大气因素（如气温的交替变化、日光中紫外线、空气中的氧等）的综合作用，引起材料力学性质的衰变。材料自身的化学成分将影响材料及混合材料的性质，也影响结构物的使用性能。

对于材料化学性质的试验，通常只作材料简单化合物（如 CaO、MgO）含量或有害物质含量的分析。也可作某些材料（如沥青）的“组分”分析，初步了解材料的组成与性能的关系。随着近代测试技术的发展，核磁共振波谱、红外光谱、X-射线衍射和扫描电子显微镜等在沥青材料分析中得到应用，促进了对沥青化学结构与路用性能的相依性的研究，有可能从化学结构上来设计要求沥青材料的性能。

(4) 工艺性质指标

工艺性质是指材料适合于一定工艺加工要求的性能。不同的材料其工艺性要求也不同，例如水泥混凝土在成型之前需要一定的流动性，以便浇注制成一定形状的构件。

现代工艺试验主要是将一些经验的指标与工艺要求联系起来，尚缺乏科学理论的分析。随着流变力学、断裂力学等的发展，许多材料工艺性质的试验按照流变—断裂学理论来进行分析，并提出了不同的试验方法。例如，沥青混合料的摊铺性质采用流动性系数等指标来控制。

3. 公路材料的试验方法

检验的技术指标不同，所采用的试验方法也不同。从试验性质上讲，主要有物理试验方法和化学试验方法；从技术指标反映技术性能直观性上讲，有直接试验方法和间接试验方法。

直接试验方法直接对试样或试件进行质量、长度等方面的测量，从而得到能直接反映试件或试样性能的量。如通过测定土的质量和体积可能求得土的密度；通过对钢筋拉伸，测出拉断力，再计算出断面直径即可求得钢筋的抗拉强度等。

间接试验方法往往用于影响因素多或无法直接测量的指标。它以标准物质在标准条件下试验的数值作为标准，通过对非标准物质（试样）在标准条件下试验后的数值与标准值进行比较，来评价该物质的性能；或者根据工程实践和科学研究，以经验数值作为评价指标。例如，为测定土方路基施工的密度，工程上用现场土体的干密度与标准击实试验测得的最大干密度的比值来表示；沥青的黏度不用黏度计而用沥青的针入度来表示等。

不管采用什么试验方法，试验一般都包括试验准备、试验操作、数据处理与试验报告等几个阶段。

（1）试验准备

试验准备包括样品准备、环境准备和仪器准备三个方面的内容。试验准备是正确进行检验活动的前提。

1）样品准备。样品是能够代表商品品质并用于产品质量检测的少量实物。样品准备包括取样（抽样）、样品制备、试件制备等方面，检测材料不同，所涉及的准备内容也不同。

常用的抽样方式有简单随机抽样、系统随机抽样、整群随机抽样、多阶段随机抽样、分层随机抽样等。

样本制备是将样本转化为试样的一组必要操作。经取样获得的样本一般要经过样本干燥、样本破碎、样本缩分等环节，才能形成试样。

试件制备是按规定将样本制作成具有一定形状试样的一组操作。不同的指标往往采用不同的试件形状，既有立方体，也有圆柱体等形状。

例如，《JTG E42—2005 公路工程集料试验规程》中“T 0327—2005 细集料筛分试验”中关于样本制备的描述为：

根据样品中最大粒径的大小，选用适宜的标准筛，通常为 9.5 mm 筛（水泥混凝土用天然砂）或 4.75 mm 筛（沥青路面及基层用天然砂、石屑、机制砂等），筛除其中的超粒径材料后将样品在潮湿状态下充分拌匀，用分料器法或四分法缩分至每份不少于 550 g 的试样两份，在 105℃ ±5℃的烘箱中烘干至恒重，冷却至室温后备用。

2）环境准备。筑路材料试验对试验环境有着极高的要求，特别是温度、湿度及周围的振动对试验结果都会产生极大的影响，在试验前，必须使试验环境满足该试验项目的要求。

例如，《JTG E30—2005 公路工程水泥及水泥混凝土试验规程》中“T 0505—2005 水泥标准稠度用水量、凝结时间、安定性检验方法”对试验环境有以下规定：

4　温度与相对湿度

4.1　实验室的温度为 20℃ ±2℃，相对湿度大于 50%。

4.2　水泥试样、拌合水、仪器和用具的温度应与实验室内室温一致。

3）仪器准备。仪器设备为测量过程所必需的测量仪器、软件、测量标准、标准物质或辅助设备或它们的组合，不同于普通意义上的仪器设备。包括：容器、量具、天平、试剂、专用仪器、试验规程等。

试验仪器设备是正常进行试验检测的物质保证，规格、参数均应满足试验要求，同时设备运转情况应良好，以避免对试验结果产生影响。仪器准备就是根据试验要求准备所需仪器及物品，并保证这些仪器和物品的规格（如行程、量程、精度、转速等）符合要求，所有仪器设备运转正常。

例如，《JTG E30—2005 公路工程水泥及水泥混凝土试验规程》中“T 0505—2005 水泥标准稠度用水量、凝结时间、安定性检验方法”对仪器有以下规定：

2　仪器设备

(1) 水泥净浆搅拌机：符合 JC/T 729 的要求。

……

(6) 量水器：分度值为 0.1 mL，精度为 1%。

(7) 天平：量程 1 000 g，感量 1 g。

(2) 试验操作

试验操作是试验检测工作的主要组成部分，是一项技术性强、操作规范的技术活动。它是试验检测人员个人能力的具体体现，也是检测机构检测能力的具体体现。

例如，《JTG E30—2005 公路工程水泥及水泥混凝土试验规程》中“T 0505—2005 水泥标准稠度用水量、凝结时间、安定性检验方法”对水泥净浆的拌制有以下规定：

5.2　水泥净浆拌制

用水泥净浆搅拌机搅拌。搅拌锅和搅拌叶片先用湿布擦过，将拌和水倒入锅中，然后 5～10 s 内小心将称好的 500 g 水泥加入水中，防止水和水泥溅出；拌和时，先将锅放在搅拌机的锅座上，升至搅拌位置，启动搅拌机，低速转动 120 s，停 15 s，同时将叶片和锅壁上的水泥浆刮入锅中间，接着高速搅拌 120 s 停机。

(3) 数据处理与报告

在试验检验过程中会产生大量原始数据，这些数据要根据精度要求进行一定的修约，并根据一定的计算方法进行数据计算与取舍，最后根据规范的技术要求出具检验报告。

例如，《JTG E30—2005 公路工程水泥及水泥混凝土试验规程》中“T 0553—2005 水泥混凝土立方体抗压强度试验方法”对试验数据处理有以下规定：

5.2　以 3 个试件测值的算术平均值为测定值，计算精确至 0.1 MPa。3 个测值中的最大值或最小值中如有一个与中间值之差超过中间值 15%，则取中间值为测定值。如最大值和最小值与中间值之差均超过中间值 15%，则该组试验结果无效。

三、与筑路材料相关的行业标准和国家标准

为了保证建筑材料的质量，我国对各种建筑材料制定了专门的技术标准。目前，我国建筑材料的标准分为国家标准、行业标准、地方标准和企业标准四个等级。

对需要在全国范围内统一的技术要求，制定“国家标准”。国家标准由国务院标准化行政主管部门制定、发布。我国的国家标准由代号、编号、制定或修订年份、标准名称等四部分组成。“GB”为强制性国家标准的代号，推荐性国家标准在 GB 后加“T”，如图 0—5 所示。

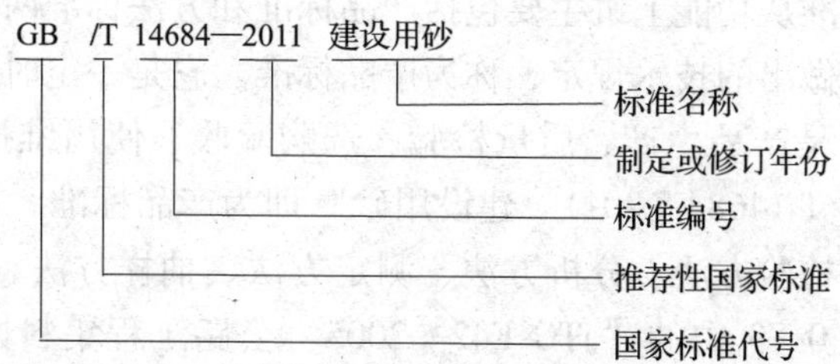

图 0—5 国家标准编号规则

对没有国家标准而又需要在全国某行业范围内统一的技术要求，制定行业标准。行业标准由国务院有关行政主管部门制定、发布，并报国务院标准化行政主管部门备案。行业标准由行业标准代号、一级类目代号、二级类目代号、二级类目序号、制定或修订年份、标准名称等部分组成。如图 0—6 所示。

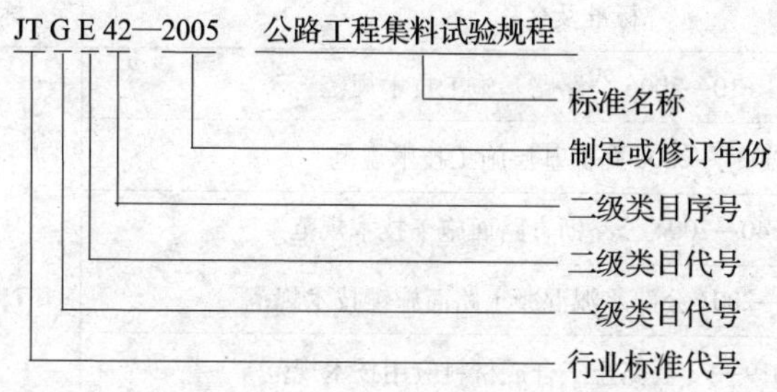

图 0—6 行业标准编号规则

对没有国家标准和行业标准又需要在省、自治区、直辖市范围内统一的技术要求，可以制定地方标准。企业生产的产品没有国家标准、行业标准和地方标准的，应当制定企业标准，作为组织生产的依据。

与筑路材料有关的国家标准和行业标准代号见表 0—3。

表 0—3 **国家标准和行业标准代号**

标准类别	代号（汉语拼音）	示例
国家标准	国标 GB（Guo Biao）	GB/T 14684—2011 建设用砂
交通行业标准	交通 JT（Jiao Tong）	JTG E42—2005 公路工程集料试验规程
建筑工程行业标准	建工 JG（Jian Gong）	JGJ/T 98—2010 砌筑砂浆配合比设计规程
建材行业标准	建材 JC（Jian Cai）	JC 475—2004 混凝土防冻剂
石油化工行业标准	石化 SH（Shi Hua）	NB/SH/T 0522—2010 道路石油沥青
能源行业标准	能标 NB（Neng Biao）	
黑色冶金行业标准	冶标 YB（Ye Biao）	YB/T 4252—2011 耐热混凝土应用技术规程

筑路材料的技术标准从功能上讲主要包括产品标准和方法标准两大类。对产品结构、规格、质量和检验方法所做出的技术规定，称为产品标准。它是一定时期和一定范围内具有约束力的产品技术准则，是产品生产、质量检验、选购验收、使用维护和洽谈贸易的技术依据。表0—3中的“GB/T 14684—2011　建设用砂”即为产品标准。方法标准指的是通用性的方法，如试验方法、检验方法、分析方法、测定方法、抽样方法、工艺方法、生产方法、操作方法等项标准。表0—3中的“JTG E42—2005　公路工程集料试验规程”即为方法标准。

交通运输部作为全国交通基本建设的主管部门，为交通设施建设制订了一系列行业技术标准。产品标准主要以施工技术规范来体现，方法标准则以试验规程来体现，直接采用国家标准和其他行业标准的则以汇编形式体现，见表0—4。

表0—4　　与材料相关的主要行业标准及国家标准一览

<table>
<tr><th>序号</th><th>标准及名称</th><th>标准功能</th><th>备注</th></tr>
<tr><td>1</td><td>JTG F10—2006 公路路基施工技术规范</td><td rowspan="7">产品标准</td><td></td></tr>
<tr><td>2</td><td>JTJ034—2000 路面基层施工技术规范</td><td></td></tr>
<tr><td>3</td><td>JTG F40—2004 公路沥青路面施工技术规范</td><td></td></tr>
<tr><td>4</td><td>JTG F30—2003 公路水泥混凝土路面施工技术规范</td><td></td></tr>
<tr><td>5</td><td>JTJ/T 019—98 公路土工合成材料应用技术规范</td><td>推荐性标准</td></tr>
<tr><td>6</td><td>JTG/T F50—2011 公路桥涵施工技术规范</td><td></td></tr>
<tr><td>7</td><td>公路工程常用金属材料与钢结构标准汇编</td><td></td></tr>
<tr><td>8</td><td>JTG E40—2007 公路土工试验规程</td><td rowspan="8">方法标准</td><td></td></tr>
<tr><td>9</td><td>JTG E41—2005 公路工程岩石试验规程</td><td></td></tr>
<tr><td>10</td><td>JTG E42—2005 公路工程集料试验规程</td><td></td></tr>
<tr><td>11</td><td>JTG E30—2005 公路工程水泥及水泥混凝土试验规程</td><td></td></tr>
<tr><td>12</td><td>JTG E20—2011 公路工程沥青及沥青混合料试验规程</td><td></td></tr>
<tr><td>13</td><td>公路工程金属试验规程汇编</td><td></td></tr>
<tr><td>14</td><td>JTG E50—2006 公路土工合成材料试验规程</td><td></td></tr>
<tr><td>15</td><td>JTG E51—2009 公路工程无机结合料稳定材料试验规程</td><td></td></tr>
</table>

四、本课程的学习方法

土质与筑路材料是一门理论性和技能性均较高的核心专业基础课程。

理论上，它与物理、化学、材料力学、工程地质等课程都有着密切的联系，同时对概率与数理统计知识也有一定的要求。

技能上，它要求严谨科学的态度、持之以恒的韧性，不怕脏、不怕累、能吃苦耐劳，同时还要有高度的安全生产意识。

本课程的教学应尽量采用理实一体化教学，保证有完整、功能齐全的教学及实训操作环境，实现“教、学、练”一体化。

模块一

土　　质

任务一　评价土的物理性质

- 了解土的三相组成。
- 掌握土的含水率的概念及测定方法。
- 掌握土的密度的概念及测定方法。

土是最为常见的一种筑路材料，它广泛存在于地壳的表面。在公路工程中，路基常用土作为填筑材料。土可以是松散的，也可以形成坚实的土体，甚至变成稀软状态，是什么因素影响土的状态的变化呢？我们又该用什么指标和方法进行判断呢？

某高速公路建设中需要从取土场取土进行路基填筑，按施工规范要求，对土样的天然含水率和干密度进行确定。

相关理论

土是由地壳岩石经风化、剥蚀、搬运、沉积，形成由固态矿物、液态水和气体组成的一种集合体。在自然界中，土的物理风化和化学风化时刻都在进行，由于土的形成过程和自然环境的不同，其成分、结构和性质千变万化，工程性质也千差万别。

一、土的三相组成

土体是由固体土粒、液体水和气体三部分组成。土中的固体矿物颗粒构成土的主体部分，它是土的“骨架”，也称为“土粒”。骨架之间贯穿着大量孔隙，孔隙中充填着液体水和气体。随着环境的变化，土的三相比例也发生相应的变化，土体三相比例不同，土的状态和工程性质也随之各异，见表1—1—1。

表1—1—1　三相因素与土的状态关系

三相因素	名称	状态
固相＋气相	干土	黏质土呈干硬状态，砂类土呈松散状态
固相＋液相＋气相	湿土	黏质土多为可塑状态，砂类土具有一定的黏接性
固相＋液相	饱和土	黏质土多为流塑状态，砂类土仍呈松散状态，但遇强烈地震时可能产生液化，使工程结构物遭到破坏

由此可见，分析土的各项工程性质，首先需从组成土的三相（固相、液相、气相）开始分析。为了便于分析和计算，土体中的三相（各自的质量、体积）与总质量、总体积可表示为图1—1—1。

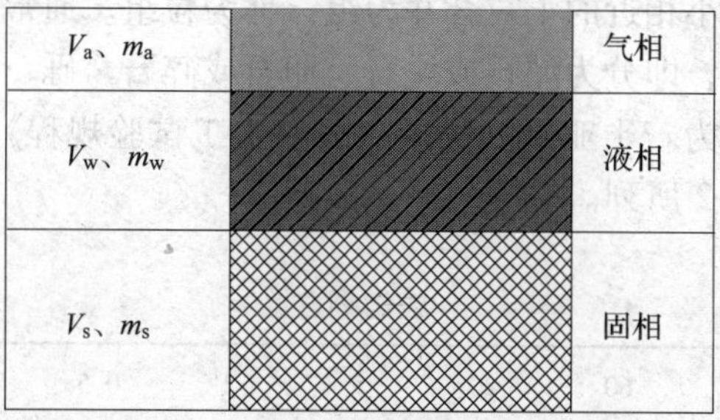

图1—1—1　土的三相组成示意

m，V——土体的总质量（g）和总体积（cm^3）；

m_s，V_s——土体中固体颗粒所占的质量（g）和体积（cm^3）；

m_w，V_w——土体中水分所占的质量（g）和体积（cm^3）；

m_a，V_a——土体中气体所占的质量（g）和体积（cm^3），气体的质量很小可忽略不计，即 $m_a=0$；

V_n——土体中孔隙的体积（cm^3），$V_n = V_a + V_w$。

土体的基本物理性质指标可以用各相之间的比例关系表示，通常测试的指标包括土的质量、密度、相对密度和含水率等。

二、土中固体颗粒

土的固相是土最主要的组成部分，它由各种矿物成分及有机质组成。土粒的矿物成分不同、粗细不同、形状不同，土的性质也不同。

1. 土的矿物成分和土中的有机质

土的矿物成分取决于成土母岩的成分以及所经受的风化作用，通常可分为原生矿物和次生矿物两大类。

岩石经物理风化作用后破碎形成的矿物颗粒称为原生矿物。原生矿物在风化过程中，其化学成分并没有发生变化，它与母岩的矿物成分是相同的。常见的原生矿物有石英、长石和云母等。

岩石经化学风化作用所形成的矿物颗粒称为次生矿物。次生矿物的矿物成分与母岩不同。常见的次生矿物有高岭石、伊利石（水云母）和蒙脱石（微晶高岭石）等三大黏土矿物。

土中的有机质是在土的形成过程中，动、植物的残骸及其分解物质与土混掺沉积在一起经生物化学作用生成的物质，其成分比较复杂，主要是植物残骸、未完全分解的泥炭和完全分解的腐殖质。当有机质含量超过5%时，称为有机土。有机质亲水性很强，因此有机土压缩性大、强度低。有机土不能作为堤坝工程的填筑土料，否则会影响工程的质量。

2. 土的粒度成分

自然界中的土是由大小不同的颗粒组成，土粒的大小称为粒度。土颗粒大小相差很大，为便于分析，工程上把大小相近的土粒合并为组，称为粒组。通常把自然界的土颗粒按照颗粒大小划分为不同的粒组，即分为漂石或块石、卵石或碎石、砾、砂粒、粉粒和黏粒六大粒组，各粒组内还可以细分为若干亚组。我国《公路土工试验规程》（JTG E40—2007）中的粒组划分类型见表1—1—2所列。

表1—1—2　　粒组划分　　mm

200	60	20	5	2	0.5	0.25	0.075	0.002	
巨粒组		粗粒组						细粒组	
石头（块石）	卵石（小石块）	砾（角砾）			砂			粉粒	黏粒
		粗	中	细	粗	中	细		

在土质学中，对于细粒土，也常以比表面积来表示土的粗细程度。比表面积可以用两种方法表示：其一是单位重量的土体中土颗粒的总表面积，其二是单位体积的土体中土颗粒的

总表面积。比表面积越大表明土中颗粒越细。

“黏”与“粘”的区别

当我们阅读规范、规程或有些教材时，经常发现“粘土”与“黏土”混淆使用的情况，那么“粘”与“黏”这两个字的区别究竟在哪里呢？

“黏”字是1988年3月25日国家语委与国家新闻出版总署联合颁布的《现代汉语常用字表》的“说明”中确定恢复使用的15个曾被废止使用的汉字之一。“黏”读音为 nián，意思是像胶水或糨糊那样能使一物体附着于另一物体的性质，其用法如常用词语“黏虫”“黏度”“黏稠”“黏膜”“黏液”“黏米”“黏土”“黏着力”“黏糊糊”等，一般情况下为形容词。

“粘”字除作为姓氏字时仍保留“年”音外，日常用法只能读“沾”音。其意义为：①带黏性的物质互相连接或附着于他物上，如“糖块粘在一起了”“吃糖瓜很粘牙”“和黏面很粘手”；②用胶水或糨糊等将此物胶合在彼物上，如“粘信封”“粘贴标语”“他嘴上粘上白胡子真像老头”等。从词性上看，它只有动词用法。

三、土中的水

土颗粒孔隙中的水以不同的形式和不同的状态存在，它们对土的工程性质起着不同的作用和影响。土中的水按其工程地质性质可分为结构水、自由水、气态水和固态水四种形式。

1. 结构水

土颗粒的表面通常是带负电荷的，在土粒周围产生一个电场，它吸附水溶液中的水化阳离子和一些水分子，吸附力极强。土粒表面吸附的水化阳离子和水分子构成了吸附水层，也称强结合水或吸附水。

结合水使粒间透水的孔隙大为缩小，甚至充满，导致黏性土透水性差。另外，存在的结合水使颗粒互不接触，便具有滑移的可能；同时相邻土粒间的结合水因受颗粒引力的吸附，使粒间具有一定的联结强度，所以黏性土又具有黏性和可塑性。

2. 自由水

自由水离土粒较远，在土粒表面的电场作用下，水分子自由散乱地排列，主要受重力作用的控制。自由水包括下列两种：

（1）毛细水

其存在于地下水位以上的透水层中，毛细水上升高度对建筑物底层的防潮有重要影响。

这种水位于地下水位以上土粒细小孔隙中，是介于结合水与重力水之间的一种过渡型水，受毛细作用而上升。粉土孔隙小，毛细水上升高，在寒冷地区要注意由于毛细水而引起的路基冻胀问题，尤其要注意毛细水源源不断使地下水上升而产生的严重冻胀。

（2）重力水

这种水位于地下水位以下较粗颗粒的孔隙中，只受重力控制，是水分子不受土粒表面吸引力影响的普通液态水。其受重力作用由高处向低处流动，具有浮力的作用。在重力水中能传递静水压力，并具有溶解土中可溶盐的能力。

重力水一般指地下水位以下的透水土层中的地下水，它对土粒有浮力作用。重力水直接影响土的应力状态，应注意建筑物的防渗要求和基坑（槽）开挖时采取降（排）水措施。

3. 气态水

气态水以水汽状态存在于土孔隙中。它能从气压高的空间向气压低的空间移动，并可在土粒表面凝聚转化为其他各种类型的水。气态水的迁移和聚集使土中水和气体的分布状态发生变化，可使土的性质改变。

4. 固态水

固态水是当气温降至0℃以下时，由液态的自由水冻结而成。由于水的密度在4℃时为最大，因此低于0℃的冰，不是冷缩，反而膨胀，使基础发生冻胀。寒冷地区基础的埋置深度要考虑冻胀问题。土质学与土力学中将含有固态水的土列为四相体系的特殊土——冻土。

四、土中气体

土中气体指土的固体矿物之间的孔隙中，没有被水充填的部分。土的含气量与含水率有密切关系。

土中气体可分为自由气体和封闭气泡两类。自由气体与大气相连通，通常在土层受力压缩时即逸出，对土的工程性质影响不大；封闭气泡与大气隔绝，对土的工程性质影响较大，在受外力作用时，随着压力的增大，这种气泡可被压缩或溶解于水中，压力减小时，气泡会恢复原状或重新游离出来。若土中封闭气泡很多时，将使土的压缩性增大，渗透性降低。土质学与土力学中将这种含气体的土称为非饱和土。

五、土的物理性质

1. 土的含水率

土的含水率是指土体孔隙中所含水分的质量与干土颗粒质量的百分比。按公式1—1—1计算：

$$w = \frac{m_w}{m_s} \times 100 \qquad (1—1—1)$$

式中　w——土体的含水率，%。其余符号意义同前。

土体的含水率越大，表明土中的水分也越多。土体的含水率测定方法有烘干法、酒精燃烧法和比重法等，标准的方法为烘干法，各方法的使用范围及原理见表 1—1—3。

表 1—1—3　　含水率检测常用试验方法

方法	适用范围	原理
烘干法	测定黏质土、粉质土、砂类土、砂砾石、有机质土和冻土的含水率	加热烘干
酒精燃烧法	快速简易测定细粒土（含有机质土除外）的含水率	加热烘干
比重法	仅适用于砂类土	已知砂类土比重的情况下利用水测出湿土的比重，两者作差求出水的质量

2. 土体的密度

土体的密度是指土体试样的总质量与其总体积的比值。根据土体孔隙中水分的情况可将土体的密度分为天然密度（ρ）、干密度（ρ_d）、饱和密度（ρ_f）和水下密度（ρ'），与筑路材料相关的密度是天然密度和干密度。

土体试样的体积包括土粒、孔隙中水和气体的体积，土体试样的总体积可由公式 1—1—2 表示：

$$V = V_a + V_w + V_s \tag{1—1—2}$$

土体试样的质量包括土粒、孔隙中水和气体的质量，土体试样的总质量可由公式（1—1—3）表示：

$$m = m_a + m_w + m_s \text{ 或 } m = m_w + m_s \tag{1—1—3}$$

式中符号意义同前。

（1）土体的天然密度

土体的天然密度也称湿密度，是指天然状态下土体试样单位体积的质量。

由图 1—1—1 可知土的天然密度可用公式 1—1—4 表示：

$$p = \frac{m}{V} = \frac{m_s + m_w}{V} \tag{1—1—4}$$

式中　ρ——土体的天然密度（湿密度），g/cm^3。其余符号意义同前。

土体的天然密度测定通常采用环刀法、灌砂法。土体的天然密度一般在 1.6 ~ 2.2 g/cm^3，砂土约为 1.4 g/cm^3，亚砂土和亚黏土约为 1.6 g/cm^3，黏土可达 2.0 ~ 2.2 g/cm^3。

土体的天然密度的试验方法见表 1—1—4。

表 1—1—4　　土体的天然密度的试验方法

方法	适用条件	原理
环刀法	适用于细粒土	以环刀体积作为土体体积进行计算
电动取土器法	适用于硬塑土密度的快速测定	以套筒体积作为土体体积进行计算
蜡封法	适用于易破裂土和形态不规则的坚硬土	根据“阿基米德定律”求得蜡土封试件体积，用蜡封试件的体积减去石蜡体积作为土体的体积

续表

方法	适用条件	原理
灌水法	适用于现场测定粗粒土和巨粒土的密度	现场挖坑，向坑内灌水（用聚乙烯膜防止水损失）并测出水的质量，计算水的体积作为土体的体积
灌砂法	适用于现场测定细粒土、砂类土和砾类土的密度。试样的最大粒径一般不得超过 15 mm，测定密度层的厚度为 150 ~ 200 mm	现场挖坑，向坑内灌砂并测出砂的质量，计算沙的体积作为土体的体积

不同性质材料体积测定方法

在计算各种单体材料（如石料、沥青）、松散材料（如土、水泥、集料）和混合料（如沥青混合料）的密度指标时，归根结底要用到两个参量，一个是质量，另一个是体积。质量通常可以通过称量直接获取，但体积由于受到各种材料本身条件的影响而不易获得，所以密度试验的重点是通过不同的方法得到不同性质材料的体积。

这里我们对各种不同路用材料体积的试验确定方法进行简单的归纳和总结，以利于学生对后续课程中的密度试验的学习，见表 1—1—5。

表 1—1—5　　不同路用材料体积的试验确定方法

类别	原理	常见试验方法
限制体积法	用一个已知体积的容器将被测材料的体积进行限制，以此体积作为被测材料的体积	环刀法测土密度、电动取土器法测土密度、容量筒法测集料堆积密度、比重瓶测法测沥青的密度
水中称重法	根据“阿基米德定律”求得蜡土封试件体积，用蜡封试件的体积减去石蜡体积作为土体的体积	蜡封法测土密度、蜡封法测沥青混合料密度等
排水法	以排开水的体积作为被测材料的体积	容量瓶法测细集料表观密度、李氏比重瓶测水泥密度、李氏比重瓶测粉煤灰密度等
替代体积法	用一种已知密度的材料代替被测材料的体积，以此作为被测材料的体积	灌水法、灌砂法等

（2）土体的干密度

干燥状态下土体试样单位体积的质量称为干密度。即土体中固体土粒的质量与土样总体积的比值，按公式 1—1—5 计算：

$$\rho_d = \frac{m_s}{V} \tag{1—1—5}$$

式中　ρ_d——土体的干密度，g/cm^3。其他符号意义同前。

土体的干密度实际上是土体中完全没有天然水分的密度，它是土体密度的最小值。土体的干密度直接与土中所含固体土粒质量的大小有关，也就是与土体结构的紧密程度有关，间接与土粒的矿物成分有关。某一土样的干密度值的大小主要取决于土体的结构。因为它在这一状态下与含水率无关。因此，土体的结构影响着干密度的值，干密度值越大，土体越密实。干密度在一定程度上反映了土粒排列的紧密程度，在工程中常用它作为压实质量（效果）的控制指标。

（3）土体干密度、湿密度与含水率的关系

按公式 1—1—6 计算土的干密度：

$$\rho_d = \frac{\rho}{1 + 0.01w} \tag{1—1—6}$$

式中　ρ_d——干密度，g/cm^3；

ρ——湿密度，g/cm^3；

w——含水率，%。

六、公路工程对土的要求

在公路工程中，土的用途主要在两个方面，一是填方路基的填料，再者是无机结合料稳定材料的被稳定材料。对于无机结合料稳定材料中土的技术要求，参见“模块四　无机结合料稳定材料”，本任务主要介绍路基用土的技术要求。

《公路路基施工技术规范》（JTG—2006）中对路基填料的相关要求是：

1. 含草皮、生活垃圾、树根、腐殖质的土严禁作为路基填料。

2. 泥炭、淤泥、冻土、强膨胀土、有机质土及易溶盐超过允许含量的土，不得直接用于填筑路基；确需使用时，必须采取技术措施进行处理，经检验满足设计要求后方可使用。

3. 液限大于 50%、塑性指数大于 26%、含水率不适宜直接压实的细粒土，不得直接作为路堤填料；需要使用时，必须采取技术措施进行处理，经检验满足设计要求后方可使用。

4. 粉质土不宜直接填筑子路床，不得直接填筑于浸水部分的路堤及冰冻地区的路床。

5. 填料粒径应符合表 1—1—6 的规定。

表 1—1—6　　路基填料最大粒径要求

<table>
<tr><th colspan="2">填料应用部位（路床顶面以下深度）（m）</th><th>填料最大粒径（mm）</th></tr>
<tr><td rowspan="4">填方路基</td><td>上路床（0 ~ 0.30）</td><td>100</td></tr>
<tr><td>下路床（0.30 ~ 0.80）</td><td>100</td></tr>
<tr><td>上路堤（0.80 ~ 1.50）</td><td>150</td></tr>
<tr><td>下路堤（ >1.50）</td><td>150</td></tr>
<tr><td rowspan="2">零填及挖方路基</td><td>0 ~ 0.30</td><td>100</td></tr>
<tr><td>0.30 ~ 0.80</td><td>100</td></tr>
</table>

任务实施

本任务主要对公路用土的物理性质进行评价。

一、土的天然含水率测定（烘干法）

土的天然含水率测定方法主要有烘干法和酒精燃烧法，烘干法适用于黏质土、粉质土、砂类土、有机质土和冻土土类的含水率，本任务实施采用烘干法。

酒精燃烧法由于其快速、方便的特点在工程上也有广泛应用，但其有一定的局限性，该方法将在知识拓展部分进行介绍。

1. 试验准备

（1）仪器准备

1）烘箱：可采用电热烘箱或温度能保持 105 ~ 110℃的其他能源烘箱。

2）天平：称量 200 g，感量 0.01 g；称量 1 000 g，感量 0.1 g。

阅读材料

电子天平使用常识

测量物体质量的仪器叫衡器，衡器按结构原理可分为机械秤、电子秤、机电结合秤三大类。衡器有两个主要的技术指标，一个是最大称量，另一个是感量。单就感量而言，小于 0.1 g 的叫电子天平，大于 0.1 g 的叫电子秤。常见的电子天平如图 1—1—2 所示。

电子天平使用时应注意以下几点：

（1）水平调节

为保证天平称量的精确度，使用前必须对天平进行水平调节，以保证天平竖轴方向与铅垂方向一致。

（2）预热

一般建议，十万分之一天平预热 120 min 以上，万分之一的天平预热 30 ~ 60 min，千分之一天平预热 30 min 即可。

0.1g 天平

0.01g 天平

0.001g 天平

0.0001g 天平

图 1—1—2　不同感量的电子天平

（3）天平校正

我们称取物品是要知道它的质量，但天平的内部数据处理是以重量为基准，这就涉及重力加速度。重力加速度是随着经纬度、海拔高度的变化而变化的，重力加速变化，质量也随之变化，从而影响天平的量程变化。所以，在安装、预热完后必须对天平做一个量程校正，以此获得准确的称量结果。

3）其他：干燥器、称量盒。

小提示

含水率试验以二次平行试验的平均值作为测定结果，因此一种土样应准备两个称量盒。

试验所需仪器如图 1—1—3 所示。

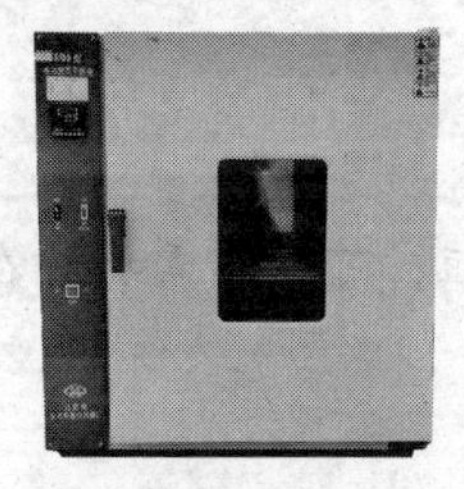
烘箱

天平

干燥器

称量盒

图 1—1—3　烘干法测含水率仪器设备

（2）试样准备

现场取土，注意密封防止水分的损失。

2. 试验步骤

（1）取具有代表性试样，分别放入两个称量盒内，立即盖好盒盖，称质量。

小提示

试样质量：细粒土 15 ~ 30 g，砂类土、有机土为 50 g，砂砾石为 1 ~ 2 kg。为记录和计算的方便，在称量时可先称取称量盒的质量记为 m_1，再称取称量盒和湿土的质量 m_2。记录时应将盒号和盒的质量进行仔细检查，做到一一对应。

由于本任务中测定的是细粒土所以取 15 ~ 30 g。

（2）揭开盒盖，将试样和盒放入烘箱内，在温度 105 ~ 110℃恒温下烘干。

小提示

烘干时间对细粒土不得少于 8 h，对砂类土不得少于 6 h。对含有机质超过 5% 的土或含石膏的土，应将温度控制在 65 ~ 70℃的恒温下，干燥 12 ~ 15 h 为好。

对于大多数土，通常烘干 16 ~ 24 h 就足够了。但是，对某些土，试样数量过多或试样很潮湿，可能需要烘更长的时间。烘干的时间也与烘箱内试样的总质量、烘箱的尺寸及其通风系统的效率有关。

由于本任务中测定的是细粒土，故烘干时间不得少于 8 h。

（3）将烘干后的试样和盒取出，放入干燥器内冷却（一般只需 0.5 ~ 1 h 即可），冷却后盖好盒盖，称质量 m_3，准确至 0.01 g。

小提示

如铝盒的盖密闭，而且试样在称量前放置的时间较短，可以不需要放在干燥器中冷却。

烘干法含水率测定过程如图 1—1—4 所示。

3. 结果整理

按公式 1—1—7 计算含水率：

$$w = \frac{m_2 - m_3}{m_3 - m_1} \tag{1—1—7}$$

式中 m_1 ——称量盒的质量，g；

m_2 ——称量盒与湿土的总质量，g；

m_3 ——称量盒与干土的总质量，g。

本试验须进行二次平行测定，取其算数平均值，允许平行差值应符合表 1—1—7 规定。

称量铝盒质量m_1

称量铝盒和湿土质量m_2

放入烘箱

取出冷却

称量铝盒和干土质量m_3

图 1—1—4　烘干法含水率测定过程

表 1—1—7　　含水率测定的允许平行差值　　（%）

含水率	允许平行差值
<5	0.3
<40	≤1
>40	≤2
层状和网状构造的冻土	<3

含水率试验结果见表 1—1—8。

表 1—1—8　　含水率试验结果

盒号		1	2
盒质量（g）	m_1	20.0	19.0
盒 + 湿土质量（g）	m_2	40.53	40.00
盒 + 干土质量（g）	m_3	37.26	36.66
水分质量（g）	m_2-m_3	3.27	3.34
干土质量（g）	m_3-m_1	17.26	17.66
含水率（%）	$(m_2-m_3)/(m_3-m_1)$	18.95	18.91
平均含水率（%）		18.9	

误差判定，因为含水率在40%以下，应满足的平行差值为小于等于1%。

18.95% -18.91% =0.04%小于1%，因此满足误差要求，以其平均值18.9%为最后结果。

阅读材料

数值修约规则

数值修约是指通过省略原数值的最后若干位数字，调整保留的末位数字，使最后所得到的值最接近原数值的过程。

《GB/T 8170—2008 数值修约规则与极限数值的表达与判定》规定“科学技术与生产活动中测试和计算得出的各种数值。当所得数值需要修约时，应按本标准给出的规则进行”。

与日常生活中使用的“四舍五入”规则不同，道路材料检测的各种数值均应按国标规定的数值修约规则进行，即“四舍六入五留双”的修约规则。其进舍规则如下：

(1) 拟舍弃数字的最左一位数字小于5，则舍去，保留的各位数字不变。

(2) 拟舍弃数字的最左一位数字大于5，则进一，即保留数字的末位数字加1。

(3) 拟舍弃数字的最左一位数字是5，而其后跟有并非全部为0的数字时则进一，即保留数字的末位数字加1。

(4) 拟舍弃数字的最左一位数字为5，且其后无数字或皆为0时，若所保留的末位数字为奇数（1，3，5，7，9）则进一，即保留数字的末位数字加1；若所保留的末位数字为偶数（0，2，4，6，8）则舍去。

(5) 负数修约时，先将它的绝对值按上述规定进行修约，然后在所得值前面加上负号。

(6) 不允许连续修约。

以上进舍规则可简记为“4舍6入5考虑，5后有数进上去，尾数为0向左看，左数奇进偶舍弃，修约一次要到位”。

二、土的天然密度测定（蜡封法）

土的天然密度测定方法常用的有蜡封法和环刀法。坚硬易碎、含有粗粒、形状不规则的土可用蜡封法，本任务实施采用蜡封法。

不含粗粒，易于切削成型的土可采用环刀法，特别是土质路基质量检验时经常用到环刀法测定路基压实度，因此环刀法测定土的天然密度将在知识拓展中介绍。

1．试验准备

(1) 仪器准备

1) 天平：感量0.01 g。

2) 烧杯、细线、石蜡、针、削土刀等。

蜡封法用静水天平如图1—1—5所示。

（2）试样准备

用削土刀切取体积大于30 cm^3的试件，削除试件表面的松、浮土以及尖锐棱角。

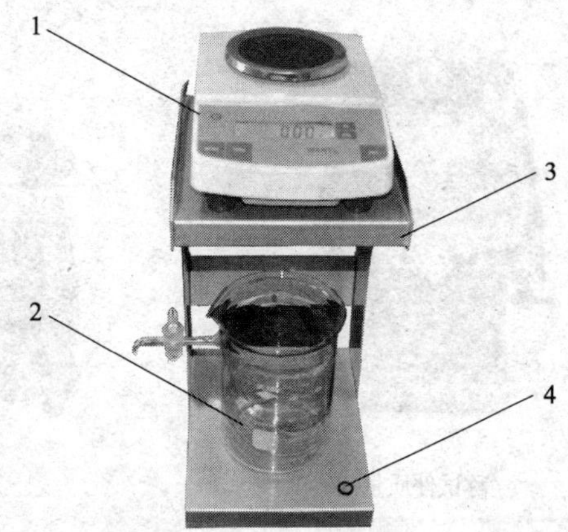

图1—1—5　蜡封法用静水天平

1—天平　2—溢流水槽　3—天平架　4—水准泡

小提示

土的天然密度试验以二次平行试验的平均值作为测定结果，因此一种土样应准备两个体积大致相等的试件。

2. 试验步骤

（1）在天平上称量试件质量，准确至0.01 g。取代表性土样进行含水率测定。

（2）将石蜡加热至刚过熔点，用细线系住试件浸入石蜡中，使试件表面覆盖一薄层严密的石蜡。若试件蜡膜上有气泡，需用热针刺破气泡，再用石蜡填充针孔，涂平孔口。

（3）待冷却后，将蜡封试件在天平上称量，准确至0.01 g。

小提示

密度试验中使用的石蜡，选用55号石蜡为宜，其密度以实测为准。如无条件实测，可采用其密度的近似值0.92 g/cm^{3}计算。测定石蜡的密度，应根据“阿基米德原理”，采用静水力学天平称量法或采用500 ~100 mL广口瓶比重法进行。

（4）用细线将蜡封试件置于天平一端，使其浸浮在盛有蒸馏水的烧杯中，注意试件不要接触烧杯壁，称蜡封试件的水下质量，准确至0.01 g，并测量蒸馏水的温度。

（5）将蜡封试件从水中取出，擦干石蜡表面水分，在空气中称其质量。将其与（4）中所称质量相比，若质量增加，表示水分进入试件中；若浸入水分质量超过0.03 g，应重做。

蜡封法测土密度的试验步骤如图1—1—6所示。

（6）用相同方法进行另一个试件的试验。

3. 结果整理

按公式1—1—8计算湿密度：

$$\rho = \frac{m}{\dfrac{m_1 - m_2}{\rho_{wt}} - \dfrac{m_1 - m}{\rho_n}} \tag{1—1—8}$$

式中　ρ——土的湿密度，g/cm^3，计算至0.01；

m——试件质量，g；

m_1——蜡封试件质量，g；

m_2——蜡封试件水中质量，g；

ρ_{wt}——蒸馏水在t ℃时密度，g/cm^3，准确至0.001 g/cm^3，见表1—1—9；

称试件质量

加热石蜡

裹覆试件

称蜡封试件质量

称蜡封试件浸水质量

比较蜡封试件浸水前后质量

图 1—1—6　蜡封法测土密度的试验步骤

表 1—1—9　　**1990 年国际温标纯水密**　　g/cm³

t（℃）	1	2	3	4	5	6	7	8	9	10
ρ_{wt}	0. 999 898	0. 999 94	0. 999 964	0. 999 972	0. 999 964	0. 999 94	0. 999 901	0. 999 848	0. 999 781	0. 999 699
t（℃）	11	12	13	14	15	16	17	18	19	20
ρ_{wt}	0. 999 605	0. 999 497	0. 999 377	0. 999 244	0. 999 099	0. 998 943	0. 998 774	0. 998 595	0. 998 404	0. 998 203
t（℃）	21	22	23	24	25	26	27	28	29	30
ρ_{wt}	0. 997 991	0. 997 769	0. 997 537	0. 997 295	0. 997 043	0. 996 782	0. 996 511	0. 996 231	0. 995 943	0. 995 645
t（℃）	31	32	33	34	35	36	37	38	39	40
ρ_{wt}	0. 995 339	0. 995 024	0. 994 7	0. 994 369	0. 994 029	0. 993 681	0. 993 325	0. 992 962	0. 992 591	0. 992 212

ρ_n ——石蜡密度（g/cm³），应事先实测，准确至 0. 01 g/cm³，一般可采用 0. 92 g/cm³。

本试验须进行二次平行测定，取其算术平均值，其平行差值不得大于 0. 03 g/cm³。

密度试验记录见表 1—1—10。

表 1—1—10　　密度试验记录

试件编号		1	2
试件质量（g）	(1)	62.79	63.00
蜡封试件质量（g）	(2)	66.41	66.37
蜡封试件水中质量（g）	(3)	27.44	27.60
水温度（℃）		32	32
水的密度（g/cm^3）	(4)	0.995	0.995
蜡封试件的体积（cm^3）	(5) = [(2) - (3)] / (4)	39.10	39.00
蜡体积（cm^3）	(6) = [(2) - (1)] / ρ_n	3.94	3.64
试件体积（cm^3）	(7) = (5) - (6)	35.16	35.36
湿密度（g/cm^3）	(8) = (1) / (7)	1.79	1.79
平均湿密度（g/cm^3）	1.79		
备注	石蜡密度 = 0.92 g/cm^3		

4. 确定土的干密度（ρ_d）

根据公式 1—1—6 得：

$$\rho_d = \frac{\rho}{1 + 0.01w} = \frac{1.79}{1 + 0.01 \times 18.9} = 1.51 (g/cm^3)$$

含水率和密度的其他常用测定方法

一、酒精燃烧法测土的含水率

1. 目的和适用范围

本试验方法适用于快速简易测定细粒土（含有机质的土除外）的含水率。

2. 仪器设备

(1) 称量盒（定期调整为恒质量）。

(2) 天平：感量 0.01 g。

(3) 酒精：纯度 95%。

(4) 滴管、火柴、调土刀等。

3. 试验步骤

(1) 取代表性试样（黏质土 5 ~ 10 g，砂类土 20 ~ 30 g），放入称量盒内，称湿土质量（m），准确至 0.01 g。

(2) 用滴管将酒精注入放有试样的称量盒中，直至盒中出现自由液面为止。为使酒精在试样中充分混合均匀，可将盒底在桌面上轻轻敲击。

（3）点燃盒中酒精，燃至火焰熄灭。

（4）将试样冷却数分钟，按本试验（3）和（4）方法再重新燃烧两次。

（5）待第三次火焰熄灭后，盖好盒盖，立即称干土质量（m_s），准确至0.01 g。

4. 结果整理

（1）计算含水率

$$w = \frac{m - m_s}{m_s}$$

式中 w——含水率，%，计算至0.1；

m——湿土质量，g；

m_s——干土质量，g。

（2）本试验记录格式同烘干法。

（3）精密度和允许差。

本试验须进行二次平行测定，取其算术平均值，允许平行差值与烘干法相同。

二、环刀法测土的密度

1. 目的和适用范围

本试验方法适用于细粒土。

2. 仪器设备

（1）环刀：内径6～8 cm，高2～5.4 cm，壁厚1.5～2.2 mm。

（2）天平：感量0.1 g。

（3）其他：修土刀、钢丝锯、凡士林等。

3. 试验步骤

（1）按工程需要取原状土或制备所需状态的扰动土样，整平两端，环刀内壁涂一薄层凡士林，刀口向下放在土样上。

（2）用修土刀或钢丝锯将土样上部削成略大于环刀直径的土柱，然后将环刀垂直下压，边压边削，至土样伸出环刀上部为止。削去两端余土，使土样与环刀口面齐平，并用剩余土样测定含水率。

（3）擦净环刀外壁，称环刀与土合质量（m_1），准确至0.1 g。

4. 结果整理

（1）计算湿密度及干密度

$$\rho = \frac{m_1 - m_2}{V}$$

$$\rho_d = \frac{\rho}{1 + 0.01w}$$

式中 ρ——湿密度，g/cm^3，计算至0.01；

m_1——环刀与土合质量，g；

m_2——环刀质量，g；

V——环刀体积，cm^3；

ρ_d——干密度，g/cm³，计算至0.01；

w——含水率，%。

（2）本试验记录格式见表1—1—11。

表1—1—11　　**环刀法测含水率记录**

土样编号			1		2		3	
环刀号			1	2	3	4	5	6
环刀容积（cm³）	(1)							
环刀质量（g）	(2)							
土+环刀质量（g）	(3)							
土样质量（g）	(4)	(3) − (2)						
湿密度（g/cm³）	(5)	(4) / (1)						
含水率（%）	(6)							
干密度（g/cm³）	(7)	$\frac{(5)}{1+0.01(6)}$						
平均干密度	(8)							

（3）精密度和允许差

本试验须进行二次平行测定，取其算术平均值，其平行差值不得大于0.03 g/cm³。

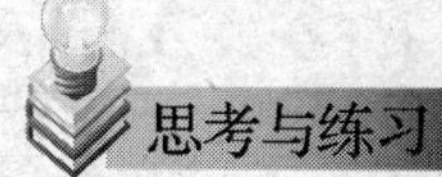

1. 何为土的三相组成？
2. 何为土体的天然密度和干密度？
3. 如何划分土的粒组？

任务二　工程土的鉴别

◆ 掌握工程用土的分类原则和表示方法。

◆ 能够根据已知条件判断土的类别。

土是一种天然的地质材料，广泛分布于地壳表面。在自然界中，土的物理风化和化学风化时刻都在进行，由于土的形成过程和自然环境的不同，其成分、结构和性质千变万化，工程性质也千差万别，因此应对土进行工程分类。(1) 根据土类，可以大致判断土的基本工程特性，并可结合其他因素评价地基土的承载力、抗渗流与抗冲刷稳定性，在振动作用下的可液化性以及作为建筑材料的适宜性等；(2) 根据土类，可以合理确定不同土的研究内容与方法；(3) 当土的性质不能满足工程要求时，也需根据土类（结合工程特点）确定相应的改良与处理方法。那么土的工程分类的原理是什么？分类的依据有哪些呢？

某新建高速公路的路基为土质路基，在施工中考虑到当地的地理条件和工程运输的影响，拟从 A，B 两个取土场地进行取土作为路基填料，试判定 A，B 两种土的类型，为编制路基施工方案提供参考依据。

完成此任务的重点首先应掌握土的工程分类方法，然后通过相关的试验方法获得原始数据，最后通过对数据的定量分析，并以规定的分类方法为依据对土的类别进行判定。按照不同土类所对应的工程性质来确定施工方案。

土的范围相当广泛，工程类别不同，土的使用部位不同，对土的技术要求也不同，因此不同的行业提出了不同的工程分类体系，本任务主要依据《公路土工试验规程》(JTG E40—2007) 介绍公路工程用土的分类。

一、土的分类原则和表示方法

1. 分类原则

关于土质的分类，世界各国、各地区和各部门，大都是根据自己的传统与经验设置自己的分类标准。但总体上来看，国内外在分类的依据、分类的总体系上逐渐趋近于一致，各分类法的标准也都大同小异。分类的一般原则是：

(1) 按土的颗粒粒度将土分为巨粒土、粗粒土、细粒土；

(2) 有机土和特殊土则分别单独各列为一类；

(3) 巨粒土按巨粒组质量占总质量的比例进行细分；

(4) 粗粒土按级配特征进行细分；

(5) 细粒土按塑性指数和液限，即按塑性图法进行细分；

（6）对定出的土名确定有明确含义的文字符号。

土的分类体系如图 1—2—1 所示。

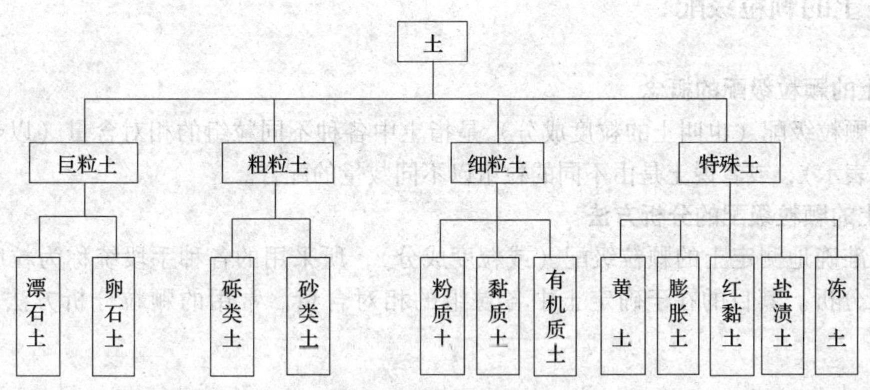

图 1—2—1　土的工程分类体系

2. 土类名称的表示方法

国内外通用的表示土类名称的文字代号见表 1—2—1。

表 1—2—1　　　　　　　　工程土的分类符号

土类及符号 特征	巨粒土	粗粒土	细粒土	特殊土
	符号			
成分	B——漂石	G——砾石	M——粉土	Y——黄土 E——膨胀土 R——红黏土 St——盐渍土 Ft——冻土
	Ba——块石	Ga——角砾	C——黏土	
	C_b——卵石	S——砂	F——细粒土（C 和 M 合称）	
	Cba——小块石		O——有机质土	
	Sl——（混合）土（粗、细粒土的合称）			
级配或土性		W——良好级配	H——高液限	
		P——不良级配	L——低液限	

（1）土类名称可用一个基本符号表示。

例如，B——漂石，C_b——卵石。

（2）当由两个基本符号组合表示土类时，第一个符号表示土的主成分，第二个符号表示土的副成分（细粒土的液限或土的级配）。

例如，GM——粉土质砾石，GP——不良级配砾石，ML——低液限粉土。

（3）当由三个基本符号组合表示土类时，第一个符号表示土的主成分，第二个符号表示液限的高低或级配的好坏，第三个符号表示土中所含次要成分。

例如，GHC——高液限含黏土砾石，CLM——粉质低液限黏土。

二、土的颗粒级配

1. 土的颗粒级配的概念

土的颗粒级配（也叫土的粒度成分）是指土中各种不同粒组的相对含量（以干土重量的百分比表示），或者说土是由不同的粒组以不同数量的配合。

2. 土的颗粒级配的分析方法

为了准确地测定土的颗粒级配（或粒度成分），所采用的各种手段统称为粒度成分分析或颗粒分析。其目的在于确定土中各粒组的相对含量。常用的颗粒分析方法见表1—2—2。

表1—2—2　《公路土工试验规程JTG E40—2007》中颗粒分析方法

方法	适用粒径范围	原理
筛分法	粒径 $d_i > 0.074$ mm	利用筛孔限制不同粒径颗粒的通过
密度计法	粒径 $d_i < 0.074$ mm	粒径为 d 的颗粒以速度 v 经过时间 t 后，下降距离为 $L = vt$，粒径大于 d 的下降距离肯定大于 L，所以 L 平面以上只有粒径小于 d 的颗粒，测出此处的比重与原来的比重相比较，即可求出粒径小于 d 的颗粒百分数（颗粒越大下沉越快）
移液管法	粒径 $d_i < 0.074$ mm，比重大	预先计算好 t_1，t_2，t_3……然后按规定时间在虚线断面上吸取一定量的悬浮液（通常为10 mL），那么，第一次取出的悬浮液中已缺少粒径大于 d_1 的尘粒；第二次取出的悬浮液中已缺少大于 d_2 的尘粒，因此两次悬浮液中所含粉尘的质量差就是在 $d_1 \sim d_2$ 这个粒径范围内的尘粒质量。根据悬浮液中原始的粉尘质量，即可算出不同粒径尘粒的质量百分数

3. 粒度成分的表示方法

常用的粒度成分的表示方法有：表格法、累计曲线法和三角坐标法。

（1）表格法

它是以列表的形式直接表达各粒组的相对含量，用于粒度成分的分类是十分方便的。表格法有两种不同的表示方法，一种是以累计含量百分比表示，见表1—2—3；另一种是以粒组表示，见表1—2—4。累计百分含量是直接由试验求得的结果，粒组是由相邻两个粒径的累计百分含量之差求得的。

表 1—2—3　　粒度成分的累计百分含量表示法

粒径 d_i (mm)	粒径≤d_i的累计百分含量 P_i（%）			粒径 d_j (mm)	粒径≤d_i的累计百分含量 P_i（%）		
	土样 A	土样 B	土样 C		土样 A	土样 B	土样 C
10	100	100	100	0.1	9	20.6	92
5	100	75	100	0.075	0	19	89
2	98.9	55	100	0.01	0	9.9	51.4
1	92.9	42.7	100	0.005	0	6.7	40.3
0.5	76.5	34.7	100	0.001	0	2.5	21.4
0.25	35	28.5	100	<0.001	0	0	0

表 1—2—4　　土的粒度成分分析结果

粒组 (mm)	粒度成分（以质量%计）			粒组 (mm)	粒度成分（以质量%计）		
	土样 A	土样 B	土样 C		土样 A	土样 B	土样 C
10~5	0	25	0	0.1~0.075	9	1.6	3
5~2	1.1	20	0	0.075~0.01	0	9.1	37.6
2~1	6	12.3	0	0.01~0.005	0	3.2	11.1
1~0.5	16.4	8	0	0.005~0.001	0	4.2	18.9
0.5~0.25	41.5	6.2	0	<0.001	0	2.5	21.4
0.25~0.1	26	7.9	8				

（2）累计曲线法

累计曲线法是一种图示的方法，通常用半对数坐标纸绘制，横坐标（按对数比例尺）表示粒径 d_i，纵坐标表示小于某一粒径的土粒的累计百分数 P_i（注意：不是某一粒径的百分含量）。图 1—2—2 是根据表 1—2—3 提供的资料，在半对数坐标纸上点出各粒组累计百分数及粒径对应的点，然后将各点连成一条平滑的曲线，即得该土样的累计曲线。

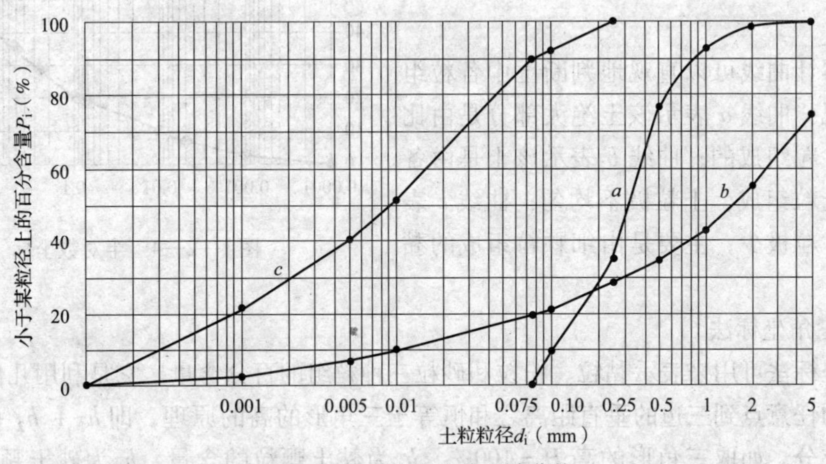

图 1—2—2　粒度成分累计曲线

小提示

为什么选择半对数坐标来分析土颗粒级配?

在对土颗粒级配进行分析时会用到半对数坐标系，那么为什么要用半对数坐标系呢? 它与常数坐标系相比优点在哪里呢?

下面我们利用表1—2—3 中的数据，以土样B为例来分别绘制常数坐标和半对数坐标进行对比，如图1—2—3 和图1—2—4 所示。

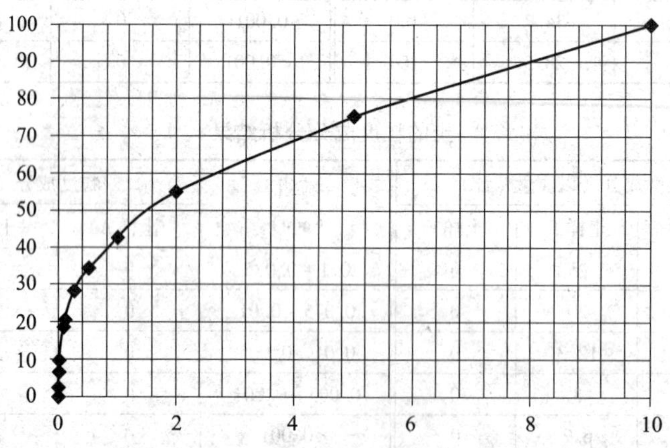

图1—2—3 常数坐标

图1—2—3 所示为常数坐标，级配曲线明显造成前密后疏，不便绘制和查阅；图1—2—4 为半对数坐标，即横坐标采用筛孔尺寸的对数坐标，纵坐标采用百分率的常数坐标，这样绘制的级配曲线避免了常数坐标的缺点。

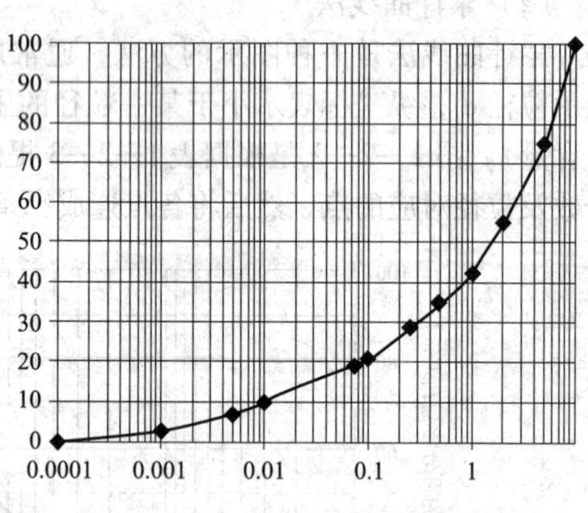

图1—2—4 半对数坐标

通过累计曲线可以直观地判断土中各粒组的分布情况：曲线 a 表示该土绝大部分是由比较均匀的砂粒组成的；曲线 b 表示该土是由各种粒组的土粒组成，土粒极不均匀；曲线 c 表示该土中砂粒极少，主要是由细颗粒组成的黏质土。

(3) 三角坐标法

三角坐标法可用来表示黏粒、粉粒和砂粒三种粒组的百分含量。它是利用几何上的等边三角形中的任意点到三边的垂直距离之和恒等于三角形的高的原理，即 $h_1+h_2+h_3=H$ 来表达粒度成分。如取三角形的高 $H=100\%$，h_1 为黏土颗粒的含量，h_2 为砂土颗粒的含量，

h_3为粉土颗粒的含量，则图1—2—5中的m点即表示土样的粒度成分中黏粒、粉粒及砂粒的百分含量分别为23%，47%，30%。

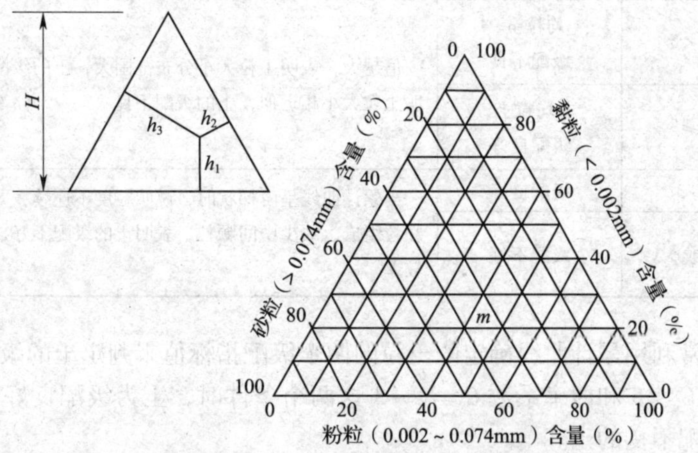

图1—2—5　三角坐标法

上述三种方法各有其特点和适用条件。表格法能清楚地用数据说明土样的各粒组含量，但对于大量土样之间的比较就显得过于冗长，且无直观概念，使用比较困难。

累计曲线法能用一条曲线表示一种土的粒度成分，而且可以在一张图上同时表示多种土地粒度成分，能直观地比较其级配情况。

三角坐标法能用一点表示一种土的粒度成分，在一张图上能同时表示许多种土的粒度成分，便于进行土料的级配设计。三角坐标图中不同的区域表示土的不同组成，因此，它还可以用来确定按粒度成分分类的土名。

4. 土的级配情况判定

级配良好的土，粗细颗粒搭配好，粗颗粒的孔隙由细粒填充，易被压实到较高的密度。因而渗透性和压缩性较好，强度较大，所以颗粒级配常作为路基填土的重要依据。为了衡量土的级配是否良好，常用不均匀系数C_u和曲率系数C_c两个判别指标，其计算见公式1—2—1和公式1—2—2。

由累计曲线可确定土粒的级配指标。

$$C_u = \frac{d_{60}}{d_{10}} \tag{1—2—1}$$

$$C_c = \frac{d_{30}^2}{d_{10} \cdot d_{60}} \tag{1—2—2}$$

式中　d_{10}，d_{30}，d_{60}——土的特征粒径，mm，在土的粒径分布曲线上，小于该粒径的土粒质量分别为土总质量的10%，30%和60%。

不均匀系数C_u反映不同大小粒组的分布情况。而曲率系数C_c描述累计曲线的分布范围，反映累计曲线的整体形状。用二者判别土的级配情况的方法列于表1—2—5中。

表 1—2—5　　C_u 与 C_c 在土的级配情况判断中的应用

指标	范围	判定结果	说明
C_u	$C_u<5$	均粒土，级配不良	值越大，表明土粒大小分布范围大，土的级配良好；值越小，表明土粒大小相近似，土的级配不良
	$C_u \geqslant 5$	非均粒土，级配良好	
C_c	1 ~ 3	级配良好	当累计曲线呈阶梯状时，说明粒度不连续，即主要由大颗粒和小颗粒组成，缺少中间颗粒，表明土的级配不好，其工程地质性质也较差
	<1 或 >3	级配不好	

在工程上，常利用累计曲线确定的土粒的两个级配指标值来判定土的级配情况。当同时满足不均匀系数 $C_u<5$ 和曲率系数 $C_c=1\sim3$ 这两个条件时，土为级配良好的土；若不能同时满足，土为级配不良的土。

现由表 1—2—4 中的三种土样颗粒分析结果判定土的级配情况。

对土样 A（图 1—2—2 中 a 曲线），在纵坐标上确定 10%，30%，60% 三点位置，分别向右引水平线与曲线 a 相交，确定三个交点，然后从三个交点处分别向下引垂线与横坐标相交。

得到 $d_{10}=0.11$（mm），$d_{30}=0.22$（mm），$d_{60}=0.39$（mm）

则 $C_u=\dfrac{d_{60}}{d_{10}}=\dfrac{0.39}{0.11}=3.9<5$　　级配不良

$$C_c=\frac{d_{30}^2}{d_{10}\cdot d_{60}}=\frac{0.22^2}{0.11\times0.39}=1.24 \qquad 1<1.24<3$$

因以上两个条件未能同时满足，故判定该填料级配不好。

同样方法，对土样 B 与土样 C 进行判定，三种土的判定结果列于表 1—2—6 中。

表 1—2—6　　土样级配情况判定

土样名称	土样 A	土样 B	土样 C
不均匀系数	3.9	250	750
曲率系数	1.24	2.5	13.3
级配情况	级配不良	良好	不良

三、黏质土的物理状态与界限含水率

1. 黏质土的物理状态

黏质土的含水率不同，它的物理性质和物理状态也不同。稠度是指黏质土因含水率不同而表现出的稀稠程度。黏质土随着含水率的不断增加，土体的状态变化情况为固态（干硬状态）→半固态（半干硬状态）→塑态（可塑状态）→液态（流动状态：滞流态、液流态），称为稠度状态。各状态下土的性质见表1—2—7。

表1—2—7　　黏质土的状态与性质

状态	固态	半固态	塑态		流态	
	干硬态	半干硬态	硬塑态	软塑态	滞流态	液流态
性质	具有固体性质，力学强度最高		具有可塑性，在硬塑态时有较好的力学性质，在软塑状态下的黏质土力学性质较差		力学性质完全遭到破坏，不能选作地基或路基填料	

2. 黏质土的界限含水率

由于含水率的变化，黏质土从一种稠度状态转变为另一种稠度状态的界限，称为稠度界限。稠度界限通常用含水率表示，因此，黏质土的稠度界限称为界限含水率，包括液限、塑限、缩限。

液限是指黏质土由可塑状态转变为流动状态时的界限含水率，用 w_L 表示。液限又称塑性上限或液性下限。

塑限是指黏质土由半干硬状态转变为可塑状态界限含水率，用 w_p 表示。塑限又称塑性下限。

缩限是指黏性土由半固态转为固态的界限含水率。用 w_s 表示

土的稠度状态与界限含水率的关系见图1—2—6。

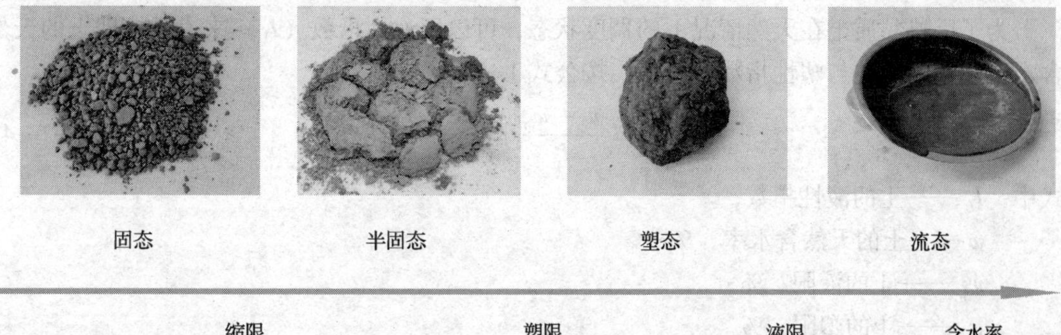

图1—2—6　土的稠度与界限含水率

塑限、液限的检测方法有联合测定法、液限碟式仪法和塑限滚搓法。各方法的使用范围及原理见表1—2—8。

表1—2—8　　界限含水率检测常用试验方法

方法	使用范围	原理
联合测定法	粒径不大于0.5 mm，有机质含量不大于试样总质量5%的土	一定质量的试锥锥入不同含水率的土时，其锥入深度不同

续表

方法	使用范围	原理
液限碟式仪法	粒径不大于0.5 mm，有机质含量不大于试样总质量5%的土	同一试样分成两份放入同一土碟中进行坠击，土的含水率不同时，两份土合拢所需的坠击次数不同
塑限滚搓法	粒径不大于0.5 mm，有机质含量不大于试样总质量5%的土	人工将土条滚搓至一定长度，土样含水率不同时出现裂缝的长度不同

3. 黏质土的塑性指数及液性指数

黏质土自可塑状态起，逐渐增加含水率到滞流状态出现时止，若增加的含水率幅度大，说明该黏质土的吸水能力很强，有较大的保持塑性状态的能力，通常称这样的黏质土具有高塑性；如果由可塑状态转变到滞流状态所增加的含水率很小，则称这一类黏质土具有低塑性。黏质土的塑性高低，通常用塑性指数 I_p 表示。塑性指数是指液限与塑限之差，按公式1—2—3 计算：

$$I_p = w_L - w_p \tag{1—2—3}$$

塑性指数大的黏质土具有高塑性，塑性指数小的黏质土具有低塑性。塑性指数是反映黏质土中黏粒和胶粒含量的一个重要指标，塑性指数大的黏质土，表明土中黏粒和胶粒多。

黏质土的液限、塑限和塑性指数，都不是测定天然土物理性质的指标，而是评定黏质土物理性质的稠度指标。对于任何状态的黏质土应该用试验方法，先找出稠度状态变化时的含水率即液限或塑限，再与它的天然含水率比较，借以判定土的稠度状态。若土的天然含水率小于液限大于塑限，可以判断此土是处于塑性状态。

为了反映黏质土在天然情况下的稠度状态，可以用液性指数（I_L）来表示，即土的天然含水率和塑限之差与塑性指数的比值，按公式1—2—4 计算：

$$I_L = \frac{w - w_p}{I_p} = \frac{w - w_p}{w_L - w_p} \tag{1—2—4}$$

式中 I_L ——土的液性指数；

w ——土的天然含水率，%；

w_L ——土的液限，%；

w_p ——土的塑限，%。

对于某种黏质土，认为其液限 w_L 和塑限 w_p 都是定值，土的天然含水率越大，液性指数越大，土越稀软。《公路桥涵地基与基础设计规范》（JTG D63—2007）中按液性指数将黏性土分成5种状态，见表1—2—9。

表1—2—9　　黏性土相对稠度状态

液性指数值	$I_L \leqslant 0$	$0 < I_L \leqslant 0.25$	$0.25 < I_L \leqslant 0.75$	$0.75 < I_L \leqslant 1$	$I_L > 1$
稠度状态	坚硬	硬塑	可塑	软塑	流塑

用液性指数判断黏质土的干、湿程度或软、硬程度，有助于了解天然土的物理性能。

四、土的分类及鉴别

《公路土工试验规程》（JTG E40—2007）中将土分为巨粒土、粗粒土、细粒土和特殊土四大类，除特殊土外，其他三种土的分类均是以该粒组质量占土的总质量的百分数来划分的。根据图 1—2—1，土的分类及鉴别包括以下两个步骤：

1．鉴别巨粒土、粗粒土和细粒土

在土的级配曲线上，确定各粒组质量占总质量的百分数，当试样中巨粒组质量大于总质量的 15% 时，为巨粒土；当试样中巨粒组土粒质量少于或等于总质量 15%，且巨粒组土粒与粗粒组土粒质量之和多于总质量 50% 的土称粗粒土；当试样中细粒组土粒质量多于或等于总质量 50% 的土称细粒土。

2．对巨粒土、粗粒土和细粒土进行细分

（1）巨粒土的细分

巨粒土按巨粒组中漂石粒与卵石粒占总质量的比例（即两者之间的关系）进行细分。

巨粒土的分类应符合表 1—2—10 的规定。

表 1—2—10　　巨粒土的分类

粒组含量		土类代号	土类名称
巨粒含量 >75%	漂石粒组 > 卵石粒组	B	漂石
	漂石粒组 < 卵石粒组	Cb	卵石
巨粒含量 50% ~75%	漂石粒组 > 卵石粒组	BSl	漂石夹土
	漂石粒组 < 卵石粒组	CbSl	卵石夹土
巨粒含量 15% ~50%	漂石粒组 > 卵石粒组	SlB	漂石质土
	漂石粒组 < 卵石粒组	SlCb	卵石质土

巨粒土的分类体系如图 1—2—7 所示。

（2）细粒土的细分

1）按土有机质含量分类。试样中有机质含量多于或等于总质量的 5%，且少于总质量的 10% 的土称有机质土；试样中有机质含量多于或等于 10% 的土称有机土。

土中有机质包括未完全分解的动物残骸和完全分解的无定型物质。后者多呈黑色、青黑色或暗色，有臭味，有弹性和海绵感。借目测、手摸和嗅觉判断。

当不能判定时，可采用下列方法：将试样在 105 ~ 110℃ 的烘箱中烘烤。若烘烤 24 h 后试样的液限小于烘烤前的 3/4，则该试样为有机质土。当需要测有机质含量时，按《公路土工试验规程》（JTG E40—2007）中的（T01051—1993）规定进行。

2）按土中粗粒组质量进行分类。细粒土中粗粒组质量少于或等于总质量 25% 的土称粉质土或黏质土，细粒土中粗粒组质量为总质量 25% ~50% 的土称含粗粒的粉质土或含粗粒的黏质土。

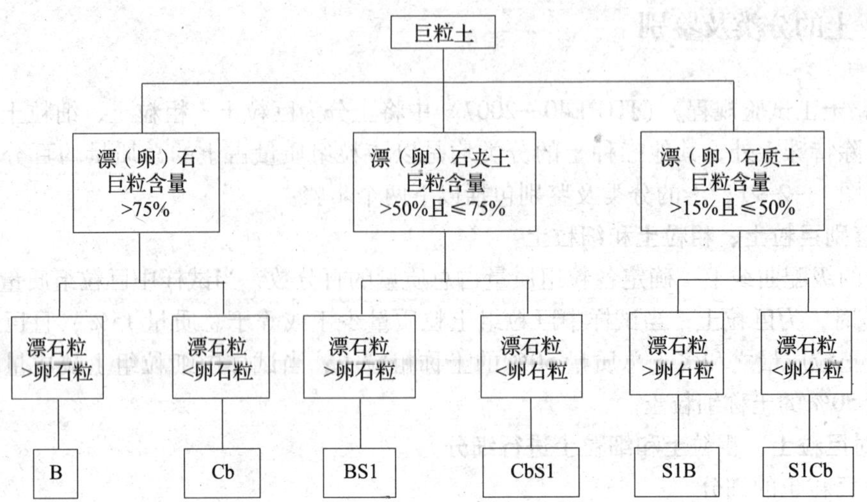

注：①巨粒土分类体系中的漂石换成块石，B 换成 Ba，即构成相应的块石分类体系。

②巨粒土分类体系中的卵石换成小石块，C 换成 Cb，即构成相应的小块石分类体系。

图 1—2—7　巨粒土分类体系

3）按塑性图分类。塑性图是一种以塑性指数 I_p 为纵坐标，以液限 w_L 为横坐标，用于细粒土分类的图。图中用 A 线和 B 线两条线将坐标分成四个区域。

A 线为塑性指数线，其方程为 $I_p = 0.73(w_L - 20)$，其上方（含该线）为黏性土，其下方为粉性土。*B* 线为液限线，其方程为 $w_L = 50(\%)$，其左侧为低液限，其右侧（含 50%）为高液限（见图 1—2—8）。

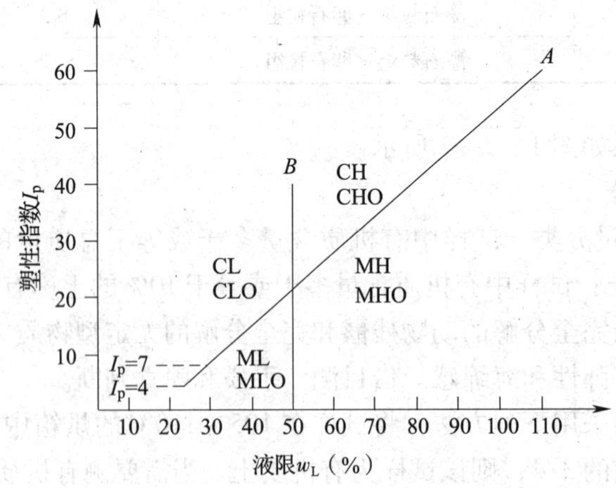

图 1—2—8　细粒土塑性

在塑性图上，细粒土分为 8 种，见表 1—2—11，各种细粒土在塑性图上的位置如图 1—2—4 所示。

表 1—2—11　　细粒土按塑性图分类

塑性图中位置	代号	土类名称
A 线或 A 线以上，B 线或 B 线以右	CH	高液限黏土
A 线或 A 线以上，$I_p=7$ 线以上，B 线以左	CL	低液限黏土
A 线或 A 线以上，B 线以右	CHO	有机质高液限黏土
A 线或 A 线以上，$I_p=7$ 线以上，B 线以左	CLO	有机质低液限黏土
A 线以下，B 线或 B 线以右	MH	高液限粉土
A 线以下，$I_p=4$ 线以下，B 线以左	ML	低液限粉土
A 线以下，B 线以右	MHO	有机质高液限粉土
A 线以下，$I_p=4$ 线以下，B 线以左	MLO	有机质低液限粉土

注：黏土～粉土过渡区（CL～ML）的土可以按相邻土层的类别考虑细分。

4）含粗粒的细粒土的分类。先按塑性图的规定确定细粒土部分的名称，再按粗粒成分最终定名。

当粗粒组中砾粒组占优势，称含砾细粒土，在细粒土代号后缀以代号“G”；当粗粒组中砂粒组占优势，称含砂细粒土，在细粒土代号后缀以代号“S”。

细粒土的分类体系如图 1—2—9 所示。

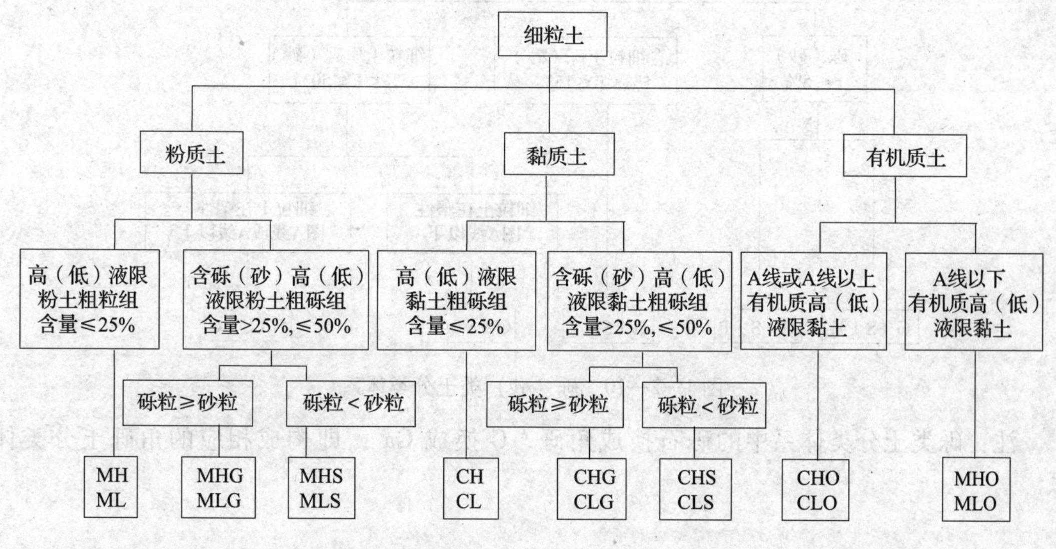

图 1—2—9　细粒土分类体系

（3）粗粒土的细分

粗粒土中砾粒组质量多于砂粒组质量的土称砾类土，粗粒土中砾粒组质量少于或等于砂粒组质量的土称砂类土。

砾（砂）类土应根据其中细粒含量和类别以及粗粒组的级配情况进行细分。

粗粒类土的分类应符合表 1—2—12 的规定。

表 1—2—12　　粗粒类土的分类

粒组含量		土类代号	土类名称
细粒组含量 <5%	$Cu \geq 5$，$Cc = 1 \sim 3$	G（S）W	级配良好砾（砂）
	不同时满足以上条件时	G（S）P	级配不良砾（砂）
细粒组含量 5% ~15%		G（S）F	含细粒土砾（砂）
细粒组含量 15% ~50%	细粒土位于塑性图 A 线以下时	G（S）M	粉土质砾（砂）
	细粒土位于塑性图 A 线或 A 线以上时	G（S）C	黏土质砾（砂）

砂类土如有必要时，砂可进一步细分为粗砂、中砂和细砂。

粗砂——粒径大于 0.5 mm 颗粒多于总质量 50%；

中砂——粒径大于 0.25 mm 颗粒多于总质量 50%；

细砂——粒径大于 0.075 mm 颗粒多于总质量 75%。

粗粒土的分类体系如图 1—2—10 所示。

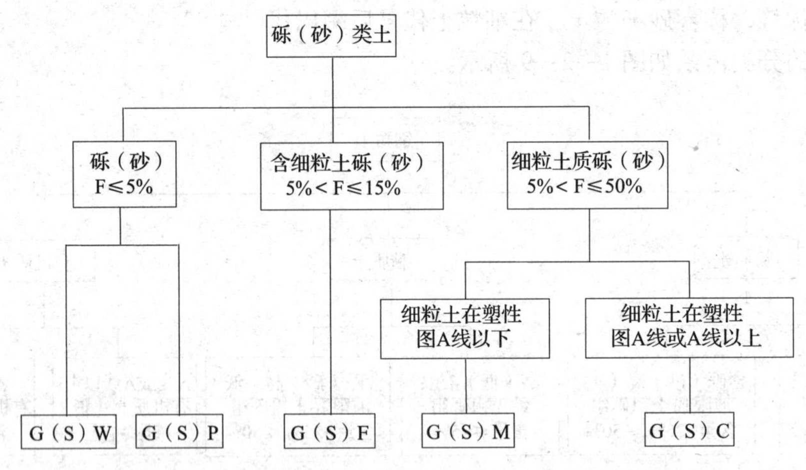

图 1—2—10　砾（砂）类土分类体系

注：砾类土分类体系中的砾石换成角砾，G 换成 Ga，即构成相应的角砾土分类体系。

五、土的工程性质

1. 巨粒土

巨粒土有很高的强度和稳定性，是填筑路基很好的材料。漂石土还可用于砌筑边坡。

2. 粗粒土

（1）砾类土由于粒径较大，内摩擦力亦大，因而强度和稳定性均能满足要求，是良好的路基填筑材料。级配良好时或人工处理后，可用于高级路面的基垫层。

（2）砂和含细粒土砂无塑性，透水性强，毛细上升高度很小，具有较大的摩擦强度和较好的水稳定性。但由于黏性较小，易于松散，压实困难，需用振动法或灌水法才能压实。为克服这一缺点，可添加一些黏质土，以改善其使用质量。

（3）细粒土质砂既含有一定数量的粗颗粒，使路基具有足够的强度和水稳定性，又含有一定数量的细颗粒，使其具有一定的黏性，不致过分松散。一般遇水干得快，不膨胀，干时有足够的黏结性，扬尘少，容易被压实。因此，细粒土质砂是修筑路基的良好材料。

3. 细粒土

（1）粉质土为最差的筑路材料。它含有较多的粉土粒，干时稍有黏性，但易被压碎，扬尘性大，浸水时很快被湿透，易成稀泥。粉质土的毛细作用强烈，上升速度快，毛细上升高度一般可达 0.9 ~1.5 m。在季节性冰冻地区，水分积聚现象严重，造成严重的冬季冻胀，春融期间出现翻浆，故又称翻浆土。如遇粉质土，特别是在水文条件不良时，应采取一定的措施改善其工程性质。

（2）黏质土透水性很差，黏聚力大，因而干时坚硬，不易挖掘。它具有较大的可塑性、黏结性和膨胀性，毛细管现象也很显著，用来填筑路基比粉质土好，但不如细粒土质砂。浸水后黏质土能较长时间保持水分，因而承载能力小。对于黏质土，如在适当的含水量时加以充分压实和设置良好的排水设施，筑成的路基也能比较稳定。

（3）有机质土（如泥炭、腐殖土等）不宜作为路基填料，如遇有机质土均应在设计和施工上采取措施。

4. 特殊土

黄土属大孔和多孔结构，具有湿陷性；膨胀土受水浸湿发生膨胀，失水则收缩；红黏土失水后体积收缩量较大；盐渍土潮湿时承载力很低。因此，特殊土也不宜作路基填料。

任务实施

本任务主要进行土的鉴别。

根据前面提到的土的分类原则，首先应对土的颗粒组成进行分析，如果是细粒土还应通过液塑限判定其在塑性图中的位置，从而对其分类进行细化。

一、对土样 A 的判定

对 A 土样进行筛分后发现小于 0.075 mm 的土小于总质量的 50%，为非细粒土。根据前面提到的分类方法可以通过颗粒分析试验进行判定，若为粗粒土且细粒组质量大于总质量的15%时，还应结合界限含水率试验做进一步的判定，反之可直接判定。

首先对土样中大于0.075 mm的颗粒进行筛分法试验。

1．试验准备

（1）试样准备

从风干、松散的土样中，用四分法按照下列规定取出具有代表性的试样备用。

小提示

土壤筛分试验用土样数量多少与土样中土的最大颗粒粒径有关，不同粒径土样用量见表1—2—13。

表1—2—13　　试验用土样数量

土的最大粒径（d_i）范围	应准备的试样数量
小于2 mm	100～300 g
小于10 mm	300～900 g
小于20 mm	1 000～2 000 g
小于40 mm	2 000～4 000 g
大于40 mm	4 000 g以上

（2）仪器准备

1）标准筛：粗筛（圆孔）：孔径为60 mm、40 mm、20 mm、10 mm、5 mm、2 mm；细筛：孔径为2 mm、1.0 mm、0.5 mm、0.25 mm、0.075 mm。

2）天平：称量5 000 g，感量5 g；称量1 000 g，感量1 g；称量200 g，感量0.2 g。

3）摇筛机：检查润滑油，各运动部位运动自如，电机工作正常。

4）其他：烘箱、筛刷、烧杯、木碾、研钵及杵等。

土壤筛分用主要仪器如图1—2—11所示。

标准筛

摇筛机

图1—2—11　土壤筛分用主要仪器

2．试验步骤

（1）按规定称取试样，将试样分批过2 mm筛。称量小于2 mm的土样质量，计算其占总质量的百分数。

小提示

如2 mm筛下的土不超过试样总质量的10%，可省略细筛分析，如2 mm筛上的土不超过试样总质量的10%，可省略粗筛分析。

本任务中，缩分后试样质量为3 615 g，筛后得到小于2 mm的土样质量为987 g，占总质量的27%，所以应同时进行粗筛和细筛分析。

（2）将大于2 mm的试样从大到小的次序，通过大于2 mm的各级粗筛，将留在筛上的土分别称量。

（3）将小于2 mm的试样从大到小的次序，通过小于2 mm的各级细筛。可用摇筛机进行振摇。振摇时间一般为10～15 min。

由最大孔径的筛开始，顺序将各筛取下，在白纸上（或盘）用手轻叩摇晃，至每分钟筛下数量不大于该级筛余质量的1%为止。漏下的土粒应全部放入下一级筛内，并将留在各筛上的土样用软毛刷刷净，分别称量。

小提示

如2 mm筛下的土数量过多，可用四分法缩分至100～800 g。

筛分步骤如图1—2—12所示。

取样

过筛

复筛

图1—2—12 筛分步骤

3. 数据处理

（1）筛分结果判定与数据处理

土样筛分结果见表1—2—14。

表1—2—14 土样筛分结果

粗筛分析			细筛分析		
孔径（mm）	各筛上的存留量（g）	累积留筛土质量（g）	孔径（mm）	各筛上的存留量（g）	累积留筛土质量（g）
40		0	1	264	2 892
20	420	420	0.5	396	3 288

续表

粗筛分析			细筛分析		
孔径（mm）	各筛上的存留量（g）	累积留筛土质量（g）	孔径（mm）	各筛上的存留量（g）	累积留筛土质量（g）
10	684	1 104	0.25	216	3 504
5	816	1 920	0.075	72	3 576
2	708	2 628	筛底	13	3 589

1）筛后各级筛上和筛底土总质量与筛前试样质量之差，不应大于筛分前1%。

已知试验前总质量为3 615 g，试验后总质量为3 589 g，两者质量之差为26 g，占筛前的0.7%，小于1%，试验结果满足误差要求。

小提示

含有黏土粒的砂砾土的筛分方法

1. 将土样放在橡皮板上，用木碾将黏结的土团充分碾散，拌匀，烘干，称量。如土样过多时，用四分法称取代表性土样。

2. 将试样置于盛有清水的搪瓷盆中，浸泡并搅拌，使粗细颗粒分散。

3. 将浸润后的混合液过2 mm筛，边冲边洗过筛，直至筛上仅留大于2 mm以上的土粒为止。然后，将筛上洗净的砂砾风干称量，按以上方法进行粗筛分析。

4. 通过2 mm筛下的混合液存放在盆中，待稍沉淀，将上部悬液过0.075 mm细筛，用带橡皮头的玻璃棒研磨盆内浆液，再加清水，搅拌、研磨、静置、过筛，反复进行，直至盆内悬液澄清。最后，将全部土粒倒在0.075 mm筛上，用水冲洗，直到筛上仅留大于0.075 mm净砂为止。

5. 将大于0.075 mm的净砂烘干称量，并进行细筛分析。

2）将大于2 mm颗粒及2～0.075 mm的颗粒质量从原称量的总质量中减去，即为小于0.075 mm颗粒质量。

从试验结果（表1—2—15）中可以看出，实际筛分得到的小于0.075 mm颗粒质量为13 g，经计算后小于0.075 mm颗粒质量为3 615 − 3 576 = 39（g）。数据从新后结果见表1—2—15。

3）如果小于0.075 mm颗粒质量超过总土质量的10%，有必要时，将这部分土烘干、取样，另做比重计或移液管分析。

根据试验结果小于0.075 mm颗粒质量为39 g，占土总质量（3 615 g）的1%，所以无须用比重计或移液管分析。

（2）筛分参数计算

1）按公式1—2—5计算小于某粒径的颗粒累计质量：

表 1—2—15 **土样筛分结果**

粗筛分析			细筛分析		
孔径（mm）	各筛上的存留量（g）	累积留筛土质量（g）	孔径（mm）	各筛上的存留量（g）	累积留筛土质量（g）
40		0	1	264	2 892
20	420	420	0.5	396	3 288
10	684	1 104	0.25	216	3 504
5	816	1 920	0.075	72	3 576
2	708	2 628	筛底	39	3 615

$$A = B - C \qquad (1—2—5)$$

式中 A——小于某粒径的颗粒累计质量，g；

B——试样的总质量，g；

C——某粒径颗粒对应筛孔的累积留筛土质量，g。

如小于 20 mm 粒径的颗粒累计质量为 3 615 - 420 = 3 195 g；小于 10 mm 粒径的颗粒累计质量为 3 615 - 1 104 = 2 511 g……

2）按公式 1—2—6 计算小于某粒径颗粒的累计质量百分数：

$$X = \frac{A}{B} \times 100 \qquad (1—2—6)$$

式中 X——小于某粒径颗粒的累计质量百分数，%；

A，B——意义同前。

如小于 20 mm 粒径的颗粒累计质量百分数为$\frac{3\ 195}{3\ 615} = 88.4\%$，小于 10 mm 粒径的颗粒累计质量百分数为$\frac{2\ 511}{3\ 615} = 69.5\%$……

按上述步骤整理的试验结果见表 1—2—16。

表 1—2—16 **土的筛分试验结果**

粗筛分析					细筛分析				
孔径（mm）	各筛上的存留量（g）	累积留筛土质量（g）	小于某粒径的颗粒累计质量（g）	小于某粒径颗粒质量累计百分数（%）	孔径（mm）	各筛上的存留量（g）	累积留筛土质量（g）	小于某粒径的颗粒累计质量（g）	小于某粒径颗粒质量累计百分数（%）
40		0	3 615	100.0	1	264	2 892	723	20.0
20	420	420	3 195	88.4	0.5	396	3 288	327	9.0
10	684	1 104	2 511	69.5	0.25	216	3 504	111	3.1
5	816	1 920	1 695	46.9	0.075	72	3 576	39	1.1
2	708	2 628	987	27.3	筛底	39	3 615	0	0.0

根据以上筛分结果可初步判定土样类别，因为大于 0. 075 mm 的土粒占总质量的 98. 9%（即 100% 减去小于 0. 075 mm 的 1. 1%），大于 50%，且大于 60 mm 的土粒占总质量的 0%，可认定该土样为粗粒土；又因为大于 2 mm 的土粒占总质量的 72. 7%（即 100% 减去小于 2 mm 的 27. 3%），也就是砾粒组占优势，可认定该土样为砾类土。

由筛分结果还可看出细粒组质量为总质量的 1. 1%，少于 5%，应进一步确定土的级配指标不均匀系数和曲率系数。

3）确定不均匀系数和曲率系数。

①在半对数坐标纸上，以小于某粒径的颗粒质量百分数为纵坐标，以粒径（mm）为横坐标，绘制颗粒大小级配曲线，求出各组的颗粒质量百分数，以整数（%）表示。土的颗粒级配曲线如图 1—2—13 所示。

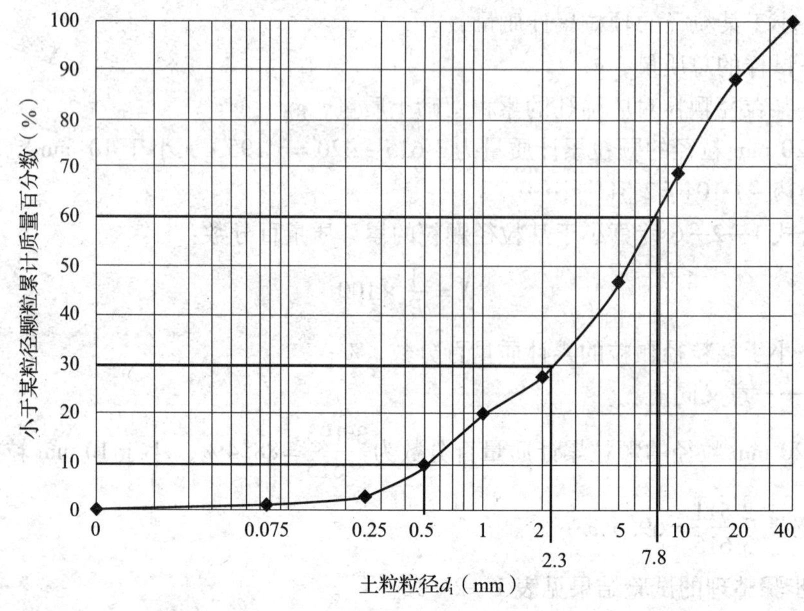

图 1—2—13 土样的级配曲线

②按公式 1—2—5 和公式 1—2—6 计算不均匀系数和曲率系数：

$$C_u = \frac{d_{60}}{d_{10}} = \frac{7.8}{0.5} = 15.6 > 5$$

$$C_c = \frac{d_{30}^2}{d_{10} \cdot d_{60}} = \frac{2.3^2}{0.5 \times 7.8} = 1.36 \qquad \text{（满足 1 ~ 3 的要求）}$$

4. 结论

该土样级配良好，定名为级配良好砾，记为 GW。

二、对土样 B 的判定

土样 B 经筛分后确定为细粒土，且粗粒组质量少于总质量的 25%，从而可以确定该土样为粉质土或黏质土。进一步确定应通过界限含水率试验完成。

液限塑限联合测定法测定土的界限含水率的试验目的是联合测定土的液限和塑限，为划分土类，计算天然稠度、塑性指数，供公路工程设计和施工使用。该测定方法适用于粒径不大于0.5 mm，有机质含量不大于试样总质量5%的土。

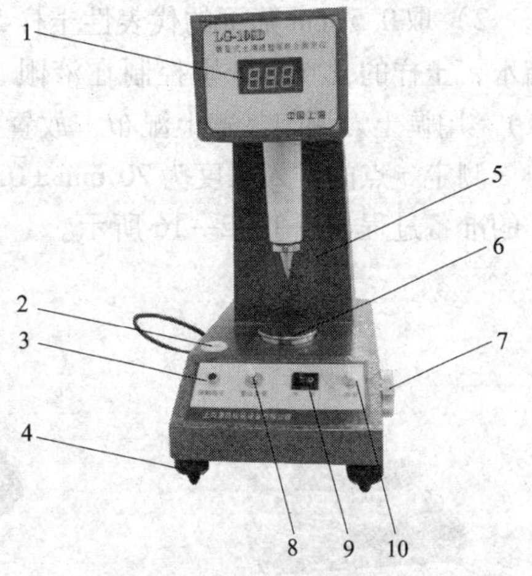

图1—2—14　圆锥仪

1—读数窗　2—水准泡　3—接触指示灯　4—脚螺旋　5—试锥　6—升降座　7—升降旋钮　8—复位开关　9—电源开关　10—测量按钮

1. 试验准备

（1）仪器设备准备

1）圆锥仪（LP－100型液限塑限联合测定仪）：锥质量为100 g，锥角为30°，读数显示形式宜采用数码式，如图1—2—14所示。

准备内容：调平脚螺旋使其转动自如，试锥质量、外形符合要求，测量按钮反应灵敏，读数窗显示完成等。

小提示

液限塑限联合测定仪有数码式、光电式、游标式或百分表式，本试验采用数码式，试锥有100 g和76 g两种，本试验采用100 g。

2）盛土杯：直径50 mm，深度40～50 mm。

3）天平：称量200 g，感量0.01 g。

4）其他：筛（孔径0.5 mm）、调土刀、调土皿、称量盒、研钵（附带橡皮头的研杵或橡皮板、木棒）、干燥器、吸管、凡士林等。

试验所用主要仪器如图1—2—15所示。

盛土杯

天平

其他仪器

图1—2—15　试验所用主要仪器

（2）土样的准备

1）取有代表性的天然含水率或风干土样进行试验。如土中含大于0.5 mm的土粒或杂物时，应将风干土样用带橡皮头的研杵研碎或用木棒在橡皮板上压碎，过0.5 mm的筛。

2）取0.5 mm筛下的代表性土样200 g三份，分别放入三个盛土皿中，加不同数量的蒸馏水，土样的含水率分别控制在液限（a点）、略大于塑限（c点）和二者的中间状态（b点）。用调土刀调匀，盖上湿布，放置18 h以上。

测定a点的锥入深度为20 mm ±0.2 mm，测定c点的锥入深度应控制在5 mm以下。土样的准备过程如图1—2—16所示。

取土过筛

加水调匀

盖上湿布，放置

图1—2—16　土样的准备过程

小提示

测定a点的锥入深度对于76 g锥应为17 mm；测定c点的锥入深度对于76 g锥应控制在2 mm以下；对于砂类土，用100 g锥测定c点的锥入深度可大于5 mm，用76 g锥测定c点的锥入深度可大于2 mm。

小提示

试样制备的好坏对液塑限联合测定的精度具有头等重要的意义。制备试样应均匀密实。一般制备三个试样。第一个要求含水率接近液限（入土深度20 mm ±0.2 mm），第二个要求含水率接近塑限，第三个居中。否则就不易控制曲线走向。对于联合测定精度最有影响的是靠近塑限的那个试样。可以先将试样充分揉搓，再将土块紧密压入容器，刮平，待测。当含水率等于塑限时，对控制曲线最有利，但此时试样很难制备，必须充分揉搓，使土的断面上无空隙存在。为便于操作，根据实际经验含水率可略放宽，以入土深度不大于4～5 mm为限。

2. 试验步骤

(1) 将制备的土样充分搅拌均匀，分层装入盛土杯，用力压密，使空气逸出。对于较干的土样，应先充分搓揉，用调土刀反复压实。试杯装满后，刮成与杯边齐平。

(2) 接通电源，调平机身，打开开关，提上锥体（此时数码显示为零），锥头上涂少许凡士林。

(3) 将装好土样的试杯放在联合测定仪的升降座上，转动升降旋钮，待锥尖与土样表面刚好触碰时，指示灯亮，停止转动旋钮。按下检测按钮，锥体立刻自行下沉，5 s时，自动停止下落，数码窗上显示锥入深度，记作h_1。

(4) 试验完毕，按动复位按钮，锥体复位，读数显示为零。提起锥杆，擦净锥体并涂少许凡士林。

（5）改变锥尖与土接触位置（锥尖两次锥入位置距离不小于1 cm），重复步骤（3），得锥入深度 h_2，h_1 和 h_2 允许误差为0.5 mm，否则应重作。取 h_1，h_2 平均值作为该点的锥入深度 h。

重复本试验（1）至（5）步骤，对其他两个含水率土样进行试验，测其锥入度，试验结果见表1—2—17。

表1—2—17　　锥入试验结果

试验点		*a*点	*b*点	*c*点
入土深度（mm）	h_1	4.03	9.01	19.98
	h_2	3.97	8.99	20.02
	$\frac{1}{2}(h_1+h_2)$	4	9	20

（6）去掉锥尖入土处的凡士林，取10 g以上的土样两个，分别装入称量盒内，称质量（准确至0.01 g），测定其含水率 w_1，w_2（计算到0.1%）。计算含水率平均值 w。

液塑限试验过程如图1—2—17所示。

调土

刮平

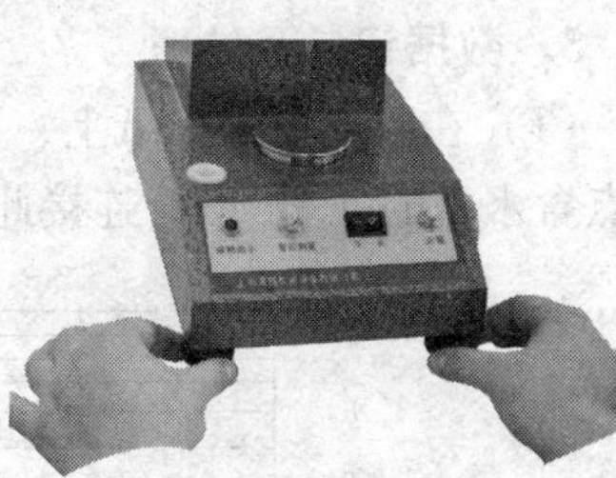
调平仪器

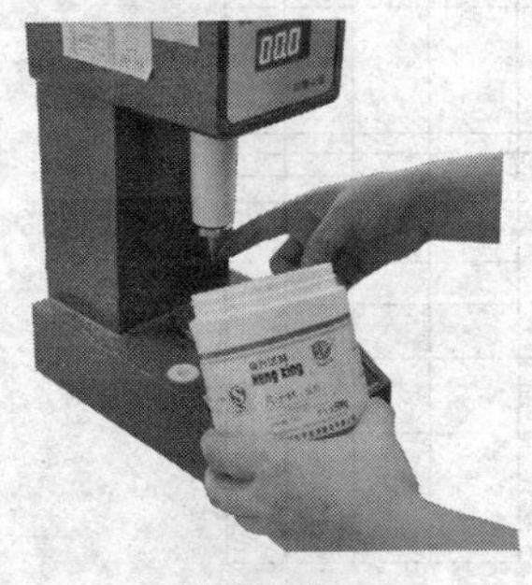
涂凡士林

上升

接触

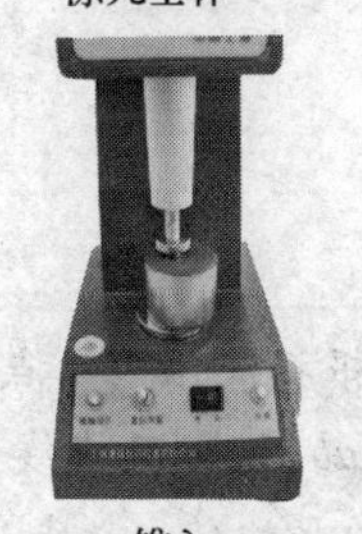
锥入

读数

去凡士林

图1—2—17　液塑限试验过程

根据任务一中的介绍，采用酒精燃烧法对含水率进行测定。试验记录见表1—2—18。

表1—2—18　　土的含水率试验记录表（酒精燃烧法）

盒号		1	2	3	4	5	6
盒质量（g）	(1)	20.0	19.0	20.0	21.0	19.0	20.0
盒+湿土质量（g）	(2)	40.53	40.00	42.3	42.85	40.65	40.45
盒+干土质量（g）	(3)	37.26	36.66	37.4	38.06	34.4	34.57
水分质量（g）	(4)=(2)-(3)	3.27	3.34	4.9	4.79	6.25	5.88
干土质量（g）	(5)=(3)-(1)	17.26	17.66	17.4	17.06	15.4	14.57
含水率（%）	(6)=(4)/(5)	18.95	18.91	28.16	28.08	40.58	40.36
平均含水率（%）	(7)	18.9		28.1		40.4	

3. 数据记录及处理

（1）在双对数坐标纸上，以含水率 w 为横坐标，锥入深度 h 为纵坐标，点绘 a，b，c 三点含水率的 h—w 图，连接此三点，应呈一条直线（见图1—2—18）。

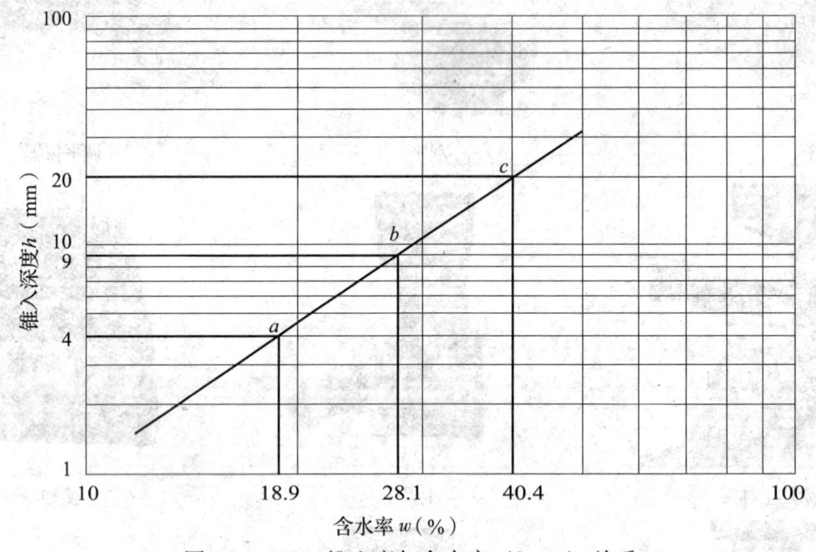

图1—2—18　锥入度与含水率（h—w）关系

小提示

如三点不在同一直线上，要通过 a 与 b，c 两点连成两条直线，根据液限（a 点含水率）在 h_p—ω_L 图（见图1—2—19）上查得 h_p，以此 h_p 再在 h—ω 图上的 ab 及 ac 两直线上求出相应的两个含水率，当两个含水率的差值小于2%时，以该两点含水率的平均值（d 点）与 a 点连成一直线。当两个含水率的差值大于2%时，应重做试验。

(2) 液限的确定方法

在 $h—w$ 图上，查得纵坐标入土深度 $h=20$ mm 所对应的横坐标的含水率 w，即为该土样的液限 w_L。从图上查得 $w_L=40.4\%$。

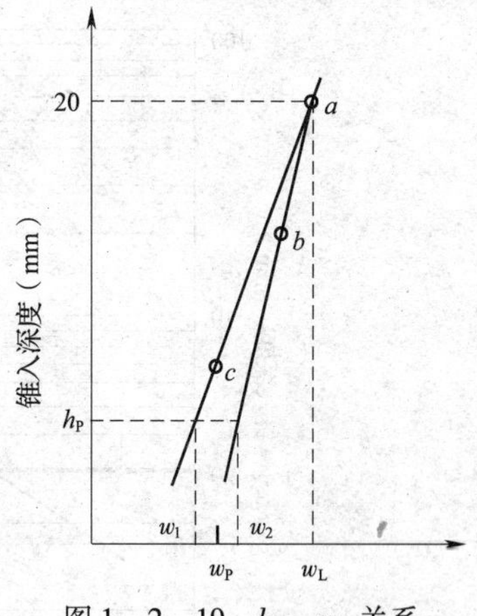

图 1—2—19　$h_p—w_L$ 关系

小提示

若采用 76 g 锥做液限试验，则在 $h—w$ 图上，查得纵坐标入土深度 $h=17$ mm 所对应的横坐标的含水率 w，即为该土样的液限 w_L。

(3) 塑限的确定方法

根据求出的液限 w_L，通过 $h_p—w_L$ 关系曲线（见图 1—2—20），查得 h_p。

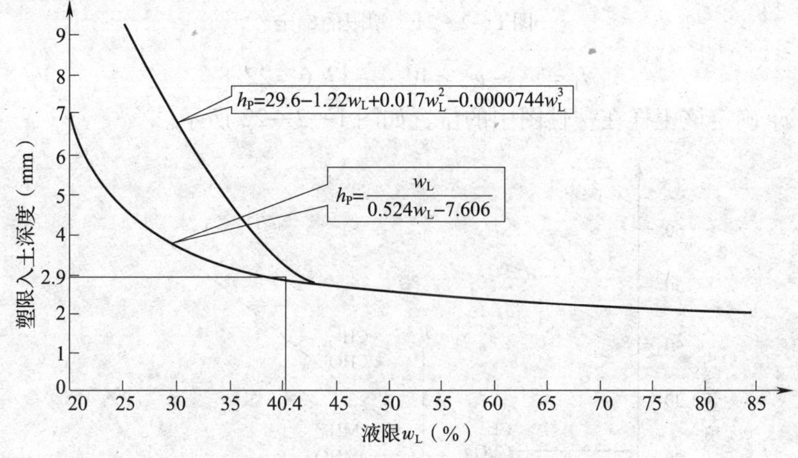

图 1—2—20　$h_p—w_L$ 关系曲线

小提示

查 $h_p—w_L$ 关系图时，须先通过简易鉴别法及筛分法，把砂类土与细粒土区别开来，再按这两种土分别采用相应的 $h_p—w_L$ 关系曲线；对细粒土，用双曲线确定 h_p 值；对砂类土，则用多项式曲线确定 h_p 值。

采用 76 g 锥做液限试验时，在 76 g 锥的 $h—w$ 关系曲线上，查得锥入深度为 $h=2$ mm，所对应的含水率即该土样的塑限 w_p。

通过试验前对土样的筛分已经知道该土样为细粒土，所以应用双曲线确定 h_p。

因为 $w_L=40.4\%$，查图 $h_p—w_L$ 关系曲线，确定 $h_p=2.9$ mm。

再由图 1—2—13 求出锥入深度为 h_p 时所对应的含水率即该土样的塑限 w_p，如图 1—2—21 所示。

因为 $h_p=2.9$ mm，查图 1—2—16，确定 $w_p=17.6\%$。

(4) 根据任务一中的方法确定塑性指数 I_p

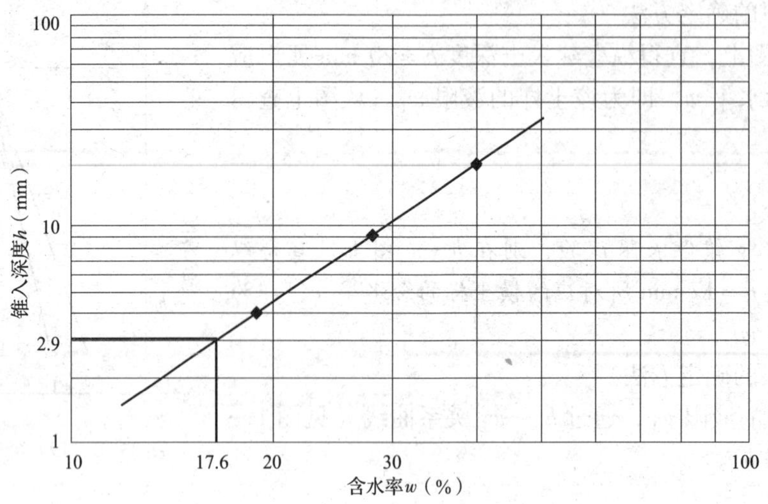

图 1—2—21　塑限的确定

$$I_P = w_L - w_p = 40.4 - 17.6 = 22.8$$

由 I_P 和 w_L 确定该土样在塑性图中的位置如图 1—2—22 所示。

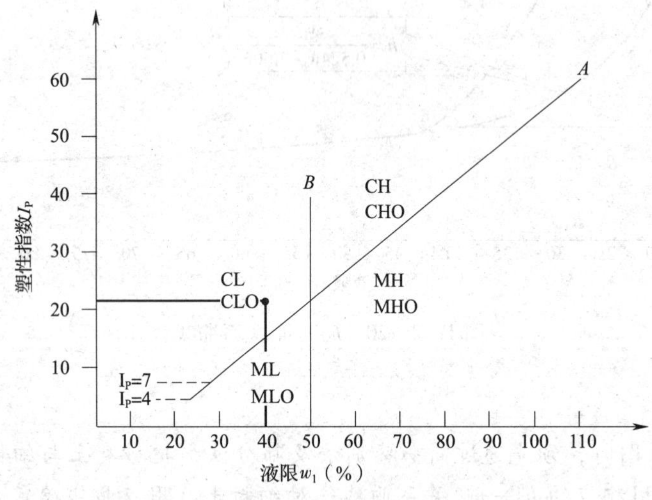

图 1—2—22　土样在塑性图中的位置

4. 结论

从图 1—2—22 中可以判定该土样为低液限黏土，土名为 CL。

土的简易鉴别方法

土的简易鉴别方法是指用目测法代替筛分法确定土粒组成及其特征的方法。用干强度、手捻、韧性和摇振反应等定性方法代替用液限仪测定细粒土塑性的方法。

确定土粒组含量时，可将研散的风干试样摊成一薄层，凭目测估计土中巨、粗、细粒组所占的比例。再按前述方法有关规定确定其为巨粒土、粗粒土或细粒土。

1. 干强度试验

将一小块土捏成土团，风干后用手指捏碎、掰断及捻碎，根据用力大小区分为：

（1）很难或用力才能捏碎或掰断者为干强度高。

（2）稍用力即可捏碎或掰断者为干强度中等。

（3）易于捏碎和捻成粉末者为干强度低。

2. 手捻试验

将稍湿或硬塑的小土块在手中揉捏，然后用拇指和食指将土捻成片状，根据手感和土片光滑度可分为：

（1）手感滑腻、无砂、捻面光滑者为塑性高。

（2）稍有滑腻感、有砂粒、捻面稍有光泽者为塑性中等。

（3）稍有黏性、砂感强、捻面粗糙者为塑性低。

3. 搓条试验

将含水率略大于塑限的湿土块在手中揉捏均匀，再在手掌上搓成土条，根据土条不断裂而能达到的最小直径可区分为：

（1）能搓成小于 1 mm 土条者为塑性高。

（2）能搓成 1 ~3 mm 土条而不断者为塑性中等。

（3）能搓成直径大于 3 mm 的土条即断裂者为塑性低。

4. 韧性试验

将含水率略大于塑限的土块在手中揉捏均匀，然后在手掌中搓成直径为 3 mm 的土条，再揉成土团，根据再次搓条的可能性可区分为：

（1）能揉成土团，再成条，捏而不碎者为韧性高。

（2）可再成团，捏而不易碎者为韧性中等。

（3）勉强或不能揉成团，稍捏或不捏即碎者为韧性低。

5. 摇振反应试验

将软塑至流动的小土块捏成土球，放在手掌上反复摇晃，并以另一手掌击此手掌，土中自由水渗出，球面呈现光泽；用两手指捏土球，放松后水又被吸入，光泽消失。根据上述渗水和吸水反应快慢可区分为：

（1）立即渗水和吸水者为反应快。

（2）渗水和吸水中等者为反应中等。

（3）渗水吸水慢及不渗不吸者为无反应。

6. 其他鉴别方法

（1）巨粒土和粗粒土可目估，按前述方法中有关规定进行分类定名。

（2）细粒土可根据前述方法的试验结果，按表 1—2—19 进行分类定名。

表 1—2—19　　细粒土简易分类

半固态时的干强度	硬塑~可塑态时的手捻感和光滑度	土在可塑态时		软塑~流塑态时的摇振反应	土类代号
		可搓成最小直径（mm）	韧性		
低~中	灰黑色，粉粒为主，稍黏，捻面粗糙	3	低	快~中	MLO
中	砂粒稍多，有黏性，捻面较粗糙，无光泽	2~3	低~中	快~中	ML
中~高	有砂粒，稍有滑腻感，捻面稍有光泽，灰黑色者为 CLO	1~2	中	无~很慢	CL CLO
中	粉粒较多，有滑腻感，捻面较光滑	1~2	中	无~慢	MH
中~高	灰黑色，无砂，滑腻感强，捻面光滑	<1	中~高	无~慢	MHO
高~很高	无砂感，滑腻感强，捻面有光泽，灰黑色者为 CHO	<1	高	无	CH CHO

（3）在现场采样和试验开启试样时，应按下列内容描述土的状态。

1）巨粒土和粗粒土。通俗名称及当地名称；土颗粒最大粒径；漂石粒、卵石粒、砾粒、砂粒组的含量；土颗粒形状（圆、次圆、棱角或次棱角）；土颗粒的矿物成分；土的颜色和有机质；细粒土（黏土或粉土）；土的代号和名称。

2）细粒土。通俗名称及当地名称；土颗粒最大粒径；漂石粒、卵石粒、砾粒、砂粒组的含量；潮湿时土的颜色及有机质；土的湿度（干、湿、很湿或饱和）；土的状态（流动、软塑、可塑或硬塑）；土的塑性（高、中或低）；土的代号和名称。

（4）根据土的不同用途分别描述下列内容。

1）当用做填料时，不同土类的分布层次及范围。

2）当用做地基时，土的分布层次及范围、结构性和密度。

思考与练习

1.《公路土工试验规程》（JTG E40—2007）中如何对工程用土进行分类？

2. 简述筛分法鉴别工程土的过程。

3. 简述液塑限联合测定法鉴别土的过程。

任务三　评价土的路用性能

学习目标

- 了解土的压实特性及评价指标。
- 了解路基土的强度和评价指标。
- 掌握工程用土的击实试验方法。
- 掌握工程用土的 CBR 试验方法。

想一想

路基是公路的主要组成部分，根据填料不同可分为土方路基和填石路基。土方路基即是以土作为填方材料的路基。当填料选用不当或施工不合理，会造成路基沉陷、路基边坡滑坍、冻胀翻浆等路基病害，如图 1—3—1 所示。

路基沉陷

边坡滑坍

冻胀翻浆

图 1—3—1　路基常见病害

产生这些病害的原因是什么？作为土方路基原材料的土应具备什么样的要求？当一种土可用做路基材料时，能用在路基的任意层位吗？采取哪些措施才能避免类似病害的产生呢？

工作任务

某高速公路土方路基上路床采用取土坑取土施工，现需要评价该土是否能用于上路床施工，并确定路基施工质量的控制指标。

根据任务的要求，首先应对土质的性能进行评价，因为只有好的建筑材料配合适合的施工方法才能建成好的公路，公路的使用性能与材料的路用性能息息相关。现行的规范中对路基填料的性能也有相关的规定。在材料性能满足要求的前提下配合适当的施工方法进行路基施工，得到的路基结构实体质量也要进行检测。所以，对原材料和工程实体的检测是我们要完成的工作内容。下面将结合任务要求了解具体的实施过程。

一、对路基的基本要求

路基作为公路的基础，对其最主要的要求就是强度和稳定性。

如何保证路基强度，一是原材料即土的强度满足要求，再者是通过合理的施工方法提高路基材料的密实程度，使土颗粒能紧密地排在一起，减少颗粒间的空隙。

路基的稳定性包括整体稳定性和水温稳定性，前者与土的性质有关，也与施工有关，显然密实的土体其整体稳定性就好；水温稳定则主要取决于土的性质与土基的密实程度，对于密实的土体，颗粒间空隙少，水分不易渗入，在温度差的作用下水不能移动和产生积聚，也不容易产生冻触现象。

根据路基的受力特点，越接近路面底面的路基，车辆荷载对路基的作用越大，越往下，车辆荷载对路基的作用越小。当到达某一深度时，车辆荷载对路基的作用将很小，不足以引起路基的破坏。从这一点出发，越接近路面的路基材料，其强度应越高，越接近路面的路基结构层位，其密实程度也应越大。

从以上分析可知，当一种土用做路基填料时，保证其密实程度是保证路基强度和稳定性的首要条件，只有在保证一定密实程度的情况下谈论土的强度才有意义，或者简单地说，松散的路基材料是没有强度的。

二、土的压实特性与评价指标

1. 路基填土压实的必要性

在土木工程建设中，如道路路基（路堤）、土坝、基础垫层以及挡土墙回填土等，大多是以土作为材料，按一定要求和范围进行堆填而成，常常会遇到填土夯实问题。填土不同于天然土层，土体经过挖掘、搬运、堆填，原结构已被破坏，土的含水率也会发生变化，堆填时必然在土团之间留下许多大的空隙。

未经压实的填土强度低，压缩性大而且不均匀，遇水易发生陷坍、崩解等现象。特别是道路路堤这样的土工构筑物，在车辆频繁运行和反复动荷载作用下，可能出现不均匀或过大的沉陷或坍落甚至失稳滑动，从而恶化运营条件及增加维修工作量。此外，压实路基土体，提高路基的密实度和强度，也是减少其上面的路面厚度，延长路面使用寿命，降低工程造价的技术措施。所以，道路路堤、机场跑道等填土工程必须按一定的技术标准压实，使之具有足够的密实度和强度，以确保行车安全、快速和舒适。

压实的实质是通过外力作用（人工夯击、机械夯击或机械碾压等方式）克服疏松材料之间的内摩擦力和粘结力，使材料颗粒产生位移并互相靠近，从而提高其密度和强度。土的压实过程，既不是静荷载作用下排水固结过程，也不同于一般压缩过程，而是在不排水条件下迫使土的颗粒重新排列，使其固相密度增加、气相体积减小的过程。

2. 土的压实机理分析

适量的水在土颗粒之间起着润滑作用，使材料的内摩擦阻力减小，有利于材料的压实。

当土中水分含量过少时，由于材料颗粒间缺乏必要的水分润滑，使材料的内摩擦阻力加大，在一定的压实功条件下，增加了压实的难度，同时因为材料含水率过低，材料的可塑性变差，其塑性变形的能力降低，因此，压实材料的干密度较小。

随着材料中水分含量的增加，水分的润滑作用逐步提高，在一定的压实功条件下，压实材料的干密度随含水率增加而增大。当含水率超过某一界限（最佳含水率）后，过多的水分虽然能继续减小材料的内摩擦阻力，但单位材料中空气的体积逐渐减少到最低程度，而水的体积却不断在增加，由于水是不可压缩的，因此在相同的压实功作用下，难以改变材料颗粒的相对位置，故压实效果较差。另外，在材料使用过程中，由于自由水的蒸发在材料中留下大量的孔隙，从而降低了材料的密度和耐久性。

干密度是衡量土内部紧密程度的指标。干密度越大材料越致密，其空隙越小，耐久性和强度就越高。

需要说明的是：（1）不同类型的土，其最佳含水率、最大干密度是不相同的；（2）对于同一种土，施加的压实功不同，其最佳含水率、最大干密度也不同；（3）实际工程中，土在小于最佳含水率的情况下，通过增加压实功的办法也能够达到较高的干密度，但这样做是不经济的。

3. 土的标准干密度确定方法

为了摸索土或其他筑路材料的压实特性，通常采用室内标准击实试验的方法模拟施工现场对土或其他疏松材料的压实情况。工程实践发现，含水率变化对土或无机结合料稳定材料的性质影响较大，对材料所能达到的密实度起着非常重要的作用。

室内标准击实试验就是用标准击实试验方法，在一定夯击功能下测定各种细粒土、含碎石（砾石）土等筑路材料的含水率与干密度的关系，从而确定土的最佳含水率与相应的最大干密度，借以了解土的压实性能，作为工地施工压实控制的依据。

室内标准击实试验的基本方法是：对于同一种土，配置成不同含水率的试样（通常不少于5个含水率），试样分层装入标准击实仪的击实筒内，在相同的击实功（击实锤重量、落高、击实次数相同）作用下击实试样，分别测定每种含水率试样对应的干密度，绘制含水率—干密度关系曲线，在含水率—干密度关系曲线上确定其最佳含水率与最大干密度。

室内标准击实试验根据击实锤重量、落高和击实筒内径大小等分轻型击实和重型击实两种，击实试验的方法种类见表1—3—1。

表 1—3—1　　击实试验方法种类

试验方法	类别	锤底直径（cm）	锤重（kg）	落高（cm）	试筒尺寸			层数	每层击数	击实功（kJ/m^2）	最大粒径（mm）
					内径（cm）	高（cm）	容积（cm^3）				
轻型Ⅰ法	Ⅰ.1	5	2.5	30	10	12.7	997	3	27	598.2	20
	Ⅰ.2	5	2.5	30	15.2	12	2 177	3	59	598.2	40
重型Ⅱ法	Ⅱ.1	5	4.5	45	10	12.7	997	5	27	2 687	20
	Ⅱ.2	5	4.5	45	15.2	12	2 177	3	98	2 677.2	40

以含水率为横坐标、干密度为纵坐标，绘制的干密度与含水率的关系曲线如图 1—3—2 所示，曲线上峰值点的纵、横坐标分别为最大干密度和最佳含水率，分别用 ρ_0，w_0 表示。如曲线不能绘出明显的峰值点，应进行补点或重做。从图 1—3—2 中可以看出，土等筑路材料只有在最佳含水率的情况下才能达到最大的干密度值。

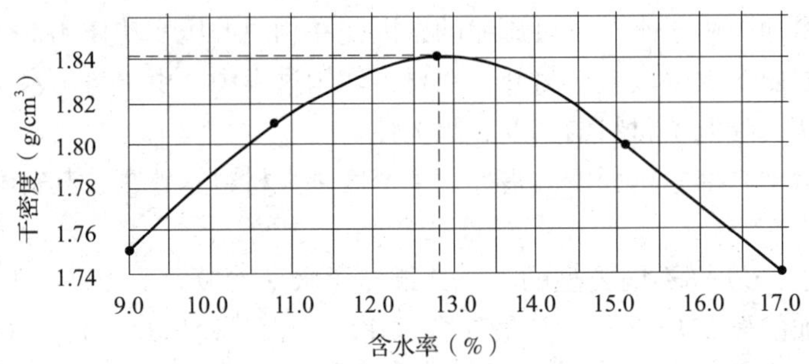

图 1—3—2　干密度与含水率的关系曲线

4. 路基土密实程度评价指标

在路基施工中，通过压实的方法对土质筑路材料施加动的或静的外力，以提高其密实度。为了评价土质筑路材料的压实质量，通常采用压实度作为压实质量的评价指标。

压实度是指土质筑路材料压实后的干密度与标准最大干密度的百分比，用 K 表示。按公式 1—3—1 计算：

$$K = \frac{\rho_d}{\rho_0} \times 100 \qquad (1—3—1)$$

式中：K—— 压实度，%；

ρ_d——施工现场（土或无机结合料稳定材料等）筑路材料压实后实测的干密度，g/cm^3；

ρ_0——室内标准击实试验测得的最大干密度，g/cm^3。

公路工程质量检验评定标准（JTG F80—1—2004）中对土基压实度的要求见表 1—3—2。

表 1—3—2　　土方路基压实度要求

检查项目			规定值或允许偏差		
			高速公路 一级公路	其他公路	
				二级公路	三、四级公路
压实度（%）	零填及挖方（m）	0 ~ 0.30	—	—	94
		0 ~ 0.80	≥96	≥95	—
	填方（m）	0 ~ 0.80	≥96	≥95	≥94
		0.80 ~ 1.50	≥94	≥94	≥93
		>1.50	≥93	≥92	≥90

5. 影响土的击实性的因素

(1) 土的含水率

当黏性土的含水率过低或过高时，均不易击实到较高的密度。在一定击实功能下，只有当含水率接近最佳含水率时，才能击实到较大的密度。黏性土的最佳含水率一般接近黏性土的塑限，可近似取为塑限加 2%。

将不同含水率及所对应的土体达到饱和状态时的干密度点绘于图 1—3—3 中，得到饱和度为 100% 的饱和曲线。从图 1—3—3 中可见，试验的击实曲线在峰值以右逐渐接近于饱和曲线，并且大体上与它平行，但永不相交。试验证明，一般黏性土在其最佳击实状态下（击实曲线峰点），其饱和度通常约为 80% 左右。

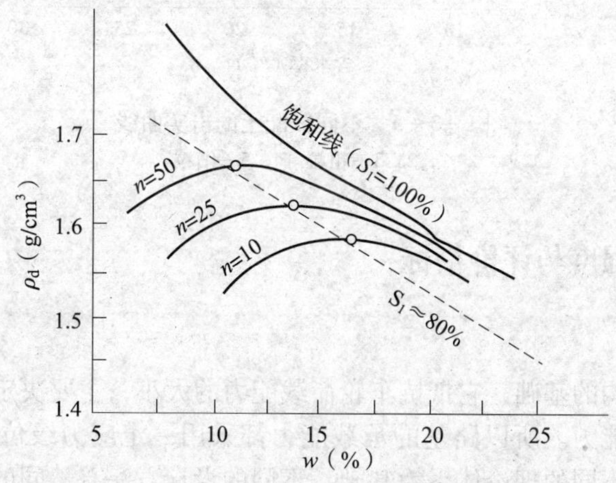

图 1—3—3　含水率、干密度和击实功能之间的关系

(2) 击实功

对于同一种土，击实功小，则能达到的最大干密度也小；反之，击实功大，所能达到的最大干密度也大。而最佳含水率正好相反，即击实功小，则最佳含水率大；击实功大，则最佳含水率小。

(3) 土粒级配

图 1—3—4 是五种不同土的级配曲线，图 1—3—5 是它们的击实曲线。可以看出，粗粒含量多、颗粒级配良好的土，最大干密度较大，最佳含水率较小。

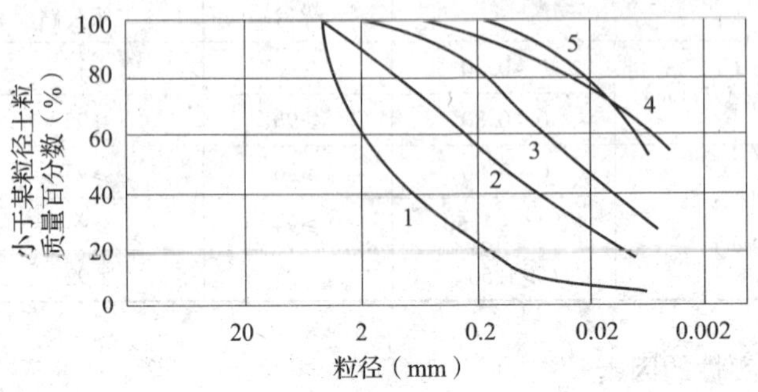

图 1—3—4　不同土的级配曲线

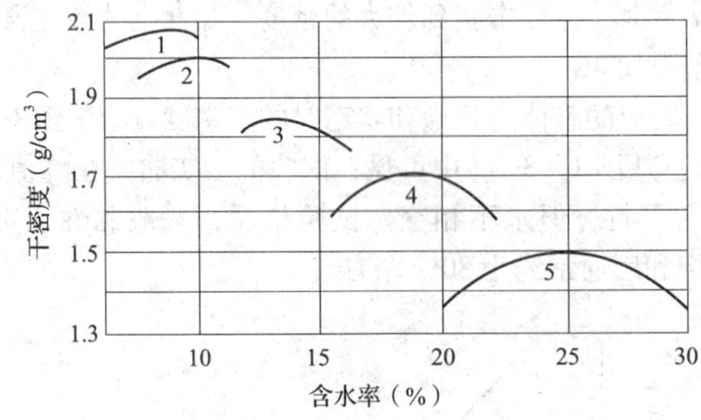

图 1—3—5　不同级配土的击实曲线

1，2，3—粗粒　4，5—细粒

三、路基土的强度与评价指标

1. 路基土的强度

路基作为路面结构的基础，它抵抗车轮荷载能力的大小，主要决定于路基顶面在一定应力级位下抵抗变形的能力。所以路基的承载能力都采用一定应力级位下的抗变形能力来表征。尽管路面设计以不同的理论体系为基础，不同的设计方法有不同的假定前提，但是用来表征路基承载力的各种指标，它们的前提基本上是相同的，也就是土基在一定应力级位下的抗变形能力。

2. 路基土强度评价指标

由于无法直接测定路基土的强度，工程上只能用间接试验方法来确定路基土的强度，目前最常用的指标是室内加州承载比（CBR）。

加州承载比是早年由美国加利福尼亚州（California）提出的一种评定土基及路面材料承

载力的指标。承载能力以材料抵抗局部荷载压入变形的能力表征，并采用高质量标准碎石为标准，以它们的相对比值表示 CBR 值。不同贯入深度时的标准荷载强度和标准荷载见表 1—3—3。

表 1—3—3　不同贯入深度时的标准荷载强度和标准荷载

贯入量（mm）	标准荷载强度（kPa）	标准荷载（kN）
2.5	7 000	13.7
5.0	10 500	20.3
7.5	13 400	26.3
10.0	16 200	31.8
12.5	18 300	36.0

试件按路基施工时的含水率及压实度要求在试筒内制备，并在加载前在水中浸泡四昼夜。为了测定结构对土基的附加应力，在浸水过程中及贯入试验时，在试件顶面放置荷载板。

试验时，将浸水后的试件用一个端部直径为 50 mm 的标准贯入杆，以 1 ~ 1.25 mm/min 的速度压入土中，利用一个测力计百分表和两个贯入量百分表分别测得贯入压力与贯入深度之间的关系。将试验结果在常数坐标下绘制成曲线，通过曲线确定实际贯入量为 2.5 mm 及 5.0 mm 时所对应的标准荷载强度 P。被测材料的 CBR 值由公式 1—3—2 计算：

$$\mathrm{CBR} = \frac{p}{p_s} \times 100 \qquad (1—3—2)$$

式中　P——对应于某一贯入量的单位压力；

P_s——相应贯入度的标准荷载强度。

《公路路基施工技术规范》（JTG—2006）中对路基填料的强度要求见表 1—3—4。

表 1—3—4　路基填料最小强度要求

<table>
<tr><th colspan="2" rowspan="2">填料应用部位
（路床顶面以下深度）（m）</th><th colspan="3">填料最小强度（CBR）（%）</th></tr>
<tr><th>高速公路、一级公路</th><th>二级公路</th><th>三级、四级公路</th></tr>
<tr><td rowspan="4">填方路基</td><td>上路床（0 ~ 0.30）</td><td>8</td><td>6</td><td>5</td></tr>
<tr><td>下路床（0.30 ~ 0.80）</td><td>5</td><td>4</td><td>3</td></tr>
<tr><td>上路堤（0.80 ~ 1.50）</td><td>4</td><td>3</td><td>3</td></tr>
<tr><td>下路堤（>1.50）</td><td>3</td><td>2</td><td>2</td></tr>
<tr><td rowspan="2">零填及挖方路基</td><td>0 ~ 0.30</td><td>8</td><td>6</td><td>5</td></tr>
<tr><td>0.30 ~ 0.80</td><td>5</td><td>4</td><td>3</td></tr>
</table>

任务实施

本任务主要对土的路用性能进行评价。

根据 CBR 试件制作要求，评价土的路用性能应满足两个前提：一是最佳含水率，二是压实度。因此，评价土的路用性能应进行两个试验，一是土的击实试验，再就是室内 CBR 试验。

一、击实试验确定最佳含水率（w_0）和最大干密度（ρ_0）

用标准击实试验方法，在一定夯击功下测定各种细粒土、含碎（砾石）土等含水率与干密度的关系，从而确定土的最佳含水率与相应的最大干密度。

击实试验分轻型击实和重型击实。轻型击实适用于粒径不大于 20 mm 的土，重型击实适用于粒径不大于 40 mm 的土。采用哪种方法，应根据有关规定或工程、科学试验的特殊需要确定。试验表明，在单位体积击实功相同的情况下，同类土用轻型和重型击实试验的结果相同。

当土中最大颗粒粒径大于或等于 40 mm，并且大于或等于 40 mm 颗粒粒径的质量含量大于 5% 时，则应使用大尺寸试筒进行击实试验，或进行最大干密度校正。大尺寸试筒要求其最小尺寸大于土样中最大颗粒粒径的 5 倍以上，并且击实试验的分层厚度应大于土样中最大颗粒粒径的 3 倍以上。单位体积击实功能控制在 2 677.3 ~ 2 687.0 kJ/m^3。

当细粒土中的粗粒土总含量大于 40% 或粒径大于 0.005 mm 颗粒的含量大于土总质量的 70%（即 $d_{30} \leqslant 0.005$ mm）时，还应做粗粒土最大干密度试验，其结果与重型击实试验比较，最大干密度取两种试验结果的最大值。

1．试验准备

（1）仪器设备

1）标准击实仪：轻、重型试验方法和设备的主要参数应符合表 1—3—1 的规定。事先经筛分确定土样的最大粒径为 20 mm，结合工程需要选择重型Ⅱ-1 的标准进行试验，如图 1—3—6 所示。

2）烘箱及干燥器。

3）天平：感量 0.01 g。

4）台秤：称量 10 kg，感量 5 g。

5）圆孔筛：孔径 40 mm、20 mm 和 5 mm 各 1 个。

6）拌和工具：400 mm×600 mm、深 70 mm 的金属盘、土铲。

7）其他：喷水设备、碾土器、盛土盘、量筒、推土器、铝盒、修土刀、酒精、滴管、平直尺等。

试验主要设备如图 1—3—7 所示。

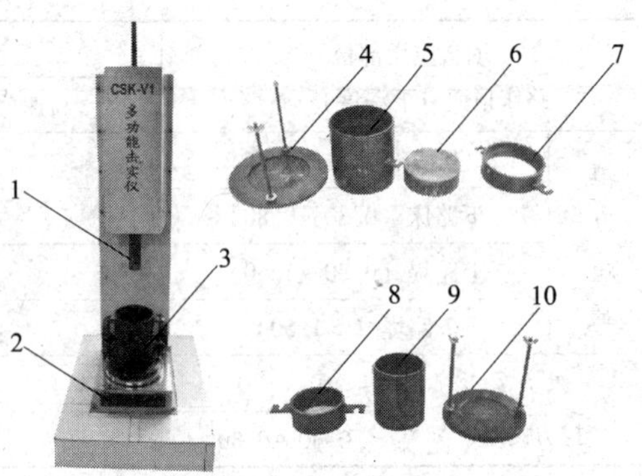

图 1—3—6　标准击实仪

1—击实锤　2—基座　3—击实筒
4—大试筒底板　5—大试筒　6—垫块　7—大试筒套筒
8—小试筒套筒　9—小试筒　10—小试筒底板

（2）试样准备

本试验可分别采用不同的方法准备试样，各方法可按表 1—3—5 准备试样。

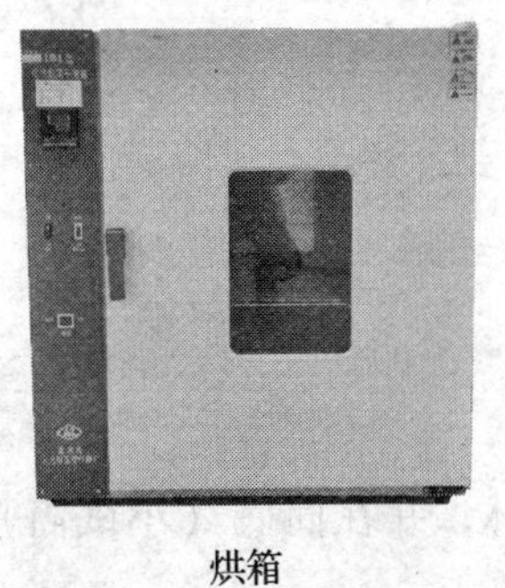

烘箱

圆孔筛

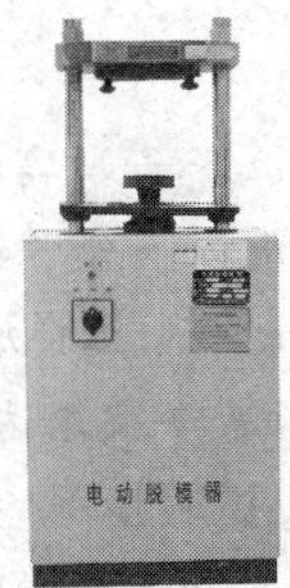

推土器

图 1—3—7 试验主要设备

表 1—3—5 **试料用量**

使用方法	类别	试筒内径（cm）	最大粒径（mm）	试料用量
干土法，试样不重复使用	b	10	20	至少 5 个试样，每个 3 kg
		15.2	40	至少 5 个试样，每个 6 kg
湿土法，试样不重复使用	c	10	20	至少 5 个试样，每个 3 kg
		15.2	40	至少 5 个试样，每个 6 kg

本试验选择干土法，试样不重复使用，根据最大粒径 20 mm 准备 5 个试样，每个 3 kg。分别加入不同水分（按 2% ~ 3% 含水率递增），拌匀后闷料一夜备用。

含水率的选择应控制在其中有 2 个大于和 2 个小于最佳含水率的范围内，由于预计最佳含水率在 15% 左右，所以 5 个试样的含水率分别规定为：10%，12%，14%，16%，18%。试验中我们为了计算的方便，对 5 个试样分别取干土 3 000 g。

各试样应加水的量见表 1—3—6。

表 1—3—6 **各试样应加水的量**

试样编号	1	2	3	4	5
预达到的含水率（%）	10	12	14	16	18
干土质量（g）	3 000	3 000	3 000	3 000	3 000
应加水的质量	300	360	420	480	540

小提示

湿土法（土不重复使用）：对于高含水率土，可省略过筛步骤，用手拣除大于 40 mm 的粗石子即可。保持天然含水率的第一个土样，可立即用于击实试验。其余几个试样，将土分别风干，使含水率按 2% ~3% 递减。

所需加水量按公式 1—3—3 计算：

$$m_w = \frac{m_i}{1 + 0.01w_i} \times 0.01\ (w - w_i) \qquad (1—3—3)$$

式中 m_w——所需的加水量，g；

m_i——含水率 w_i 时土样的质量，g；

w_i——土样原有含水率，%；

w——要求达到的含水率，%。

2. 试验步骤

（1）将击实筒放在坚硬的地面上，在筒壁上抹一层凡士林，并在筒底（小试筒）或垫块（大试筒）上放置蜡纸或塑料薄膜。

（2）取制备好的土样分 3～5 次倒入筒内，每次 400～500 g（其量应使击实后的土样等于或略高于筒高的 1/5）。

小提示

小筒按三层法时，每次 800～900 g（其量应使击实后的试样等于或略高于筒高的 1/3）。对于大试筒，先将垫块放入筒内底板上，（按三层法）每层需试样 1 700 g 左右。

（3）整平表面，并稍加压紧，然后按规定的击数进行第一层土的击实，击实时击锤应自由垂直落下，锤迹必须均匀分布于土样表面。第一层击实完后，将试样层面“拉毛”，重复上述方法进行其余各层土的击实。击实后，试样不应高于筒顶面 5 mm。

小提示

大试筒击实后，试样不应高出筒顶面 6 mm。

（4）用修土刀沿套筒内壁削刮，使试样与套筒脱离后，扭动并取下套筒，齐筒顶细心削平试样，拆除底板，擦净筒外壁，称量，准确至 1 g。

利用公式 1—3—4 求土的湿密度：

$$\rho = \frac{m_1 - m_2}{V} \qquad (1—3—4)$$

式中 ρ——湿密度，g/cm^3；

m_1——筒与湿土的质量和，g；

m_2——筒的质量，g；

V——试筒的体积，小试筒为 997 cm^2，大试筒为 2 177 cm^2。

各试样湿密度的试验结果见表 1—3—7。

表 1—3—7　各试样湿密度

试样编号	1	2	3	4	5
筒＋土质量（g）	2 981.8	3 057.1	3 130.9	3 215.8	3 191.1
筒质量（g）	1 103	1 103	1 103	1 103	1 103
湿土质量（g）	1 878.8	1 954.1	2 027.9	2 112.8	2 088.1
湿密度（g/cm^3）	1.88	1.96	2.03	2.12	2.09

（5）用推土器推出筒内试样，从试样中心处取样测其含水率，计算至0.1%。测定含水率用试样的数量按表1—3—8规定取样（取出有代表性的土样）。两个试样含水率的精度应符合表1—2—10的规定（见任务二中的含水率试验）。

表1—3—8　　　　测定含水率用试样的数量

最大粒径（mm）	试样质量（g）	个数
<5	15～20	2
约5	约50	1
约20	约250	1
约40	约500	1

土的击实过程如图1—3—8所示。

涂凡士林

装料

击实

拉毛

削平

称重

脱模

取土测含水率

图1—3—8　土的击实过程

各试样含水率的试验结果见表1—3—9。

表1—3—9　　**各试样含水率**

试样编号	1		2		3		4		5	
盒号	1	2	3	4	5	6	7	8	9	10
盒+湿土质量（g）	35.60	35.44	33.93	33.69	32.88	33.16	33.13	34.09	36.96	38.31
盒+干土质量（g）	34.16	34.02	32.45	32.26	31.40	31.64	31.36	32.15	24.28	35.36
盒质量（g）	20	20	20	20	20	20	20	20	20	20
水质量（g）	1.44	1.42	1.48	1.43	1.48	1.52	1.77	1.94	2.68	2.95
干土质量（g）	14.16	14.02	12.45	12.26	11.40	11.64	11.36	12.15	14.28	15.36
含水率（%）	10.3	10.1	11.9	11.7	13.0	13.0	15.6	16.0	18.8	19.2
平均含水率（%）	10.2		11.8		13.0		15.8		19.0	

3. 结果整理

（1）按公式1—3—5计算击实后各点的干密度：

$$\rho_d = \frac{\rho}{1+0.01w} \qquad (1—3—5)$$

式中　ρ_d——干密度，g/cm^3；

ρ——湿密度，g/cm^3；

w——含水率，%。

各试样干密度计算结果见表1—3—10。

表1—3—10　　**各试样干密度**

试样编号	1	2	3	4	5
含水率（%）	10.2	11.8	13.0	15.8	19.0
湿密度 g/cm^3	1.88	1.96	2.03	2.12	2.09
干密度 g/cm^3	1.71	1.75	1.80	1.83	1.76

（2）以干密度为纵坐标，含水率为横坐标，绘制干密度与含水率的关系曲线（见图 1—3—9），曲线上峰值点的纵、横坐标分别为最大干密度和最佳含水率。如曲线不能绘出明显的峰值点，应进行补点或重做。

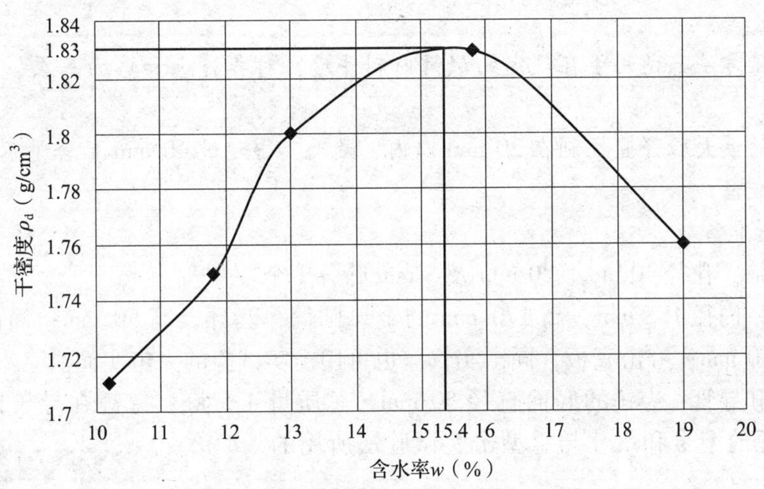

图 1—3—9　含水率与干密度的关系曲线

从图 1—3—9 可以确定：最佳含水率 $w_0=15.4\%$，最大干密度 $\rho_0=1.83\ \text{g/cm}^3$。

小提示

含有 40 mm 颗粒时土的最大干密度校正方法：当土试样中含有 40 mm 的颗粒时，且大于 40 mm 的颗粒含量小于 30% 时，应先剔除大于 40 mm 的颗粒，并求得其百分率 p，把小于 40 mm 部分做击实试验，按公式 1—3—6、公式 1—3—7 分别对试验所得的最大干密度和最佳含水率进行校正。

1. 最大干密度校正

$$\rho'_0=\frac{1}{\dfrac{1-0.01p}{\rho_0}+\dfrac{0.01p}{\rho_\omega G'_s}} \tag{1—3—6}$$

式中 ρ'_0——校正后的最大干密度，g/cm³，计算至 0.01；

ρ_0——g/cm³；

p——试样中粒径大于 40 mm 颗粒的百分率，%；

ρ_ω——水的密度，1 g/cm³；

G'_S——试样中粒径大于 40 mm 颗粒的毛体积比重，计算至 0.01。

2. 最佳含水率校正

$$w'_0=w_0\ (1-0.01p)\ +0.01pw_2 \tag{1—3—7}$$

式中 w'_0——校正后的最佳含水率，%，计算至 0.01；

w_0——用粒径小于 40 mm 的土样试验所得的最佳含水率，%；

w_1——试样中粒径大于 40 mm 颗粒的吸水率，%。

二、室内承载比（CBR）试验确定材料强度 CBR 值

小提示

1. 本试验方法只适用于在规定的试筒内制件后，对各种土和路面基层、底基层材料进行承载比试验。

2. 试样的最大粒径宜控制在 20 mm 以内，最大不得超过 40 mm 且含量不超过 5%。

1. 试验准备

（1）仪器准备

1）圆孔筛：孔径 40 mm、20 mm 及 5 mm 筛各 1 个。

2）试筒：内径 152 mm、高 170 mm 的金属圆筒；套环，高 50 mm；筒内垫块，直径 151 mm、高 50 mm；夯击底板，同击实仪。也可用击实试验的大击实筒。

3）夯锤和导管：夯锤的底面直径 50 mm，总质量 4.5 kg。夯锤在导管内的总行程为 450 mm，夯锤的型号和尺寸与重型击实试验法所用的相同。

4）贯入杆：端面直径 50 mm、长约 100 mm 的金属柱。

5）路面材料强度仪或其他载荷装置：能量不小于 50 kN，能调节贯入速度至每分钟贯入 1 mm，可采用测力计式，如图 1—3—10 所示。

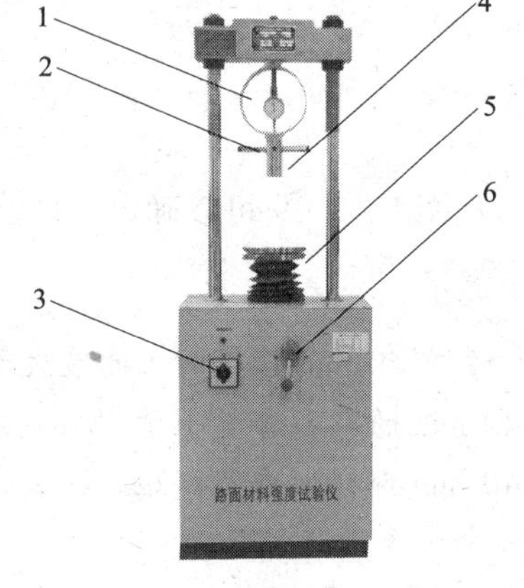

图 1—3—10　路面材料强度仪

1—应力环　2—百分表架　3—升降开关
4—贯入杆　5—球面底座　6—调速开关

6）百分表：3 个。

7）试件顶面上的多孔板（测试件吸水时的膨胀量），如图 1—3—11 所示。

8）多孔底板（试件放上后浸泡水中）。

9）测膨胀量时支承百分表的架子，如图 1—3—11 所示。或采用压力传感器测试。

10）荷载板：直径 150 mm，中心孔眼直径 52 mm，每块质量 1.25 kg，共 4 块，并沿直径分为两个半圆块，如图 1—3—11 所示。

多孔顶板及底板

百分表及表架

荷载板

图 1—3—11　CBR 试验用其经附件

11）水槽：浸泡试件用，槽内水面应高出试件顶面 25 mm。

12）其他：台秤，感量为试件用量的 0.1%；拌和盘、直尺、滤纸、脱模器等与击实试验相同。

（2）试样准备

1）将具有代表性的风干试料（必要时可在 50℃烘箱内烘干）用木碾捣碎，但应尽量注意不使土或粒料的单个颗粒破碎。土团均应捣碎到通过 5 mm 的筛孔。

取有代表性的试料 50 kg，用 40 mm 筛筛除大于 40 mm 的颗粒，并记录超尺寸颗粒的百分数。将已过筛的试料按四分法取出约 25 kg。再用四分法将取出的试料分成 4 份，每份质量 6 kg，供击实试验和制试件之用。

本任务中已经完成了击实试验，所以只取 3 份试料进行 CBR 试验的试件制备即可。

2）在预定做击实试验的前一天，取有代表性的试料按任务一中的方法测定其风干含水率。测定含水率用的试样数量可参照表 1—3—8 采取。

经测定其风干含水率为 10%。

3）将 3 份试料，按最佳含水率制备 3 个试件。将一份试料平铺于金属盘内，按公式 1—3—3 事先计算得出的该份试料应加的水量均匀地喷洒在试料上。

应加水质量：

$$m_w = \frac{m_i}{1+0.01w_i} \times 0.01\ (w - w_i) = \frac{6\ 000}{1+0.01\times 10} \times 0.01 \times (15.4 - 10) = 294.5\ (g)$$

用小铲将试料充分拌和到均匀状态，然后装入密闭容器或塑料口袋内浸润备用。

小提示

浸润时间：重黏土不得少于 24 h，轻黏土可缩短到 12 h，砂土可缩短到 1 h，天然砂砾可缩短到 2 h 左右。

制每个试件时，都要取样测定试料的含水率。需要时，可制备三种干密度试件。如每种干密度试件制 3 个，则共制 9 个试件。每层击数分别为 30 次、50 次和 98 次，使试件的干密度从低于 95% 到等于 100% 的最大干密度。这样，9 个试件共需试料约 55 kg。

2. 试验步骤

（1）称试筒本身质量（m_1）。将试筒固定在底板上，将垫块放入筒内，并在垫块上放一张滤纸，安上套环。

（2）按照击实试验中大试筒的击实方法进行击实，本试验选择最大干密度下的每层 98 下击实。

（3）卸下套环，用直刮刀沿试筒顶修平击实的试件，表面不平整处用细料修补。取出垫块，称试筒和试件的质量（m_2）。

（4）泡水测膨胀量

1）在试件制成后，取下试件顶面的破残滤纸，放一张好滤纸，并在其上面安装附有调节杆的多孔板，在多孔板上加 4 块荷载板。

2）将试筒与多孔板一起放入槽内（先不放水），并用拉杆将模具拉紧，安装百分表，并读取初读数。

3）向水槽内放水，使水自由进到试件的顶部和底部。在泡水期间，槽内水面应保持在试件顶面以上大约 25 mrn。通常试件要泡水 4 昼夜。

4）泡水终了时，读取试件上百分表的终读数，并用公式 1—3—8 计算膨胀量。

$$膨胀量 = \frac{泡水后试件高度变化}{原试件高（=120\ mm）} \times 100 \qquad (1—3—8)$$

膨胀量测定方法如图 1—3—12 所示。

图 1—3—12　泡水测膨胀量

5）从水槽中取出试件，倒出试件顶面的水，静置 15 min，让其排水，然后卸去附加荷载和多孔板、底板和滤纸，并称量（m_3），以计算试件的湿度和密度的变化。

（5）试件的干密度用公式 1—3—5 确定。

（6）泡水后试件的吸水量按公式 1—3—9 计算：

$$w_a = m_3 - m_2 \qquad (1—3—9)$$

式中　w_a——泡水后试件的吸水量，g；

m_3——泡水后试筒和试件的合质量，g；

m_2——试筒和试件的合质量，g。

泡水试样结果见表 1—3—11。

表 1—3—11　　泡水试样结果

	试验次数			1	2	3
膨胀量	筒号	（1）		7	8	9
	泡水前试件（原试件）高度（mm）	（2）		120	120	120
	泡水后试件高度（mm）	（3）		123.80	123.20	123.59
	膨胀量（%）	（4）	[（3）-（2）]/（2）×100	3.17	2.67	2.99
	膨胀量平均值（%）			2.94		

续表

密度	筒质量 m_1（g）	(5)		4 507	4 485	4 526
	筒 + 试件质量 m_2（g）	(6)		9 178	9 105	9 189
	筒体积（cm^3）	(7)		2 177	2 177	2 177
	湿密度 ρ（g/cm^3）	(8)	[(6) - (5)] / (7)	2.145	2.122	2.142
	含水量 w（%）	(9)		12.8	12.7	13.1
	干密度 ρ_d（g/cm^3）	(10)	(8) / (1 + 0.01 × w)	1.90	1.88	1.89
	干密度平均值（g/cm^3）			1.89		
吸水量	泡水后筒 + 试件质量 m_3（g）	(11)		9 429	9 308	9 354
	吸水量 w_a（g）	(12)	(11) - (6)	251	203	165
	吸水量平均值（g）			206		

（7）贯入试验

1）将泡水试验终了的试件放到路面材料强度试验仪的升降台上，调整扁球座，对准、调平，提升升降台，并使贯入杆与试件顶面全面接触，在贯入杆周围放置 4 块荷载板。

2）先在贯入杆上施加 45 N 荷载，然后将测力和测变形的百分表指针均调整至整数，并记读起始读数。

3）加荷使贯入杆以 1 ~ 1.25 mm/min 的速度压入试件，同时测记三个百分表的读数。记录测力计内百分表某些整读数（如 20，40，60）时的贯入量，并注意使贯入量为 250×10^{-2} mm 时，能有 5 个以上的读数。因此，测力计内的第一个读数应是贯入量 30×10^{-2} mm 左右。

图 1—3—13　贯入试验

贯入试验过程如图 1—3—13 所示。

贯入试验结果见表 1—3—12、表 1—3—13、表 1—3—14。

表 1—3—12　　**试样 1 贯入试验结果**

量力环校正系数 C（N/0.01 mm）		44.17		贯入杆面积 A（cm^2）	19.635
荷载测力计表读数 R	单位压力 P（kPa）	百分表读数（0.01 mm）		平均百分表读数（0.01 mm）	贯入量 L（mm）
		左表读数	右表读数		
9.1	205	20	48	34	0.34
13.8	310	40	76	58	0.58
18.7	421	80	86	83	0.83
24.1	542	120	110	115	1.15

续表

量力环校正系数 C（N/0.01 mm）		44.17		贯入杆面积 A（cm^2）	19.635
荷载测力计表读数 R	单位压力 P（kPa）	百分表读数（0.01 mm）		平均百分表读数（0.01 mm）	贯入量 L（mm）
		左表读数	右表读数		
29.7	668	150	142	146	1.46
35.4	796	200	190	195	1.95
41.4	931	250	230	240	2.40
45.7	1 028	300	290	295	2.95
48.2	1 084	350	342	346	3.46
50.2	1 129	400	390	395	3.95
52.7	1 186	450	436	443	4.43
55.2	1 242	500	488	494	4.94
57.5	1 293	550	528	539	5.39

表 1—3—13　　试样 2 贯入试验结果

量力环校正系数 C（N/0.01 mm）		44.17		贯入杆面积 A（cm^2）	19.635
荷载测力计表读数 R	单位压力 P（kPa）	百分表读数（0.01 mm）		平均百分表读数（0.01 mm）	贯入量 L（mm）
		左表读数	右表读数		
7.9	178	20	24	22	0.22
11.1	250	40	42	41	0.41
16.8	378	80	70	75	0.75
22.5	506	120	108	114	1.14
28.2	634	150	146	148	1.48
34.2	769	200	186	193	1.93
40.1	902	250	232	241	2.41
44.1	992	300	282	291	2.91
47.0	1 057	350	344	347	3.47
49.0	1 102	400	390	395	3.95
50.9	1 145	450	440	445	4.45
53.2	1 197	500	486	493	4.93
55.7	1 253	550	528	539	5.39

表 1—3—14 试样 3 贯入试验结果

量力环校正系数 C（N/0.01 mm）		44.17		贯入杆面积 A（cm^2）	19.635
荷载测力计表读数 R	单位压力 P（kPa）	百分表读数（0.01 mm）		平均百分表读数（0.01 mm）	贯入量 L（mm）
		左表读数	右表读数		
9.1	205	20	22	21	0.21
13.1	295	40	42	41	0.41
17.8	400	80	64	72	0.72
23.6	531	120	102	111	1.11
28.9	650	150	146	148	1.48
35.1	790	200	188	194	1.94
40.6	913	250	234	242	2.42
44.6	1003	300	290	295	2.95
47.3	1064	350	340	345	3.45
49.7	1118	400	392	396	3.96
52.4	1179	450	440	445	4.45
54.7	1231	500	486	493	4.93
57.3	1289	550	538	544	5.44

3. 结果整理

（1）以单位压力（p）为横坐标、贯入量（L）为纵坐标，绘制 p—L 关系曲线，如图 1—3—14 所示。图中，曲线 1 是合适的。曲线 2 开始段是凹曲线，需要进行修正。修正时在变曲率点引一切线，与纵坐标交于 O'点，O'即为修正后的原点。

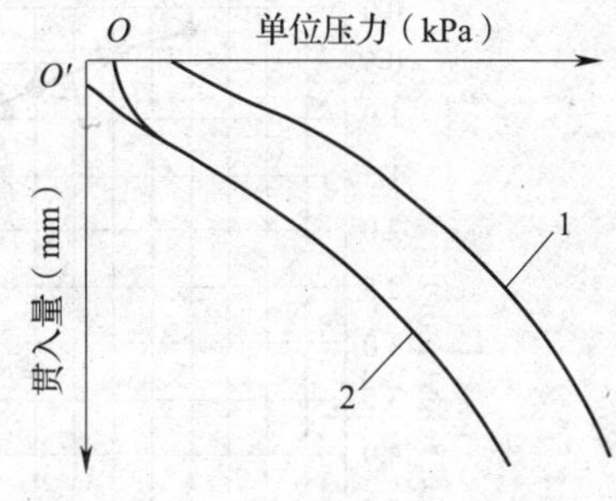

图 1—3—14 单位压力与贯入量关系图

根据以上三组试验数据绘制单位压力与贯入量关系图，如图 1—3—15 至图 1—3—17 所示。

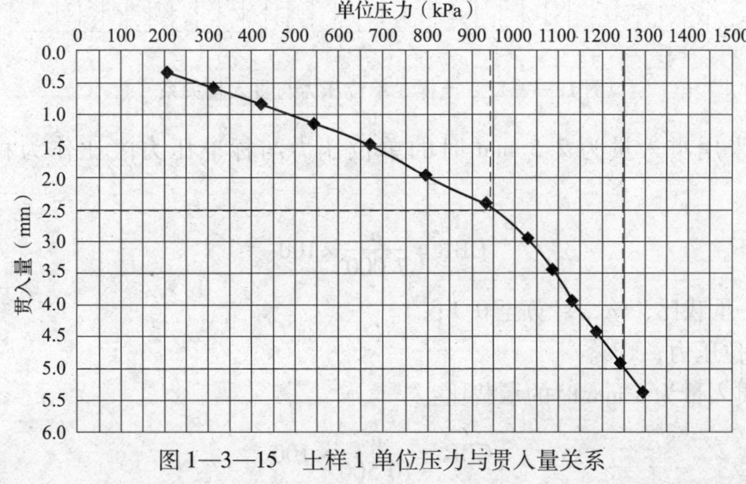

图 1—3—15 土样 1 单位压力与贯入量关系

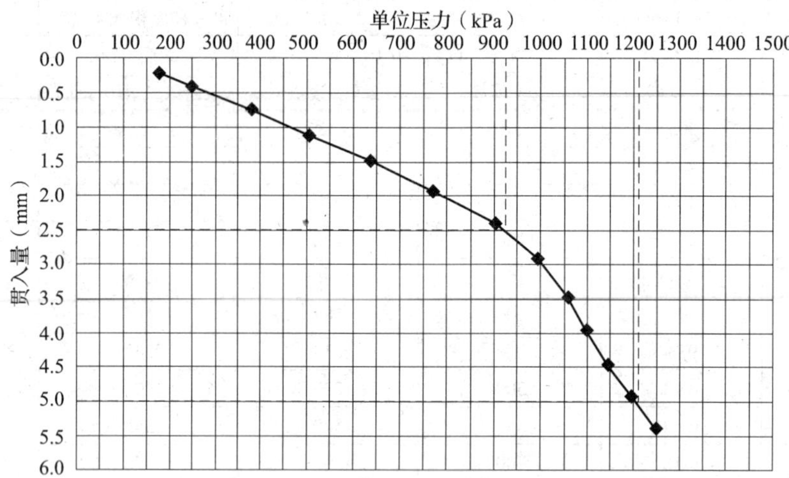

图 1—3—16　土样 2 单位压力与贯入量关系

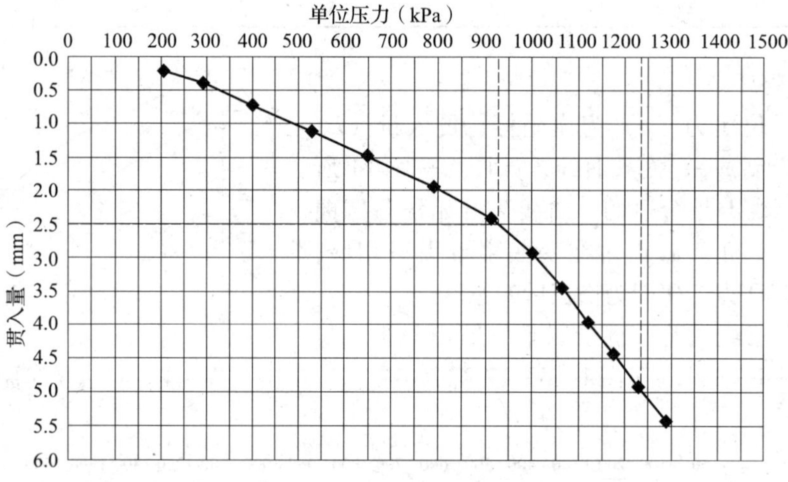

图 1—3—17　土样 3 单位压力与贯入量关系

（2）一般采用贯入量为 2.5 mm 时的单位压力与标准压力之比作为材料的承载比（CBR）。

$$CBR = \frac{p}{7\ 000} \times 100 \qquad (1—3—10)$$

式中　CBR——承载比，%，计算至 0.1；

p——单位压力，kPa。

同时计算贯入量为 5 mm 时的承载比：

$$CBR = \frac{p}{10\ 500} \times 100 \qquad (1—3—11)$$

如贯入量为 5 mm 时的承载比大于 2.5 mm 时的承载比，则试验应重做。如结果仍然如此，则采用 5 mm 时的承载比。

三个土样的 CBR 值计算结果如下：

土样 1

$L=2.5$ mm 时，$p=943$ kPa　　$\text{CBR}=\frac{943\times 100}{7\ 000}=13.5\%$

$L=5.0$ mm 时，$p=1\ 247$ kPa　　$\text{CBR}=\frac{1\ 247\times 100}{10\ 500}=11.9\%$

土样 2

$L=2.5$ mm 时，$p=924$ kPa　　$\text{CBR}=\frac{924\times 100}{7\ 000}=13.2\%$

$L=5.0$ mm 时，$p=1\ 211$ kPa　　$\text{CBR}=\frac{1\ 211\times 100}{10\ 500}=11.5\%$

土样 3

$L=2.5$ mm 时，$p=929$ kPa　　$\text{CBR}=\frac{929\times 100}{7\ 000}=13.3\%$

$L=5.0$mm 时，$p=1\ 236$ kPa　　$\text{CBR}=\frac{1\ 236\times 100}{10\ 500}=11.8\%$

小提示

精密度和允许差：如根据 3 个平行试验结果计算得的承载比变异系数 C_v 大于 12%，则去掉一个偏离大的值，取其余两个结果的平均值。如 C_v 小于 12%，且 3 个平行试验结果计算的干密度偏差小于 0.03 g/cm^3，则取 3 个结果的平均值。如 3 个试验结果计算的干密度偏差超过 0.03 g/cm^3，则去掉一个偏离大的值，取其余两个结果的平均值。

承载比小于 100，相对偏差不大于 5%；承载比大于 100，相对偏差不大于 10%。

经计算三组试验的比变异系数 $C_v=1.1\%$（小于 12%），且 3 个平行试验结果计算的干密度偏差小于 0.03 g/cm^3。

则最后确定材料的 $\text{CBR}=\frac{13.5\%+13.2\%+13.3\%}{3}=13.3\%$。

准确度与精密度

准确度：测试结果或测量结果与真值间的一致程度叫准确度。测量结果或测试结果与真值的差叫误差。根据误差产生的原因及误差的性质，可以把误差分为系统误差、随机误差。

精密度：在规定条件下所获得的独立测试（测量）结果间的一致程度。规定条件有两种情况：一是重复性条件，二是再现性条件。重复条件下试验结果的精密度用数据的分散性定量表示，再现条件下的精密度用数据的离散特性定量表示。

三、质量评定

经测定，材料的 CBR 值为 13.3%，满足应大于 8% 的要求，可以用做高速公路上路床路基填筑。

路基压实度检测与评定

标准击实试验得到的最大干密度和最佳含水率除用于制作 CBR 试件外，还有一个重要的用途就是作为路基压实质量（密实度）的控制标准。在路基施工时，检测施工时土体的密度和干密度，与击实试验得到的最大干密度比较，判定土方路基的施工质量是否达到规定要求。这一工作在工程上叫压实度检测。

一、几种常用的压实度检测方法的适用范围

下面主要介绍几种常用的路基压实度的检测方法。在压实度检测过程中，现场密度主要检测方法及各方法的适用范围见表 1—3—15。此外，我国也采用地质雷达快速检测路面材料的密实度。

表 1—3—15　现场密实度检测方法及适用范围比较

试验方法	适 用 范 围
灌砂法	适用于在现场测定基层（底基层）、砂石路面及路基上的各种材料压实层的密度和压实度，也适用于沥青表面处理、沥青贯入式面层的密度和压实度检测，但不适用于填石路堤等有大孔洞或大孔隙材料的压实度检测
环刀法	适用于细粒土及无机结合料稳定细粒土的密度测试。但对无机结合料稳定细粒土，其龄期不宜超过 2 天，且适用于施工过程中的压实度检测
核子法或无核密度仪法	适用于现场用核子（或无核）密度仪以散射法或直接透射法测定路基或路面材料的密度和含水量，并计算施工压实度。适用于施工质量的现场快速评定，不宜用做仲裁试验或评定验收试验

二、路基土的最大干密度和最佳含水量的确定

由于土的性质、颗粒的差别，确定最大干密度的方法也有区别，除了一般土的“击实法”以外，还有粗粒土和巨粒土最大干密度的确定方法。不同性质的土的最大干密度确定方法及各方法的适用范围见表 1—3—16。

表 1—3—16　　土的最大干密度确定方法比较

试验方法	适用范围	土的粒组
轻型、重型击实法	小试筒适用于粒径不大于 25 mm 的土 大试筒适用于粒径不大于 38 mm 的土	细粒土 粗粒土
振动台法	①本试验规定采用振动台法测定无黏性自由排水粗粒土和巨粒土（包括堆石料）的最大干密度 ②本试验方法适用于通过 0.074 mm 标准筛的干颗粒质量百分数不大于15%的无黏性自由排水粗粒土和巨粒土 ③对于最大颗粒大于 60 mm 的巨粒土，因受试筒容许最大粒径的限制，宜按相似级配法的规定处理	粗粒土 巨粒土
表面振动压实仪法	同上	粗粒土 巨粒土

三、路基压实度评定

路基的压实度以重型击实标准为准。对于特殊干旱、潮湿地区或过湿土，以路基设计施工规范规定的压实度标准进行评定。施工过程中，每一压实层均应检验压实度，检测频率为每1 000 m^2至少检验 2 点，不足 1 000 m^2时检验 2 点，必要时可根据需要增加检验点。

标准密度应做平行试验，求其平均值作为现场检验的标准值。对于均匀性差的路基土质，应根据实际情况增补标准密度试验，求得相应的标准值，以控制和检验施工质量。

路基压实度以 1 ~3 km 长的路段为检验评定单元，按要求的检测频率进行现场压实度抽样检查，求算每一测点的压实度 K_i。细粒土现场压实度检查可以采用灌砂法或环刀法，粗粒土压实度检查可以采用灌砂法、水袋法。应用核子密度仪时，须经对比试验检验，确认其可靠性。

1. 压实度评定要点

(1) 控制平均压实度的置信下限，以保证总体水平；

(2) 规定单点极限值不得超出给定值，防止局部隐患；

(3) 规定扣分界限以区分质量优劣。

2. 压实度的评定

检验评定段的压实度代表值 K（算术平均值的下置信界限），按公式 1—3—12 计算：

$$K=\overline{K}-S\times t_{\alpha}/\sqrt{n}\geqslant K_0 \tag{1—3—12}$$

式中　K——检验评定段内各测点压实度的平均值；

t_{α}——t 分布表中随测点数和保证率（或置信度 α）而变的系数。

采用的保证率：

高速公路、一级公路：基层、底基层为 99%，路基、路面面层为 95%；

其他公路：基层、底基层为 95%，路基、路面面层为 90%；

S——检测值的标准差；

n——检测点数；

K_0——压实度标准值。

（1）当 $K \geqslant K_0$，且单点压实度 K_i 全部大于等于规定值减 2% 时，评定路段的压实度合格率为 100%；

（2）当 $K \geqslant K_0$，且单点压实度 K_i 全部大于等于规定极值时，按测定值不低于规定值减 2% 的测点数计算合格率；

（3）当 $K < K_0$，该评定路段压实度为不合格，相应分项工程评为不合格；

（4）某一单点压实度 K_i 小于规定极值时，该评定路段压实度为不合格，相应分项工程评为不合格。

路堤施工段较短时，分层压实度应点点符合要求，且样本数不少于 6 个。

例：某新建三级公路土方路基工程进行交工验收，现测得某段的压实度数值见表 1—3—17，压实度标准值 $K_0 = 94\%$，规定极值为 89%，规定分数 100 分。请按保证率 95% 计算该路段的压实度代表值并进行质量评定，并计算其得分值。

表 1—3—17　　压实度检测结果

序号	1	2	3	4	5	6	7	8
压实度（%）	94.0	97.2	93.3	97.1	96.3	90.4	98.6	97.8
序号	9	10	11	12				
压实度（%）	96.2	95.5	95.9	96.8				

解：经计算：$\overline{K} = 95.76\%$，$S = 2.25$

$t_a/\sqrt{n}$ 查附录二得 0.518。

压实度代表值 K 为算术平均值的下置信界限，即：

$$K = \overline{K} - S \times t_a/\sqrt{n} = 95.76 - 2.25 \times 0.518 = 94.59\ (\%)$$

由于压实度代表值 $K > K_0 = 94\%$，所以该段压实质量是合格的，且各个单点压实度 K_i 大于规定极值 89%，大于规定值减 2%（94% − 2%）的点共有 11 个，故合格率 $= \frac{11}{12} =$ 91.67%，得分值 = 100 × 91.67% = 91.7（分）。

思考与练习

1. 路基土的路用性能指标有哪些？
2. 如何用标准击实法确定土的最大干密度和最佳含水率？
3. 室内 CBR 检测的一般步骤是什么？

模块二

集　料

任务一　认识集料及矿质混合料

学习目标

- 熟悉集料的概念及分类。
- 了解矿质混合料的概念及常用矿质混合料的应用。
- 了解矿质混合料级配的相关知识，能够简单设计矿质混合料的配合比。

小资料

2008 年汶川地震时，有很多建筑物都被震塌了，但有一所叫做“刘汉希望小学”（见图 2—1—1）的学校却并无大碍。事后采访该学校投资方汉龙集团时得知，该学校在建设过程

图 2—1—1　刘汉希望小学震前、震后对比

中，除了保证水泥的质量外，砂子中的泥土也要保证冲洗干净，同时比较重视碎石的形状，只要接近正方体的碎石，而扁平状的碎石一概不要。就是这种对建筑工程材料和工程施工质量严格要求的态度，在10年后的地震中挽救了数百名师生的生命。

由上述资料可以看出，砂石等材料对工程质量影响很大，包括砂石的形状、大小甚至清洁程度都对工程质量有一定程度的影响。究其原因，不外乎是这些材料自身的物理性质和组合后的性能等对工程质量的影响。因此，本模块要学习这些材料（集料及混合料）的性能及评价方法。

想一想

日常生活中人们经常见到砂子和石子，在工程上经常用它们来修筑房屋、桥梁、路面等。其中，砂子和石子就属于集料。那么什么时候用砂子，什么时候用石子？工程上怎样称呼它们？它们的用量有没有一定的比例关系？什么样的比例关系既能便于施工又能保证工程质量呢？

相关理论

一、集料

1. 集料的概念

集料（又称骨料），是指在混合料中起骨架和填充作用的颗粒材料。集料是混凝土的主要组成材料之一，包括岩石经天然风化而成的砾石和砂等，以及由岩石经轧制而成的各种尺寸的碎石、机制砂、石屑等。

2. 集料的分类

根据粒径大小不同，一般可将集料分为细集料和粗集料两种。根据集料来源不同，又可将集料分为天然集料和人工集料。天然集料包括砾石、天然砂（山砂、河砂、海砂等），人工集料包括碎石、人工砂、石屑等。

粒径是指集料颗粒尺寸的大小，以集料所通过标准筛的筛孔尺寸来表示。目前使用的标准筛为方孔筛，筛孔为正方形，筛孔尺寸从大到小依次为 75 mm、63 mm、53 mm、37. 5 mm、31. 5 mm、26. 5 mm、19 mm、16 mm、13. 2 mm、9. 5 mm、4. 75 mm、2. 36 mm、1. 18 mm、0. 6 mm、0. 3 mm、0. 15 mm、0. 075 mm，如图 2—1—2 所示。

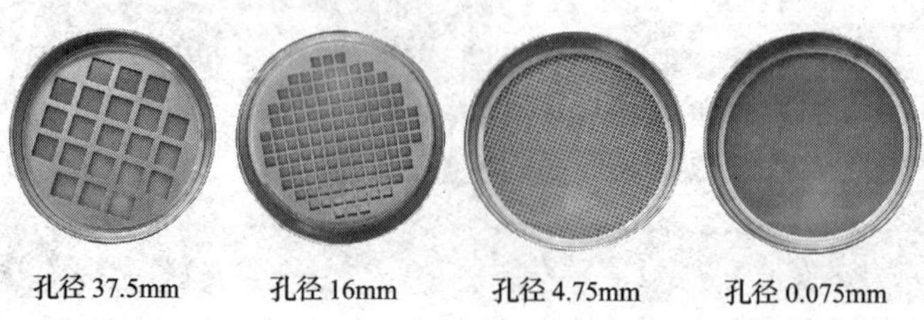

图 2—1—2　常用标准筛

由于集料都是由不同粒径的矿料组成的混合物，到底用哪种颗粒的粒径来表示集料的粒径呢？工程上根据集料通过筛孔的比例，集料粒径一般有集料最大粒径和集料公称最大粒径两种称谓。

集料最大粒径：指集料100%都要求通过的最小的标准筛筛孔尺寸。

集料的公称最大粒径：指集料可能全部通过或允许有少量不通过（一般容许筛余不超过10%）的最小标准筛筛孔尺寸，通常比集料最大粒径小一个粒级。

如不特别说明，通常所说的粒径是指集料的公称最大粒径。

在沥青混合料中，细集料是指粒径小于2.36 mm的天然砂、人工砂（包括机制砂）及石屑，粗集料是指粒径大于2.36 mm的碎石、破碎砾石、筛选砾石和矿渣等；在水泥混凝土中，细集料是指粒径小于4.75 mm的天然砂、人工砂，粗集料是指粒径大于4.75 mm的碎石、砾石和破碎砾石。各类集料又均以粒径或粗细程度分级。

（1）细集料

细集料包括天然砂、人工砂（包括机制砂）及石屑。

1）天然砂是由自然风化、水流冲刷、堆积形成的粒径小于4.75 mm的岩石颗粒。按产源可分为河砂、海砂和山砂。河砂颗粒表面光滑，比较洁净，质地较好，产源广；海砂具有河砂的特点，但常混有贝壳碎片和盐分等有害杂质；山砂颗粒表面粗糙有棱角，含泥量和有机杂质较多。工程上多使用河砂。在缺乏河砂的地区，也可使用海砂或山砂，在使用时应按规定作技术检验。

2）人工砂通常是指经人为加工处理得到的符合规格要求的细集料，通常指石料加工过程中采取真空抽吸等方法除去大部分土和细粉，或将石屑水洗得到的洁净的细集料。从广义上分类，机制砂、矿渣砂和煅烧砂都属于人工砂。

机制砂是由碎石及砾石经制砂机反复破碎加工至粒径小于2.36 mm的人工砂，亦称破碎砂。机制砂造价较高，如无特殊情况，一般不使用机制砂。

3）石屑是由采石场加工碎石时通过最小筛孔（通常为2.36 mm或4.75 mm）的筛下部分，也称筛屑。机制砂和石屑表面多棱角，较洁净。

4）由天然砂、人工砂、机制砂或石屑等按一定比例混合形成的细集料称为混合砂。

（2）粗集料

粗集料包括碎石、砾石、卵石和砂砾。

1）碎石是指符合工程要求的岩石，经开采并按一定尺寸加工而成的有棱角的粒料。

2）砾石是指风化岩石经水流长期搬运而成的粒径为2.36（4.75）～63 mm的无棱角的天然粒料。

3）卵石是指风化岩石经水流长期搬运而成的粒径为60～200 mm的无棱角的天然粒料。

4）砂和砾石的混合物称为砂砾，也称为砾石砂。

二、矿质混合料

无论是天然集料还是人工集料，集料颗粒尺寸（粒径）都不是单一的，是多种粒径集料的组合。由于不同粒径的颗粒在集料中所占比例不同，一般其颗粒组成不能满足工程的要求，因此，天然集料或人工集料一般无法直接在工程上使用，必须通过设计，把两种或两种以上不同粒径的集料混合在一起，构成矿质混合料（也称集料混合料，简称矿料）进行使用。

矿质混合料在公路工程上有哪些应用呢？在混合料中，如何把两种或两种以上的集料合理地混合，才能达到理想的要求呢？混合程度用什么参数表示呢？

1. 矿质混合料在公路工程上的应用

根据工程上混合料种类的不同，矿质混合料主要用于以下几个方面：

（1）矿质混合料用做水泥混凝土的骨料

水泥混凝土是由水泥、水、粗集料、细集料，必要时加入适量的外加剂或混合材料，按一定比例配合，均匀搅拌、铺筑、振捣，在一定的养护条件下，经过一定时间硬化而形成的一种人造复合材料。其中粗集料起骨架作用，细集料填充粗集料之间的空隙。

（2）矿质混合料用于沥青混合料的骨料和填料

沥青混合料是由矿料和沥青结合料按一定比例配合，均匀拌和而成的混合料。矿料中的粗集料和细集料起骨架作用，矿粉（填料）和沥青起填充和胶结作用。

（3）矿质混合料用做无机结合料稳定材料混合料的被稳定材料

无机结合料稳定材料是指在经过粉碎的或原来松散的土中，掺入足量的无机结合料（包括水泥、石灰、粉煤灰及其他工业废渣等）和水，经拌和得到的混合料，在压实和养生后，其抗压强度符合规定要求的混合料。根据土的粒径，分为无机结合料稳定细粒土、无机结合料稳定中粒土和无机结合料稳定粗粒土，后两种无机结合料稳定材料混合料中被稳定材料均为矿质混合料。

（4）矿质混合料直接用于路面基层和基础垫层

除上述三种混合料用的矿质混合料以外，满足一定级配和技术要求的矿料也可以不加胶结材料而直接使用，用于修筑路面基层及结构物基础垫层等。常用的无结合料矿料混合料有级配碎石（包括级配碎砾石、未筛分碎石）、级配砾石、填隙碎石等几种类型，可用做公路的基层或底基层。同时，矿质混合料也可作为基础的垫层使用，以改善地基的承载力和水温状况。

2. 矿料的级配参数

矿质混合料是由多种粒径的颗粒组成的混合料。在矿质混合料中，各级颗粒的质量占总质量的百分率称为级配，级配常用的参数有分计筛余百分率、累计筛余百分率和通过百分率。

集料的颗粒级配用筛分的方法进行确定，经过筛分得到分计筛余量，以此为基础计算集料的级配参数。

（1）分计筛余量

各号筛上存留筛余物的质量。

（2）分计筛余百分率

某号筛上的筛余质量占试样总质量的百分率，按公式 2—1—1 计算：

$$a_i = \frac{m_i}{M} \times 100 \tag{2—1—1}$$

式中 a_i——某号筛上的分计筛余百分率（简称分计筛余），%；

m_i——存留在某号筛上的质量，g；

M——试样的总质量，g。

（3）累计筛余百分率

某号筛的分计筛余百分率和大于该号筛的各号筛的分计筛余百分率之总和，可按公式2—1—2计算：

$$A_i = a_1 + a_2 + \cdots + a_i \quad (2—1—2)$$

式中 A_i——累计筛余百分率（简称累计筛余），%；

a_1，a_2，…，a_i——4.75 mm、2.36 mm……至计算的某号筛的分计筛余，%。

（4）通过百分率

通过某号筛的试样质量占试样总质量的百分率，即100与某号筛累计筛余百分率之差，按公式（2—1—3）计算：

$$P_i = 100 - A_i \quad (2—1—3)$$

式中 P_i——通过百分率，%；

A_i——累计筛余，%。

综上所述，分计筛余、累计筛余和通过百分率的关系可见表2—1—1。

表2—1—1　分计筛余、累计筛余和通过百分率关系

筛孔直径（mm）	存留质量 m_i（g）	分计筛余 a_i（%）	累计筛余 A_i（%）	通过百分率 P_i（%）
4.75	$m_{4.75}$	$a_{4.75}$	$A_{4.75}=a_{4.75}$	$p_{4.75}=100-A_{4.75}$
2.36	$m_{2.36}$	$a_{2.36}$	$A_{2.36}=a_{4.75}+a_{2.36}$	$p_{2.36}=100-A_{2.36}$
1.18	$m_{1.18}$	$a_{1.18}$	$A_{1.18}=a_{4.75}+a_{2.36}+a_{1.18}$	$p_{1.18}=100-A_{1.18}$
0.60	$m_{0.60}$	$a_{0.60}$	$A_{0.60}=a_{4.75}+a_{2.36}+a_{1.18}+a_{0.60}$	$p_{0.60}=100-A_{0.60}$
0.30	$m_{0.30}$	$a_{0.30}$	$A_{0.30}=a_{4.75}+a_{2.36}+a_{1.18}+a_{0.60}+a_{0.30}$	$p_{0.30}=100-A_{0.30}$
0.15	$m_{0.15}$	$a_{0.15}$	$A_{0.15}=a_{4.75}+a_{2.36}+a_{1.18}+a_{0.60}+a_{0.30}+a_{0.15}$	$p_{0.15}=100-A_{0.15}$
<0.15	$m_{<0.15}$	$a_{<0.15}$	$A_{<0.15}=a_{4.75}+a_{2.36}+a_{1.18}+a_{0.60}+a_{0.30}+a_{0.15}+a_{<0.15}$	
	$\sum m_i=M$	$\sum a_i=100$		

某集料中粒径为1.18 mm的粒径级配参数计算如图2—1—3所示。

总质量（g）	499.0			
筛孔尺寸（mm）	筛上重（g）	分计筛余（%）	累计筛余（%）	通过百分率（%）
4.75	0	0.0	0.0	100.0
2.36	156	31.3	31.3	68.7
1.18	110.5	22.1①	53.4②	46.6③
0.6	92	18.4	71.9	28.1
0.3	50.5	10.1	82.0	18.0
0.15	45.5	9.1	91.1	8.9
0.075	30	6.0	97.1	2.9
筛底	14.5	2.9	100.0	0.0

注：①分计筛余百分率$\frac{110.5}{499}\times 100=22.1$

②累计筛余百分率$0.0+33.3+22.1=55.4$

③通过百分率$100-53.4=46.4$

图2—1—3　集料级配参数计算示例

3. 矿料级配的表示方法

矿料级配可用表格法和图表法表示。前者用表格形式把分计筛余百分率、累计筛余百分率和通过百分率等级配参数表示出来，将图 2—1—3 中数据整理后，即得到某集料的级配，见表 2—1—2。后者采用半对数坐标系，它以筛孔直径（对数）为横坐标，以通过百分率为纵坐标，将各筛孔的通过百分率以折线或曲线形式表示出来，如图 2—1—4 所示。

表 2—1—2　　用表格法表示矿料级配

筛孔尺寸（mm）	分计筛余（%）	累计筛余（%）	通过百分率（%）
4.75	0.0	0.0	100.0
2.36	31.3	31.3	68.7
1.18	22.1	53.4	46.6
0.6	18.4	71.9	28.1
0.3	10.1	82.0	18.0
0.15	9.1	91.1	8.9
0.075	6.0	97.1	2.9
筛底	2.9	100.0	0.0

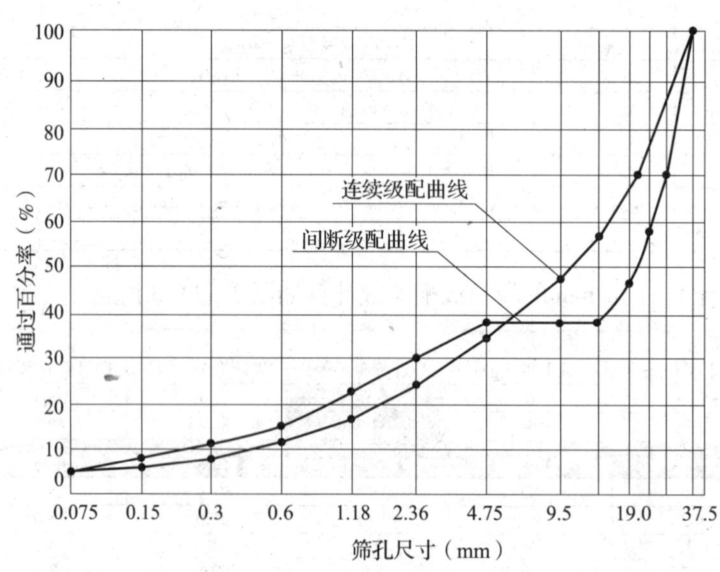

图 2—1—4　用图表法表示矿料级配

4. 矿质混合料的级配类型

矿质混合料中各级颗粒的质量多少决定了矿质混合料空隙率的大小和表观密度的大小。良好的级配指粗颗粒的空隙恰好由中颗粒填充，中颗粒的空隙恰好由细颗粒填充，如此逐级填充形成最密致的堆积状态，空隙率达到最小值，堆积密度达最大值。

根据混合料中各级颗粒质量的匹配情况，将矿质混合料分为以下两种级配类型：

（1）连续级配（见图 2—1—4）

某种矿质混合料在标准筛孔配成的套筛中筛分后，所得的级配曲线平顺圆滑，具有连续的性质。矿料颗粒由大到小，逐级粒径均有，并按比例互相搭配组成的矿质混合料，称为连续级配矿质混合料。

（2）间断级配（见图 2—1—4）

在矿质混合料中剔除一个或几个分级的颗粒，形成一种不连续的混合料，称为间断级配矿质混合料。

5. 矿质混合料配合比的设计方法

矿质混合料配合比的设计方法有很多，但一般都采用试算法和图解法。

随着计算机的普及以及工程技术人员计算机应用水平的提高，目前矿质混合料配合比设计普遍采用试算法。

试算法的基本原理是，设有几种矿质集料，欲配制某一种一定级配要求的矿质混合料。在决定各组成集料在矿质混合料中的比例时，先假定矿质混合料中某级粒径的颗粒是由某一种对该级粒径占优势的集料来提供，而其他各种集料不含这种粒径的颗粒。如此根据各个主要粒径的颗粒去试算各种集料在矿质混合料中的大致比例。如果比例不合适，则稍加调整，逐步渐进，最终达到符合矿质混合料级配要求的各种集料的配合比例。

现有 A，B，C 三种集料，欲配制成某一级配要求的矿质混合料 M。确定这三种集料在矿质混合料 M 中的配合比例（即配合比）时作下列两点假设：

设 A，B，C 三种集料在矿质混合料 M 中的用量比例分别为 X，Y，Z，则：

$$X + Y + Z = 100 \tag{2—1—4}$$

又设矿质混合料 M 中某一级粒径 i（筛孔尺寸序号）要求的颗粒含量（分计筛余）为 $a_{M(i)}$，A，B，C 三种集料在该粒径的颗粒含量（分计筛余）分别为 $a_{A(i)}$、$a_{B(i)}$、$a_{C(i)}$。则：

$$a_{A(i)}X + a_{B(i)}Y + a_{C(i)}Z = a_{M(i)} \tag{2—1—5}$$

试算法主要包括以下几个步骤：

（1）对各种集料进行筛分，计算分计筛余百分率、累计百分率及通过百分率。

（2）按技术规范（或理论级配）要求确定矿质混合料的级配范围，并转换成分计筛余百分率。

（3）制作级配计算表，将各种集料筛分结果及混合料要求级配范围录入电子表格，计算级配要求中值。

（4）编写并录入集料合成级配计算公式。

（5）确定各种集料所占比例。

在决定各组成集料在矿质混合料中的比例时，先假定矿质混合料中某级粒径的颗粒是由某一种对该级粒径占优势的集料来提供，而其他各种集料不含这种粒径的颗粒。如此根据各个主要粒径的颗粒去试算各种集料在矿质混合料中的大致比例。如果比例不合适，则稍加调整，逐步渐进，最终达到符合矿质混合料级配要求的各种集料的配合比例。

（6）校核合成级配是否满足级配要求。

矿质混合料配合比设计示例

一、设计资料及要求

某路面采用水泥混凝土路面，现有 A，B，C 三种集料，现用这三种集料设计水泥混凝土用矿质混合料，合成级配要求见表 2—1—3，经筛分试验各集料的级配参数列于表 2—1—4 中，求 A，B 和 C 三种集料的掺配比例。

表 2—1—3　水泥混凝土路面用混合料级配要求

筛孔尺寸（mm）	矿质混合料要求的合成级配累计筛余百分率范围（%）
26.5	0～5
19	25～40
16	50～70
9.5	70～90
4.75	90～100
2.36	95～100

表 2—1—4　三种集料的级配参数

筛孔尺寸（mm）	分计筛余百分率（%）			累计筛余百分率（%）			通过百分率（%）		
	集料 A	集料 B	集粒 C	集料 A	集料 B	集粒 C	集料 A	集料 B	集粒 C
26.5	2	0	0	2	—	—	98	100	
19	38	3	0	40	3	—	60	97	
16	28	52	0	68	55	—	32	45	100
9.5	28	35	3	96	90	3	4	10	97
4.75	4	10	93	100	100	96	0	0	4
2.36	—	—	4	—	—	100			0

二、设计步骤

1. 准备各种集料筛分结果

根据混合料配合比设计试算法的要求，需要用到三种集料的分计筛余百分率，见表2—1—5。

2. 确定混合料级配范围

由于级配要求给的是累计筛余百分率，因此应将表2—1—3中混合料级配要求的累计筛余百分率范围转换为分计筛余百分率范围，为简便计算，用级配范围中值（分计筛余上限与下限的平均值）代表级配范围，见表2—1—5。

表2—1—5　**混合料级配范围转换**

筛孔尺寸（mm）	要求的累计筛余百分率范围（%）			经计算的分计筛余百分率范围（%）		
	范围	下限	上限	下限	上限	中值
26.5	0~5	0	5	0	5	2.5
19	25~40	25	40	25	35	30
16	50~70	50	70	25	30	27.5
9.5	70~90	70	90	20	20	20
4.75	90~100	90	100	20	10	15
2.36	95~100	95	100	5	0	2.5

3. 制作级配计算表

将各种集料筛分结果及混合料要求级配范围录入Excel表格，见图2—1—5。

宋体　12　K3　=B3*H3+C3*I3+D3*J3

	A	B	C	D	E	F	G	H	I	J	K	L
1	筛孔尺寸（mm）	分计筛余百分率(%)			级配要求（%）			集料比例			合成级配（%）	
2		A集料	B集料	C集料	下限	上限	中值	A集料	B集料	C集料	分计筛余	累计筛余
3	26.5	2	0	0	0	5	2.5	0	0	0	0	0
4	19	38	3	0	25	35	30	0	0	0	0	0
5	16	28	52	0	25	30	27.5	0	0	0	0	0
6	9.5	28	35	3	20	20	20	0	0	0	0	0
7	4.75	4	10	93	20	10	15	0	0	0	0	0
8	2.36	0	0	4	5	0	2.5	0	0	0	0	0

图2—1—5　数据录入

4. 编写并录入集料合成级配计算公式

图2—1—5中公式栏中内容即为合成级配内容（阴影部分）。

5. 确定集料比例

(1) 从图2—1—5可以看出，A集料中19 mm粒径颗粒含量占优势，设矿质混合料中19 mm粒径全部由A集料提供，其他集料均等于零，则：

$$X = \frac{a_{M(i)}}{a_{A(i)}} \times 100\% = \frac{30}{38} \times 100\% = 78.9\%$$

（2）从图2—1—5可以看出，C集料中4.75 mm粒径颗粒含量占优势，设矿质混合料中4.75 mm粒径全部由C集料提供，则：

$$Z = \frac{a_{M(j)}}{a_{C(j)}} \times 100\% = \frac{15}{93} \times 100\% = 16.1\%$$

（3）由式（2—1—4）可得B集料在矿质混合料中的用量比例，即：

$$Y = [100 - (78.9 + 16.1)] = 5\%$$

以此数值代入电子表格中，计算合成级配，如图2—1—6所示。

	A	B	C	D	E	F	G	H	I	J	K	L
1	筛孔尺寸（mm）	分计筛余百分率（%）			级配要求（分计筛余，%）			集料比例（%）			合成级配（%）	
2		A集料	B集料	C集料	下限	上限	中值	A集料	B集料	C集料	分计筛余	累计筛余
3	26.5	2	0	0	0	5	2.5	78.9	5.0	16.1	1.6	1.6
4	19	38	3	0	25	35	30	78.9	5.0	16.1	30.1	31.7
5	16	28	52	0	25	30	27.5	78.9	5.0	16.1	24.7	56.4
6	9.5	28	35	3	20	20	20	78.9	5.0	16.1	24.3	80.7
7	4.75	4	10	93	20	10	15	78.9	5.0	16.1	18.6	99.3
8	2.36	0	0	4	5	0	2.5	78.9	5.0	16.1	0.6	100.0

图2—1—6　确定集料比例

6．校核

将分计筛余百分率转换为累计筛余百分率，校核级配是否符合要求（见图2—1—7）。

	A	B	C	D	E	F	G	H	I	J	K	L	M	N
1	筛孔尺寸（mm）	分计筛余百分率（%）			级配要求（分计筛余，%）			集料比例（%）			合成级配（%）		级配要求（累计筛余，%）	
2		A集料	B集料	C集料	下限	上限	中值	A集料	B集料	C集料	分计筛余	累计筛余	下限	上限
3	26.5	2	0	0	0	5	2.5	78.9	5	16.1	1.6	1.6	0.0	5.0
4	19	38	3	0	25	35	30	78.9	5	16.1	30.1	31.7	25.0	40.0
5	16	28	52	0	25	30	27.5	78.9	5	16.1	24.7	56.4	50.0	70.0
6	9.5	28	35	3	20	20	20	78.9	5	16.1	24.3	80.7	70.0	90.0
7	4.75	4	10	93	20	10	15	78.9	5	16.1	18.6	99.3	90.0	100.0
8	2.36	0	0	4	5	0	2.5	78.9	5	16.1	0.6	100.0	95.0	100.0

图2—1—7　级配校核

由计算可知，各粒级颗粒累计筛余百分率满足级配要求，故矿质混合料的配合比为：A集料∶B集料∶C集料＝78.9∶5∶16.1。

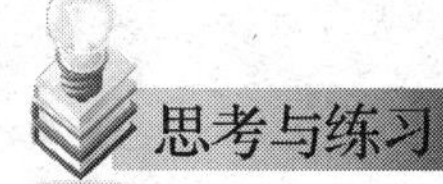

1．集料的级配参数有哪些？它们之间有什么关系？

2．矿质混合料在公路工程上有什么应用？

3．连续级配类型与间断级配类型有何差别？

任务二　评价细集料的性能

◆ 熟悉评价细集料的常用技术指标。
◆ 掌握细集料筛分的试验方法。
◆ 掌握细集料密度测定的试验方法。
◆ 掌握细集料含泥量的试验方法。

细集料是组成混合料的主要材料，如砂浆、沥青混合料、水泥稳定土、无机结合料稳定材料等，都要用到大量的细集料。那么，到底什么样的细集料才能满足工程的需要呢？评价细集料的指标有哪些？通过什么方法来评价这些指标？

某沥青混凝土拌和站拟采用砂场天然砂作为细集料，试评价其质量是否满足要求。

对细集料的技术要求，通常考虑以下几个方面：首先是集料的洁净程度，很显然，洁净程度越高，其质量也就越好；其次是颗粒级配，对于不同的混合料级配类型，各粒级颗粒的质量比例也不相同，因此组成混合料的某种集料的颗粒组成直接影响到该集料在混合料中的质量比例；再者就是集料的密度，工程上多数结构物实体是用体积而不是用质量来进行计算的，因此，要进行各条件下质量与体积的换算；其他还有细集料的坚固性、棱角性、含水率等指标。

细集料在公路工程中的主要物理性质包括：表观密度、毛体积密度、堆积密度、颗粒级配、含泥量等。

一、密度及空隙率

一定质量的细集料是由不同粒径的颗粒堆积而成的集合体，其体积组成包括颗粒体积与颗粒间空隙体积，而颗粒体积则由矿质体积、闭口孔隙体积和开口孔隙体积三部分组成。矿质实体、闭口孔隙、开口孔隙和颗粒间空隙如图 2—2—1 所示，它们之间的质量与体积关系如图 2—2—2 所示。

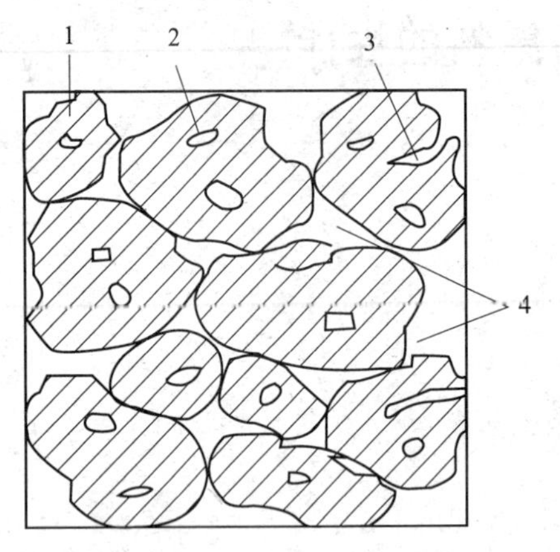

图 2—2—1　孔隙与空隙示意

1—矿质实体　2—闭口孔隙　3—开口孔隙　4—颗粒间空隙

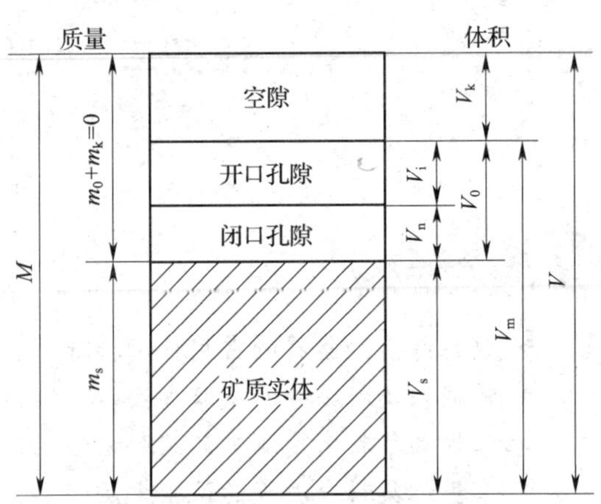

图 2—2—2　矿质质量与体积关系示意

M—矿质堆积质量　m_s—矿质实体质量

m_0—矿质孔隙质量　m_k—矿质空隙质量

V_s—矿质实体体积　V_n—矿质闭口孔隙体积

V_i—矿质开口孔隙体积　V_k—矿质空隙体积

V_m—矿质毛体积　V—集料的堆积体积

1. 表观密度

单位体积（包括材料的实体矿物成分及闭口孔隙体积）物质颗粒的干质量。集料的表观密度可用公式 2—2—1 表示：

$$\rho_a = \frac{m_s}{V_s + V_n} \tag{2—2—1}$$

式中　ρ_a——集料的表观密度（视密度），g/cm^3；

m_s——矿质实体质量，g；

V_s——矿质实体体积，cm^3；

V_n——矿质闭口孔隙体积，cm^3。

2. 毛体积密度

单位体积（包括材料的实体矿物成分及其闭口孔隙、开口孔隙等颗粒表面轮廓线所包围的毛体积）物质颗粒的干质量。集料的毛体积密度可用公式 2—2—2 表示：

$$\rho_b = \frac{m_s}{V_s + V_n + V_i} \tag{2—2—2}$$

式中　ρ_b——集料的毛体积密度，g/cm^3；

V_i——矿质开口孔隙体积，cm^3。

3. 堆积密度

集料的堆积密度是指单位体积（含物质颗粒固体及其闭口、开口孔隙体积和颗粒间空隙体积）物质颗粒的干质量，用ρ表示（g/cm³）。

根据集料堆积方式不同，细集料的堆积密度分为自然堆积密度和紧装堆积密度。集料的堆积密度可用公式 2—2—3 表示：

$$\rho = \frac{m_s}{V} \tag{2—2—3}$$

式中　ρ——集料的堆积密度，g/cm³；

V——集料的堆积体积，cm³。

4. 空隙率

集料的空隙率是指集料试样颗粒之间的空隙体积占总体积的百分率，用公式 2—2—4 表示：

$$n = \left(1 - \frac{\rho}{\rho_a}\right) \times 100 \tag{2—2—4}$$

式中　n——砂的空隙率，%；

ρ_a——砂的表观密度，g/cm³；

ρ——砂的堆积密度，g/cm³。

5. 相对密度

集料的密度与同温度水的密度之比值。

对应于上述密度，分别有表观相对密度、毛体积相对密度等。集料的密度与相对密度的关系用公式 2—2—5 和公式 2—2—6 表示：

$$\rho_a = (\gamma_a - \alpha_T) \times \rho_w \tag{2—2—5}$$

$$\rho_b = (\gamma_b - \alpha_T) \times \rho_w \tag{2—2—6}$$

式中　ρ_a——集料的表观密度，g/cm³；

ρ_b——集料的毛体积密度，g/cm³；

γ_a——集料的表观相对密度，无量纲；

γ_b——集料的毛体积相对密度，无量纲；

α_T——试验时水温对水密度影响的修正系数，见表 2—2—1；

ρ_w——水在 4℃时的密度，g/cm³。

表观相对密度、毛体积相对密度与水密度的关系与此相同。

表 2—2—1　不同水温时水的密度 ρ_T 及水温度修正系数 α_T

水温（℃）	15	16	17	18	19	20
水的密度 ρ_T（g/cm³）	0.999 13	0.998 97	0.998 80	0.998 62	0.998 43	0.998 22
水温修正系数 α_T	0.002	0.003	0.003	0.004	0.004	0.005
水温（℃）	21	22	23	24	25	
水的密度 ρ_T（g/cm³）	0.998 02	0.997 79	0.997 56	0.997 33	0.997 02	
水温修正系数 α_T	0.005	0.006	0.006	0.007	0.007	

密度指标中各种相对密度的测定方法

在进行密度测定时，质量利用天平可以很方便测得，但没有直接方法来测试矿质体积、开口孔隙体积、闭口孔隙体积及颗粒间空隙体积，因此集料密度的测定都采用相对密度与水密度乘积的方法。《公路工程集料试验规程》（JTG E42—2005）规定了各种密度的测定方法，其实质就是用同体积水的质量转换成等体积集料的体积，集料质量与等体积水的质量比值即集料的相对密度，进而求得集料的密度。各种密度的试验方法及测定原理见表2—2—2：

表 2—2—2　　各种密度的试验方法及测定原理

密度指标	试验方法	测定原理
表观密度	容量瓶法（T0328—2005）	将一定质量的干试样装入容量瓶中，定容后用水体积代表矿质体积和闭口孔隙体积
毛体积密度	坍落筒法（T0330—2005）	将试样浸水后，用吹风机吹去集料表面多余水分，用坍落筒（饱和面干试模）确定试样处于饱和面干状态后，称取一定质量的试样装入容量瓶中，定容后用水的体积代表矿质体积、开口孔隙体积和闭口孔隙体积
堆积密度	容量筒法（T0331—1994）	用水标定容量筒的容积，将试样按要求装入容量筒中，以容量筒的容积代表集料的矿质体积、开口孔隙体积、闭口孔隙体积和颗粒间空隙体积

二、颗粒级配与粗度

1. 颗粒级配

细集料的颗粒级配是指细集料中大小颗粒的相互搭配情况。

细集料的级配通过筛分试验的方法确定。对于水泥混凝土用细集料可采用干筛法筛分，如果需要也可采用水洗法筛分，对于沥青混合料及基层用细集料必须采用水洗法筛分。

干筛法筛分试验是将预先通过 9.5 mm 孔径的干砂试样，称取约 500 g 置于一套孔径分别为 4.75 mm、2.36 mm、1.18 mm、0.6 mm、0.3 mm、0.15 mm、0.075 mm 的标准筛（方孔筛）上，摇筛后分别求出试样存留在各筛上的质量，然后计算其级配有关参数。

水洗法筛分试验是将预先通过 9.5 mm 孔径（水泥混凝土用天然砂）或 4.75 mm 孔径（沥青混合料及基层用天然砂、人工砂、石屑）的细集料干试样，称取约 500 g 置于洁净容器中用洁净水冲洗，洗去小于0.075 mm的颗粒后再将试样烘干称其质量，最后置于一套孔径分别为4.75 mm、2.36 mm、1.18 mm、0.6 mm、0.3 mm、0.15 mm的标准筛（方孔筛）上，摇筛后分别求出试样存留在各筛上的质量，然后计算其级配有关参数。

2. 粗度

粗度是评价细集料粗细程度的一种指标，通常用细度模数表示。细度模数亦称细度模量，可按公式2—2—7计算细度模数，准确至0.01。

$$M_x = \frac{(A_{0.15} + A_{0.3} + A_{0.6} + A_{1.18} + A_{2.36}) - 5A_{4.75}}{100 - A_{4.75}} \qquad (2—2—7)$$

式中　M_x——细度模数；

$A_{0.15}$，$A_{0.30}$，…，$A_{4.75}$——分别为0.15 mm，0.30 mm，…，4.75 mm各筛的累计筛余百分率，%。

细度模数越大，表示细集料越粗。我国现行标准《建筑用砂》（GB/T 14684—2011）规定砂的粗度按细度模数可分为下列三级：

M_x =3.7～3.1为粗砂；M_x =3.0～2.3为中砂；M_x =2.2～1.6为细砂。

细度模数虽能表示砂的粗细程度，但不能完全反映出砂的颗粒级配情况，因为相同细度模数的砂可有不同的颗粒级配。因此，要全面表征砂的颗粒性质，必须同时使用细度模数和级配两个指标。

三、有害杂质含量

细集料中的有害杂质，主要包括泥土和泥块、云母、轻物质、硫酸盐和硫化物以及有机质等。

在这些因素中，含泥量和泥块含量对细集料质量的影响比较明显。存在于集料中或包裹在集料颗粒表面的泥土会降低水泥的水化反应速度，也会妨碍集料与水泥或沥青的黏结能力，显著影响混合料的整体强度与耐久性。

1. 含泥量或石粉含量

含泥量是指天然砂中粒径小于0.075 mm的颗粒含量，石粉含量是指人工砂中小于0.075 mm的颗粒含量。

测定含泥量的方法有以下几种：

（1）筛洗法

筛洗法仅用于测定天然砂中粒径小于0.075 mm的尘屑、淤泥和黏土的含量，不适用于人工砂、石屑等矿粉成分较多的细集料。

将烘干的细集料试样称取400 g（m_0），置于洁净容器中注入洁净水搅拌、浸泡、淘洗，过1.18 mm、0.075 mm套筛；重复水洗、过筛过程，直至容器中洗出的水清澈为止，再将两筛上的颗粒烘干称其质量（m_1），按照公式2—2—8计算含泥量：

$$Q_n = \frac{m_0 - m_1}{m_0} \times 100 \qquad (2—2—8)$$

式中 Q_n——细集料的含泥量，%；

m_0——试验前烘干集料试样的质量，g；

m_1——经筛洗后烘干集料试样的质量，g。

小提示

筛洗法测定含泥量时，洗去的粒径小于0.075 mm的颗粒中实际上包含了矿粉、细砂与黏土成分，显然，将通过0.075 mm的颗粒部分全都当做“泥土”的做法是不正确的，而筛洗法很难将这些成分加以区别，所以当用筛洗法不能正确表征细集料的洁净程序时，必须采用其他试验方法来测定细集料中所含的黏性土或杂质的含量，以评定细集料的洁净程度，如砂当量法。

（2）砂当量（SE）

砂当量用于测定天然砂、人工砂、石屑等各种细集料中所含的黏性土或杂质的含量。

细集料砂当量试验是将通过4.75 mm筛的颗粒（干燥试样120 g）装入透明、有刻度线的圆柱形试筒中，用配制的冲洗液（氯化钙、甘油、甲醛等）按规定的方法使矿粉、细砂与黏土分层沉淀。砂当量是指矿粉、细砂沉淀物的高度与絮凝物和沉淀物总高度的百分比，用SE表示。砂当量值越大，表明在小于0.075 mm部分中所含的矿粉和细砂比例越高，细集料越洁净。

（3）亚甲蓝值（MBV）

亚甲蓝试验适用于确定细集料中是否存在膨胀性黏土矿物，并测定其含量，以评定集料的洁净程度，以亚甲蓝值MBV表示。该试验适用于小于2.36 mm或小于0.15 mm的细集料，也可用于矿粉的质量检验；但是当细集料中的0.075 mm通过率小于3%时，可不进行此项试验即作为合格看待。

亚甲蓝值（MBV）的测定是将粒径≤2.36 mm的细集料试样200 g与500 mL±5 mL蒸馏水持续搅拌形成悬浮液，在悬浮液中加入5 mL亚甲蓝溶液，搅拌1 min后，用玻璃棒蘸取一滴悬浮液，滴于滤纸上，观察沉淀物周围是否出现色晕。重复这个过程，直至沉淀物周围出现约1 mm直径的稳定浅蓝色色晕，然后继续进行搅拌和蘸染试验；若色晕在最初的4 min内消失，再加入5 mL亚甲蓝溶液，若色晕在最初的5 min内消失，再加入2 mL亚甲蓝溶液，两种情况下，均应继续搅拌并进行色晕试验，直至色晕可以持续5 min为止。

细集料亚甲蓝值（MBV）按公式2—2—9计算，精确至0.1。

$$\mathrm{MBV} = \frac{V}{m} \times 10 \qquad (2\text{—}2\text{—}9)$$

式中 MBV——亚甲蓝值，g/kg，表示每千克0～2.36 mm粒级试样所消耗的亚甲蓝克数；

m——试样质量，g；

V——所加入的亚甲蓝溶液的总量，mL；

10——用于每千克试样消耗的亚甲蓝溶液体积换算成亚甲蓝质量。

为了缩短试验时间，可以采用亚甲蓝快速试验。即在悬浮液中一次加入30 mL亚甲蓝溶液，持续搅拌8 min后，用玻璃棒蘸取一滴悬浮液，滴于滤纸上，观察沉淀物的周围是否出现明显色晕。若沉淀物周围出现明显色晕，则判定亚甲蓝快速试验为合格；若沉淀物周围未出现明显色晕，则判定亚甲蓝快速试验为不合格。

2. 泥块含量

泥块含量是指细集料中原尺寸大于1.18 mm（粗集料中大于4.75 mm），但经水浸洗、手捏后小于0.6 mm（粗集料中小于2.36 mm）的颗粒含量。集料中的泥块主要以三种类型存在：由纯泥组成的团块；由砂、石屑与泥组成的团块；包裹在集料颗粒表面的泥。

泥块含量试验是取规定质量的试样烘干，用1.18 mm（或4.75 mm）筛将烘干试样过筛，称取1.18 mm（或4.75 mm）以上试样的质量 m_1；将试样置于容器中注入洁净水搅拌，浸泡24 h，用手捻碎泥块；再将试样放在0.6 mm（或2.36 mm）筛上用水冲洗，直至洗出的水清澈为止。烘干冲洗后的试样并称取质量 m_2，按照公式2—2—10计算泥块含量。

$$Q_k = \frac{m_1 - m_2}{m_1} \times 100 \tag{2—2—10}$$

式中　Q_k——集料的泥块含量，%；

m_1——1.18 mm（粗集料为4.75 mm）筛上烘干试样的质量，g；

m_2——试样经水洗后，0.6 mm（粗集料为2.36 mm）筛上烘干试样的质量，g。

细集料技术性质的其他指标如含水率、吸水率、有机质含量、云母含量、坚固性、三氧化硫含量、压碎性等及试验方法，可查阅《公路工程集料试验规程》（JTG E42—2005）。

任务实施

细集料质量的评定指标有很多，其中细集料的颗粒级配、洁净程度和表观密度对细集料本身的质量以及前述各种集料混合料的工程质量影响比较大，所以下面就结合工作任务对细集料的这几个技术指标进行检测，以确定所检参数是否符合相关标准的要求。

一、细集料筛分试验测定细集料颗粒级配及粗度

细集料的筛分试验方法有干筛法和水洗法两种，以沥青混凝土用砂为例，此时细集料颗粒级配的检测只能选用水洗法来进行。

1. 试验准备

（1）仪器设备

1）标准筛：筛孔尺寸依次为4.75 mm、2.36 mm、1.18 mm、0.6 mm、0.3 mm、0.15 mm，见图2—2—3。

2）天平：称量1 000 g，感量不大于0.5 g。

3）摇筛机：与模块一相同。

4）烘箱：能控温在105℃ ±5℃。

图2—2—3　筛分试验用标准筛

5）其他：浅盘和硬、软毛刷等。

（2）试样准备

用4.75 mm筛（沥青路面及基层用天然砂、石屑、机制砂等）筛除其中的超粒径材料，然后将样品在潮湿状态下充分拌匀，用分料器法或四分法缩分至每份不少于550 g的试样两份，在105℃ ±5℃的烘箱中烘干至恒重，冷却至室温后备用。

2. 水洗法试验步骤

称取、洗涤及烘干试样过程如图2—2—4所示。

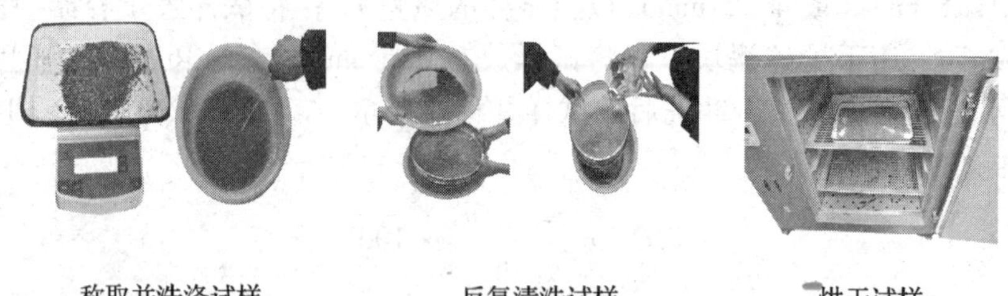

称取并洗涤试样　　反复清洗试样　　烘干试样

图2—2—4　称取、洗涤及烘干试样过程

（1）称取并洗涤试样

准确称取烘干试样约500 g（m_1），准确至0.5 g。将试样置一洁净容器中，加入足够数量的洁净水，将集料全部淹没，用搅棒充分搅动集料，将集料表面洗涤干净，使细粉悬浮在水中，但不得有集料从水中溅出。

（2）反复清洗试样

用1.18 mm筛及0.075 mm筛组成套筛，仔细将容器中混有细粉的悬浮液徐徐倒出，经过套筛流入另一容器中，但不得将集料倒出（注：不可直接倒至0.075 mm筛上，以免集料掉出损坏筛面）。重复以上步骤，直至倒出的水洁净且小于0.075 mm的颗粒全部倒出。然后将容器中的集料倒入搪瓷盘中，用少量水冲洗，使容器上粘附的集料颗粒全部进入搪瓷盘中，将筛子反扣过来，用少量的水将筛上集料冲入搪瓷盘中。操作过程中不得有集料散失。

（3）烘干并称量干燥试样

将搪瓷盘连同集料一起置105℃ ±5℃烘箱中烘干至恒重，称取干燥集料试样的总质量（m_2）。准确至0.1%。m_1与m_2之差即为通过0.075 mm筛部分。

（4）摇筛机筛分并进行手筛

如图2—2—5所示，将全部要求筛孔组成套筛（但不需0.075 mm筛），并将已经洗去小于0.075 mm部分的干燥集料置于套筛上（通常为4.75 mm筛），然后将套筛装入摇筛机，摇筛约10 min，然后取出套筛，再按筛孔大小顺序，从最大的筛号开始，在清洁的浅盘上逐个进行手筛，直至每分钟的筛出量不超过筛上剩余量的0.1%时为止，将筛出通过的颗粒并入下一号筛，和下一号筛中的试样一起过筛，这样顺序进行，直至各号筛全部筛完为止。

将试样倒入套筛　　套筛装入摇筛机

逐个手筛　　逐个称量

图 2—2—5　摇筛机筛分试样过程

（5）称量各筛筛余质量

称量各筛筛余试样的质量，精确至0.5 g。所有各筛的分计筛余量和底盘中剩余量的总质量与筛分前后试样总量 m_2 的差值不得超过后者的1%。

干筛法试验步骤

（1）摇筛机筛分试样

准确称取烘干试样约500 g（m_1），准确至0.5 g，置于套筛的最上面一只，即4.75 mm筛上，将套筛装入摇筛机，摇筛约10 min，然后取出套筛，再按筛孔大小顺序，从最大的筛号开始，在清洁的浅盘上逐个进行手筛，直到每分钟的筛出量不超过筛上剩余量的0.1%时为止，将筛出通过的颗粒并入下一号筛，和下一号筛中的试样一起过筛，以此顺序进行至各号筛全部筛完为止。

（2）称量各筛筛余质量

称量各筛筛余试样的质量，精确至0.5 g。所有各筛的分计筛余量和底盘中剩余量的总量与筛分前的试样总量，相差不得超过后者的1%。

3. 试验数据记录与处理

计算分计筛余百分率，累计筛余百分率，通过百分率，精确至0.1%，及细度模数，精确至0.01，相关计算参考任务一中关于级配参数的计算公式及公式2—2—7。

对沥青路面用细集料而言，0.15 mm 筛下部分即为 0.075 mm 的分计筛余，测得的 m_1 与 m_2 之差即为小于 0.075 mm 的筛底部分。

根据各筛的累计筛余百分率或通过百分率绘制级配曲线（此处省略）。

本试验应进行两次平行试验，以试验结果的算术平均值作为测定值。如果两次试验所得的细度模数之差大于 0.2，应重新进行试验，试验记录见表 2—2—3。

表 2—2—3　细集料筛分试验记录（水洗法）

烘干试样质量（g）	第一组				第二组				平均	
	502				504					
水洗后干试样质量（g）	487.5				488.5					
筛孔尺寸（mm）	筛上重（g）	分计筛余（%）	累计筛余（%）	通过百分率（%）	筛上重（g）	分计筛余（%）	累计筛余（%）	通过百分率（%）	累计筛余（%）	通过百分率（%）
4.75	0	0	0	100	0	0	0	100	0	100
2.36	156	31.1	31.1	68.9	145.5	28.9	28.9	71.1	30.0	70.0
1.18	110.5	22.0	53.1	46.9	95	18.8	47.7	52.3	50.4	49.6
0.6	92	18.3	71.4	28.6	120	23.8	71.5	28.5	71.5	28.5
0.3	50.5	10.1	81.5	18.5	61	12.1	83.6	16.4	82.6	17.4
0.15	45.5	9.1	90.6	9.4	35	6.9	90.5	9.5	90.6	9.5
0.075	30	6.0	96.6	3.4	28.5	5.7	96.2	3.8	96.4	3.6
筛底	14.5	2.9	99.5		16.5	3.3	99.5		99.5	
筛分后总质量（g）	484.5	99.4			485	99.5				
损耗（g）	3				3.5					
损耗率（%）	0.6				0.7					
细度模数	3.28				3.22				3.25	

试验者：________　计算者：________　校核者：________　试验日期：________

4. 结论

根据砂的粗度按细度模数可分为下列三级：

$M_x=3.7\sim3.1$ 为粗砂；$M_x=3.0\sim2.3$ 为中砂；$M_x=2.2\sim1.6$ 为细砂。

所以由表 2—2—3 计算结果可以判定出该砂为粗砂。

二、容量瓶法测定细集料的表观密度试验

测定细集料的表观密度，可以为计算细集料的空隙率和混凝土配合比设计提供依据。测定细集料的表观密度有容量瓶法和李氏比重瓶法，但是实践表明，对于细集料，采用李氏比重瓶法测定时很难去除细集料附着的气泡，所以很难测定准确，而且采用李氏比重瓶法试验时，应在试验前对比重瓶的体积予以校正，这也容易造成误差，因此实践中一般都不采用此方法，而采用容量瓶法测定。

1. 试验准备

（1）仪器设备（见图2—2—6）

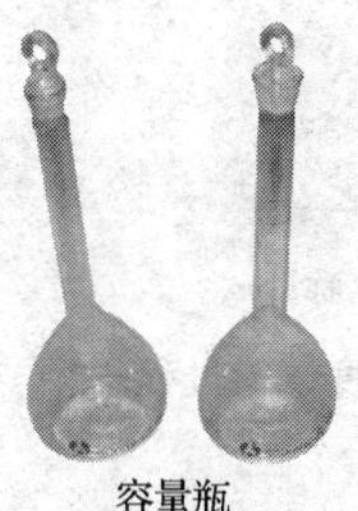

容量瓶　　烘箱

图2—2—6　容量瓶法试验用主要仪器设备

1）天平：称量1 kg，感量不大于1 g。

2）容量瓶：500 mL。

3）烘箱：能控温在105℃ ±5℃。

4）烧杯：500 mL。

5）洁净水：可以用蒸馏水，也可以用纯净水。

6）其他：干燥器、浅盘、料勺、温度计等。

（2）试样准备及用水

将缩分至650 g左右的试样在温度为105℃ ±5℃的烘箱中烘干至恒重，并在干燥器内冷却至室温，分成两份备用。

试验用水要求洁净水，可以用蒸馏水，也可以用纯净水。

2. 容量瓶法试验步骤

容量瓶法测定表观密度试验过程，如图2—2—7所示。

（1）称量瓶、试样和水的质量（m_2）

称取烘干的试样约300 g（m_0），装入盛有半瓶洁净水的容量瓶中；摇转容量瓶，使试样在已保温至23℃ ±1.7℃的水中充分搅动以排除气泡，塞紧瓶塞，在恒温条件下静置24 h左右，然后用滴管添水，使水面与瓶颈刻度线平齐，再塞紧瓶塞，擦干瓶外水分，称其总质量（m_2）。

（2）称量瓶和水的质量（m_1）

倒出瓶中的水和试样，将瓶的内外表面洗净，再向瓶内注入同样温度的洁净水（温差不超过2℃）至瓶颈刻度线，塞紧瓶塞，擦干瓶外水分，称其总质量（m_1）。

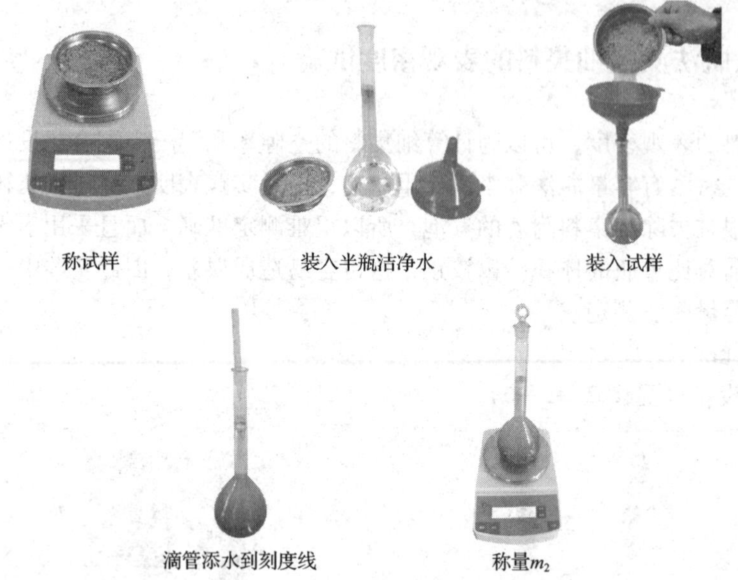

称试样　装入半瓶洁净水　装入试样

滴管添水到刻度线　称量m_2

图 2—2—7　容量瓶法测定表观密度试验过程

小提示

在砂的表观密度测定试验过程中应测量并控制水的温度，试验期间的温差不得超过1℃。

3. 试验数据记录与处理

细集料的表观相对密度按公式 2—2—11 计算，精确至小数点后 3 位。

$$\gamma_a = \frac{m_0}{m_0 + m_1 - m_2} \qquad (2—2—11)$$

式中　γ_a——集料的表观相对密度，无量纲；

m_0——集料的烘干质量，g；

m_1——水及容量瓶的总质量，g；

m_2——试样、水及容量瓶的总质量，g。

细集料的表观密度按公式 2—2—5 计算，精确至小数点后 3 位。见表 2—2—4。

表 2—2—4　细集料表观密度试验记录（容量瓶法）

试样编号	水的温度（℃）	试样烘干质量 m_0（g）	试样＋水＋容量瓶的质量 m_2（g）	水＋容量瓶的质量 m_1（g）	T℃时水温修正系数 α_T	表观密度 ρ_a（g/cm³）		备注
						个别	平均	
1	20	305	910.5	720.5	0.005	2.647	2.644	
2	20	308	912.2	720.6	0.005	2.641		
结论	该细集料的表观密度为 2.644 g/cm³，符合相应规范的技术要求							

试验者：________　计算者：________　校核者：________　试验日期：________

以两次平行试验结果的算术平均值作为测定值，如两次结果之差值大于0.01 g/cm^{3}时，应重新取样进行试验。

4. 质量评定

试验测定的细集料的表观密度为2.644 g/cm^3，符合（水泥混凝土用细集料对表观密度的要求不小于2.500 g/cm^3）沥青混合料用细集料对表观密度的要求不小于2.500 g/cm^{3}的规定。

三、砂当量试验测定细集料洁净程度

砂当量用于测定天然砂、人工砂、石屑等各种细集料中所含的黏性土或杂质的含量，用SE表示，砂当量值越大，表明在小于0.075 mm部分所含的矿粉和细砂比例越高，细集料越洁净。

1. 试验准备

（1）仪器设备

1）透明圆柱形试筒：高度420 mm±0.25 mm，在距试筒底部100 mm、380 mm处刻划刻度线，试筒口配有橡胶瓶口塞。

2）冲洗管：管的上部有一个开关，下部有一个不锈钢两侧带孔尖头，孔径为1 mm±0.1 mm。

3）透明玻璃或塑料桶：容积5 L，有一根虹吸管放置桶中，桶底面高出工作台约1 m。

4）橡胶管（或塑料管）：长约1.5 m，内径约5 mm，同冲洗管连在一起吸液用，配有金属夹，以控制冲洗液流量。

5）配重活塞：由长440 mm±0.25 mm的杆、直径25 mm±0.1 mm的底座（下面平坦、光滑，垂直杆轴）、套筒和配重组成。套筒厚10 mm±0.1 mm，大小适合试筒并且引导活塞杆，能标记筒中活塞下沉的位置。配重为1 kg±5 g。

6）机械振荡器：可以使试筒产生横向的直线运动振荡，振幅203 mm±1.0 mm，频率180次/min±2次/min。

7）天平：称量1 kg，感量不大于0.1 g。

8）烘箱：能使温度控制在105℃±5℃。

9）广口漏斗：玻璃或塑料制，口的直径100 mm左右。

10）其他：秒表、温度计、量筒（500 mL）、钢板尺（长50 cm，刻度1 mm）、烧杯（1 L）、标准筛（筛孔为4.75 mm）、塑料桶（5 L）、烧杯、刷子、盘子、刮刀、勺子等。

砂当量试验主要仪器设备如图2—2—8所示。

（2）试样准备

1）将试样通过孔径4.75 mm筛，去掉筛上的粗颗粒部分，试样数量不少于1 000 g。如样品过分干燥，可在筛分之前加少量水润湿（含水率约为3%左右），用包橡胶的小锤打碎土块，然后再过筛，以防止将土块作为粗颗粒筛除。当粗颗粒部分被在筛分时不能分离的杂质裹覆时，应将筛上部分的粗集料进行清洗，并回收其中的细粒放入试样中。

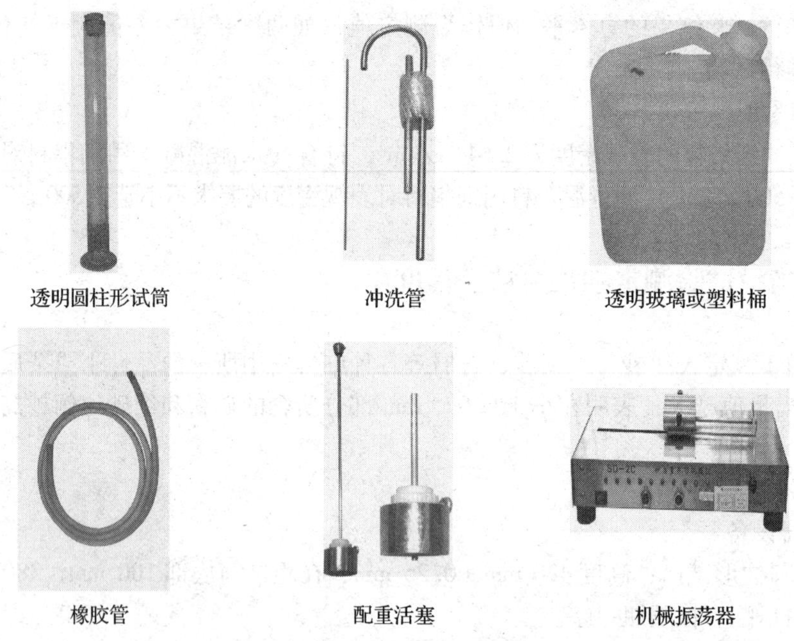

图 2—2—8　砂当量试验主要仪器设备

小提示

在配制稀浆封层及微表处混合料时，4.75 mm 部分经常是由两种以上的集料混合而成，如由 3 ~ 5 mm 和 3 mm 以下石屑混合，或由石屑与天然砂混合组成时，可分别对每种集料按本方法测定其砂当量，然后按组成比例计算合成的砂当量。为减少工作量，通常做法是将样品按配比混合组成后用 4.75 mm 筛子过筛，测定集料混合料的砂当量，以鉴定材料是否合格。

2）采用烘干法测定试样含水率，试验用的样品在测定含水率和取样试验期间不要失水。由于试样是加水湿润过的，因而对试样含水率应按现行含水率测定方法进行，含水率以两次测定的平均值计，准确至 0.1%。测定过含水率的试样不得用于试验。

3）称取试样的湿重：根据测定的含水率按公式 2—2—12 计算相当于 120 g 干燥试样的样品湿重，准确至 0.1 g。

$$m_1 = \frac{120 \times (100 + w)}{100} \qquad (2—2—12)$$

式中　w——集料试样的含水率，%；

m_1——相当于干燥试样 120 g 时的潮湿试样的质量，g。

冲洗液配制

◆ 所需试剂：

1. 无水氯化钙（$CaCl_2$）：分析纯，含量96%以上，相对分子质量110.99，纯品为无色立方结晶，在水中溶解度大，溶解时放出大量热，它的水溶液呈微酸性，具有一定的腐蚀性。

2. 丙三醇（$C_3H_8O_3$）：又称甘油，分析纯，含量98%以上，相对分子质量92.09。

3. 甲醛（HCHO）：分析纯，含量36%以上，相对分子质量30.03。

4. 洁净水或纯净水。

◆ 冲洗液配制步骤

1. 根据需要确定冲洗液的数量，通常一次配制5 L，约可进行10次试验。如试验次数较少，可以按比例减少，但不宜少于2 L，以减小试验误差。冲洗液的浓度以每升冲洗液中的氯化钙、甘油、甲醛含量分别为2.79 g，12.12 g，0.34 g控制。称取配制5 L冲洗液的各种试剂的用量：氯化钙14.0 g，甘油60.6 g，甲醛1.7 g。

2. 称取无水氯化钙14.0 g放入烧杯中，加洁净水30 mL，充分溶解，此时溶液温度会升高，待溶液冷却至室温，观察是否有不溶的杂质，若有杂质必须用滤纸将溶液过滤，以除去不溶的杂质。

3. 倒入适量洁净水稀释，加入甘油60.6 g，用玻璃棒搅拌均匀后再加入甲醛1.7 g，用玻璃棒搅拌均匀后全部倒入1 L量筒中，并用少量洁净水分别对盛过3种试剂的器皿洗涤3次，每次洗涤的水均放入量筒中，最后加入洁净水至1 L刻度线。

4. 将配制的1 L溶液倒入塑料桶或其他容器中，再加入4 L洁净水或纯净水稀释至5 L±0.005 L。该冲洗液的使用期限不得超过2周，超过2周后必须废弃，其工作温度为22℃±3℃（注：有条件时，可向专门机构购买高浓度的冲洗液，按照要求稀释后使用）。

2. 试验步骤

测砂当量试验步骤，如图2—2—9所示。

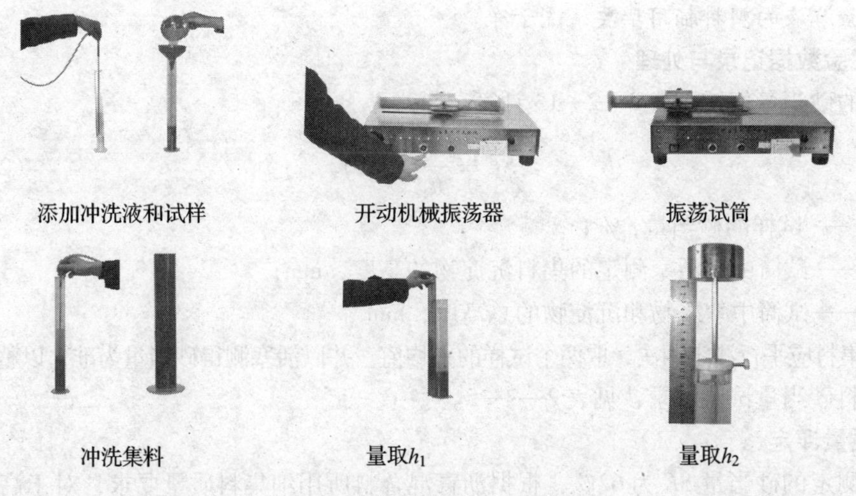

添加冲洗液和试样　　开动机械振荡器　　振荡试筒

冲洗集料　　量取h_1　　量取h_2

图2—2—9　测砂当量试验步骤

（1）添加冲洗液和试样

用冲洗管将冲洗液加入试筒，直到最下面的 100 mm 刻度处（约需 80 mL 试验用冲洗液）；把相当于 120 g ± 1 g 干料重的湿样用漏斗仔细地倒入竖立的试筒中，用手掌反复敲打试筒下部，以除去气泡，并使试样尽快润湿，然后放置 10 min。

（2）振荡试筒

在试样静止 10 min ± 1 min 后，在试筒上塞上橡胶塞堵住试筒，用手将试筒横向水平放置，或将试筒水平固定在振荡机上；开动机械振荡器，在 30 s ± 1 s 的时间内振荡 90 次。用手振荡时，仅需手腕振荡，不必晃动手臂，以维持振幅 230 mm ± 25 mm，振荡时间和次数与机械振荡器相同。然后将试筒取下竖直放回试验台上，拧下橡胶塞。

（3）冲洗集料

将冲洗管插入试筒中，用冲洗液冲洗附在试筒壁上的集料，然后迅速将冲洗管插到试筒底部，不断转动冲洗管，使附着在集料表面的土粒杂质浮游上来，缓慢匀速向上拔出冲洗管；当冲洗管抽出液面，且保持液面位于 380 mm 刻度线时，切断冲洗管的液流，使液面保持在 380 mm 刻度线处，然后开动秒表在没有扰动的情况下静置 20 min ± 15 s。

（4）量取 h_1 和 h_2

在静置 20 min 后，用尺量测从试筒底部到絮状凝结物上液面的高度（h_1）；将配重活塞徐徐插入试筒里，直至碰到沉淀物时，立即拧紧套筒上的固定螺钉。将活塞取出，用直尺插入套筒开口中，量取套筒顶面至活塞底面的高度 h_2，准确至 1 mm，同时记录试筒内的温度，准确至 1℃。

小提示

1. 为了不影响沉淀的过程，试验必须在无振动的水平台上进行。随时检查试验的冲洗管口，防止堵塞。

2. 由于塑料在太阳光下容易变得不透明，应尽量避免将塑料试筒等直接暴露于太阳光下，盛试验溶液的塑料桶用毕要清洗干净。

3. 试验数据记录与处理

试样的砂当量值按公式 2—2—13 计算：

$$SE = \frac{h_2}{h_1} \times 100 \qquad (2—2—13)$$

式中 SE——试样的砂当量，%；

h_2——试筒中用活塞测定的集料沉淀物的高度，mm；

h_1——试筒中絮凝物和沉淀物的总高度，mm。

一种集料应平行测定两次，取两个试样的平均值，并以活塞测得砂当量为准，以整数表示。

细集料砂当量试验记录，见表 2—2—5。

4. 质量评定

最终测定的砂当量 SE 为 62%，根据沥青混合料所用细集料质量要求，对于高速公路和一级公路，要求细集料的砂当量不小于 60%，因而测定结果是满足要求的。

表 2—2—5　　细集料砂当量试验记录

试验次数	试样含水率 ω（%）	试样干质量 m_1（g）	试样湿质量 m_2（g）	试筒内温度 T（℃）	试筒中絮状物和沉淀物的总高度 h_1（mm）	试筒中用活塞测定的沉淀物的高度 h_2（mm）	砂当量（%）	砂当量平均值（%）
1	3.2	120	123.8	18	111	69	62	62
2	3.0	120	123.6	18	104	63	61	
结论	该细集料的砂当量 SE 为 62%，符合相应规范的技术要求							

试验者：________　计算者：________　校核者：________　试验日期：________

知识拓展

细集料的含泥量和泥块含量测定

一、筛洗法测定细集料的含泥量

筛洗法测定细集料的含泥量仅用于测定天然砂中粒径小于 0.075 mm 的尘屑、淤泥和黏土的含量，不适用于人工砂、石屑等矿粉成分较多的细集料。

1. 将试样用四分法缩分至每份约 1 000 g，置于温度为 105℃ ±5℃的烘箱中烘干至恒重，冷却至室温后，称取约 400 g（m_0）的试样两份备用。

2. 取烘干的试样一份置于筒中，并注入洁净的水，使水面高出砂面约 200 mm，充分拌和均匀后，浸泡 24 h，然后用手在水中淘洗试样，使尘屑、淤泥和黏土与砂粒分离，并使之悬浮水中，缓缓地将浑浊液倒入 1.18 ~ 0.075 mm 的套筛上，滤去小于 0.075 mm 的颗粒，试验前筛子的两面应先用水湿润，在整个试验过程中应注意避免砂粒丢失。再次加水于筒中，重复上述过程，直至筒内砂样洗出的水清澈为止。

3. 用水冲洗剩留在筛上的细粒，并将 0.075 mm 筛放在水中（使水面略高出筛中砂粒的上表面）来回摇动，以充分洗除小于 0.075 mm 的颗粒；然后将两筛上筛余的颗粒和筒中已经洗净的试样一并装入浅盘，置于温度为 105℃ ±5℃的烘箱中烘干至恒重，冷却至室温，称取试样的质量（m_1）。

4. 砂的含泥量按公式 $Q_n = \frac{m_0 - m_1}{m_0} \times 100$ 计算，精确至 0.1%。

二、筛洗法测定细集料的泥块含量

筛洗法测定细集料的泥块含量主要是测定水泥混凝土用砂中颗粒大于 1.18 mm 的泥块的含量。

1. 将试样用分料器法或四分法缩分至每份约 2 500 g，置于温度为 105℃ ±50℃的烘箱中烘干至恒重，冷却至室温后，用 1. 18 mm 筛筛分，取筛上的砂约 400 g 分为两份备用。

2. 取试样 1 份 200 g（m_1）置于容器中，并注入洁净的水，使水面至少超出砂面约 200 mm，充分拌混均匀后，静置 24 h，然后用手在水中捻碎泥块，再把试样放在 0. 6 mm 筛上，用水淘洗至水清澈为止。

3. 筛余下来的试样应小心地从筛里取出，并在 105℃ ±5℃的烘箱中烘干至恒重，冷却至室温后称量（m_2）。

4. 砂中泥块含量按式 $Q_n = \frac{m_1 - m_2}{m_1} \times 100$ 计算，精确至 0. 1%。

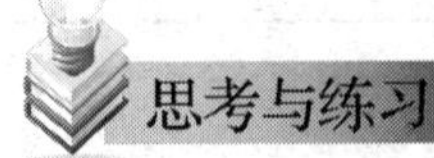

1. 什么叫细集料的细度模数？如何判定细集料的粗度？
2. 什么是细集料的表观密度、堆积密度？
3. 细集料中有害杂质有哪些？各有何危害？

任务三　评价粗集料的性能

- 熟悉评价粗集料的常用技术指标。
- 掌握粗集料密度测定的试验方法。
- 掌握粗集料压碎值的试验方法。
- 掌握粗集料磨耗值的试验方法。

粗集料也是组成混合料的主要材料，与细集料相比，粗集料的骨架作用更加明显，用量也更大。那么，到底什么样的粗集料才能满足工程的需要呢？其技术指标与细集料相比是否一样？如果不一样，又有什么不同呢？

某沥青混凝土拌和站拟采用一石料场生产碎石作为粗集料，试评价其质量是否满足要求。

对粗集料的技术要求与细集料有相似之处，一是集料的洁净程度，再者是颗粒级配，还有就是集料的密度。由于粗集料的骨架作用更加突出，其力学性质将是影响其性质的主要因素，当粗集料用于路面表层时，为保证道路的抗滑性能，集料的耐磨性也是评价粗集料性能的主要因素。

由任务一可知，粗集料的颗粒形状对混合料的质量也将产生影响。

一、密度与空隙率

粗集料的密度也包括表观密度、毛体积密度、堆积密度等。粗集料的密度和空隙率的概念及计算公式与细集料相同，但计算相对密度的方法与细集料不同，具体见表 2—3—1。

表 2—3—1　粗集料的密度与测定原理

密度指标	试验方法	测定原理
表观密度 毛体积密度	网篮法 （T0304—2005）	将试样浸水后，用静水天平称取试样水中质量；用干毛巾擦去集料表面水分后使其处于表干状态，称取表干质量；将试样烘干后称取干质量 烘干质量与水中质量之差为与矿质体积、闭口孔隙体积对应的水的质量；表干质量与水中质量之差为与矿质体积、开口孔隙、闭口孔隙对应的水的质量
	容量瓶法 （T0308—2005）	将试样浸水后，置入容量瓶中，加满水（用玻璃片确认），称取用瓶、水、集料、玻璃片总质量；用干毛巾擦去集料表面水分后使其处于表干状态，称取表干质量；称取用瓶、水、玻璃片总质量 其他同细集料的密度试验方法
堆积密度	容量筒法 （T0309—2005）	用水标定容量筒的容积，将试样按要求装入容量筒中，以容量筒的容积代表集料的矿质体积、开口孔隙体积、闭口孔隙体积和颗粒间空隙体积

粗集料的堆积密度包括自然堆积密度、振实堆积密度和捣实堆积密度三种，其区别在于试样装入容量筒时所采用的方式不同，其原理及计算方法与细集料堆积密度相同。

三种堆积密度的测定方法见表2—3—2。

表2—3—2　　三种堆积密度的测定方法

名称	测定方法
自然堆积密度	用平头铁锹铲起试样，使石子自由落入容量筒内。此时，从铁锹的齐口至容量筒上口的距离应保持为50 mm左右，装满容量筒并除去凸出筒口表面的颗粒，并以合适的颗粒填入凹陷空隙，使表面稍凸起部分和凹陷部分的体积大致相等
振实堆积密度	方法一：按堆积密度试验步骤，将装满试样的容量筒放在振动台上，振动3 min，其间不断添加集料并保持振动结束时集料高出容量筒口，用钢筋沿筒口边缘滚转，刮下高出筒口的颗粒，用合适的颗粒填平凹处，使表面稍凸起部分和凹陷部分的体积大致相等 方法二：将试样分三层装入容量筒：装完一层后，在筒底垫放一根直径为25 mm的圆钢筋，将筒按住，左右交替颠击地面各25下；然后装入第二层，用同样的方法颠实（但筒底所垫钢筋的方向应与第一层放置方向垂直）；然后再装入第三层，如法颠实。待三层试样装填完毕后，加料到试样超出容量筒口。其余同方法一
捣实堆积密度	根据沥青混合料的类型和公称最大粒径，确定起骨架作用的关键性筛孔（通常为4.75 mm或2.36 mm等）。将矿料混合料中此筛孔以上颗粒筛出，作为试样装入符合要求规格的容器中达1/3的高度，由边至中用捣棒均匀捣实25次。再向容器中装入1/3高度的试样，用捣棒均匀地捣实25次，捣实深度约至下层的表面。然后重复上一步骤，加最后一层，捣实25次，使集料与容器口齐平。用合适的集料填充表面的大空隙，用直尺大体刮平，目测估计表面凸起部分与凹陷部分的容积大致相等

当粗集料用于不同的混合料时，其采用的空隙率指标也不相同。

（1）水泥混凝土用粗集料振实状态下的空隙率

$$V_c = \left(1 - \frac{\rho}{\rho_a}\right) \times 100 \qquad (2—3—1)$$

式中　V_c——水泥混凝土用粗集料的空隙率，%；

ρ_a——粗集料的表观密度，t/m^3；

ρ——按振实法测定的粗集料的堆积密度，t/m^3。

（2）沥青混合料用粗集料骨架捣实状态下的空隙率

$$VCA_{DRC} = \left(1 - \frac{\rho}{\rho_b}\right) \times 100 \qquad (2—3—2)$$

式中　VCA_{DRC}——沥青混合料用粗集料的空隙率，%；

ρ_b——粗集料的毛体积密度，t/m^3；

ρ——按捣实法测定的粗集料的堆积密度，t/m^3。

二、级配

粗集料的级配也是通过筛分试验确定的，筛分试验也分为干筛法和水筛法，方法与细集料筛分试验基本相同，参见本模块任务二。

三、粗集料的力学性质

粗集料力学性质的主要指标是压碎值和磨耗值，其次是新近发展起来的抗滑表层用集料的三项试验，即磨光值、磨耗值和冲击值。

1. 压碎值

集料压碎值用于衡量石料在逐渐增加的荷载下抵抗压碎的能力，它是衡量石料力学性质的指标之一，用以评价水泥混凝土、路面基层、底基层及沥青面层的粗集料品质。

按《公路工程集料试验规程》（JTG E42—2005）的规定，取 9.5 ~ 13.2 mm 的集料试样约 3 000 g 装入压碎值测定仪的钢质筒内，放在压力机上，在 10 min 左右的时间均匀加荷至 400 kN，稳压 5 s 后卸载，称取通过 2.36 mm 筛孔的全部细料的质量，则碎石的压碎值为：

$$Q_a = \frac{m_1}{m_0} \times 100 \tag{2—3—3}$$

式中 Q_a——集料的压碎值，%；

m_0——试验前试样的质量，g；

m_1——试验后通过 2.36 mm 筛孔的细料质量，g。

粗集料的压碎值越小，表示其抵抗压碎的能力越强。

2. 磨耗值（洛杉矶法）

磨耗值是指按规定的方法测得的石料抵抗磨耗作用的能力，以磨耗损失（%）表示，反映了石料抵抗撞击、剪切和摩擦等综合作用的性能。粗集料的洛杉矶磨耗损失公式如下：

$$WSV = \frac{m_1 - m_2}{m_1} \times 100 \tag{2—3—4}$$

式中 WSV——粗集料的洛杉矶磨耗损失，%；

m_1——装入圆筒中的试样质量，g；

m_2——试验后在 1.7 mm 筛上洗净烘干的试样质量，g。

3. 磨光值

现代高速交通的行车条件对路面的抗滑性提出了更高的要求，在车辆轮胎作用下，不仅要求具有高的抗磨耗性，而且要求具有高的抗磨光性。

磨光值是指按规定试验方法测得的石料抵抗轮胎磨光作用的能力，即石料被磨光后用摆式摩擦系数测定仪测得的摩擦系数，用 PSV 表示。

石料的磨光值越高，表示其抗滑性越好。用高磨光值的岩石来铺筑道路路面表层，可以提高路表的抗滑能力，保障车辆的安全行驶。

4. 道瑞磨耗值

道瑞法磨耗试验适用于评定公路路面表层所用粗集料抵抗车轮撞击及磨耗的能力。

道瑞法磨耗试验是将9.5～13.2 mm的集料颗粒以单层紧密排列在试模中，集料颗粒不得少于24粒。用环氧树脂砂浆填模成型，经养生后脱模制成试件。同种集料2个试件为一组。试件用金属托盘固定于道瑞磨耗试验机的圆平板上，按28～30 r/min转速旋转100圈，旋转的同时连续不断地向磨盘上均匀地撒布规定细度的石英砂。停机后取下试件，观察有无异常现象，然后按相同方法再磨400圈，可分为4个100圈重复4次磨完，也可连续1次磨完，停机后，称取试件质量。每块试件的集料道瑞磨耗值公式如下：

$$AAV = \frac{3(m_1 - m_2)}{\rho_s} \tag{2—3—5}$$

式中 AAV——集料的道瑞磨耗值；

m_1——磨耗前试件的质量，g；

m_2——磨耗后试件的质量，g；

ρ_s——集料的表干密度，g/cm^3。

粗集料的道瑞磨耗值越小，表示其耐磨性越强。

5. 冲击值

冲击值反映岩石抵抗多次连续重复冲击荷载作用的能力。由于路表集料直接承受车轮荷载的冲击作用，这一指标对道路表面层用集料非常重要。

粗集料冲击值是指按规定试验方法测得的石料抵抗冲击荷载的能力，以击碎试验后小于2.36 mm粒径的石料质量百分率表示。

集料的冲击值试验采用尺寸为9.5～13.2 mm的干燥集料颗粒，按标准方法分三层装入量筒中，每层用捣实杆按规定方法捣实25次；称取量筒中集料试样的质量m；将称好质量的集料装入圆形钢筒后置于冲击试验仪上，调整冲击锤（锤重13.75 kg）高度，让冲击锤从380 mm±5 mm处自由落下，连续锤击集料15次，每次间隔不少于1 s。将冲击试验后的集料用2.36 mm筛筛分，分别称取保留在2.36 mm筛上集料的质量m_1和通过2.36 mm筛的石屑质量m_2。集料冲击值公式如下：

$$AIV = \frac{m_2}{m} \times 100 \tag{2—3—6}$$

式中 AIV——集料的冲击值，%；

m——试样总质量，g；

m_2——冲击破碎后通过2.36 mm筛的试样质量，g。

粗集料的冲击值越小，表示其抗冲击荷载的能力越强。

四、粗集料的其他性质

1. 针片状颗粒含量

一般情况下，对于水泥混凝土用的粗集料，颗粒的最大长度（或宽度）方向与最小厚度（或直径）方向的尺寸之比大于6倍的颗粒为针片状颗粒；对于沥青混合料用的粗集料，颗粒的最大长度（或宽度）方向与最小厚度（或直径）方向的尺寸之比大于3倍的颗粒为针片状颗粒。

针片状颗粒的存在会增加粗集料的空隙率，降低密实性，影响新拌混凝土的工作性，降低硬化后的水泥混凝土强度和耐久性，同时针片状颗粒的存在会影响沥青路面的质量。因此，在粗集料中应限制其含量。

针片状颗粒含量是指粗集料中细长的针状颗粒与扁平的片状颗粒质量占试样总质量的百分率，用 Q_e 表示。用于水泥混凝土的粗集料的针片状颗粒含量采用规准仪法，用于沥青混合料的粗集料的针片状颗粒含量采用游标卡尺法。

2. 坚固性

粗集料的坚固性是指集料在气候、环境变化或其他物理因素作用下抵抗碎裂的能力，其测定方法为硫酸钠溶液法。

试验方法是：将试样缩分至规定的数量，用水淋洗干净，放在烘箱中烘干至恒重，筛除小于4.75 mm 的颗粒，然后筛分。称取试样，将不同粒级的试样分别装入网篮，并浸入盛有硫酸钠溶液的容器中。网篮浸入溶液时，上下升降25次，以排除试样的气泡，然后静置于该容器中。浸泡20 h后，把装试样的网篮从溶液中取出，放在烘箱中干烘4 h，至此，完成了第一次试验循环，待试样冷却至20～25℃后，再按上述方法进行第二次循环。从第二次循环开始，浸泡与烘干的时间均为4 h，共循环5次。最后一次循环后，用清洁的温水淋洗试样，直至淋洗试样后的水加入少量氯化钡溶液不出现白色浑浊为止，洗过的试样放在烘箱中烘干至恒量。用孔径为试样粒级下限的筛过筛，称出各粒级试样试验后的筛余量。用质量损失（通过2.36 mm 筛的颗粒）百分率来计算其坚固性，用 Q 表示。

3. 含泥量与泥块含量

含泥量与泥块含量同泥块含量的概念，其测定方法与细集料相同，详见本模块任务二。

粗集料的物理性质指标还有含水率、吸水率、有机物含量等，其试验方法可查阅《公路工程集料试验规程》（JTG E42—2005）。

任务实施

粗集料质量的评定指标有很多，物理指标中的颗粒级配、洁净程度和表观密度与细集料检测基本相同。与细集料不同的是，粗集料的颗粒形状及力学性能，对集料的性能以及由它所组成的混合料的性能影响较大，所以下面就结合工作任务对粗集料的针片状含量、压碎值、磨耗值等指标进行检测，以确定所检参数是否符合相关技术标准的要求。

一、用游标卡尺法检测粗集料针片状颗粒含量试验

测定粗集料中针片状颗粒的含量，可用于评价集料的颗粒形状和抗压碎能力，以评定石料生产厂的生产水平及该材料在工程中的适用性。沥青混合料用粗集料针片状颗粒含量的测定方法采用游标卡尺法，水泥混凝土用粗集料针片状颗料含量测定采用规准仪法，规准仪法请参阅本任务后面的知识拓展部分。

1. 试验准备

(1) 仪器设备

1) 标准筛：方孔筛 4.75 mm；

2) 游标卡尺：精密度为 0.1 mm；

3) 天平：感量不大于 1 g。

(2) 试样准备

按照现行集料随机取样的方法，采集集料试样，将采集的集料试样按分料器法或四分法选取 1 kg 左右的试样。对每一种规格的粗集料，应按照不同的公称粒径分别取样检验。

2. 试验步骤

(1) 过筛并称取试样

用 4.75 mm 标准筛将试样过筛，取筛上部分供试验用，称取试样的总质量 m_0，准确至 1 g，试样数量应不少于 800 g，并不少于 100 颗。

(2) 目测筛选

将试样平摊于桌面上，首先用目测挑出接近立方体的颗粒，剩下的可能属于针状（细长）和片状（扁平）的颗粒。

(3) 游标卡尺筛选

按图 2—3—1 所示的方法将欲测量的颗粒放在桌面上呈一稳定的状态（较大面积的面作为底面），图中颗粒平面方向的最大长度为 L，侧面厚度的最大尺寸为 t，颗粒最大宽度为 w（$t<w<L$），用卡尺逐颗测量石料的长度 L 及厚度 t，将 $L/t \geqslant 3$ 的颗粒（即最大长度方向与最大厚度方向的尺寸之比大于 3 的颗粒）分别挑出作为针片状颗粒。最后称取针片状颗粒的质量 m_1，准确至 1 g。

小提示

稳定状态是指平放的状态，不是直立状态，侧面厚度的最大尺寸 t 为图 2—3—1 中状态的颗粒顶部至平台的厚度，是在最薄的一个面上测量的，但并非颗粒中最薄部位的厚度。

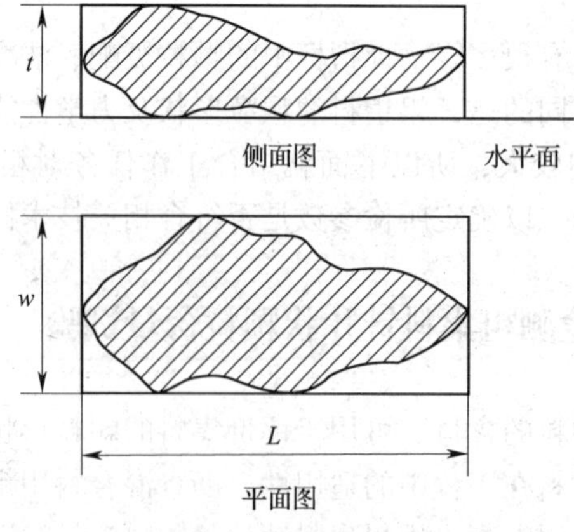

图 2—3—1　针片状颗粒稳定状态

试验过程如图 2—3—2 所示。

称取通过4.75mm标准筛的试样

目测筛选

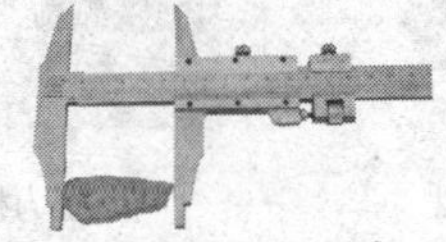

测量颗粒平面方向的最大长度L

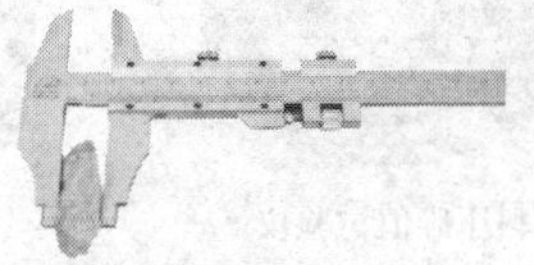

测量侧面厚度的最大尺寸t

图 2—3—2　游标卡尺法试验过程

3. 试验数据记录与处理

按公式 2—3—7 计算针片状颗粒含量：

$$Q_e = \frac{m_1}{m_0} \times 100 \tag{2—3—7}$$

式中　Q_e——针片状颗粒含量，%；

m_0——试验用的集料总质量，g；

m_1——针片状颗粒的质量，g。

试验要平行测定两次，计算两次结果的平均值。如两次结果之差小于平均值的 20%，取平均值为试验值；如大于或等于 20%，应追加测定一次，取三次结果的平均值为测定值。

粗集料针片状颗粒含量试验记录（游标卡尺法），见表 2—3—3。

表 2—3—3　　粗集料针片状颗粒含量试验记录（游标卡尺法）

筛孔直径（mm）	试验次数	试样总质量 m_0（g）	针片状颗粒的总质量 m_1（g）	针片状颗粒含量（%）	
				单值	平均值
4.75mm	1	1 021	32.7	3.2	2.6
	2	996	20.0	2.0	

试验者：________　计算者：________　校核者：________　试验日期：________

4. 质量评定

以沥青混凝土用粗集料为例，用游标卡尺法检测其针片状颗粒含量为 2.6%，符合《公路沥青路面施工技术规范》（JTG F40—2004）要求。

二、压碎值试验评定粗集料抗压碎的能力

粗集料压碎值试验是衡量石料力学性质的指标之一，用以评价水泥混凝土、路面基层、

底基层及沥青面层的粗集料品质。

1. 试验准备

（1）仪器设备（见图 2—3—3）

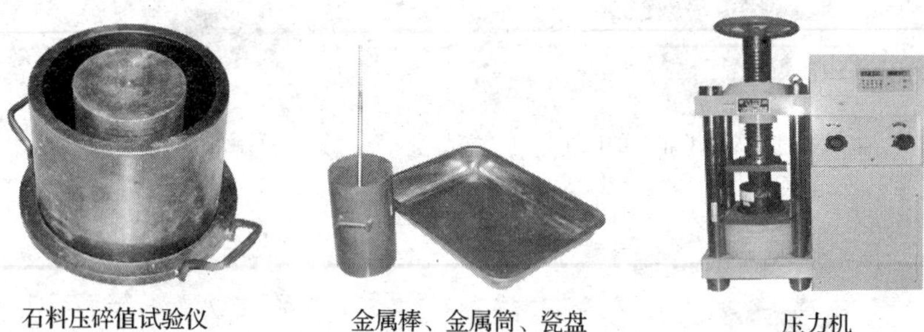

图 2—3—3　压碎值试验用设备仪器

1）石料压碎值试验仪：由内径 150 mm、两端开口的钢制圆形试筒，压柱和底板组成，其形状和尺寸如图 2—3—4 所示和表 2—3—4。

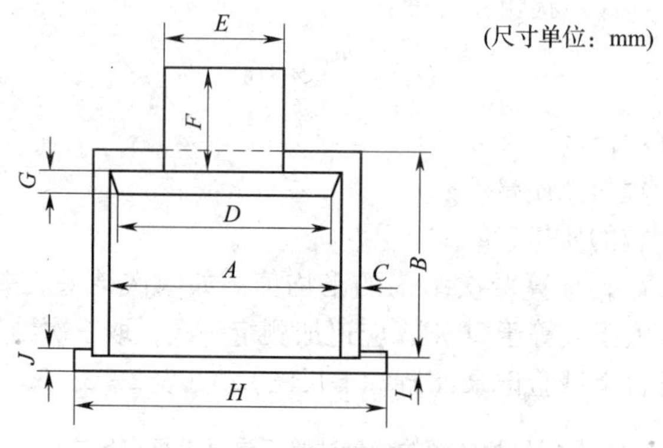

图 2—3—4　石料压碎值试验仪

表 2—3—4　试筒、压柱和底板尺寸

部位	符号	名称	尺寸（mm）
试筒	*A*	内径	150 ±0. 3
	B	高度	125 ~ 128
	C	壁厚	≥12
压柱	*D*	压头直径	149 ±0. 2
	E	压杆直径	100 ~ 149
	F	压柱总长	100 ~ 110
	G	压头厚度	≥25
底板	*H*	直径	200 ~ 220
	I	厚度（中间部分）	6. 4 ±0. 2
	J	边缘厚度	10 ±0. 2

2）金属棒：直径 10 mm，长 450 ~ 600 mm，一端加工成半球形。

3）天平：称量 2 ~ 3 kg，感量不大于 1 g。

4）标准筛：筛孔尺寸 13. 2 mm、9. 5 mm、2. 36 mm 方孔筛各一个。

5）压力机：500 kN，应能在 10 min 内达到 400 kN。

6）金属筒：圆柱形，内径 112. 0 mm，高 179. 4 mm，容积 1 767 cm^3。

（2）试样准备

1）采用风干石料，用 13. 2 mm 和 9. 5 mm 标准筛过筛，取 9. 5 ~ 13. 2 mm 的试样 3 组各 3 000 g，供试验用。如过于潮湿需加热烘干时，烘箱温度不得超过 100℃，烘干时间不超过 4 h。试验前，石料应冷却至室温。

2）每次试验的石料数量应满足按下述方法夯击后石料在试筒内的深度为 10 mm。

在金属筒中确定石料数量的方法如下：将试样分 3 次（每次数量大体相同）均匀装入试模中，每次均将试样表面整平，用金属棒的半球面端从石料表面上均匀捣实 25 次。最后用金属棒作为直刮刀将表面仔细整平，称取量筒中试样质量（m_0）。以相同质量的试样进行压碎值的平行试验。

确定石料数量过程如图 2—3—5 所示。

图 2—3—5　试样数量确定过程

2. 压碎值测定试验步骤

（1）试样装模

将试筒安放在底板上，组装好试模；将要求质量的试样分 3 次（每次数量大体相同）均匀装入试模中，每次均将试样表面整平，用金属棒的半球面端从石料表面上均匀捣实 25 次。最后用金属棒作为直刮刀将表面仔细整平。

（2）加载

将装有试样的试模放到压力机上，同时将压头放入试筒内石料面上，注意使压头摆平，勿楔挤试模侧壁。开动压力机，均匀地施加荷载，在 10 min 左右的时间内达到总荷载 400 kN，稳压 5 s，然后卸荷。

（3）筛取试样并称量

将试模从压力机上取下，取出试样。用 2. 36 mm 标准筛筛分经压碎的全部试样，可分几次筛分，均需筛到在 1 min 内无明显的筛出物为止。称取通过 2. 36 mm 筛孔的全部细料质量（m_1），准确至 1 g。

压碎值测定过程如图 2—3—6 所示。

试样装入试模

放到压力机上并调平加载

筛取压碎试样

图 2—3—6　压碎值测定过程

3. 试验数据记录与处理

石料压碎值按公式 2　3　3 计算，精确至 0.1%。

以 3 个试样平行试验结果的算术平均值作为压碎值的测定值。粗集料压碎值试验记录，见表 2—3—5。

表 2—3—5　　**粗集料压碎值试验记录**

试验次数	试样质量		压碎值 Q'_a（%）	
	试验前试样质量（m_0）（g）	试验后通过 2.36 mm 筛孔的细料质量（m_1）（g）	个别	平均
1	2 930.0	361.0	12.3	13.3
2	2 930.0	413.0	14.1	
3	2 930.0	395.0	13.5	

试验者：________　计算者：________　校核者：________　试验日期：________

4. 质量评定

试验测定的压碎值为 13.3%，对于高速公路及一级公路的表面层，要求其石料的压碎值不大于 26%，其他层次不大于 28%，所以试验结果符合《公路沥青路面施工技术规范》（JTG F40—2004）要求。

三、磨耗试验（洛杉矶法）评定粗集料抗磨耗能力

磨耗值，常用洛杉矶法（又称搁板式磨耗试验）进行测定。粗集料的洛杉矶磨耗损失是集料使用性能的重要指标，尤其是沥青混合料和基层集料，它与沥青路面的抗车辙能力、耐磨性、耐久性密切相关，一般磨耗损失小的集料，集料坚硬，耐磨，耐久性好。

沥青混合料通常要采用几种集料配合组成。同一个采石场生产的同一类集料，可以在一起筛分进行洛杉矶磨耗试验；当集料规格较多时，也可分别进行洛杉矶磨耗试验。不同采石场生产的集料，必须分别进行试验。

1. 试验准备

（1）洛杉矶磨耗试验机

圆筒内径 710 mm ± 5 mm，内侧长 510 mm ± 5 mm，两端封闭，投料口的钢盖通过紧固螺栓和橡胶垫与钢筒紧闭密封。钢筒的回转速率为 30 ~ 33 r/min，如图 2—3—7 所示。

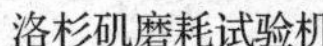
洛杉矶磨耗试验机

钢球

标准筛

图 2—3—7　磨耗值试验用仪器设备

（2）钢球

直径约 46.8 mm，质量为 390 ~ 445 g，大小稍有不同，以便按要求组合成符合要求的总质量，如图 2—3—7 所示。

（3）标准筛

符合要求的标准筛系列，以及筛孔为 1.7 mm 的方孔筛一个，如图 2—3—7 所示。

（4）烘箱

能使温度控制在（105 ± 5）℃范围内。

（5）台秤

感量 5 g。

（6）其他

搪瓷盘等。

2. 磨耗值测定试验步骤

（1）冲洗集料并烘干

将不同规格的集料用水冲洗干净，置烘箱中烘干至恒重。

（2）选择粒级类别及试验条件

对所使用的集料，根据实际情况按表 2—3—6 选择最接近的粒级类别，确定相应的试验条件，按规定的粒级组成备料、筛分。其中水泥混凝土用集料宜采用 A 级粒度；沥青路面及各种基层、底基层的粗集料，表中的 16 mm 筛孔也可用 13.2 mm 筛孔代替。对非规格材料，应根据材料的实际粒度，从表 2—3—6 中选择最接近的粒级类别及试验条件。

表 2—3—6　　粗集料洛杉矶试验条件

粒度类别	粒级组成（mm）	试样质量（g）	试样总质量（g）	钢球数量（个）	钢球总质量（g）	转动次数（转）	适用的粗集料	
							规格	公称粒径（mm）
A	26.5 ~ 37.5 19.0 ~ 26.5 16.0 ~ 19.0 9.5 ~ 16.0	1 250 ± 25 1 250 ± 25 1 250 ± 10 1 250 ± 10	5 000 ± 10	12	5 000 ± 25	500		
B	19.0 ~ 26.5 16.0 ~ 19.0	2 500 ± 10 2 500 ± 10	5 000 ± 10	11	4 850 ± 25	500	S6 S7 S8	15 ~ 30 10 ~ 30 10 ~ 25

续表

粒度类别	粒级组成（mm）	试样质量（g）	试样总质量（g）	钢球数量（个）	钢球总质量（g）	转动次数（转）	适用的粗集料	
							规格	公称粒径（mm）
C	9.5～16.0 4.75～9.5	2 500±10 2 500±10	5 000±10	8	3 320±20	500	S9 S10 S11 S12	10～20 10～15 5～15 5～10
D	2.36～4.75	5 000±10	5 000±10	6	2 500±15	500	S13 S14	3～10 3～5
E	63～75 53～63 37.5～53	2 500±50 2 500±50 5 000±50	10 000±100	12	5 000±25	1 000	S1 S2	40～75 40～60
F	37.5～53 26.5～37.5	5 000±50 5 000±25	10 000±75	12	5 000±25	1 000	S3 S4	30～60 25～50
G	26.5～37.5 19～26.5	5 000±25 5 000±25	10 000±50	12	5 000±25	1 000	S5	20～40

注：①表中 16 mm 也可用 13.2 mm 代替。

②A 级适用于未筛碎石混合料及水泥混凝土用集料。

③C 级中 S12 可全部采用 4.75～9.5 mm 颗粒 5 000 g；S9 及 S10 可全部采用 9.5～16 mm 颗粒 5 000 g。

④E 级中 S2 中缺 63～75 mm 颗粒，可用 53～63 mm 颗粒代替。

（3）分级称量试样

分级称量（准确至 5 g），称取总质量（m_1），装入磨耗机圆筒中。

（4）选择合适钢球

选择钢球，使钢球的数量及总质量符合表 2—3—6 中规定，将钢球加入钢筒中，盖好筒盖，紧固密封。

（5）设置转数

将计数器调整到零位，设定要求的回转次数，对水泥混凝土用集料，回转次数为 500 转，对沥青混合料用集料，回转次数应符合表 2—3—6 的要求。开动磨耗机，以 30～33 r/min 转速转动至要求的回转次数为止。

（6）取出试样并称量

取出钢球，将经过磨耗后的试样从投料口倒入接受容器（搪瓷盘）中。将试样用 1.7 mm 的方孔筛过筛，筛去试样中被撞击磨碎的细屑。用水冲干净留在筛上的碎石，置 105℃ ±5℃烘箱中烘干至恒重（通常不少于 4 h），准确称量（m_2）。

磨耗值测定基本过程，如图 2—3—8 所示。

冲洗集料并烘干

选择粒级类别及试验条件

装入磨耗机圆筒中

选择合适的钢球

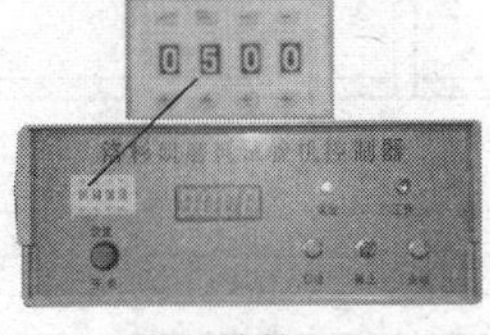

设置转数

取出试样筛分后称量

图 2—3—8　磨耗值测定基本过程

3. 试验数据记录与处理

石料磨耗值按公式 2—3—4 计算粗集料洛杉矶磨耗损失，精确至 0.1%。

粗集料的磨耗损失取两次平行试验结果的算术平均值为测定值，两次试验的差值应不大于 2%，否则须重做试验。

磨耗试验记录，见表 2—3—7。

表 2—3—7　　磨耗试验记录（洛杉矶法）

集料说明	粒级组成		16.0 ~ 19.0　19.0 ~ 26.5		
	规格及公称粒径		S_7　10 ~ 30 mm		
试验次数	装入圆筒中试样质量 m_1（g）	试验后在 1.7 mm 筛上的洗净烘干试样质量 m_2（g）	洛杉矶磨耗损失（%）		备注
			个别值	平均值	
1	5 000	3 960	20.8	20.2	
2	4 995	4 015	19.6		

试验者：________　计算者：________　校核者：________　试验日期：________

4. 质量评定

试验测定的磨耗值为 20.2%，对于高速公路及一级公路的表面层，要求其石料的压碎值不大于 28%，其他层次不大于 30%，所以试验结果符合《公路沥青路面施工技术规范》（JTG F40—2004）要求。

知识拓展

水泥混凝土用粗集料针片状颗粒含量试验（规准仪法）

规准仪法适用于测定水泥混凝土使用的 4.75 mm 以上的粗集料的针状及片状颗粒含量，可用于评价集料的形状及其在工程中的适用性。

1. 规准仪简介

水泥混凝土集料针状规准仪和片状规准仪见图 2—3—9 和图 2—3—10，片状规准仪的钢板基板厚度 3 mm，尺寸应符合表 2—3—8 的要求。

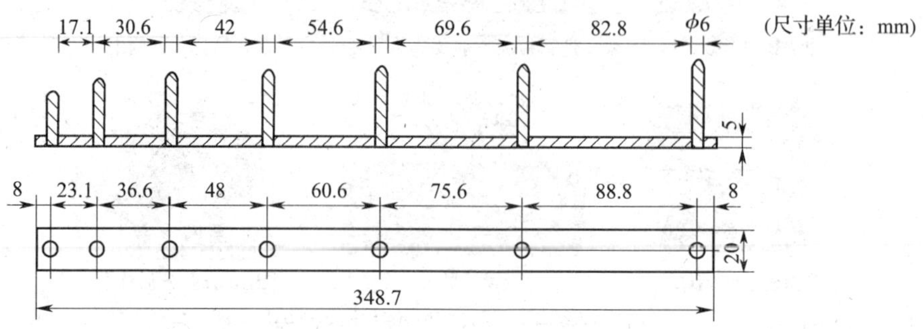

图 2—3—9　针状规准仪

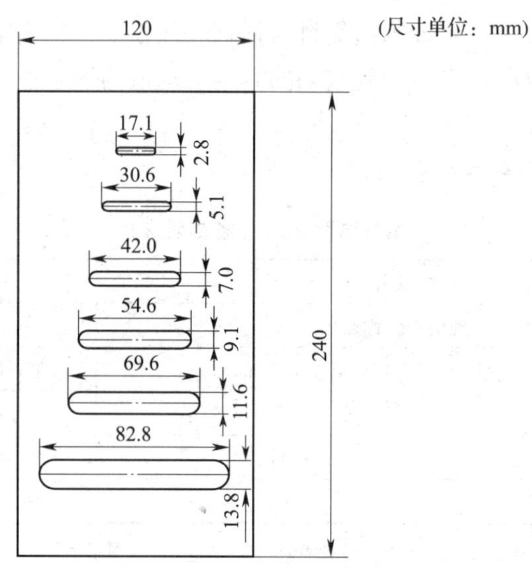

图 2—3—10　片状规准仪

表 2—3—8　水泥混凝土集料针、片状颗粒试验的粒级划分及其相应的规准仪孔宽或间距　mm

粒级（方孔筛）	4.75 ~ 9.5	9.5 ~ 16	16 ~ 19	19 ~ 26.5	26.5 ~ 31.5	31.5 ~ 37.5
针状规准仪上相对应的立柱之间的间距宽	17.1 (B_1)	30.6 (B_2)	42.0 (B_3)	54.6 (B_4)	69.6 (B_5)	82.8 (B_6)
片状规准仪上相对应的孔宽	2.8 (A_1)	5.1 (A_2)	7.0 (A_3)	9.1 (A_4)	11.6 (A_5)	13.8 (A_6)

2. 试样准备

将来样在室内风干至表面干燥，并用四分法或分料器法缩分至满足表 2—3—9 规定的质量，称量（m_0），然后筛分成表 2—3—8 所规定的粒级备用。

表 2—3—9　针片状颗粒试验所需的试样最小质量

公称最大粒径（mm）	9.5	16	19	26.5	31.5	37.5
试样最小质量（kg）	0.3	1	2	3	5	10

3. 试验步骤

（1）目测挑出接近立方体形状的规则颗粒，将目测有可能属于针片状颗粒的集料按表 2—3—8 所规定的粒级用规准仪逐粒对试样进行针状颗粒鉴定，挑出颗粒长度大于针状规准仪上相应间距而不能通过者，为针状颗粒；将通过针状规准仪上相应间距的非针状颗粒逐粒对试样进行片状颗粒鉴定，挑出厚度小于片状规准仪上相应孔宽能通过者，为片状颗粒。

（2）称量由各粒级挑出的针状颗粒和片状颗粒的质量，其总质量为 m_1。然后按照公式 $Q_e=\frac{m_1}{m_0}\times 100$ 计算，精确至 0.1%。

注：如果需要可以分别计算针状颗粒和片状颗粒的含量百分数。

思考与练习

1. 什么是针片状颗粒？针片状颗粒对混合料质量有什么影响？
2. 堆积密度分哪几种？分别如何测定？
3. 压碎值、磨耗值分别表征粗集料的什么性质？

模块三

水泥及水泥混凝土

任务一　认识水泥混凝土

- 了解水泥混凝土的概念、分类和组成材料。
- 熟悉水泥混凝土的配合比表示方法。
- 熟悉常见的水泥混凝土及其工程性质。

水泥混凝土是常见的建筑材料，到处可见以水泥混凝土为主材的建筑物，如道路、桥梁(见图 3—1—1)、高楼……可是到底什么叫水泥混凝土？它都是由什么材料组成的呢？这些材料对水泥混凝土的结构和性能分别有什么影响呢？

一、水泥混凝土的概念

水泥混凝土是以胶凝材料（水泥和活性矿物掺合料的总称）和水组成的浆体为黏结介质，将分散其间的不同粒径的粗、细集料胶结起来，在一定的条件下，硬化成为具有一定力学性能的一种人工石材。

水泥混凝土路面

水泥混凝土桥梁

图 3—1—1　水泥混凝土建筑物

水泥混凝土因其具有施工方便，性能可根据需要设计调整，抗压强度高，耐久性好，与钢筋等材料的协调性好等优点，被广泛应用于土木建筑工程中。在现代道路与桥梁工程中，钢筋混凝土桥是最主要的一种桥型，水泥混凝土路面也是一种常用的路面结构。

二、水泥混凝土的分类

水泥混凝土可按其组成、特性和功能等从不同角度进行分类。

1．按表观密度分类

（1）普通混凝土

干密度为 2 000 ~ 2 800 kg/m^3 的水泥混凝土，主要以天然砂、碎石或卵石和水泥等配制而成，是道路路面和桥梁结构中最常用的混凝土。

（2）轻混凝土

通常干表观密度可以轻达 1 900 kg/m^3。现代大跨径钢筋混凝土桥梁为减轻结构自重，往往采用各种轻集料配制成轻集料结构混凝土，达到轻质高强，以增大桥梁的跨度。

（3）重混凝土

干表观密度可达 3 200 kg/m^3，常由重晶石和铁矿石等高密度材料配制而成，是为了屏蔽各种射线的辐射而配制的混凝土。

2．按抗压强度分类

（1）低强度混凝土

抗压强度小于 30 MPa。

（2）中强度混凝土

抗压强度为 30 ~ 60 MPa。

(3) 高强度混凝土

抗压强度大于60 MPa。

3. 按使用功能和特性分类

结构混凝土、道路混凝土、防水混凝土、泵送混凝土、补偿收缩混凝土、纤维混凝土、聚合物混凝土、碾压混凝土、生态混凝土等。

三、水泥混凝土的组成材料

各种水泥混凝土是在普通水泥混凝土的基础上加入外加剂，改善某种材料或性能而制成的，所以下面仅对普通水泥混凝土的组成材料进行介绍。普通水泥混凝土的组成材料主要包括水泥、矿质集料、水、外加剂和掺合料等。

1. 水泥

水泥在水泥混凝土中起着举足轻重的作用。水泥和水拌和后发生了一系列的物理化学反应，然后通过这些物理化学作用将松散材料（如砂、碎石）胶结成为具有一定强度的整体结构。

(1) 水泥的分类

1) 按水泥的化学成分分类。可分为硅酸盐类水泥、铝酸盐类水泥、硫铝酸盐类水泥、铁铝酸盐类水泥、氟铝酸盐类水泥等。

2) 按水泥的用途和性能分类。可分为通用水泥、专用水泥、特性水泥等。

通用水泥是指土木建筑工程中大量使用的具有一般用途的水泥，即硅酸盐水泥、普通硅酸盐水泥、矿渣硅酸盐水泥、火山灰硅酸盐水泥、粉煤灰硅酸盐水泥和复合硅酸盐水泥六大品种水泥；专用水泥则是指具有专门用途的水泥，如道路硅酸盐水泥、油井水泥、大坝水泥等；特性水泥是某种性能比较突出的水泥，如快硬硅酸盐水泥、膨胀水泥、抗硫酸盐硅酸盐水泥等。

(2) 硅酸盐水泥的矿物组成和成分

水泥品种比较多，在公路工程中使用的水泥以硅酸盐类通用水泥为主。

由硅酸盐水泥熟料、0 ~5%石灰石或粒化高炉矿渣、适量石膏磨细制成的水硬性胶凝材料，称为硅酸盐水泥。国际上统称硅酸盐水泥为波特兰水泥。19 世纪初，英国人阿斯普丁首先取得专利并建厂生产水泥，当时，因其凝结后的外观颜色与英国波特兰（Portland）所产的一种常用于建筑的石灰石的颜色相似而命名。硅酸盐水泥分两种类型，不掺加混合材料的称Ⅰ型硅酸盐水泥，代号P·Ⅰ；在硅酸盐水泥熟料粉磨时掺加不超过水泥质量5%的石灰石或粒化高炉矿渣混合材料的称Ⅱ型硅酸盐水泥，代号P·Ⅱ。

硅酸盐水泥加工工艺

硅酸盐水泥生产工艺可概括为“两磨一烧”。

(1) 生料制备与磨细

生产硅酸盐水泥的原料主要有石灰质原料、黏土质原料和铁质材料等。石灰质原料(如石灰石、白垩、石灰质凝灰岩等)主要提供CaO,黏土质原料(如黏土、黏土质页岩、黄土等)主要提供SiO_2、Al_2O_3,铁质材料主要提供Fe_2O_3。

各种原材料按适当比例配合,经磨细后混合均匀,制成生料。

(2) 生料煅烧

将制备好的生料装入立窑或回转窑内,经1 450℃高温煅烧至部分熔融,生成以硅酸钙为主要成分的硅酸盐水泥熟料。

(3) 熟料磨细

熟料的细度直接影响水泥的水化反应速度。为调节水泥的凝结速度,避免发生急凝现象,在熟料中加入适量的石膏(3%左右)和0~5%石灰石或粒化高炉矿渣共同磨细,即得到硅酸盐水泥。

1) 硅酸盐水泥的矿物组成。生产硅酸盐水泥所用原料的主要化学成分是氧化钙(CaO)、氧化硅(SiO_2)、氧化铝(Al_2O_3)和氧化铁(Fe_2O_3)。

经过高温煅烧后,CaO、SiO_2、Al_2O_3、Fe_2O_3四种成分化合为熟料中的主要矿物组成:硅酸三钙($3CaO \cdot SiO_2$),简写式或缩写为C_3S;硅酸二钙($2CaO \cdot SiO_2$),简写式或缩写为C_2S;铝酸三钙($3CaO \cdot Al_2O_3$),简写式或缩写为C_3A;铁铝酸四钙($4CaO \cdot Al_2O_3 \cdot Fe_2O_3$),简写式或缩写为$C_4AF$。

2) 水泥熟料主要矿物组成的特性。硅酸盐水泥熟料四种主要矿物的含量和特性列于表3—1—1。

表3—1—1 硅酸盐水泥熟料矿物的含量和特性

矿物组成	硅酸三钙	硅酸二钙	铝酸三钙	铁铝酸四钙
化学组成	$3CaO \cdot SiO_2$	$2CaO \cdot SiO_2$	$3CaO \cdot Al_2O_3$	$4CaO \cdot Al_2O_3 \cdot Fe_2O_3$
简写式	C_3S	C_2S	C_3A	C_4AF
大致含量(%)	35~65	10~40	0~15	5~15
与水反应速度	中	慢	快	中
水化放热量	中	低	高	中
对早期强度的影响	良	差	良	良
对后期强度的影响	良	优	中	中
耐化学腐蚀	中	良	差	优
干缩性	中	小	大	小

水泥是由多种矿物组分组成的,改变各矿物组分的含量比例,水泥的性能就会发生相应的变化。例如,提高C_3S的相对含量可获得高强度水泥和早强水泥;适当降低C_3S、C_3A含量,提高C_2S的含量则可获得低热大坝水泥;提高C_4AF和C_3S的含量,则可获得具有较高抗弯拉强度的道路硅酸盐水泥。

（3）硅酸盐水泥的凝结和硬化

水泥加水拌和后，水泥颗粒立即分散在水中并与水发生化学反应，生成各种水化生成物。水泥与水的拌和物在初始时间为具有流动性和可塑性的水泥浆。水泥浆逐渐变稠失去流动性和可塑性而未具有强度的过程，称为水泥的“凝结”；水泥浆产生强度并逐渐发展成为坚硬的人造石的过程，称为水泥的“硬化”。凝结和硬化是人为划分的两个阶段，实际上是一个连续而复杂的物理化学变化过程。

在水泥中掺入石膏可以延缓水泥的凝结硬化速度，防止呈现“瞬凝”现象，给水泥的施工应用造成不便。需要注意的是，石膏的掺量不宜过多，过量的石膏不仅对缓凝作用帮助不大，在硬化后期还会继续生成钙矾石，由于体积膨胀引起水泥的体积安定性不良。

硅酸盐水泥的凝结和硬化

水泥与水拌和后，随着时间的延续，水泥浆体由可塑状态逐渐失去塑性，进而硬化产生强度，这个物理化学过程可以分为四个阶段来简单描述。

1）初始反应期。水泥颗粒与水接触后立即发生水化反应。初期 C_3S 水化，释放出 $Ca(OH)_2$，立即溶解于溶液中，浓度达到饱和后，$Ca(OH)_2$ 结晶析出。暴露在水泥颗粒表面的铝酸三钙也溶解于水，并与已溶解的石膏反应，生成钙矾石结晶析出。在此阶段约1%左右的水泥产生水化。

2）诱导期。在初始反应期后，水泥颗粒表面覆盖一层以水化硅酸钙 C—S—H 凝胶为主的渗透膜，使水化反应进行缓慢。这期间生成的水化产物数量不多，水泥颗粒仍然分散，水泥浆体基本保持塑性。

3）凝结期。由于渗透压的作用，包裹在水泥颗粒表面的渗透膜破裂，水泥颗粒进一步水化，除继续生成 $Ca(OH)_2$ 及钙矾石外，还生成了大量的 C—S—H 凝胶。水泥水化产物不断填充水泥颗粒之间的空隙，随着接触点的增多，结构趋向密实，使水泥浆体逐渐失去塑性。

4）硬化期。水泥继续水化，除已生成的水化产物的数量继续增加外，铁铝酸四钙 C_4AF 等水化物也开始形成，硅酸钙继续进行水化。水化生成物以凝胶与结晶状态进一步填充孔隙，水泥浆体逐渐产生强度，进入硬化阶段。只要温度、湿度合适，而且无外界腐蚀，水泥强度在几年、甚至几十年后还能继续增长。

（4）硅酸盐水泥的特性与应用

1）硅酸盐水泥凝结硬化速度较快，早期强度和后期强度均较高；

2）抗冻性好，但水化放热量较大；

3）耐腐蚀性差和耐热性差；

4）抗炭化性能好、耐磨性好、干缩量小。

硅酸盐水泥在储存和运输过程中应按不同品种、不同强度等级及出厂日期分别储运，不得混杂，要注意防潮、防水。硅酸盐水泥适用于地上、地下及水中重要结构的高强混凝土、钢筋混凝土和预应力钢筋混凝土工程。

（5）其他硅酸盐水泥

1）普通硅酸盐水泥。由硅酸盐水泥熟料、>5%且≤20%的活性混合材料（其中，允许用不超过水泥质量8%的非活性混合材料或不超过水泥质量5%的窑灰代替）、适量石膏磨细制成的水硬性胶凝材料，称为普通硅酸盐水泥（简称普通水泥），代号P·O。

由于混合材料的掺量较少，普通硅酸盐水泥的性质与硅酸盐水泥基本相同。略有差别的是：

①早期强度略低；

②耐腐蚀性略有提高；

③耐热性稍好；

④水化热略低；

⑤抗冻性、耐磨性、抗碳化性略有降低。

2）矿渣硅酸盐水泥。由硅酸盐水泥熟料、粒化高炉矿渣和适量石膏共同磨细制成的水硬性胶凝材料称为矿渣硅酸盐水泥，简称矿渣水泥，代号P·S。水泥中粒化高炉矿渣掺加量按质量百分比计为>20%且≤70%，并分为A型和B型。允许用石灰石、窑灰、粉煤灰和火山灰混合材料中的一种材料代替矿渣，代替数量不得超过水泥质量的8%。

矿渣硅酸盐水泥与硅酸盐水泥相比，具有以下特点：

①凝结硬化缓慢，早期强度低，后期强度高；

②抗淡水及硫酸盐腐蚀的能力较强；

③水化放热量低；

④保水性差，干缩性较大；

⑤耐热性较强。

矿渣水泥能应用于任何地上工程的各种混凝土及钢筋混凝土构件，但不宜用在温度太低、养生条件差的工程。

矿渣水泥适用于要求耐淡水腐蚀和耐硫酸盐侵蚀的水工或海港工程，宜用于大体积混凝土工程。

3）火山灰质硅酸盐水泥。由硅酸盐水泥熟料和火山灰质混合材料、适量石膏磨细制成的水硬性胶凝材料称为火山灰质硅酸盐水泥，简称火山灰水泥，代号P·P。水泥中火山灰质混合材料掺量按质量百分比计为>20%且≤40%。

与硅酸盐水泥相比，火山灰水泥的性能及应用具有以下特点：

①凝结硬化缓慢，早期强度低，后期强度高；

②具有良好的抗渗性、耐水性及一定的抗腐蚀能力；

③保水性差，干缩性较大；

④具有较低的水化热，适用于大体积工程。

火山灰水泥不宜用于干燥环境中的地上工程。此外，这种水泥需水量大、收缩大、抗冻性差，使用时需引起注意。

4）粉煤灰硅酸盐水泥。由硅酸盐水泥熟料和粉煤灰混合材料、适量石膏磨细制成的水硬性胶凝材料称为粉煤灰硅酸盐水泥，简称粉煤灰水泥，代号P·F。水泥中粉煤灰掺量按质量百分比计为20%～40%。

与硅酸盐水泥相比，粉煤灰水泥的性能及应用具有以下特点：

①凝结硬化慢，早期强度低，后期强度高；

②干缩性小，抗裂性较强；

③渗水较快，易引起失水裂缝。

此外，粉煤灰水泥还有一些与矿渣水泥类似的特性，如水化放热量小，抗硫酸盐腐蚀能力强及抗冻性差等特点。因此，粉煤灰水泥除同样能用于工业与民用建筑外，还非常适用丁大体积水工混凝土、水中结构、海港工程等。

5）复合硅酸盐水泥。复合硅酸盐水泥是由硅酸盐水泥熟料，两种或两种以上规定的混合材料，适量石膏磨细制成的水硬性胶凝材料，称为复合硅酸盐水泥（简称复合水泥，P·C水泥)。水泥中混合材料总掺加量按质量百分比应大于20%，不超过50%。

在几种混合材料中，哪种混合材料的掺加量大其性质就接近哪种水泥（如掺两种混合材料：矿渣和火山灰，矿渣含量占大多数则该复合水泥的性能就接近矿渣水泥)。

6）道路硅酸盐水泥。以适当成分的生料烧至部分熔融，所得以硅酸钙为主要成分和较多量的铁铝酸四钙的硅酸盐水泥熟料，掺加0～10%的活性混合材料和适量石膏磨细制成的水硬性胶凝材料，称为道路硅酸盐水泥，简称道路水泥。

道路水泥是供道路水泥混凝土路面和机场跑道道面专用的一种水泥。道路水泥要求具有较高的抗折强度、耐磨性、抗冲击性、抗冻性，抗硫酸盐腐蚀性能好和较小的收缩变形率。

①道路水泥的矿物组成。通过煅烧使水泥熟料中的铁铝酸四钙（C_4AF）含量提高，熟料中铁铝酸四钙的含量不得小于16.0%，铝酸三钙的含量不得大于5.0%。

②道路水泥的有害化学成分。对道路水泥或熟料中的氧化镁、三氧化硫、游离氧化钙等有害化学成分的含量必须加以限制。

道路水泥熟料中氧化镁的含量不得超过5.0%，三氧化硫的含量不得超过3.5%，游离氧化钙的含量不得超过1.0%（立窑为1.8%)，烧失量不得大于3.0%，碱含量不得大于0.6%。

水泥数量的多少及其质量的好坏对水泥混凝土的工作性、强度和耐久性都有影响。水泥的质量评定见模块三任务二。

2. 矿质集料

普通水泥混凝土中所用粗集料有碎石和卵石两种，细集料一般是由天然岩石长期风化等自然条件形成的天然砂。

粗、细集料的总体积一般占水泥混凝土体积的60%～80%，所以集料质量的好坏直接影响到水泥混凝土的各项性能。因此，在《建设用砂》（GB/T 14684—2011）和《建设用卵石、碎石》（GB/T 14685—2011）中，对粗集料、细集料提出了明确的技术质量要求。

(1) 粗集料

粗集料又称为骨料，是水泥混凝土的主要组成部分，也是影响水泥混凝土强度、弹性模量等的重要因素之一。根据国家标准《建设用卵石、碎石》的规定，对粗集料的主要技术要求包括：强度、坚固性、颗粒级配、针片状颗粒含量、有害物质含量、密度、空隙率和碱集料反应等。

1) 强度。为保证水泥混凝土的强度，要求粗集料必须具备足够的强度。碎石或卵石的强度，可用岩石抗压强度和压碎指标两种方法检验。

①岩石抗压强度。轧制水泥混凝土用的碎石所选用的岩石，在水饱和状态下的抗压强度：火成岩应不小于 80 MPa，变质岩应不小于 60 MPa，水成岩应不小于 30 MPa。

②压碎指标。在测定岩石强度有困难时，亦可用压碎值指标来表征岩石的强度。

2) 坚固性。为保证水泥混凝土的耐久性，用做水泥混凝土的粗集料应具有足够的坚固性，即在自然风化和其他外界物理化学因素作用下抵抗破裂的能力。水泥混凝土用粗集料的坚固性用硫酸钠溶液法检验，试样经过 5 次循环后，其质量损失应符合有关规定。

用于水泥混凝土的粗集料按其技术性能要求分为Ⅰ、Ⅱ、Ⅲ类。其压碎值、坚固性的要求见表 3—1—2。

表 3—1—2　　碎石或卵石压碎值及坚固性指标　　%

项　目	指　标		
	Ⅰ	Ⅱ	Ⅲ
碎石压碎值	≤10	≤20	≤30
卵石压碎值	≤12	≤14	≤16
坚固性	≤5	≤8	≤12

3) 最大粒径及颗粒级配

①最大粒径的选择。新拌水泥混凝土随着粗集料粒径的增加，单位用水量相应减少，在固定用水量和水胶比的条件下，加大粗集料的粒径，新拌水泥混凝土可获得较好的流动性，亦可提高其抗压强度和耐久性。但增加粗集料的粒径，水泥混凝土的抗拉强度会降低，在结构截面尺寸较小或钢筋混凝土中钢筋间距较小的情况下，给浇筑混凝土带来不便。《混凝土结构工程施工质量验收规范》规定：水泥混凝土用粗集料最大粒径不得超过结构截面最小尺寸的 1/4，且不得超过钢筋间最小净距的 3/4；对混凝土实心板，集料的最大粒径不宜超过板厚的 1/4，且不得超过 37. 5 mm；对于高强度混凝土，最大粒径不宜大于 26. 5 mm。

②颗粒级配。粗集料颗粒级配的好坏，直接影响水泥混凝土的技术性能和经济效益，因此粗集料级配的选定，是保证混凝土质量的重要环节。水泥混凝土用粗集料的级配应符合表 3—1—3 的规定。当连续级配不能配合成满意的混合料时，可掺加单粒级集料配合。连续级配矿质混合料的优点是所配制的新拌混凝土较为密实，特别是具有优良的工艺性能，不易产生离析等现象，故为经常采用的级配。

表 3—1—3　　碎石或卵石的颗粒级配与范围

公称粒级 mm		累计筛余（%）											
		方孔筛（mm）											
		2.36	4.75	9.50	16.0	19.0	26.5	31.5	37.5	53.0	63.0	75.0	90
连续粒级	5～16	95～100	85～100	30～60	0～10	—	—	—	—	—	—	—	
	5～20	95～100	90～100	40～80	—	0～10	0	—	—	—	—	—	
	5～25	95～100	90～100	—	30～70	—	0～5	0					
	5～31.5	95～100	90～100	70～90	—	15～45	—	0～5	0				
	5～40	—	95～100	70～90	—	30～65	—	—	0～5	0			
单粒级	5～10	95～100	80～100	0～15	0								
	10～16		95～100	80～100	0～15								
	10～20		95～100	85～100		0～15	0						
	16～25			95～100	55～75	25～40	0～10						
	16～31.5		95～100		85～100			0～10	0				
	20～40			95～100		80～100			0～10	0			
	40～80					95～100			70～100		30～60	0～10	0

4）表面特征及形状。表面粗糙且棱角多的碎石与表面光滑和圆形的卵石相比较，碎石配制的水泥混凝土，由于碎石对水泥石的黏附性好，故具有较高的强度，但是在相同单位用水量（即相同水泥浆用量）的情况下，卵石配制的新拌混凝土具有较好的流动性。

碎石颗粒的形状以接近立方体为佳，不宜含有过多的针片状颗粒，否则将显著影响水泥混凝土的抗折强度，同时影响新拌混凝土的流动性。水泥混凝土用粗集料的针片状颗粒含量应符合表 3—1—4 中的规定。

5）有害杂质含量。集料中含有的妨碍水泥水化或降低集料与水泥石黏附性，以及能与水泥水化物产生不良化学反应的各种物质，称为有害杂质。粗集料中常含有一些有害物质，如黏土和泥块、云母、硫酸盐、硫化物和有机质。含泥量指卵石、碎石中粒径小于 0.075 mm 的颗粒含量；泥块含量指卵石、碎石中原粒径大于 4.75 mm，经水浸洗、手捏后小于 2.36 mm 的颗粒含量。其有害物质含量不能超过表 3—1—4 要求。

表 3—1—4　　粗集料的有害杂质含量限值　　%

类别	Ⅰ	Ⅱ	Ⅲ
针片状颗粒含量（按质量计）	≤5	≤10	≤15
含泥量（按质量计）	≤0.5	≤1.0	≤1.5
泥块含量（按质量计）	0	<0.2	<0.5
有机物	合格	合格	合格
硫化物及硫酸盐（按 SO_3 质量计）	≤0.5	≤1.0	≤1.0

6）表观密度。卵石、碎石表观密度、连续级配松散堆积空隙率应符合以下规定：表观密度不小于2 600 kg/m³，连续级配松散堆积空隙率应符合表3—1—5的规定。

表3—1—5　连续级配松散堆积空隙率　%

类别	Ⅰ类	Ⅱ类	Ⅲ类
空隙率	≤43	≤45	≤47

7）碱—集料反应。当集料中含有活性氧化硅（SiO_2），而水泥中又含有较多的碱性氧化物（Na_2O和K_2O）时，就可能发生碱—集料反应。碱—集料反应是水泥中碱性氧化物水解后的氢氧化钠和氢氧化钾与集料中活性二氧化硅发生化学反应，在集料表面生成复杂的碱—硅酸凝胶。这种凝胶吸水体积膨胀，使集料与水泥石界面胀裂，黏结强度下降，引起水泥混凝土结构破坏。另外，也可能发生其他类型的碱—集料反应，如含有黏土的白云石或石灰石会与水泥中的碱性成分发生碳酸盐反应。因此，应采用含碱量小于0.6%（按质量计）的水泥，不宜采用含有活性二氧化硅和碳酸盐的石料，同时，在粗集料中严禁混入煅烧过的白云石或石灰石块。

经碱—集料反应试验后，试件应无裂缝、酥裂、胶体外溢等现象，在规定的试验龄期膨胀率应小于0.10%。

（2）细集料

用于水泥混凝土的细集料主要是天然砂，指由自然界产生的，经人工开采和筛分的粒径小于4.75 mm的岩石颗粒，包括河砂、湖砂、山砂、淡化海砂，但不包括软质、风化的岩石颗粒。对细集料的技术要求包括：颗粒级配和细度、含泥量与泥块含量、有害物质含量及坚固性等。

1）砂的颗粒级配和细度模数。砂的粗细程度和与水泥混凝土的强度、密实度和水泥用量关系密切。

在国家标准《建设用砂》（GB/T 14684—2011）中，砂按细度模数分为粗、中、细三种规格，砂的颗粒级配应符合表3—1—6的规定。砂按技术要求分为Ⅰ类、Ⅱ类和Ⅲ类，其级配类别应符合表3—1—7的规定。

表3—1—6　颗粒级配（天然砂）

砂的分类	天然砂		
级　配　区	1区	2区	3区
方筛孔（mm）	累计筛余（%）		
4.75	10～0	10～0	10～0
2.36	35～5	25～0	15～0
1.18	65～35	50～10	25～0
0.60	85～71	70～41	40～16

续表

砂的分类	天然砂		
级　配　区	1 区	2 区	3 区
方筛孔（mm）	累计筛余（%）		
0.30	95～80	92～70	85～55
0.15	100～90	100～90	100～90

注：砂的实际颗粒级配除了 4.75 mm 和 0.60 mm 筛档外，可以略有超出，但各级累计筛余超出值应不大于 5%。

表 3—1—7　　级配类别

类别	Ⅰ	Ⅱ	Ⅲ
级配区	2 区	1，2，3 区	

考虑砂的颗粒分布情况时，须同时应用细度模数和级配两项指标。

2）有害杂质含量。砂中常含的有害杂质主要有云母、轻质物、有机物、硫化物及硫酸盐、氯化物、贝壳，其限量应符合表 3—1—8 的规定。

表 3—1—8　　有害物质限量　　%

类别	Ⅰ	Ⅱ	Ⅲ
云母（按质量计）	≤1.0	≤2.0	
轻物质（按质量计）	≤1.0		
有机物	合格		
硫化物及硫酸盐（按 SO_3 质量计）	≤0.5		
氯化物（以氯离子质量计）	≤0.01	≤0.02	≤0.06
贝壳（按质量计）	≤3.0	≤5.0	≤8.0

3）含泥量、石粉含量和泥块含量。水泥混凝土用砂的含泥量是指天然砂中粒径小于 0.075 mm 的尘屑、淤泥和黏土的总含量百分数；石粉含量是指机制砂中粒径小于 0.075 mm 的颗粒含量；泥块含量是指原粒径大于 1.18 mm，经水浸洗、手捏后破碎成小于 0.6 mm 的颗粒含量。

尘屑、淤泥、黏土和泥块或者在集料表面形成包裹层，妨碍集料与水泥石的黏附；或者以松散的颗粒存在，大大增加了集料的表面积，因而增加了需水量，特别是黏土颗粒，体积不稳定，干燥时收缩，潮湿时膨胀，对水泥混凝土有很大的破坏作用。

天然砂的含泥量和泥块含量应符合表 3—1—9 的规定。

表 3—1—9　　含泥量和泥块含量　　%

类别	Ⅰ类	Ⅱ类	Ⅲ类
含泥量（按质量计）	≤1.0	≤3.0	≤5.0
泥块含量（按质量数计）	0	≤1.0	≤2.0

机制砂 MB［《公路工程集料试验规程》（JTG E42—2005）中为 MBV］值≤1.4 或快速法试验合格时，石粉含量和泥块含量应符合表 3—1—10 的规定；机制砂 MB 值 >1.4 或快速法试验不合格时，石粉含量和泥块含量应符合表 3—1—11 的规定。

表 3—1—10　　石粉含量和泥块含量（MB 值≤1.4 或快速法试验合格）　　%

类别	Ⅰ	Ⅱ	Ⅲ
MB 值	≤0.5	≤1.0	≤1.4 或合格
石粉含量（按质量计）	≤10.0		
泥块含量（按质量计）	0	≤1.0	≤2.0

此指标根据使用地区和用途，经试验验证，可由供需双方协商确定。

表 3—1—11　　石粉含量和泥块含量（MB 值 >1.4 或快速法试验不合格）　　%

类别	Ⅰ	Ⅱ	Ⅲ
石粉含量（按质量计）	≤1.0	≤3.0	≤5.0
泥块含量（按质量计）	0	≤1.0	≤2.0

4）坚固性。坚固性指砂在自然风化和其他外界物理化学因素作用下抵抗破裂的能力。天然砂的坚固性采用硫酸钠溶液法进行试验检测，砂样经 5 次循环后其质量损失应符合表 3—1—12 的规定；机制砂除了满足坚固性要求外，还采用压碎值指标法进行试验检测，压碎指标值应符合表 3—1—12 的规定。

表 3—1—12　　坚固性指标　　%

类别	Ⅰ	Ⅱ	Ⅲ
坚固性	≤8		≤10
压碎指标	≤20	≤25	≤30

5）表观密度、堆积密度、空隙率。砂的表观密度、堆积密度、空隙率是砂的三项重要指标，应符合以下规定：表观密度不小于 2 500 kg/m^3，松散堆积密度不小于 1 400 kg/m^3，空隙率不大于 44%。

6）碱集料反应。水泥、外加剂等混凝土组成物及环境中的碱与集料中碱活性矿物在潮湿环境下缓慢发生并导致混凝土开裂破坏的膨胀反应。经碱集料反应试验后，试件应无裂缝、酥裂、胶体外溢等现象，在规定的试验龄期膨胀率应小于 0.10%。

3．水泥混凝土用水

水泥混凝土的拌和及养护用水，不应含有影响混凝土正常凝结和硬化的有害杂质、油质和糖类等。可以采用饮用水、清洁的天然水、地下水等。海水可用于拌制素混凝土，但不得用于拌制钢筋混凝土和预应力混凝土。

当对拌和用水的水质有疑问时，可用该水与洁净水分别制作水泥混凝土或水泥砂浆试件进行强度对比试验及水泥凝结时间试验。若该水制成的试件 28 d 强度（若有早期强度要求时，需增做7天抗压强度）不低于洁净水制作的试件强度的90%，且两者的初凝时间差及终凝时间差均不大于30 min，则可用该水拌制混凝土。

用于水泥混凝土的拌和及养护用水的质量要求应符合表3—1—13的规定。

表3—1—13　　水泥混凝土拌和用水质量要求

项　目	素混凝土	钢筋混凝土	预应力混凝土
pH值	≥4	≥4	≥4
不溶物（mg/L）	≤5 000	≤2 000	≤2 000
可溶物（mg/L）	≤10 000	≤5 000	≤2 000
氯化物（以CL^-计）（mg/L）	≤3 500	≤1 200	≤500
硫酸盐（以SO_4^{2-}计）（mg/L）	≤2 700	≤2 700	600
硫化物（以S^{2-}计）（mg/L）	—	—	≤100

注：使用钢丝或热处理钢筋的预应力混凝土中氯化物含量不超过350 mg/L。

4. 外加剂

水泥混凝土的外加剂是在拌和过程中掺入，用来改善混凝土性质的物质。一般情况下掺量不大于水泥质量的5%。

水泥混凝土的外加剂品种繁多，通常每种外加剂具有一种或多种功能。几种典型的外加剂主要功能和代表性材料见表3—1—14。

表3—1—14　　外加剂主要功能及产品名称

外加剂类型	主要功能	产品名称
普通减水剂	①在保持水泥混凝土工作性和水泥用量不变的情况下，可减少用水量10%左右，混凝土强度提高10%左右 ②在保持混凝土用水量和水泥用量不变的情况下，可增大混凝土的流动性 ③在混凝土工作性和强度不变的情况下，可节约水泥5%～10%	①木质磺酸盐类（木钙、木镁、木钠） ②烤胶类 ③腐殖酸类
早强剂	①提高混凝土的早期强度 ②缩短混凝土的养护时间 ③早强减水剂还具有减水剂功能	①氯盐类（氯化钙、氯化钠） ②硫酸盐类（硫酸钠、硫代硫酸钠） ③有机胺类（三乙醇胺、三异丙醇胺）
缓凝剂	①延缓混凝土的凝结时间 ②降低水泥初期水化热 ③缓凝减水剂还具有减水剂功能	①糖类（糖钙） ②无机盐类（硼酸盐、磷酸盐） ③木质素磺酸盐类（木钙、木镁、木钠）
引气剂	①提高混凝土的耐久性和抗渗性 ②提高新拌混凝土的工作性，减少混凝土的泌水性 ③引气减水剂还具有减水剂功能	①松香树脂类（松香皂） ②烷基苯磺酸盐类（烷基苯磺酸盐）

5. 掺合料

混凝土掺合料是指在混凝土搅拌前或搅拌过程中，为改善混凝土性能、调节混凝土强度、节约水泥，与混凝土其他组分一起，直接加入的矿物材料或工业废渣，掺量一般大于水泥质量的5%。

常用的矿物掺合料有粉煤灰、粒化高炉矿渣粉、磨细自然煤矸石粉及其他工业废渣。粉煤灰是目前用量最大，使用范围最广的一种掺合料。

四、水泥混凝土的配合比表示方法

水泥混凝土的配合比是指混凝土中各组成材料的质量比例，对混凝土质量影响比较大的关系参数有三个，分别是水胶比、砂率和单位用水量。

1. 水泥混凝土配合比的表示方法

水泥混凝土配合比的表示方法有下列两种：

（1）单位用量表示法

以1 m^3水泥混凝土中各种材料的用量，按水泥: 细集料: 粗集料: 水: 掺合料: 外加剂的顺序来表示，如“水泥: 细集料: 粗集料: 水: 粉煤灰: 外加剂 =310 kg: 730 kg: 1 065 kg: 178 kg: 93 kg: 7. 24 kg”。

（2）相对用量表示法

以水泥的质量为1，并按“水泥: 细集料: 粗集料: 掺合料: 外加剂: 水胶比”的顺序排列表示，如“1: 2. 35: 3. 44: 0. 3: 0. 2: W/B =0. 44”。

2. 水泥混凝土配合比设计的三参数

（1）水胶比

《普通混凝土配合比设计规程》（JGJ 55—2011）中指出：胶凝材料是混凝土中水泥和矿物掺合料的总称，水胶比是指混凝土中用水量与胶凝材料用量的质量比。水胶比在水泥混凝土配合比设计中起着决定性作用。配合比设计所确定的水胶比应满足水泥混凝土工作性、设计强度和耐久性的要求。

（2）砂率

砂率是指水泥混凝土中细集料（砂）的质量与粗、细集料总质量（砂、碎石总质量）的百分率。砂率影响着水泥混凝土的黏聚性和保水性等技术性能，砂率不宜过小，也不宜过大。

（3）单位用水量

单位用水量是指1 m^3水泥混凝土拌和物中水的用量（kg/m^3）。在水胶比固定的条件下，用水量如果确定，则胶凝材料的用量也随之确定，当然集料的总用量也能确定。因此，单位用水量反映了水泥浆与集料之间的比例关系。

五、常见水泥混凝土及其工程性质

1. 道路混凝土

道路混凝土主要指路面混凝土，它是指以水泥混凝土板作为面层，下设基（垫）层所组成的路面。混凝土路面板直接承受车辆荷载的冲击、摩擦和反复弯曲作用，同时由于长期暴露在严峻环境条件下，板中的温度、湿度经常随环境的变化而受到影响。这就决定了作为路面面层所用的混凝土应具有较高的抗折强度和疲劳强度以及抗滑性，同时还应具有耐久性好、弹性模量低和收缩小等优点，另外，为便于施工操作还要求道路混凝土具有良好的和易性。

2．高性能混凝土

高性能混凝土（High Performance Concrete，简称 HPC）是一种新型高技术混凝土，是在大幅度提高普通混凝土性能的基础上采用现代混凝土技术制作的混凝土。它以耐久性作为设计的主要指标，针对不同用途要求，对下列性能重点予以保证：耐久性、工作性、适用性、强度、体积稳定性和经济性。为此，高性能混凝土在配置上的特点是采用低水胶比，选用优质原材料，且必须掺加足够数量的矿物细掺料和高效外加剂。

3．轻骨料混凝土

以天然多孔轻骨料或人造陶粒作粗骨料，天然砂或轻砂作细骨料，用硅酸盐水泥、水和外加剂（或不掺外加剂）按配合比要求配制而成的干表观密度不大于 1 950 kg/m^3 的混凝土。轻骨料混凝土具有密度小、保温性好、抗震性好，适用于高层及大跨度建筑。

4．聚合物混凝土

用部分或全部聚合物（树脂）作为胶结材料配制而成的混凝土称为聚合物混凝土。聚合物混凝土与普通水泥混凝土相比，具有高强、耐蚀、耐磨、耐水、耐冻、粘结力强、电绝缘性好等优点。可现场应用于混凝土工程快速修补，地下管线工程快速修建，隧道衬里等。

水泥混凝土配合比设计的流程（以抗压强度为指标）

确定水泥混凝土中各组成材料的质量比例的工作称为配合比设计。水泥混凝土配合比设计就是根据原材料的性能和对混凝土的技术要求，通过计算和试配调整，确定满足工程技术、经济指标要求的混凝土各组成材料的用量。

由胶凝材料、水、粗集料、细集料组成的普通水泥混凝土配合比设计，实际上就是确定胶凝材料、水、砂和碎石这四种基本组成材料的用量。

1．初步配合比的计算

（1）确定水泥混凝土配制强度（$f_{cu,0}$）

根据设计要求的混凝土强度等级和施工单位质量管理水平计算出水泥混凝土配制强度（$f_{cu,0}$）。

（2）初步确定水胶比

在确定采用的水胶比时，还应考虑水泥混凝土所处的环境条件。首先按强度要求初步确定水胶比，和耐久性要求的允许最大水胶比相比较，两者比较后取较小值。

（3）确定单位用水量和外加剂用量

根据粗集料的品种、最大粒径及施工要求的混凝土拌合物稠度选取单位用水量。当掺合外加剂时，应通过混凝土试验确定减水率和外加剂掺量，并最终计量用水量。

(4) 计算胶凝材料矿物掺合料和水泥用量

首先依据水胶比、单位用水量计算单位胶凝材料用量，再根据矿物掺合料掺量，确定矿物掺合料用量，胶凝材料与矿物掺合料之差即为水泥用量。

(5) 选定砂率

当无历史资料可参考时，水泥混凝土的砂率可根据粗集料品种、最大粒径及水胶比选取。

(6) 计算粗集料、细集料单位用量 m_g，m_s。

2. 试拌调整提出基准配合比

根据集料最大粒径确定混凝土试配的最小搅拌量，然后按初步配合比计算出试配所需的材料用量，配制水泥混凝土拌和物。试配水泥混凝土所用各种原材料，应与实际工程使用的材料相同，粗、细集料的称量均以干燥状态为基准。如用不干燥的集料配制，称料时应在用水量中扣除集料中的水，集料也应增加。

水泥混凝土的搅拌方法，应尽量与生产时使用方法相同。通过试验测定混凝土拌和物的坍落度，同时观察混凝土拌和物的黏聚性和保水性。

当不符合要求时，应进行调整。调整的基本原则如下：若流动性太大，可在砂率不变的条件下，适当增加砂、石的用量；若流动性太小，应在保持水胶比不变的情况下，适当增加水和水泥用量；若黏聚性和保水性不良时，实质上是混凝土拌合物中砂浆不足或砂浆过多，可适当增大砂率或适当降低砂率。

调整工作性满足要求时得到的配合比，即是可供混凝土强度试验用的基准配合比。当试拌调整工作完成后，应测出混凝土拌合物的实际表观密度。

3. 检验强度，确定试验室配合比

经过工作性调整试验得出的水泥混凝土基准配合比，其水胶比不一定选用恰当，混凝土的强度不一定符合要求，所以应对混凝土强度进行复核。混凝土强度试验时至少采用三个不同的配合比，其中一个是基准配合比，另两组的水胶比则分别增加及减少 0.05，用水量应与基准配合比相同，砂率可分别增加1%和减少1%。

每种配合比制作一组（三块）试件，在制作混凝土抗压强度试件时，应检验混凝土拌和物的坍落度（或维勃稠度）、黏聚性、保水性及拌和物的表观密度，并以此结果作为代表相应配合比的混凝土拌和物的性能。按标准条件养护 28 天，根据试验得出的混凝土强度与其相对应的水胶比关系，用作图法求出与混凝土配制强度相对应的水胶比。由强度复核之后的配合比，还应根据实测的混凝土拌和物的表观密度作校正。

4. 换算施工配合比

试验室最后确定的配合比，是按干燥状态集料计算的，而施工现场的砂、碎石材料为露天堆放，都含有一定的水分，因此，施工现场应根据现场砂、碎石实际含水率的变化，将试验室配合比换算为施工配合比。

水泥混凝土配合比设计示例

1. 原始资料

(1) 某钢筋混凝土桥台，水泥混凝土设计强度等级为C30，施工单位的强度标准差为4.0 MPa。机械拌和、振捣，施工要求的水泥混凝土拌和物坍落度为55 ~ 70 mm。混凝土浇筑所在地处于冻害环境。

(2) 组成材料：强度等级为32.5 MPa的普通硅酸盐水泥，水泥强度富余系数为1.13，密度为3.15×10^3 kg/m^3；中砂，表观密度为2.65×10^3 kg/m^3，施工现场砂含水率为3%；粒径为4.75 ~ 31.5 mm碎石，表观密度为2.70×10^3 kg/m^3，施工现场碎石含水率为1%；水为自来水。

2. 设计要求

(1) 按所给资料计算出初步配合比。

(2) 按初步配合比在试验室进行试拌，调整得出试验室配合比。

(3) 根据现场砂、碎石实际含水率，将试验室配合比换算为施工配合比。

3. 设计步骤

(1) 计算初步配合比

1) 确定水泥混凝土配制强度为36.58 MPa。

2) 确定水胶比为0.45。

3) 选用单位用水量为195 kg/m^3。

4) 计算单位水泥用量为433 kg/m^3。

5) 选定砂率为0.32。

6) 计算砂、碎石用量分别为564 k/m^3，碎石用量为1 200 kg/m^3。

初步配合比为433: 195: 564: 1 200。

(2) 试拌调整提出基准配合比

按计算材料用量拌制混凝土拌和物，测定其坍落度为45 mm，不满足资料所给的施工和易性要求。为此，保持水胶比不变，增加2%水泥浆，再经搅拌后测得坍落度为58 mm，黏聚性、保水性均良好。

得出基准配合比为442: 199: 564: 1 200。

(3) 检验强度，确定试验室配合比

试验室配合比为444: 204: 578: 123。

(4) 换算工地配合比

根据工地实测，砂的含水率为3%，碎石的含水率为1%，各种材料的用量为：

水泥：444 kg/m^3；

砂：578 kg/m^3 × (1 + 3%) = 595 kg/m^3；

碎石：1 230 kg/m^3 ×（1 +1%）=1 242 kg/m^3；

水：[204 -（578 ×3% +1 230 ×1%）] kg/m^3 =174 kg/m^3。

工地配合比为444∶174∶595∶1 242。

阅读材料

常见其他水泥品种

1．快硬硅酸盐水泥

以硅酸盐水泥熟料和适量石膏磨细制成，以3 d（天）抗压强度表示强度等级的水硬性胶凝材料称为快硬硅酸盐水泥，简称快硬水泥。

快硬硅酸盐水泥中的主要矿物成分为硅酸三钙、铝酸三钙。通常 C_3S 为50%～60%，C_3A 为8%～14%，C_3S 和 C_3A 的总量应不少于60%～65%。为加快硬化速度，可适量增加石膏的掺量和提高水泥的粉磨细度。

快硬水泥凝结硬化快，早期强度高，后期强度也高，抗冻性及抗渗性强，水化放热量大，耐腐蚀性差，因此适用于紧急抢修工程、冬季施工的混凝土工程。用于制造预应力钢筋混凝土或混凝土预制构件，可提高早期强度，缩短养护期，加快周转。不宜用于大体积混凝土工程和耐腐蚀要求高的工程。

另外，快硬水泥干缩率较大，容易吸湿降低强度，储存期超过一个月时，须重新检验其技术性质。

2．铝酸盐水泥

以铝酸钙为主的铝酸盐水泥熟料，磨细制成的水硬性胶凝材料称为铝酸盐水泥，又称矾土水泥，代号CA。根据需要也可在磨制 Al_2O_3 含量大于68%的水泥时掺加适量的a - Al_2O_3 粉。高铝水泥是铝酸盐水泥的一个主要品种。

铝酸盐水泥的特点是早期强度增长快，强度高，主要用于紧急抢修和早期强度要求高、冬季施工的工程。铝酸盐水泥还具有较高的抵抗矿物水和硫酸盐的侵蚀性能，具有较高的耐热性，适用于处于海水或其他侵蚀介质中的重要工程，以及制作耐热混凝土、制造膨胀水泥等。高铝水泥的主要缺点是后期强度倒缩，在使用3～5年后高铝水泥混凝土的强度只有早期强度的一半左右，抗冻、抗渗和耐蚀等性能亦随之降低。

在使用铝酸盐水泥时，应避免与硅酸盐水泥混合使用，否则会造成水泥石的强度降低。

3．膨胀水泥

膨胀水泥是硬化过程中不产生收缩，具有一定膨胀性的水泥。膨胀水泥通常由胶凝材料和膨胀剂混合而成。膨胀剂使水泥在水化过程中形成膨胀性物质（如水化硫铝酸钙），导致体积稍有膨胀。由于这一过程是在未硬化浆体中进行，所以不致引起破坏和有害的应力。

按胶结材料的不同，膨胀水泥可分为硅酸盐型膨胀水泥、铝酸盐型膨胀水泥、硫铝酸盐型膨胀水泥。按膨胀值的大小，膨胀水泥可分为收缩补偿水泥和自应力水泥。

收缩补偿水泥膨胀率较小，膨胀时所产生的压应力大致能抵消干缩所引起的应力，可防止混凝土产生干缩裂缝。自应力水泥具有较强的膨胀性，当它用于钢筋混凝土中时，由于它的膨胀性能，使钢筋受到较大的拉应力，而混凝土则受到相应的压应力。当外界因素使混凝土结构产生拉应力时，就可被预先具有的压应力抵消或降低。这种靠水泥自身水化产生膨胀来张拉钢筋达到的预应力称为自应力。混凝土中所产生的压应力数值即为自应力值。

在道路桥梁工程中，膨胀水泥常用于水泥混凝土路面、机场道面或桥梁结构中修补混凝土。此外，在越江隧道或山区隧道用于配制防水混凝土、自应力混凝土以及堵漏工程、修补工程等。

4. 白色和彩色硅酸盐水泥

(1) 白色硅酸盐水泥

白色水泥的主要矿物组成仍是硅酸盐，只是水泥中着色物质（氧化铁、氧化锰、氧化钛、氧化铬等）的含量极少。白色水泥的性能与硅酸盐水泥基本相同。

(2) 彩色硅酸盐水泥

生产彩色硅酸盐水泥有三种方法：一是在水泥生料中混入着色物质，烧成彩色熟料再粉磨成彩色水泥；二是将白水泥熟料或硅酸盐水泥熟料、适量石膏和碱性着色物质共同磨细制成彩色水泥；三是将干燥状态的着色物质掺入白水泥或硅酸盐水泥中。

对着色物质的基本要求包括：对水泥没有危害，不受水泥影响，在各种外界及气候条件下有很好的颜色耐久性，有较细的分散性，不含有可溶盐。常用的颜料有：氧化铬绿、氧化铁红、炭黑、氧化铁黑、氧化铁黄、酞菁蓝等。

白色和彩色硅酸盐水泥在装饰工程中，常用于配制各类彩色水泥浆、砂浆和混凝土，用以制造各种水磨石、水刷石等饰面及雕塑和装饰部件等制品。

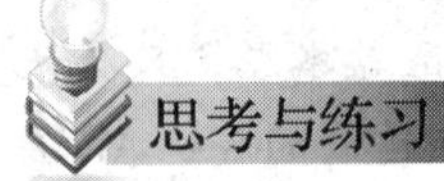

1. 水泥的矿物成分有哪些？对水泥的性能有何影响？
2. 简述六大品种水泥的特性及适用范围。
3. 水泥混凝土配合比设计的三参数是什么？对水泥混凝土的性能有何影响？

任务二　评价水泥的性能

◆ 掌握水泥常用的技术要求（性能评价指标）及技术标准。

◆ 能够根据水泥常用技术要求及技术标准评定水泥质量（是否合格）。

近年来时常出现因建筑材料本身质量问题引起的公路桥梁的质量问题，如桥梁裂缝、路面损害等（见图3—2—1）。作为修建桥梁和水泥混凝土路面的重要材料，如何选择高质量水泥成为修建高质量路桥的关键因素之一。

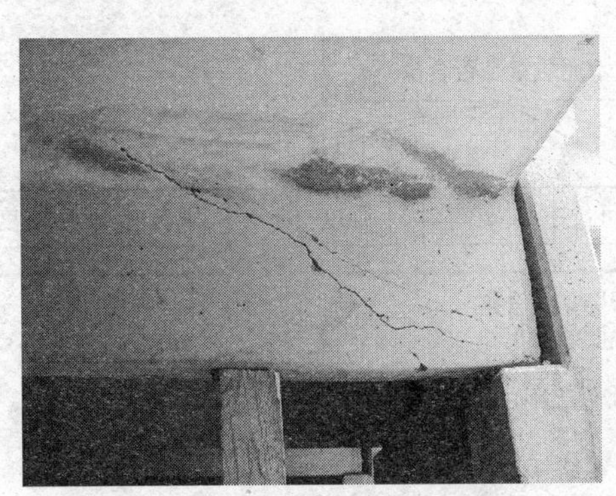

桥梁裂缝

路面损坏

图3—2—1　水泥质量问题引起的路面和桥梁故障

那么，如何判定水泥质量的好坏、合格与否？判定的依据和标准是什么？采用什么方法判定？是直接观察还是需要试验？如果需要试验判定，那么试验方法和步骤是什么？

某水泥混凝土搅拌站引进了一批水泥，在进行混凝土配合比设计前要检验水泥的性能。本任务要求采用适当的方法，从而判定该批水泥质量是否合格。

就像判断一件衣服质量的好坏，可依据布料的质量、缝纫的水平、裁剪的样式、配件的搭配等因素，判断水泥质量的好坏也有规定的指标和标准。在普通家装或者工程实习中接触过水泥的人可以直接想到的指标应该有：水泥的强度——完工后能否满足建筑物或建筑表面的强度；水泥的搅拌的均匀度——质量好的水泥应该可以轻松搅拌均匀，且没有杂质；水泥的凝结性质——搅拌后，水泥很快就干掉，或者很长时间达不到混合要求的水泥，质量肯定一般。

以上都是根据想象来判定水泥质量好坏的标准，除此之外还有很多现实指标。实际中，要依据国家标准给出的技术要求和技术标准来判定水泥的质量是否合格，还有规定的判定方法和试验方法需要我们学习。

一、水泥常用的技术要求

我国国家标准《通用硅酸盐水泥》（GB 175—2010）中规定的水泥的技术要求有化学指标（不溶物、烧失量、三氧化硫、氧化镁、氯离子）、凝结时间、安定性、强度、碱含量和细度。国标中规定：凡化学指标、凝结时间、安定性和强度符合规定的属于合格品，而碱含量和细度为选择性指标（见图3—2—2）。

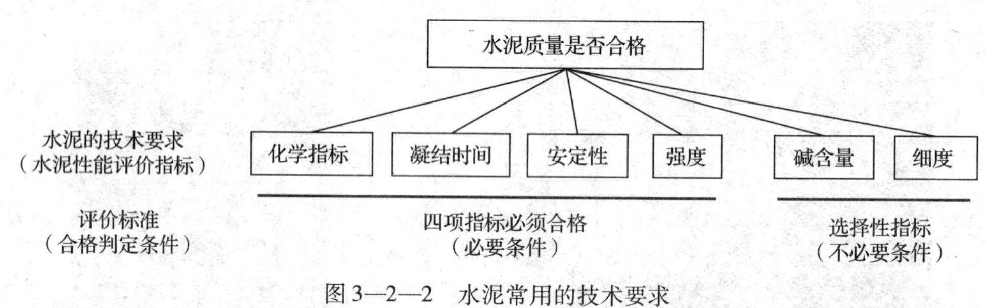

图3—2—2　水泥常用的技术要求

1. 化学指标

水泥的化学指标主要是控制水泥中的有害化学成分，要求其不超过一定的限量。若超出限量，可能对水泥的性能和质量产生有害和潜在的影响。水泥的化学指标包括不溶物、烧失量、三氧化硫、氧化镁、氯离子五部分。

（1）不溶物

水泥中的不溶物是指经盐酸处理后的残渣，再以氢氧化钠溶液处理，经盐酸中和过滤后所得的残渣经高温灼烧所剩的物质。不溶物含量高对水泥质量有不良影响。不溶物的来源是多方面的，它可能是由原料、混合材或石膏中的杂质带入的。熟料煅烧好，漏生少，熟料中不溶物含量就低。

（2）烧失量

烧失量是以水泥试样在950～1 000℃下烧灼15～20 min，冷至室温称量，如此反复灼烧至恒重得到的质量损失百分率。水泥烧失量是由于水泥煅烧不佳或受潮而引起的，它是判断水泥中混合材掺加量的一个重要参数，一般来说，烧失量越大水泥的品质越差。

（3）三氧化硫

水泥中的三氧化硫主要是由在生产时为调节凝结时间加入的石膏所带来的，也可能是由于煅烧熟料时加入石膏矿化剂而带入熟料中。适当石膏虽能改善水泥性能，但石膏超过一定限量后，水泥性能会变坏，甚至引起硬化水泥石体积膨胀，导致结构破坏。因此水泥中三氧化硫最大允许含量必须加以限制，国标中规定硅酸盐水泥中三氧化硫的含量不得大于3.5%。

（4）氧化镁

在水泥熟料中，常含有少量未与其他矿物结合的游离氧化镁，这种多余的氧化镁是高温时形成的方镁石，它水化为氢氧化镁速度很慢，常在水泥硬化后才开始水化，并产生体积膨胀，导致水泥石结构产生裂缝甚至破坏，因此它是引起水泥安定性不良的原因之一。

(5) 氯离子

氯离子的存在是导致水泥混凝土结构内部钢筋锈蚀，造成水泥混凝土结构危害的一个重要原因。水泥中的氯离子主要来源于水泥自身（水泥熟料、混合材）和水泥中掺入的外加剂。

2. 凝结时间

从加水开始到水泥浆失去可塑性所需的时间称为水泥的凝结时间，用“min”表示。凝结时间又分为初凝时间和终凝时间。初凝时间是指从水泥加水拌和到水泥浆体达到人为规定的某一可塑状态所需的时间。初凝表示水泥浆开始失去可塑性并凝聚成块，此时不具有机械强度。终凝时间是指从水泥加水拌和到水泥浆完全失去可塑性，达到人为规定的某一较致密的固体状态所需的时间。它表示胶体进一步紧密并失去其可塑性，产生了机械强度，并能抵抗一定的外力。

水泥的凝结时间在施工中具有重要意义。若初凝时间太短，会影响混凝土的搅拌、运输和浇筑；若终凝时间太长，则对混凝土早期强度的发展、施工进度、模板周转等不利。因此，水泥的初凝时间不宜太短，而终凝时间不宜太长。水泥的凝结时间与其矿物组成、细度、水泥浆稠度等有关，也与环境的温度、湿度等有关。

由于拌和水泥浆时用水量的多少对凝结时间有影响，因此，测试凝结时间时必须采用标准稠度的水泥。

标准稠度用水量是指水泥净浆达到规定稠度时的加水量，以占水泥质量的百分率表示，是用于测定水泥凝结时间和安定性的用水量。

$$P = \frac{用水量}{水泥质量} \times 100\% \qquad (3—2—1)$$

式中 P——水泥标准稠度用水量，%。

3. 体积安定性

水泥的体积安定性是指水泥在凝结硬化过程中，体积变化的均匀性。如果水泥硬化后产生不均匀的体积变化，会使水泥混凝土构造物产生膨胀性裂缝，降低工程质量，甚至引起严重事故，即体积安定性不良。

导致水泥体积不安定的原因，主要是由于水泥熟料矿物组成中含有过多游离氧化钙（f－CaO）、游离氧化镁（f－MgO），或者水泥粉磨时石膏掺量过多。f－CaO 和 f－MgO 是在高温下生成的，处于过烧状态，水化很慢，它们在水泥凝结硬化后还在慢慢水化并产生体积膨胀，从而导致硬化水泥石开裂，而过量的石膏会与已固化的水化铝酸钙作用，生成水化硫铝酸钙，产生体积膨胀，造成硬化水泥石开裂。

4. 强度及强度等级

水泥强度是选用水泥时的主要技术指标，也是划分水泥强度等级（标号）的依据。水泥强度主要评价水泥胶砂的抗压强度和抗折强度。

水泥的强度是指水泥胶砂硬化试体所能承受外力破坏的能力，是水泥加水拌和后，经凝结、硬化后的坚实程度，用 MPa 表示。水泥的强度与组成水泥的矿物成分、颗粒细度、硬化时的温度、湿度以及水泥中加水的比例等因素有关。

《公路工程水泥及水泥混凝土试验规程》规定，水泥胶砂强度的标准检验方法为 ISO 法。该法是将水泥和 ISO 标准砂（厦门产的级配砂）按 1∶3 的质量比混合，水胶比（水与水泥的质量比）为 0.5，按规定方法同时制成 40 mm×40 mm×160 mm 的棱形试件 3 条，带试模在湿气中养护 24 h 后，再脱模将试件放在标准温度（20℃ ±1℃）的水中养护，分别测定 3 d 和 28 d 抗折强度和抗压强度，根据测定结果可确定该水泥的强度等级。

国家标准规定：硅酸盐水泥分为 42.5，42.5R，52.5，52.5R，62.5，62.5R 六个强度等级；其他五种水泥分为 32.5，32.5R，42.5，42.5R，52.5，52.5R 六个强度等级。其中有代号 R 者为早强型水泥。各强度等级所对应的抗压强度和抗折强度见表 3—2—1。

表 3—2—1　　通用硅酸盐水泥的强度标准　　MPa

品　种	强度等级	抗　压　强　度		抗　折　强　度	
		3 d	28 d	3 d	28 d
硅酸盐水泥	42.5	≥17.0	≥42.5	≥3.5	≥6.5
	42.5R	≥22.0		≥4.0	
	52.5	≥23.0	≥52.5	≥4.0	≥7.0
	52.5R	≥27.0		≥5.0	
	62.5	≥28.0	≥62.5	≥5.0	≥8.0
	62.5R	≥32.0		≥5.5	
普通硅酸盐水泥	42.5	≥17.0	≥42.5	≥3.5	≥6.5
	42.5R	≥22.0		≥4.0	
	52.5	≥23.0	≥52.5	≥4.0	≥7.0
	52.5R	≥27.0		≥5.0	
矿渣硅酸盐水泥 火山灰硅酸盐水泥 粉煤灰硅酸盐水泥 复合硅酸盐水泥	32.5	≥10.0	≥32.5	≥2.5	≥5.5
	32.5R	≥15.0		≥3.5	
	42.5	≥15.0	≥42.5	≥3.5	≥6.5
	42.5R	≥19.0		≥4.0	
	52.5	≥21.0	≥52.5	≥4.0	≥7.0
	52.5R	≥23.0		≥4.5	

5. 碱含量

碱含量是指水泥中 Na_2O 和 K_2O 的含量。若水泥中碱含量过高，遇到有活性的集料，易产生碱—集料反应，造成工程危害。

国家标准规定：水泥中碱含量按 $Na_2O+0.658K_2O$ 计算值表示。若使用活性骨料，用户要求提供低碱水泥时，水泥中的碱含量应不大于 0.60% 或由买卖双方协商确定。

6. 细度

细度是描述水泥颗粒粗细程度或水泥分散度的指标。它对水泥的水化硬化速度、水泥需水量、和易性、放热速率及强度都有影响。

细度越细，颗粒粒径越小，比表面积增加，水泥与水的反应接触面积增加，水化反应速度越快，水泥水化程度越高，强度发展越快。但水泥越细，需水量越大，收缩越大；早期水化越快，水化放热速度越快，对大体积混凝土生产不利；水泥细度增加，能耗增加。所以说水泥细度对水泥的凝结时间、强度、需水量和安定性有较大影响，是鉴定水泥品质的主要项目之一。

《公路工程水泥及水泥混凝土试验规程》（JTG E30—2005）规定，用规定筛网上所得筛余物的质量占试样原始质量的百分数或用比表面积来表示水泥样品的细度。水泥细度的检验方法分为筛析法（80 μm 或 45 μm 筛）和勃氏法（透气式比表面积仪）测定水泥比表面积。筛析法又可分为负压筛法和水筛法两种，当结果有争议时以负压筛试验结果为准。水泥的比表面积是指单位质量的水泥粉末所具有的总面积，用 m^2/kg 表示。勃氏法的基本原理是根据一定量的空气通过具有一定空隙率和固定厚度的水泥层时，所受阻力不同而引起流速的变化来测定水泥的比表面积。

二、常用水泥的技术标准

根据国家标准《通用硅酸盐水泥》（GB 175—2007），常用水泥的化学指标标准见表 3—2—2，水泥的物理指标标准见表 3—2—3。

表 3—2—2　　水泥的化学指标标准

品种	代号	不溶物（质量分数）	烧失量（质量分数）	三氧化硫（质量分数）	氧化镁（质量分数）	氯离子（质量分数）
硅酸盐水泥	P·I	≤0.75	≤3.0	≤3.5	≤5.0[a]	≤0.06[c]
	P·Ⅱ	≤1.50	≤3.5			
普通硅酸盐水泥	P·O	—	≤5.0			
矿渣硅酸盐水泥	P·S·A	—	—	≤4.0	≤6.0[b]	
	P·S·B	—	—		—	
火山灰质硅酸盐水泥	P·P	—	—	≤3.5	≤6.0[b]	
粉煤灰硅酸盐水泥	P·F	—	—			
复合硅酸盐水泥	P·C	—	—			

注：

a. 如果水泥压蒸试验合格，则水泥中氧化镁的含量（质量分数）允许放宽至6.0%。

b. 如果水泥中氧化镁的含量（质量分数）大于6.0%时，需进行水泥压蒸安定性试验并合格。

c. 当有更低要求时，该指标由买卖双方协商确定。

表 3—2—3　　水泥物理指标的检查方法及技术标准

技术指标	检验方法		评价指标	技术标准
凝结时间	凝结时间测定仪	初凝时间	初凝针沉至距底板 4 mm ± 1 mm	硅酸盐水泥初凝不小于 45 min，终凝不大于 390 min 普通硅酸盐水泥、矿渣硅酸盐水泥、火山灰质硅酸盐水泥、粉煤灰硅酸盐水泥和复合硅酸盐水泥初凝不小于 45 min，终凝不大于 600 min
		终凝时间	终凝针沉入试件 0.5 mm	

续表

技术指标	检验方法		评价指标	技术标准
安定性	沸煮法	标准法	(C－A)值	沸煮法合格
		代用法	试饼无裂缝、不弯曲	
强度	ISO 法		抗折强度、抗压强度	见表 3—2—1 通用硅酸盐水泥的强度标准
细度	筛析法		80 μm 和 45 μm 筛余	硅酸盐水泥和普通硅酸盐水泥以比表面积表示，不小于 300 m^2/kg；矿渣硅酸盐水泥、火山灰质硅酸盐水泥、粉煤灰硅酸盐水泥和复合硅酸盐水泥以筛余表示，80 μm 方孔筛筛余不大于 10%或 45 μm 方孔筛筛余不大于 30%
	勃氏法		比表面积	

工程应用

某县一机关修建职工住宅楼，主体完工后进行墙面抹灰，采用某水泥厂生产的 32.5 级水泥。抹灰后在两个月内相继发现该工程墙面抹灰出现开裂，并迅速发展。开始由墙面一点产生膨胀变形，形成不规则的放射状裂缝，多点裂缝相继贯通，成为典型的龟状裂缝，并且空鼓，实际上此时抹灰与墙体已产生剥离。后经查证，该工程所用水泥中氧化镁含量为 8.0%，严重超出国标标准，致使水泥安定性不合格，施工单位未对水泥进行进场检验就直接使用，因此产生大面积的空鼓开裂。最后该工程墙面抹灰全面返工，造成严重的经济损失。

任务实施

本任务主要是对水泥质量进行评定。在所有水泥技术指标中，水泥的凝结时间、体积安定性、强度等级对水泥质量及工程施工工艺、工程质量起着至关重要的作用。本任务主要对水泥的凝结时间、体积安定性、强度等级等有关技术参数进行检测，用以确定所检参数是否符合相关标准的要求。由于凝结时间和体积安定性都是采用标准稠度净浆测定的，因此，在进行凝结时间及体积安定性测定前，必须先进行标准稠度用水量测定。

一、水泥标准稠度用水量、凝结时间、安定性的测定

标准稠度用水量的测定、安定性测定均有标准法和代用法之分，本任务采用标准法，代用法可参阅相关试验规程。

1．试验准备

（1）仪器设备

1）标准维卡仪：由底座、金属杆、指针、读数尺、释放钮等组成，如图 3—2—3 所示。标准稠度试杆：有效长度为 50 mm ± 1 mm，由直径为 Φ10 mm ± 0.05 mm 的圆柱形耐腐

蚀金属制成；

初凝用试针：由钢制成，其有效长度初凝针为 50 mm ± 1 mm；

终凝用试针：由钢制成，长度为 30 mm ± 1 mm，直径为 Φ1. 13 mm ± 0. 05 mm 的圆柱体；

试模：由耐腐蚀、有足够硬度的金属制成。试模深 40 mm ± 0. 2 mm，顶内径 Φ65 mm ± 0. 5 mm，底内径 Φ75 mm ± 0. 5 mm 的截顶圆锥体，每只试模应配备一个边长或直径约 100 mm，厚度为 4 ~ 5 mm 的平板玻璃底板或金属底板。如图 3—2—4 所示。

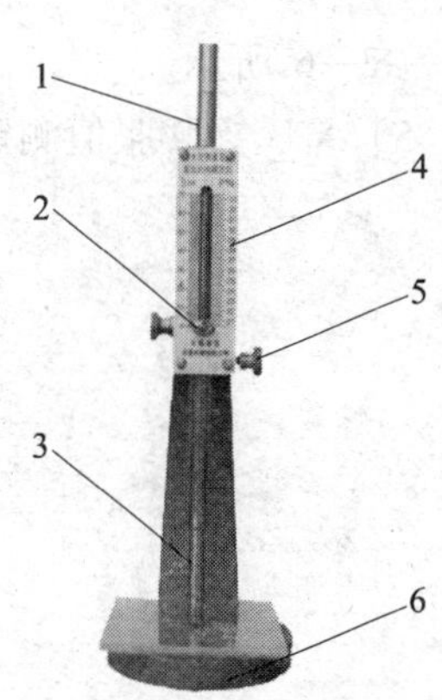

图 3—2—3　标准维卡仪

1—金属杆　2—指针
3—试杆（针）　4—读数尺
5—释放钮　6—底座

金属滑动棒与试杆（试针）的总质量为 300 g ± 1 g。

检查内容：检查维卡仪的金属棒是否能自由滑动，能靠重力自由下落；与标准稠度用试杆（或试针）连接牢固，能准确调零；试模上下沿及内壁光滑无锈蚀，与玻璃板接触良好。

2）水泥净浆搅拌机：由电动机、搅拌叶浆、搅拌锅、升降锅座、启动开关、速度转换钮、控制器接口等组成，如图 3—2—5 所示。

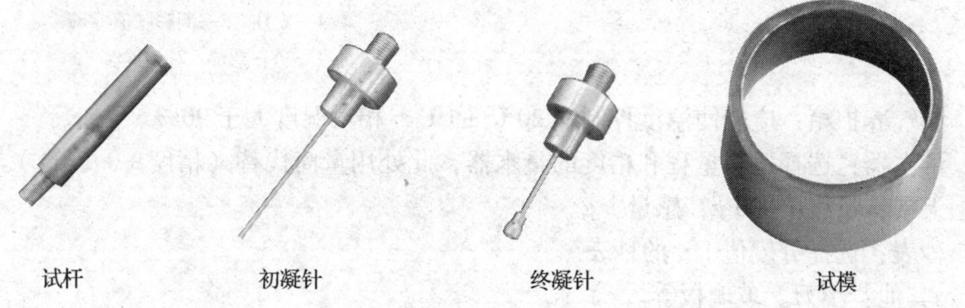

图 3—2—4　试杆及试模

检查内容：检查手动自动切换开关、高速低速挡切换开关是否正常，确认拌合叶片的公转方向与仪器箭头方向一致，搅拌锅安放、升降自如。

3）沸煮箱：箱的内层由不易腐蚀的金属材料制成，能在 30 min ± 5 min 内将箱内试验用水由室温升至沸腾并可保持沸腾状态 3 h 以上，整个过程不需补充水量。

4）雷氏夹膨胀仪：由铜质材料制成。当一根指针的根部先悬挂在一根金属丝或尼龙丝上，另一根指针的根部再挂上 300 g 质量的砝码时，两根指针的针尖距离增加应在 17. 5 mm ± 2. 5 mm 范围以内，即 $2x$ = 17. 5 mm ± 2. 5 mm，当去掉砝码后针尖的距离能恢复至挂砝码前的状态。雷氏夹受力示意图如

图 3—2—5　水泥净浆搅拌机

1—控制面板　2—电动机　3—搅拌叶浆
4—搅拌锅　5—升降锅座　6—底座

图 3—2—6 所示。

5）雷氏夹膨胀值测定仪：标尺最小刻度 0. 5 mm，如图 3—2—7 所示。

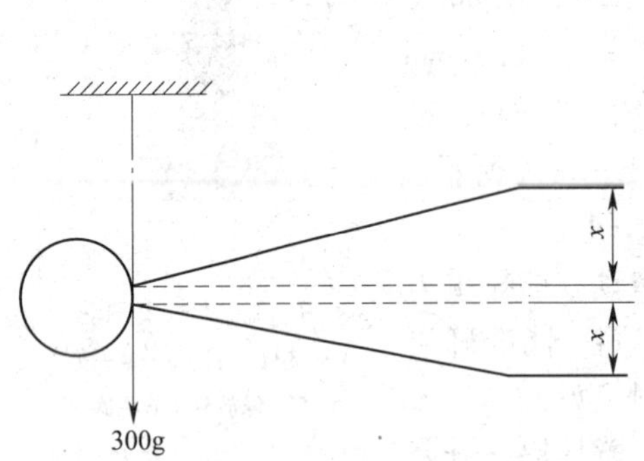

图 3—2—6　雷氏夹受力示意图

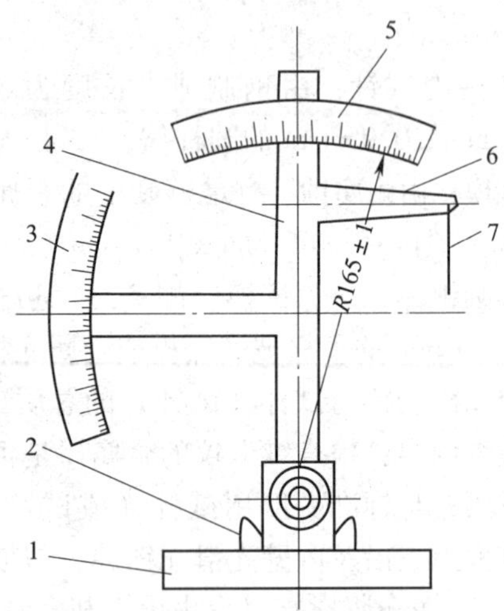

图 3—2—7　雷氏膨胀值测量仪（尺寸单位 mm）

1—底座　2 模子座　3—测弹性标尺

4—立柱　5—测膨胀值标尺

6—悬臂　7—悬丝

6）湿气养护箱：应能使温度控制在 20℃ ±1℃，相对湿度大于 90%。

7）量水器：选择适当量程和精度的量水器，此处用量筒代替（精度 ±0. 5 mL）。

8）天平：量程 1 000 g，感量 1 g。

9）秒表：选择分度值 1 s 的秒表。

10）其他：小刀、玻璃板等。

其他仪器如图 3—2—8 所示。

湿气养护箱

天平

沸煮箱

图 3—2—8　其他仪器

（2）试样及用水

1）水泥试样应充分拌匀，通过 0. 9 mm 方孔筛并记录筛余物情况，但要防止过筛时混进其他水泥。

2）试验用水必须是洁净的淡水，如有争议时可用蒸馏水。

（3）温度与相对湿度

1）实验室的温度为20℃ ±2℃，相对湿度大于50%。

2）水泥试样、拌合水、仪器和用具的温度应与实验室内室温一致。

2. 试验步骤

（1）标准稠度用水量测定

1）水泥维卡仪指针归零及安放试模。将标准稠度用试杆安装在滑动金属板上，调整至试杆接触玻璃板时指针对准零点；然后取下玻璃板并将净浆试模正向（大口向下）放置在玻璃板上待用。操作如图3—2—9所示。

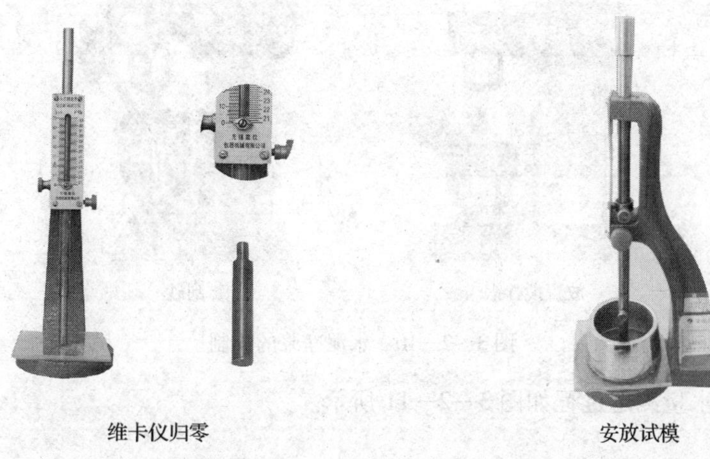

图3—2—9　维卡仪归零及安放试模

2）水泥净浆拌制。用水泥净浆搅拌机搅拌，搅拌锅和搅拌叶片先用湿布擦净。

将预估用量的拌合水倒入搅拌锅中，然后在5～10 s内小心将称好的500 g水泥加入水中，防止水和水泥溅出。

将锅放在搅拌机的锅座上，升至搅拌位置。

启动搅拌机，低速搅拌120 s，停15 s，同时将叶片和锅壁上的水泥浆刮入锅中间，接着高速搅拌120 s停机。

搅拌过程如图3—2—10所示。

3）标准稠度用水量测定步骤。拌合结束后，立即将拌制好的水泥净浆装入已放在玻璃板上的试模中，用宽约25 mm的直边刀轻轻拍打超出试模部分的浆体5次以排除浆体中的孔隙，然后在试模上表面约1/3处，略倾斜于试模分别向外轻轻锯掉多余净浆，再从试模边沿轻抹顶部1次，使净浆表面光滑。在锯掉多余净浆和抹平的操作过程中，注意不要压实净浆。

抹平后迅速将试模和底板移到维卡仪上，并将其中心定在试杆下，降低试杆直到与水泥净浆表面接触，拧紧螺钉1～2 s后，突然放松，使试杆垂直自由地沉入水泥净浆中。在试杆停止沉入或释放30 s时记录试杆到底板的距离，升起试杆后，立即擦净。整个操作应在搅拌后1.5 min内完成。

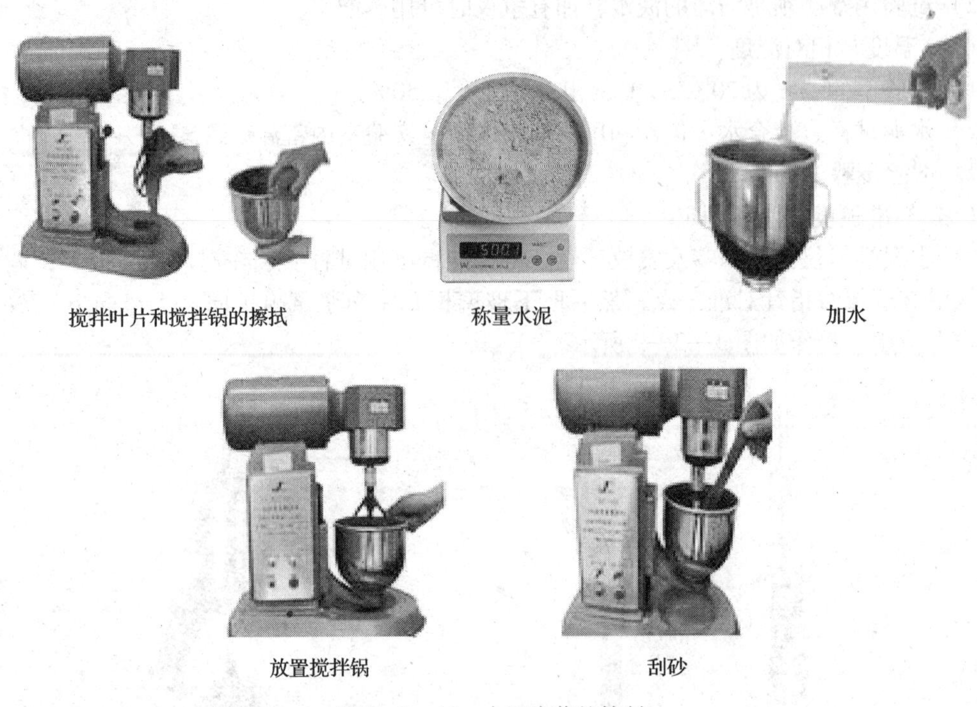

搅拌叶片和搅拌锅的擦拭　　称量水泥　　加水

放置搅拌锅　　刮砂

图 3—2—10　水泥净浆的拌制

标准稠度用水量测定过程如图 3—2—11 所示。

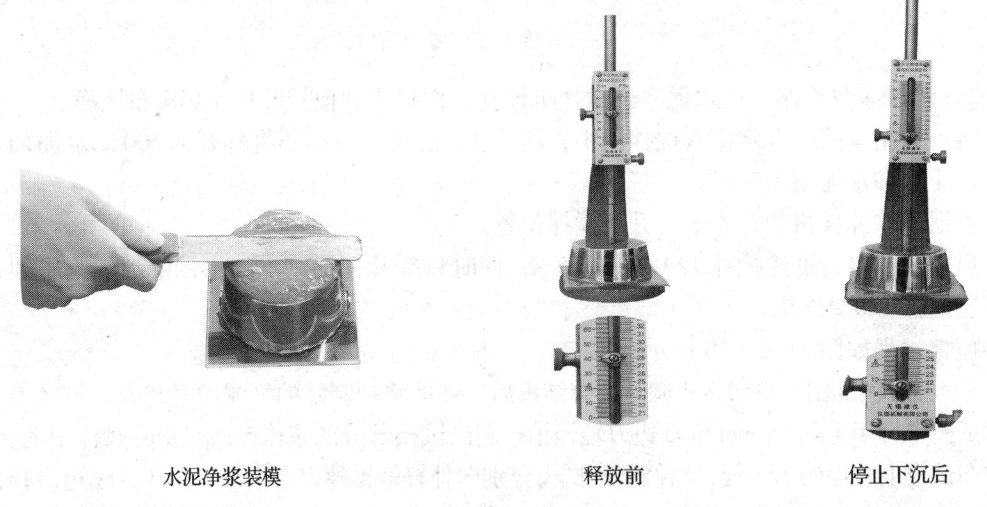

水泥净浆装模　　释放前　　停止下沉后

图 3—2—11　标准稠度用水量的测定

小提示

当试杆距玻璃板小于 5 mm 时，应适当减水重复水泥浆的拌制和上述过程；若距离大于 7 mm 时，则应适当加水，并重复水泥浆的拌制和上述过程，直至试杆距玻璃板距离满足要求为止。

4）试验数据的记录与处理。以试杆沉入净浆并距底板 6 mm ±1 mm 的水泥净浆为标准稠度净浆。其拌合水量为该水泥的标准稠度用水量（P），按水泥质量的百分比计，其数据记录及最终结果见表 3—2—4。

表 3—2—4　　水泥标准稠度用水量记录表

测定次数	试样质量（g）	拌合用水量（mL）	试杆至玻璃板的距离（mm）	标准稠度用水量（%）
1	500	130	10	/
2	500	132	8	/
3	500	133	6	26.6

（2）凝结时间的测定

1）初凝试针归零。将初凝试针安装在滑动金属棒上，调整凝结时间测定仪的初凝试针接触玻璃板，使指针对准零点，其余操作同标准稠度用水量，如图 3—2—12 所示。

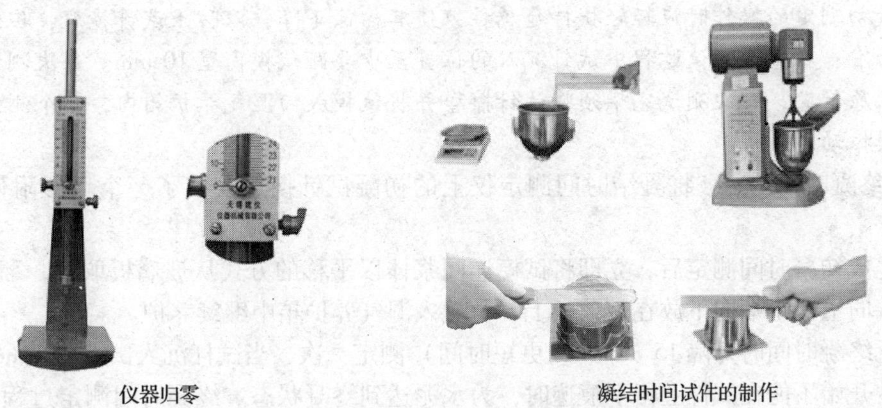
仪器归零　　凝结时间试件的制作

图 3—2—12　凝结时间试验用仪器设备

2）制作试件。以标准稠度用水量按标准稠度用水量测定步骤 2）制成标准稠度净浆，记录水泥全部加入水中的时间作为凝结时间的起始时间。

按标准稠度用水量测定步骤 3）装模和刮平后（见图 3—2—12），立即放入湿气养护箱中。

3）初凝时间测定。试件在湿气养护箱中养护至加水后 30 min 时进行第一次测定。测定时，从湿气养护箱中取出试模放到试针下，降低试针与水泥净浆表面接触。拧紧螺钉 1 ~ 2 s 后，突然放松，使试杆垂直自由地沉入水泥净浆中。观察试针停止沉入或释放试针 30 s 时指针的读数，记入记录表中。

临近初凝时，每隔 5 min（或更短时间）测定一次。当试杆沉至距底板 4 mm ±1 mm 时，为水泥达到初凝状态。

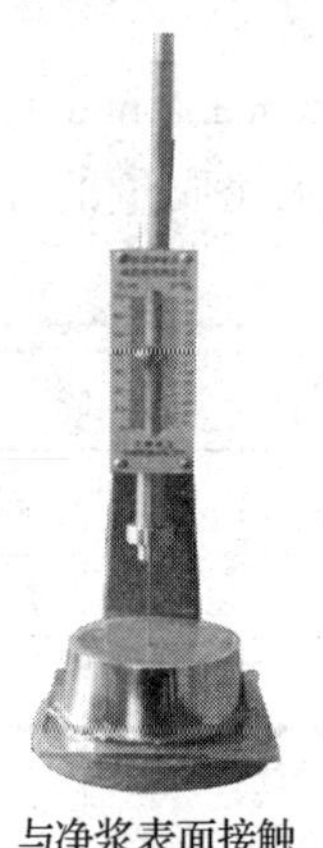
与净浆表面接触

初凝时间测定

图 3—2—13　初凝时间测定

小提示

达到初凝时应立即重复测一次，当两次结论相同时才能定为达到初凝状态。测定时应注意，在最初测定的操作时应轻轻扶持金属柱，使其徐徐下降，以防止试针撞弯，但结果以自由下落为准；在整个测试过程中试针沉入的位置至少要距试模内壁 10 mm。每次测定不能让试针落入原针孔，每次测试完毕须将试针擦净并将试模放回湿气养护箱内，整个测试过程要防止试模振动。

4）终凝时间测定。将凝结时间测定仪上的初凝试针换成安装了一个环形附件的终凝试针。

在完成初凝时间测定后，立即将试模连同浆体以平移的方式从玻璃板取下，翻转 180°，直径大端向上、小端向下放在玻璃板上，再放入湿气养护箱中继续养护。

临近终凝时间时每隔 15 min（或更短时间）测定一次，当试杆沉入试件 0.5 mm 时，即环形附件开始不能在试件上留下痕迹时，为水泥达到终凝状态。终凝时间测定过程如图 3—2—14 所示。

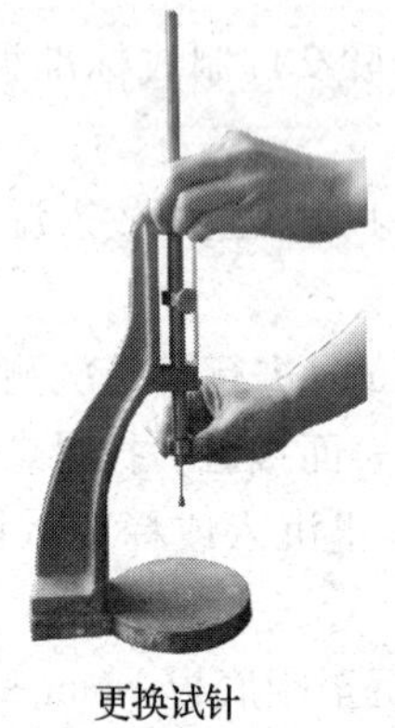
更换试针

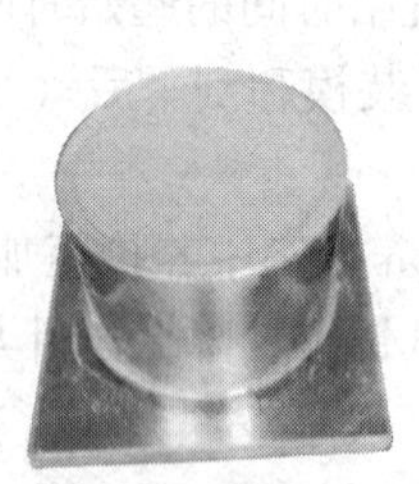
试模倒置

终凝测定

图 3—2—14　终凝时间测定

小提示

达到终凝时应立即重复测一次，当两次结论相同时才能定为达到终凝状态。

5）试验数据的记录与整理。

由水泥全部加入水中至初凝状态的时间作为初凝时间，用“min”计。由水泥全部加入水中至终凝状态的时间为水泥的终凝时间，用“min”计。下面用雷氏夹法来进行安定性测定。

（3）安定性测定（雷氏夹法）

1）准备两个雷氏夹，每个雷氏夹需配备两个边长或直径约 80 mm，厚度为 4 ~5 mm 的玻璃底板，凡与水泥净浆接触的玻璃板和雷氏夹表面都要稍稍涂上一层油。

表 3—2—5　　水泥凝结时间记录

水泥品种：	强度等级：	加水时间：	标准稠度：
序号	从加水到试验时间间隔（min）	试针至玻璃板的距离（mm）	环形附件沉入试件深度（mm）
1	30	28	
2	60	24	
3	90	20	
4	120	16	
5	150	14	
6	180	12	
7	210	8	
8	215	6	
9	220	4	
10	250		3
11	280		2
12	295		1.5
13	310		1
14	315		0.5
初凝时间（min）		220	
终凝时间（min）		315	

2）试件的制备。将预先准备好的雷氏夹放在已稍擦油的玻璃板上，按标准稠度用水量拌制标准稠度净浆，并立刻装满雷氏夹。装浆时一只手轻轻扶持雷氏夹，另一只手用宽约 25 mm 的直边刀在浆体表面轻轻插捣 3 次，然后抹平，盖上稍涂油的玻璃板，接着立刻将雷氏夹移至湿气养护箱内养护 24 h ±2 h。

3）测量 A 值。脱去玻璃板取下试件，先测量雷氏夹指针尖端间的距离 A，精确到 0.5 mm。

4）沸煮。接着将试件放入水中箅板上，指针朝上，试件之间互不交叉，然后在 30 min ± 5 min 内加热水至沸腾，并恒沸 3 h ±5 min。

5）测量 C 值。沸煮结束后，立即放掉箱中的热水，打开箱盖，待箱体冷却至室温，取出试件进行判别。

测量雷氏夹指针尖端间的距离 C，精确至 0.5 mm。安定性测定过程如图 3—2—15 所示。

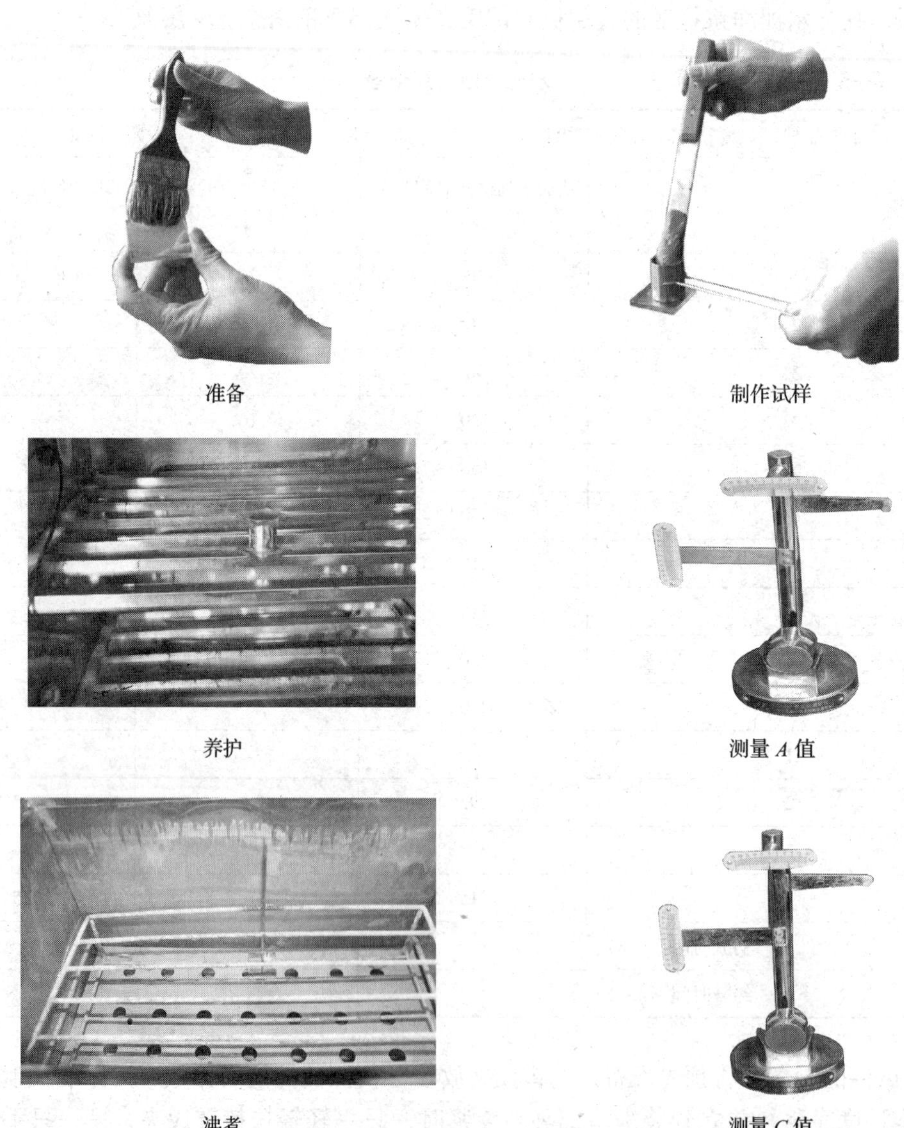

准备　制作试样

养护　测量 A 值

沸煮　测量 C 值

图 3—2—15　安定性的测定

6）试验数据的记录与结果判别。当两个试件煮后增加距离（$C-A$）的平均值不大于 0.5 mm 时，即认为该水泥安定性合格，当两个试件煮后增加距离（$C-A$）的平均值大于 5.0 mm 时，应用同一样品立即重做一次试验。以复检结果为准。

表 3—2—6　　水泥体积安定性试验记录　　mm

水泥品种：	强度等级：		加水时间：		标准稠度：
试件编号	A	C	$C-A$	平均值	结论
1	12	15	3	2.5	合格
2	13	15	2		

二、检测水泥样品的强度（ISO 法）

1．试验准备

（1）仪器设备

1）胶砂搅拌机：由胶砂搅拌锅和搅拌叶片及相应的结构组成，属行星式搅拌机，如图 3—2—16 所示。

检查内容：检查手动自动切换开关、高速低速挡切换开关是否正常，确认拌合叶片的公转方向与仪器箭头方向一致，加砂开关工作正常，搅拌锅安放、升降自如。

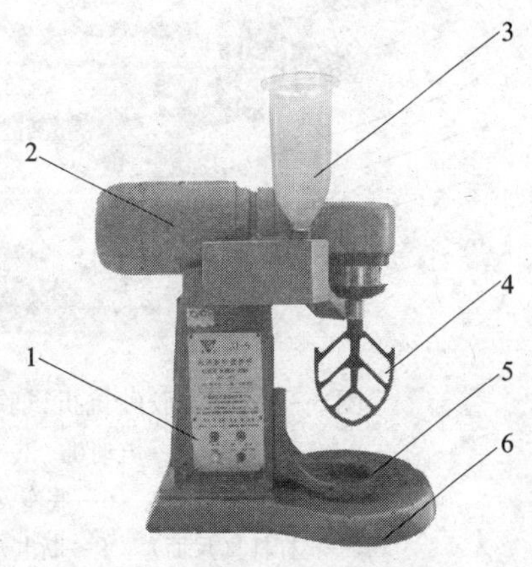

图 3—2—16　水泥胶砂搅拌机

1—控制面板　2—电动机
3—加砂斗　4—搅拌叶浆
5—升降锅座　6—底座

2）振实台：胶砂试件成型振实台如图 3—2—17 所示，由可以跳动的台盘和使其跳动的凸轮等组成。台盘上有固定试模用的卡具，并连有两根起稳定作用的臂，凸轮由电动机带动，通过控制器控制按一定的要求转动并保证使台盘平衡上升至一定高度后自由下落，其中心恰好与止动器撞击。振实台应安装在高度约 400 mm 的混凝土基座上。

检查工作：检查振实台能否正常运转，试模卡紧装置工作可靠。

图 3—2—17　胶砂振实台

3）试模及下料漏斗：试模为可装卸的三联模，由隔板、端板、底座等部分组成，可同时成型三条截面为 40 mm×40 mm×160 mm 的棱形试件。下料漏斗无变形，与试模接触良好（使用代用振动台时需要下料漏斗）。

4）抗折试验机及抗折夹具：抗折试验机一般采用双杠杆式，也可采用性能符合要求的其他试验机，如图 3—2—18 所示。抗折夹具框架由三根圆柱轴组成，其技术参数应符合相关要求。

检查工作：电器及机械部分运转正常。

5）抗压试验机及抗压夹具：抗压试验机吨位以 200～300 kN 为宜，精度±1%，加荷速度 2 400 N/s±200 N/s。夹具由优质钢材制成，受压面积 40 mm×40 mm，如图 3—2—19 所示。

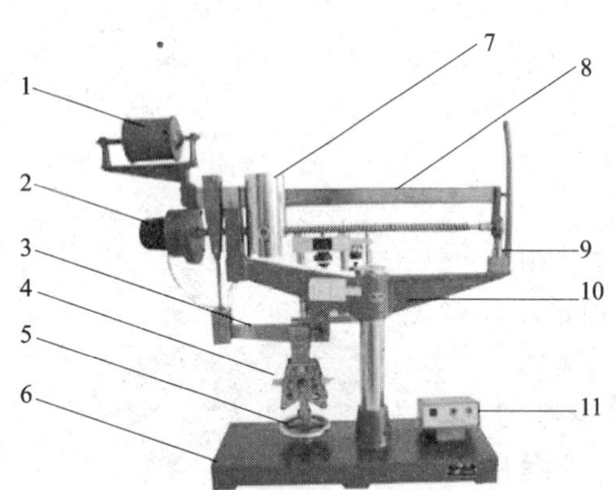

图 3—2—18　胶砂抗折试验机

1—平衡调节装置　2—电动机　3—副杠杆
4—夹具　5—调节手轮　6—底座　7—铊
8—主杠杆（尺面）　9—断电开关
10—仪器架　11—控制器

图 3—2—19　胶砂抗压试验夹具

1—下压面　2—底座
3—带球座上压头　4—限位销

检查工作：电器及机械部分运转正常。

6）天平：称量 1 000 g，感量 1 g。

7）湿气养护箱：温度能控制在 20℃±1℃，相对湿度大于 90%。

8）水养护箱：温度能控制在 20℃±1℃。

9）其他：量水器、小刀、小勺、大播料器、小播料器、刮尺、秒表等。

（2）试样及用水

1）水泥试样从取样到试验要保持 24 h 以上时，应将其存储在基本装满和气密的容器中，这个容器不能和水泥起反应；

2）检查标准 ISO 砂包装是否完好，有无撒漏；

3）试验用水必须是洁净的饮用水，如有争议时可用蒸馏水。

（3）温度与相对湿度

1）实验室的温度为 20℃±2℃，相对湿度大于 50%；

2）水泥试样、ISO 砂、拌合水及试模等的温度应与室温相同；

3）试件成型实验室的空气温度和相对湿度在工作期间每天应至少记录一次，养护箱或雾室温度和相对湿度至少每 4 h 记录一次。

2. 试验步骤

（1）试模的安装

成型前将试模擦净，四周的模板与底座的接触面上应涂黄油，紧密装配，防止漏浆，内壁均匀地刷一薄层机油。

用振动台成型时，将空试模和模套固定在振实台上。

（2）原材料

水泥与 ISO 砂的质量比为 1∶3，水胶比为 0.5。每成型三条试件需称量的材料及用量为：水泥 450 g ± 2 g，ISO 砂 1 350 g ± 5 g，水 225 mL ± 1 mL。

试模准备及原材料称取如图 3—2—20 所示。

试模的准备　　原材料称取

图 3—2—20　试验准备

小提示

当做两个龄期的试件时应准备两份原材料。

（3）水泥胶砂的搅拌（手动方式）

将开关置于手动位置，加砂开关置于关闭位置，速度开关置停止位置。

将标准砂装入加砂斗中。

将水加入锅中，再加入水泥，把锅放在固定架上并上升至固定位置。

立即开动机器，低速搅拌 30 s 后，在第二个 30 s 开始的同时打开加砂开关均匀将砂子加入。如图 3—2—21 所示。

小提示

当砂是分级装时，应从最粗粒级开始，依次加入，再高速搅拌 30 s。

停拌 90 s。在停拌中的第一个 15 s 内用胶皮刮具将叶片和锅壁上的胶砂刮入锅中。在高速下继续搅拌 60 s。各个阶段时间误差应在 ±1 s 内。

加砂于加砂斗中

将加过水与水泥的搅拌锅安置在搅拌机上

提升至搅拌位置进行搅拌

加砂进行搅拌

图 3—2—21　水泥胶砂的搅拌

（4）胶砂的成型

从搅拌机上取下搅拌锅，用小刀将锅壁上的砂浆刮下并搅拌均匀。

用适当的勺子直接从搅拌锅中将胶砂分为两层装入试模。

装第一层时，每个槽里约放 300 g 砂浆，用大播料器垂直架在模套顶部，沿每个模槽来回一次将料层播平，接着振实 60 次。

再装入第二层胶砂，用小播料器播平，再振实 60 次。如图 3—2—22 所示。

大播料器播平

振实

小播料器播平

图 3—2—22　水泥胶砂的振实

（5）试模刮平

移走模套，从振实台上取下试模，并用刮尺以90°的角度架在试模顶的一端，沿试模长度方向以横向锯割动作慢慢向另一端移动，一次将超出试模的胶砂刮去，并用同一直尺在近似水平的情况下将试件表面抹平。

在试模上做标记或加字条标明试件的编号和试件相对于振实台的位置。两个龄期以上的试件，编号时应将同一试模中的三条试件分在两个以上的龄期内。

小提示

试件编号一般应包含三方面的信息：一是成型日期，二是试件龄期，三是试件对应于击实台的位置，两个龄期的试件应交叉编号，如图3—2—23所示。

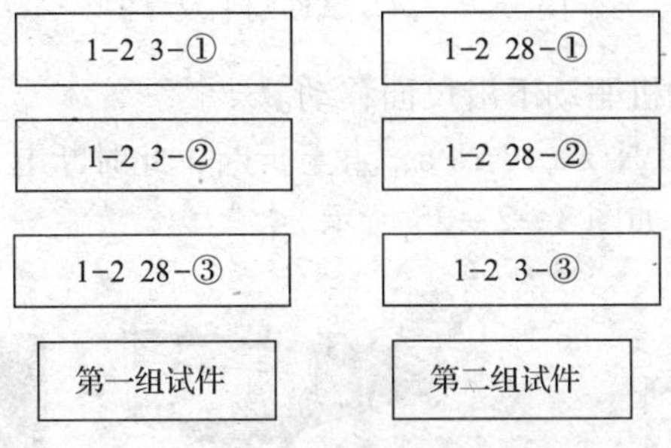

图3—2—23 水泥胶砂的振实

编号中"1—2"表示日期，"3"和"28"表示龄期，"①②③"表示试件在击实台上的位置。

（6）胶砂试件的养护

编号后，将试模放入养护箱养护，养护箱内箅板必须水平。水平放置时刮平面应朝上。对于24 h龄期的，应在破型试验前20 min内脱模。对于24 h以上龄期的，应在成型后20～24 h内脱模。脱模时要非常小心，防止试件损伤。硬化较慢的水泥允许延期脱模，但须记录脱模时间。

试模脱模后即放入水槽中养护，试件之间间隙和试件上表面的水深不得小于5 mm。每个养护池中只能养护同类水泥试件，并应随时加水，保持恒定水位，不允许养护期间全部换水。

除24 h龄期或延迟48 h脱模的试件外，任何到龄期的试件应在试验前15 min从水中取出。抹去试件表面沉淀物，并用湿布覆盖。如图3—2—24所示。

（7）抗折强度测定

以中心加荷法测定抗折强度。

采用杠杆式抗折试验机试验时，试件放入前，应使杠杆成水平状态，将试件成型侧面朝上放入抗折试验机内。

试件放入后调整夹具，使杠杆在试件折断时尽可能地接近水平位置（起始时有一定仰角）。

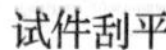
试件刮平

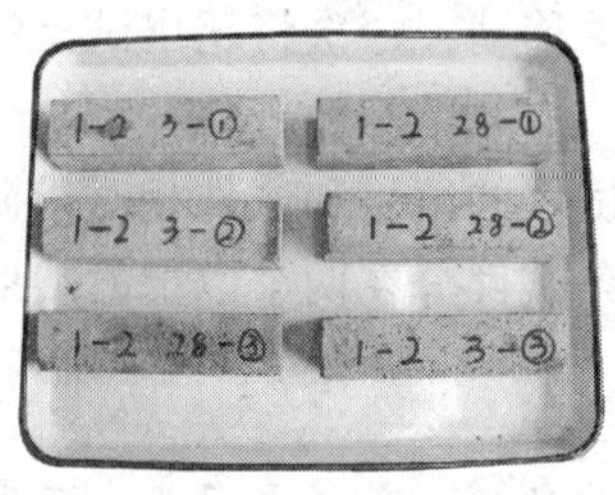

脱模后的试件

水槽中养护

图 3—2—24　试件刮平及养护

启动开启按钮，铊在电机驱动下沿尺面移动。

抗折试验加荷速度为 50 N/s ± 10 N/s，直至折断，此时断电开关工作，铊停止移动。从尺面上读取抗折试验结果。如图 3—2—25 所示。

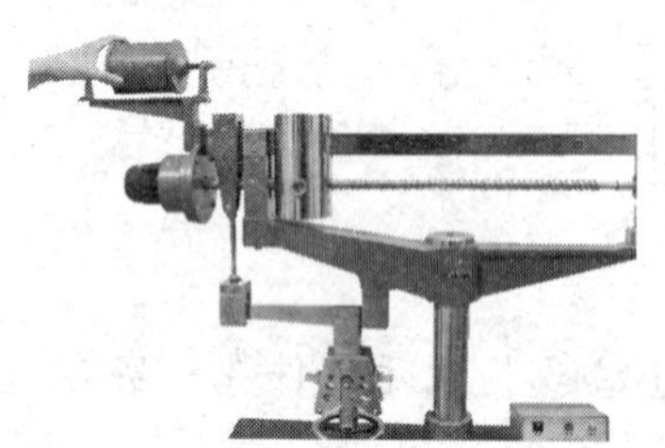
抗折试验机调平

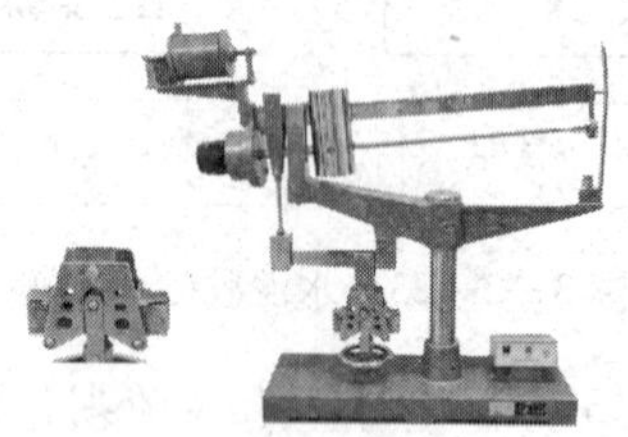
抗折试验前

抗折强度数值的读取

图 3—2—25　抗折强度测定

重复上述操作完成其他两条试件测定工作。

小提示

抗折试验折断的半截试块应保持潮湿状态直至抗压试验。

（8）抗压强度测定

抗折试验后的断块应立即进行抗压试验。

抗压试验须用抗压夹具进行，试件受压面为试件成型时的两个侧面，面积为 40 mm × 40 mm。试验前应清除试件受压面与加压板间的砂粒或杂物。

试件的底面靠紧夹具定位销，断块试件应对准抗压夹具中心，并使夹具对准压力机压板中心，半截棱柱体中心与压力机压板中心差应在 ± 0. 5 mm 内，棱柱体露在压板外的部分约为 10 mm。

压力机加荷速度应控制在 2 400 N/s ± 200 N/s 速率范围内，在接近破坏时更应严格掌握。

读取抗压数据。如图 3—2—26 所示。

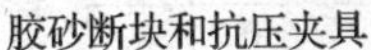

胶砂断块和抗压夹具

胶砂断块的放置

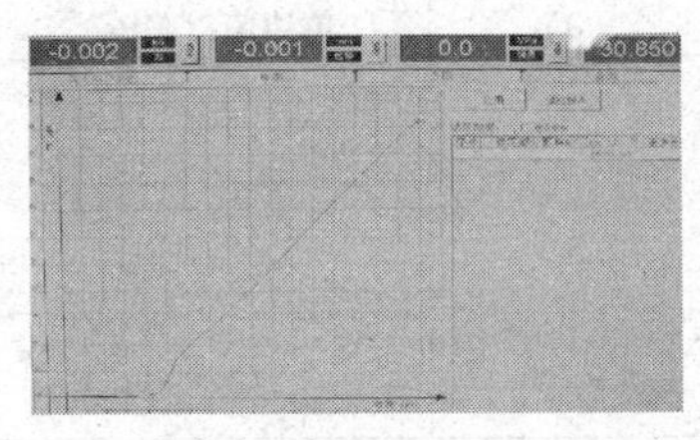

抗压数据的采集

图 3—2—26　抗折强度测定

重复上述操作完成其他五个试块测定工作。

3. 试验数据的记录与处理

（1）抗折强度

1）抗折强度的计算。

$$R_f = \frac{1.5F_f \cdot L}{b^3} \qquad (3—2—2)$$

式中　R_f——抗折强度，MPa；

F_f——破坏荷载，N；

L——支撑圆柱中心距，mm；

b——试件断面正方形的边长，为 40 mm。

抗折强度计算值精确到 0.1 MPa。

2）抗折强度结果处理。抗折强度结果取三个试件平均值，精确至 0.1 MPa。当三个强度值中有超过平均值 ±10% 的，应剔除后再平均，以平均值作为抗折强度试验结果。

（2）抗压强度

1）抗压强度的计算

$$R_c = \frac{F_c}{A} \qquad (3—2—3)$$

式中　R_c——抗压强度，MPa；

F_c——破坏荷载，N；

A——受压面积，40 mm × 40 mm = 1 600 mm^2。

抗压强度计算值精确到 0.1 MPa。

2）抗压强度结果处理。抗压强度结果为一组 6 个断块试件抗压强度的算术平均值，精确至 0.1 MPa。如果 6 个强度值中有一个超过平均值 ±10% 的，应剔除后以剩下的 5 个值的算术平均值作为最后结果。如果 5 个值中再有超过平均值 ±10% 的，则此组试件无效。见表 3—2—7。

表 3—2—7　　水泥胶砂强度试验记录表

试件龄期（d）	抗折强度 单块值（MPa）	抗折强度 平均值（MPa）	抗压强度 破坏荷载（kN）	抗压强度 单块值（MPa）	平均值（MPa）
3	5.3	5.7	53.9	33.7	33.3
			56.6	35.4	
	5.9		54.4	34.0	
			55.2	34.5	
	5.9		50.1	31.3	
			49.6	31.0	
28	8.6	9.1	103.4	64.6	63.3
			103.4	64.6	
	9.8		105.7	66.0	
			104.2	65.1	
	9.0		95.2	59.5	
			95.5	59.9	

三、根据相应的标准完成水泥样品的质量评定

对该送检的硅酸盐水泥样品进行了凝结时间、体积安定性以及胶砂强度的检测，得出的数据及水泥质量检验报告（见表 3—2—8），对应国标对水泥物理指标的检查方法及技术标准，可以得知该水泥样品的各项检测指标均符合要求，水泥质量等级评定为合格。

表 3—2—8　　水泥质量检验报告

<table>
<tr><td>工程名称</td><td colspan="4">—</td><td>使用部位</td><td colspan="5">—</td></tr>
<tr><td>试样编号</td><td colspan="2">种类名称</td><td colspan="2">标号</td><td>牌号</td><td colspan="2">生产厂家</td><td colspan="3">质量证明书号</td></tr>
<tr><td>—</td><td colspan="2">硅酸盐水泥</td><td colspan="2">62.5</td><td>P·I</td><td colspan="2">—</td><td colspan="3">—</td></tr>
<tr><td>出厂日期</td><td>进场日期</td><td>代表数量</td><td colspan="2">检验日期</td><td>检验依据</td><td colspan="5">检验条件</td></tr>
<tr><td>—</td><td>—</td><td>500 t</td><td colspan="2">—</td><td>—</td><td colspan="5">—</td></tr>
<tr><td colspan="2">检验项目</td><td colspan="2">标准要求</td><td colspan="7">检验结果</td></tr>
<tr><td rowspan="2">凝结时间</td><td>初凝</td><td colspan="2">不小于 45 min</td><td colspan="7">220 min</td></tr>
<tr><td>终凝</td><td colspan="2">不大于 390 min</td><td colspan="7">315 min</td></tr>
<tr><td colspan="2">安定性</td><td colspan="2"></td><td colspan="7">合格</td></tr>
<tr><td rowspan="8">胶砂强度（MPa）</td><td rowspan="2">龄期</td><td rowspan="2">3 d</td><td rowspan="2">28 d</td><td colspan="3">3 d</td><td colspan="4">28 d</td></tr>
<tr><td colspan="2">单块</td><td>平均</td><td colspan="3">单块</td><td>平均</td></tr>
<tr><td rowspan="3">抗折</td><td rowspan="3">5.0</td><td rowspan="3">8.0</td><td colspan="2">5.3</td><td rowspan="3">5.7</td><td colspan="3">8.6</td><td rowspan="3">9.1</td></tr>
<tr><td colspan="2">5.9</td><td colspan="3">9.8</td></tr>
<tr><td colspan="2">5.9</td><td colspan="3">9.0</td></tr>
<tr><td rowspan="3">抗压</td><td rowspan="3">28.0</td><td rowspan="3">62.5</td><td>33.7</td><td>34.5</td><td rowspan="3">33.3</td><td colspan="2">64.6</td><td>65.1</td><td rowspan="3">63.3</td></tr>
<tr><td>35.4</td><td>31.3</td><td colspan="2">64.6</td><td>59.5</td></tr>
<tr><td>34.0</td><td>31.0</td><td colspan="2">66.0</td><td>59.9</td></tr>
<tr><td>结论</td><td colspan="10">产品质量符合要求</td></tr>
<tr><td>备注</td><td colspan="10">样品及检测项目由委托方提供</td></tr>
<tr><td colspan="11">检验单位（盖章）：××检测中心　检验：××　审核：××　负责：××</td></tr>
</table>

知识拓展

水泥比表面积测定方法（勃氏法）

勃氏法主要根据一定量的空气通过具有一定空隙率和固定厚度的水泥层时，所受阻力不同而引起流速的变化来测定水泥的比表面积。在一定空隙率的水泥层中，孔隙的大小和数量是颗粒尺寸的函数，同时也决定了通过料层的气流速度。

适用于硅酸盐水泥、普通硅酸盐水泥、矿渣硅酸盐水泥、粉煤灰硅酸盐水泥、火山灰硅酸盐水泥、复合硅酸盐水泥、道路硅酸盐水泥以及制定采用本任务方法的其他粉状物料，不适用于测定多孔材料及超细粉状物料。

1．试验准备

（1）仪器准备

1）Blaine 透气仪：由透气圆筒、压力计、抽气装置等三部分组成。如图 3—2—27 所示。

2）透气圆筒：内径为$12.70^{+0.05}_{0}$ mm，由不锈钢制成。圆筒内表面的粗糙度 $R_a=1.60$ μm，圆筒的上口边应与圆筒主轴垂直，圆筒下部锥度应与压力计上玻璃磨口锥度一致，二者应严密连接。在圆筒内壁，距离圆筒上口边 55 mm ± 10 mm 处有一突出的宽度为 0.5 ~ 1 mm 的边缘，以放置金属穿孔板。

3）穿孔板：由不锈钢或其他不易腐蚀的金属制成，厚度为$1.0^{0}_{-0.1}$ mm。在其面上，等距离打有 35 个直径 1 mm 的小孔，空孔板应与圆筒内壁密合。穿孔板二平面应平行。

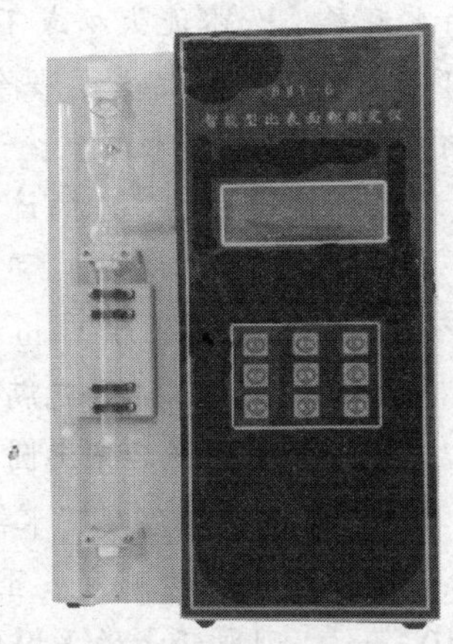

图 3—2—27　透气仪

4）捣器：用不锈钢制成，插入圆筒时，其间隙不大于 0.1 mm。捣器的底面应与主轴垂直，侧面有一个扁平槽，宽度 3.0 mm ±0.3 mm。捣器的顶部有一个支持环，当捣器放入圆筒时，支持环与圆筒上口边接触，这时捣器底面与穿孔圆板之间的距离为 15.0 mm ± 0.5 mm。

5）压力计：U 形压力计，由外径为 9 mm，具有标准厚度的玻璃管制成。压力计一个臂的顶端有一锥形磨口与透气圆筒紧密连接，在连接透气圆筒的压力计臂上刻有环形线。从压力计底部往上 280 ~ 300 mm 处有一个出口管，管上装有一个阀门，连接抽气装置。

6）抽气装置：可用小型电磁泵，也可用抽气球。

7）滤纸：采用中速定量滤纸。

8）天平：分度值为 1 mg。

9）秒表：分度值为0.5 s。

10）其他：烘干箱、干燥箱和毛刷等。

准备工作：漏气检查。将透气圆筒上口用橡皮塞塞紧，接到压力计上。用抽气装置从压力计一臂中抽出部分气体，然后关闭阀门，观察是否漏气。如发现漏气，用活塞油脂加以密封。

（2）材料准备

1）压力计液体：压力计液体采用带有颜色的蒸馏水。

2）基本材料：基本材料采用中国水泥质量监督检验中心制备的标准试样。

3）试料层体积的测定

①水银排代法：将两片滤纸沿圆筒壁放入透气圆筒内，用一直径比透气圆筒略小的细长棒往下按，直到滤纸平整放在金属的空孔板上。然后装满水银，用一小块薄玻璃板轻压水银表面，使水银面与圆筒口平齐，并须保证在玻璃板和水银表面之间没有气泡或空洞存在。从圆筒中倒出水银，称量，精确至0.05 g。重复几次测定，到数值基本不变为止。然后从圆筒中取出一片滤纸，试用约3.3 g的水泥，按照要求压实水泥层（应制备坚实的水泥层。如水泥太松或不能压到要求体积时，应调整水泥的试用量）。再在圆筒上部空间注入水银，同上述方法除去气泡，压平，倒出水银称量，重复几次，直到水银称量值相差小于0.05 g为止。

②圆筒内试料层体积的计算，精确到5×10^{-9} m^3：

$$V=10^{-6}\times(P_1-P_2)/\rho_{水银} \tag{3—2—4}$$

式中 V——试料层体积，cm^3；

P_1——未装水泥时充满圆筒的水银质量，g；

P_2——装水泥后充满圆筒的水银质量，g；

$\rho_{水银}$——试验温度下水银的密度，g/cm^3。

③试料层体积的测定。至少应进行2次，每次应单独压实。若2次数值相差不超过5×10^{-9} m^3，则取两者的平均值，精确到10^{-10} m^3，并记录测定过程中圆筒附近的温度。每隔一季度至半年应重新校正试料层体积。

2. 试验步骤

（1）试样准备

1）将110℃±5℃下烘干并在干燥器中冷却到室温的标准试样，倒入100 mL的密闭瓶内，用力摇动2 min，将结块成团的试样振碎，使试样松散。静置2 min后，打开瓶盖，轻轻搅拌，使在松散过程中落到表面的细粉，分布到整个试样中。

2）水泥试样，应先通过0.9 mm方孔筛，再在110℃±5℃下烘干，并在干燥器中冷却至室温。

（2）确定试样量

校正试验用的标准试样量和被测定水泥的质量，应达到在制备的试料层中空隙率为0.500±0.005（50.0%±0.5%），计算如下：

$$W=\rho V(1-\varepsilon) \tag{3—2—5}$$

式中 W——需要的试样量，g；

ρ——试样密度，g/cm^3；

V——测定的试料层体积，cm^3；

ε——试料层空隙率。

空隙率 ε 是指试料层中孔的体积与试料层总的体积之比，一般水泥采用 0.500 ±0.005（50.0% ±0.5%）。如有些粉料按公式 3—2—5 算出的试样量在圆筒的有效体积中容纳不下或经捣实后未能充满圆筒的有效体积，则允许适当地改变空隙率。

（3）试料层制备

将穿孔板放入透气圆筒的突缘上，用一根直径比圆筒略小的细棒把一片滤纸送到穿孔板上，边缘压紧。称取前面确定的水泥量，精确到 0.001 g，倒入圆筒。轻敲圆筒的边，使水泥层表面平坦。再放入一片滤纸，用捣器均匀捣实试料直至捣器的支持环紧紧接触圆筒顶边并旋转两周，慢慢取出捣器。

小提示

穿孔板上的滤纸，应是与圆筒内径相同、边缘光滑的圆片。穿孔板上滤纸片若比圆筒内径小，则会有部分试样粘于圆筒内壁高出圆板上部；当滤纸直径大于圆筒内径时，会引起滤纸片皱起使结果不准。故每次测定需用新的滤纸片。

（4）透气试验

1）把装有试料层的透气圆筒连接到压力计上，要保证紧密连接不致漏气，并不振动所制备的试料层。

小提示

为避免漏气，可先在圆筒下锥面涂一薄层活塞油脂，然后把它插入压力计顶端锥形磨口处，旋转两周。

2）打开微型电磁泵慢慢从压力计一臂中抽出空气，直到压力计内液面上升到扩大部下端时关闭阀门。当压力计内液体的弯月面下降到第一个刻线时开始计时，液体的弯月面下降到第二条刻线时停止计时，记录液面从第一条刻度线下降到第二刻度线所需的时间，以秒（s）记录，并记下试验时的温度（℃）。

（5）本试验为平行试验。

3．数据记录与处理

（1）比表面积值的单位为 m^2/kg，精确至 1 m^2/kg。

（2）比表面积的计算

1）当被测物料的密度、试料层中空隙率与标准试样相同，试验时温差不大于 ±3℃时，可按公式 3—2—6 计算：

$$S_C = \frac{S_S \sqrt{T}}{\sqrt{T_S}} \tag{3—2—6}$$

如试验时温差大于 ±3℃时，则按公式 3—2—7 计算：

$$S_C = \frac{S_S \sqrt{T}\sqrt{\eta_S}}{\sqrt{T_S}\sqrt{\eta}} \tag{3—2—7}$$

式中 S_C——被测试样的比表面积，cm^2/g；

S_S——标准试样的比表面积，cm^2/g；

T——被测试样试验时压力计中液面降落测得的时间，s；

η——被测试样试验温度下的空气黏度，Pa·s；

η_S——标准试样试验温度下的空气黏度，Pa·s。

2）当被测试样的试料层中空隙率与标准试样试料层中空隙率不同，试验时温差不大于±3℃时，可按公式3 2 8计算：

$$S_C = \frac{S_S \sqrt{T}\ (1-\varepsilon)\ \sqrt{\varepsilon^3}}{\sqrt{T_S}\ (1-\varepsilon)\ \sqrt{\varepsilon_s^3}} \tag{3—2—8}$$

如试验时温差大于±3℃时，则按公式3—2—9计算：

$$S_C = \frac{S_S \sqrt{T}\ (1-\varepsilon)\ \sqrt{\varepsilon^3}\sqrt{\eta_S}}{\sqrt{T_S}\ (1-\varepsilon)\ \sqrt{\varepsilon_s^3}\sqrt{\eta}} \tag{3—2—9}$$

式中 ε——被测试样试料层中的空隙率；

ε_S——标准试样试料层中的空隙率。

3）当被测试样的密度和空隙率均与标准试样不同，试验时温差不大于±3℃时，可按公式3—2—10计算：

$$S_C = \frac{S_S \sqrt{T}\ (1-\varepsilon)\ \sqrt{\varepsilon^3}\rho_S}{\sqrt{T_S}\ (1-\varepsilon)\ \sqrt{\varepsilon_s^3}\rho} \tag{3—2—10}$$

如试验时温度相差大于±3℃时，则按公式3—2—11计算：

$$S_C = \frac{S_S \sqrt{T}\ (1-\varepsilon)\ \sqrt{\varepsilon^3}\rho_S\ \sqrt{\eta_S}}{\sqrt{T_S}\ (1-\varepsilon)\ \sqrt{\varepsilon_s^3}\rho\ \sqrt{\eta}} \tag{3—2—11}$$

式中 ρ——被测试样的密度，g/cm^3；

ρ_S——标准试样的密度，g/cm^3。

（3）水泥比表面积应由两次透气试验结果的平均值确定，精确至1 m^2/kg。如两次试验结果相差2%以上时，应重新试验。

思考与练习

1. 常用水泥的技术性能指标有哪些？
2. 如何确定用于测定体积安定性的水泥的标准稠度？
3. 简述评定水泥强度的一般步骤。

任务三　评价水泥混凝土的性能

学习目标

- 掌握水泥混凝土拌合物的工作性。
- 能够利用混凝土的抗压强度来评定混凝土性能。

想一想

一直以来，水泥混凝土因其承载能力大、稳定性好、使用寿命长和日常养护费用低等优点，成为道路和桥梁常用的建筑材料。但如果出现唧泥（见图 3—3—1a）、错台（见图 3—3—1b）等损坏现象，会影响到水泥混凝土结构的使用质量和寿命。因此，保证安全、舒适的行车环境，水泥混凝土本身的质量好坏是重要的因素之一。

唧泥

错台

图 3—3—1　水泥混凝土质量问题引起的路面损害

那么，如何判定水泥混凝土质量的好坏、合格与否？判定的依据和标准是什么？采用的判定方法、判定的试验步骤是什么？

工作任务

按照任务一工程应用：水泥混凝土配合比设计示例中提供的基准配合比，配制水泥混凝土，要检验其工作性和强度，为实验室配合比提供依据。

水泥、水、碎石、砂等各种组成材料通过一定的比例拌和在一起后，最初可看做仅仅是具有一定流动性而没有黏结性的混合料，也就是没有产生凝结和硬化的混凝土，这时的混凝土称为水泥混凝土拌和物或新拌水泥混凝土。就像我们加适量水调出的面团，放置在桌面上一段时间，你会发现它慢慢地往下沉，逐渐趴在桌面上，新拌水泥混凝土也有这样的性能，我们称之为流动性。除此之外，我们还可以把面团捏成各种形状，新拌水泥混凝土也一样，可以浇筑成各种形状的结构物，新拌水泥混凝土的这种性能，我们称之为可塑性。譬如以上两种水泥混凝土拌和物接受加工的性能称为工作性或施工和易性。水泥混凝土一经搅拌就发生了物理化学反应，一定时间后就开始变稠变硬，最终硬化成为具有一定强度，能承受一定外力或荷载的结构物。强度是水泥混凝土硬化后的主要力学性质。

水泥混凝土的工作性和强度都包括哪几个方面的内容且如何检验？检验的方法和步骤是什么？结果如何评定？除了工作性和强度，水泥混凝土还有没有其他的性能呢？这都是我们要学习的内容。

相关理论

一、水泥混凝土拌和物的工作性（和易性）

1. 工作性（和易性）的含义

水泥混凝土拌和物的工作性表征混凝土拌和物成为均匀、密实、质量优良的混凝土的施工难易程度或耗能的多少，通常认为它包含流动性、可塑性、稳定性和易密性这四个方面的含义。拌和物的流动性是指其在自重或振动力作用下克服内部阻力产生流动变形的性能；可塑性是指混凝土拌和物制作成某种形状不产生脆断的性能；稳定性是指混凝土拌和物在运输和浇筑过程中不产生分层、离析、泌水，保持自身均匀的性能；易密性是指混凝土拌和物易于浇捣密实的性能。水泥混凝土拌和物的工作性用稠度表示。

优质的新拌水泥混凝土应具有：满足输送和浇捣要求的流动性，在外力作用下不产生脆断的可塑性，不产生分层、泌水的稳定性和易于浇捣密致的密实性。

2. 工作性（稠度）的测定方法

目前国际上还没有一种能够全面表征新拌水泥混凝土工作性的测定方法，现行的《公路工程水泥及水泥混凝土试验规程》（JTG E30—2005）规定，水泥混凝土拌和物的稠度试验方法有坍落度仪法和维勃仪法等。

（1）坍落度仪法

坍落度仪法是测试水泥混凝土拌和物稠度最常用的方法，适用于集料公称最大粒径不大于31.5 mm、坍落度不小于10 mm 的水泥混凝土拌和物稠度的测定，用坍落度和坍落扩展度两项指标表征其稠度。坍落度是指一定形状的水泥混凝土拌和物在自重作用下的下沉量，以“mm”计；坍落扩展度是指水泥混凝土拌和物的坍落度大于220 mm 时，拌和物最终扩展后的直径，以“mm”计。坍落度试验示意图如图3—3—2所示。

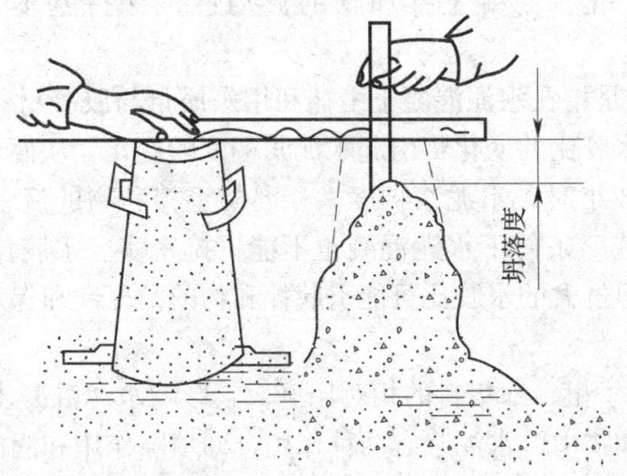

图 3—3—2 坍落度试验示意图

坍落度及坍落扩展度越大表示水泥混凝土拌和物流动性越大。进行坍落度及坍落扩展度测试的同时，通过定性评价水泥混凝土拌和物的黏聚性、保水性、含砂（浆）量、棍度等，综合评价拌和物的工作性能。

（2）维勃仪法

维勃仪法适用于集料公称最大粒径不大于 31.5 mm、维勃稠时间在 5 ~ 30 s 之间的干稠性水泥混凝土拌和物的稠度测定，以维勃时间（s）表示。维勃时间越长表示水泥混凝土拌和物流动性越小。

3. 影响工作性的主要因素

影响水泥混凝土拌和物工作性的内因主要有原材料及其相对用量，外因主要有时间、环境温度和湿度等。

（1）组成原材料质量及其相对用量的影响

1）水泥特性。水泥的品种、矿物组成、细度、活性混合材料品种及掺量等都会影响水泥需水量，在相同用水量条件下，水泥浆具有不同的稠度，从而影响水泥混凝土拌和物的工作性能。

2）集料特性。集料特性包括最大粒径、级配、表面特征、颗粒形状、吸水性等，都将不同程度地影响水泥混凝土拌和物的工作性能。如卵石和碎石相比，在其他条件相同时用卵石拌制的混凝土工作性较好；最大粒径增加，集料的总比表面积减小，拌和物流动性提高；采用河砂比采用山砂、机制砂等获得的混凝土工作性好；砂的粗细也对混凝土拌和物的工作性有一定的影响。

3）外加剂。外加剂对水泥混凝土拌和物的影响较大，在混凝土拌和物中加入少量的外加剂（如减水剂、引气剂等），可在不增加用水量和胶凝材料用量的情况下，有效地改善混凝土拌和物的工作性。

4）单方混凝土用水量。在水胶比一定的条件下，单方混凝土用水量的变化意味着水泥浆用量的变化。试验表明，当集料用量一定时，如果用水量不变，即使胶凝材料用量在一定的范围内变化，混凝土拌和物的流动性也保持基本不变，这一规律称为“需水性定则”。

5）水胶比。水胶比是指在水泥混凝土中拌和用水质量与胶凝材料质量的比值。在水泥浆用量一定的条件下，水胶比的变化将引起水泥浆稠度的变化，从而对混凝土拌和物的流动性能产生影响。水胶比较小时，水泥浆稠度大，混凝土拌和物的流动性小；当水胶比太小时，有可能导致在一定施工条件下水泥混凝土不能振捣密实。水胶比较大时，水泥浆稠度小，拌和物流动性大；但过大的水胶比可能引起拌和物的黏聚性和保水性不良，严重时可能导致离析、泌水。

6）砂率。砂率反映了粗、细集料的相对比例，它影响水泥混凝土中集料的空隙率和总比表面积。在混凝土拌和物中，水泥浆有两种作用，即填隙作用和润滑作用。当水泥浆用量一定时，随着砂率的增加，集料的空隙率减小，填隙所需水泥浆减少，润滑水泥浆量相对增加，拌和物的流动度逐渐增大；当砂率超过某个值后，由于砂的用量增加，集料的比表面积增加，拌和物的流动度随砂率的增加而降低。当拌和物流动度一定时，随着砂率的增加，水泥浆用量逐渐减少，砂率超过某个值后，水泥浆的用量随砂率的增加而增加。对一定的集料而言，存在一个最佳砂率（或称为合理砂率），当水泥浆用量一定时拌和物的工作性最好，当工作性一定时水泥浆用量最少。

（2）环境条件与搅拌时间的影响

对混凝土拌和物工作性有影响的环境因素主要有湿度、温度、风速。在组成材料性质和配合比例一定的条件下，混凝土拌和物的工作性主要受胶凝材料的水化率和水分的蒸发率所支配。搅拌时间不足，混凝土拌和物的工作性差，质量也不均匀。

二、硬化后水泥混凝土的强度

水泥混凝土的强度主要有立方体抗压强度、抗弯拉强度等。路面用水泥混凝土的强度指标为抗弯拉强度，桥梁用混凝土的强度为立方体抗压强度。

1. 水泥混凝土的抗压强度标准值和强度等级

（1）立方体抗压强度（f_{cu}）

按照标准的制作方法制成边长为 150 mm 的正立方体试件，在标准养护室中（温度 20℃ ±2℃，相对湿度为95%以上）或在温度为 20℃ ±2℃的不流动的 $Ca(OH)_2$饱和溶液中养护 28 d，按标准方法测定出的抗压强度值，称为水泥混凝土立方体抗压强度 f_{cu}，可按公式 3—3—1 计算。

$$f_{cu}=\frac{F}{A} \quad (3—3—1)$$

式中 f_{cu}——立方体抗压强度，MPa；

F——试件破坏时的荷载，N；

A——试件承压面积，mm^2。

水泥混凝土立方体抗压强度示意图如图 3—3—3 所示。

（2）立方体抗压强度标准值（$f_{cu.K}$）

按照标准方法制作和养护的边长为 150 mm 的立方体试件，在 28 d 龄期，用标准试验方法测定的抗压强度总体分布中的一个值（单位以 N/mm² 即 MPa 计），强度低于该值的百分率不超过 5%（即具有 95% 保证率的抗压强度），将该值作为立方体抗压强度标准值，以 $f_{cu.K}$ 表示。

立方体抗压强度标准值是划分水泥混凝土强度等级的依据。

（3）水泥混凝土强度等级

强度等级用符号“C”和“立方体抗压强度标准值”两项内容来表示，如 C20 即表示水泥混凝土立方体抗压强度标准值为 20 MPa。《混凝土结构设计规范》（GB 50010—2010）规定，普通混凝土按立方体抗压强度标准值划分为 C15、C20、C25、C30、C35、C40、C45、C50、C55、C60、C65、C70、C75、C80 等 14 个等级。

2. 水泥混凝土的抗弯拉强度

道路路面或机场跑道用水泥混凝土，以抗弯拉强度为主要强度指标，抗压强度作为参考指标。《公路工程水泥及水泥混凝土试验规程》规定，道路路面用水泥混凝土的抗弯拉强度是以标准方法制备成 150 mm × 150 mm × 550 mm 的梁形试件，在标准条件下，经养护 28 天后，按三分点加荷方式测定其抗弯拉强度，如图 3—3—4 所示。

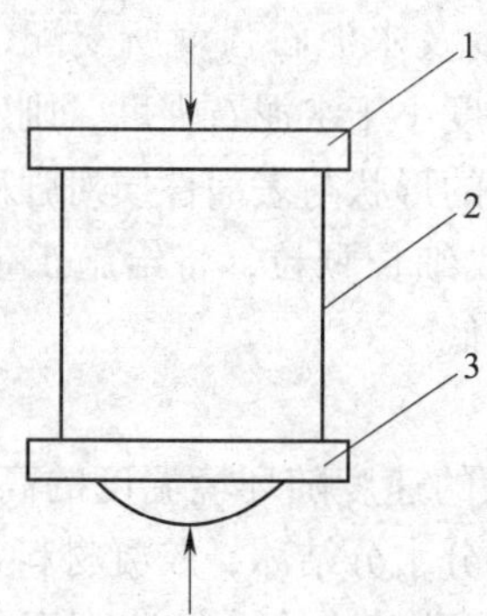

图 3—3—3　水泥立方体抗压强度示意图

1—上压块　2—立方体试件　3—带球座下压块

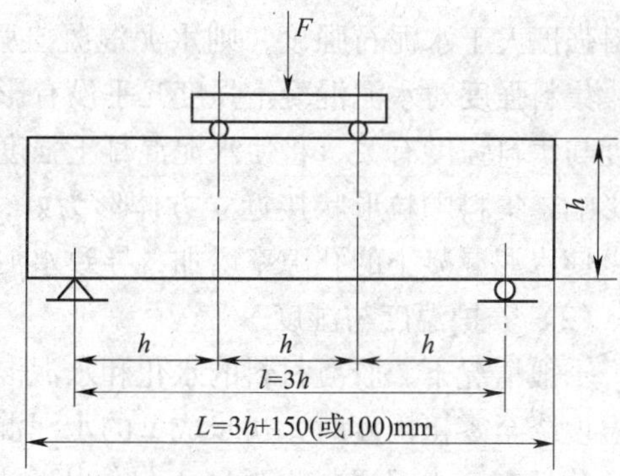

图 3—3—4　混凝土抗弯拉强度试验示意图

抗弯拉强度可按公式 3—3—2 计算：

$$f_f = \frac{F \cdot l}{bh^2} \tag{3—3—2}$$

式中　f_f——混凝土的抗弯拉强度，MPa；

F——试件破坏时的荷载，N；

l——支座间距离，mm；

b——试件宽度，mm；

h——试件高度，mm。

根据《公路水泥混凝土路面设计规范》（JTG D40—2011）规定，不同交通分级的水泥混凝土抗弯拉强度标准值见表 3—3—1。

表 3—3—1　　水泥混凝土抗弯拉强度标准值　　(MPa)

交通等级	极重、特重、重	中等	轻
水泥混凝土抗弯拉强度标准值	≥5.0	4.5	4.0

3. 影响硬化后水泥混凝土强度的因素

影响水泥混凝土强度因素有内因和外因两种，内因主要有原材料及其相对用量，外因主要有温度、湿度和时间等。

(1) 材料组成对水泥混凝土强度的影响

1) 胶凝材料的强度与水胶比。水泥混凝土的强度主要取决于水泥石的质量，而水泥石的质量则取决于胶凝材料的强度和水胶比。胶凝材料的强度与掺合料用量成反比，与水泥的强度等级成正比。

在水泥混凝土组成材料的配合比相同的条件下，水泥强度等级越高，则配制的混凝土强度越高。在水泥强度等级相同的情况下，水胶比越小，水泥石的强度越高，与集料黏结力越大，混凝土的强度越高。但是，如果水胶比太小，拌和物过于干稠，在一定的捣实成型条件下，水泥混凝土拌和物将出现较多的孔洞，导致混凝土的强度下降。

2) 集料特性与水泥浆用量。集料的强度不同，使水泥混凝土的破坏机理有所差别，如集料强度大于水泥石强度，则水泥混凝土强度由界面强度及水泥石强度所支配，在此情况下，集料强度对水泥混凝土强度几乎没有影响；如集料强度小于水泥石强度，则水泥混凝土强度与集料强度有关，将使水泥混凝土强度下降。粗集料的形状与表面性质对强度有着直接的影响。集料颗粒形状接近立方体形为好，若使用扁平或细长颗粒，将给施工带来不利影响，使水泥混凝土的孔隙率增加，导致水泥混凝土强度降低。

(2) 养护温度与湿度

一般情况下，胶凝材料的水化和水泥混凝土强度发展的速度随环境温度的高低而增减。当温度降至零摄氏度时，初步成型的水泥混凝土中的大部分水分结冰，胶凝材料几乎不再发生水化反应，水泥混凝土强度不仅停止增长，严重时由于孔隙内水分结冰而引起膨胀。因此，冬季负温的条件下浇筑水泥混凝土，如不采取保温等技术措施，将导致初步成型的水泥混凝土结构因冻胀而破坏。

水泥混凝土浇筑后，在湿润的状态下，其强度和龄期按水泥的特性成对数关系增长。如湿度适当，水泥水化得以顺利进行，水泥混凝土强度就能得到充分发展；如果湿度不够，水泥水化反应不能正常进行，会严重降低混凝土强度。水化作用未完成，还会使其结构疏松，增大渗水性。因此，水泥混凝土浇筑后必须有较长时间在潮湿环境中养护。

(3) 龄期

在正常条件下，水泥混凝土的强度随着龄期的增长而提高，在最初 3 ~7 天内发展较快，28 天达到设计强度规定的数值，以后强度发展逐渐缓慢，甚至可持续百年左右。在标准养护条件下，水泥混凝土强度与其龄期的对数大致成正比。

4. 提高水泥混凝土强度的技术措施

(1) 选用高强度水泥和特种水泥

为了提高水泥混凝土强度可采用高强度等级的水泥，对于抢修工程、桥梁拼装接头、严寒的冬季施工以及其他要求早强的结构物，则可采用特种水泥配制的混凝土。

（2）采用低水胶比和胶集比

采用低的水胶比，可以减少水泥混凝土中的游离水，从而减少水泥混凝土中的孔隙，提高水泥混凝土的密实度和强度。降低胶集比（水泥浆与集料的质量比），减薄水泥浆层的厚度，充分发挥集料的骨架作用，对提高水泥混凝土的强度也有一定帮助。

（3）掺加外加剂

在水泥混凝土中掺加外加剂，可以改善它的技术性质。掺加早强剂，可提高水泥混凝土的早期强度；掺加减水剂，在不改变流动性的条件下，可减小水胶比，从而提高水泥混凝土的强度。

（4）采用湿热处理方法

1）蒸汽养护。使浇筑好的水泥混凝土构件经 1 ~ 3 h 预养后，在 90% 以上的相对湿度、60℃以上温度的饱和蒸汽中进行养护，以加速水泥混凝土强度的发展。

2）蒸压养护。将浇筑成型的水泥混凝土构件静置 8 ~ 10 h 后，放入蒸釜内，通入高压（不小于 8 个大气压）、高温（不低于 175℃）的饱和蒸汽中进行养护。从而加速胶凝材料的水化和硬化，提高水泥混凝土的强度。蒸压养护的混凝土质量比蒸汽养护的好。

（5）采用机械搅拌和振捣

水泥混凝土拌和物在强力搅拌和振捣作用下，水泥浆的凝聚结构暂时受到破坏，从而降低了水泥浆的黏度及集料间的摩擦阻力，使拌和物能更好地充满模板并均匀密实，水泥混凝土强度得到提高。

三、水泥混凝土的变形

硬化后水泥混凝土的变形包括非荷载作用下的化学收缩变形、干湿变形和温度变形，以及荷载作用下的弹—塑性变形和徐变。

1. 非荷载作用下的变形

（1）化学收缩

水泥混凝土拌和物由于水泥水化产物的体积比反应前物质的总体积要小，因而产生收缩，称为化学收缩。这种收缩随龄期增长而增加，40 天以后渐趋稳定，化学收缩是不能恢复的，一般对结构没有什么影响。

（2）干湿变形

干湿变形主要表现为湿胀干缩。水泥混凝土在干燥空气中硬化时，随着水分的逐渐蒸发，体积也将逐渐发生收缩，如在水中或潮湿条件下养护时，水泥混凝土的干缩将随之减少或略产生膨胀。当干缩变形受到约束时，常会引起构件的翘曲或开裂，影响混凝土构件的耐久性。

水泥混凝土的干缩变形主要是由水泥石导致，应通过调节集料级配、增大粗集料的粒径，减少水泥浆用量，选择适当的水泥品种以及采用振动捣实、早期养护等措施来减小水泥混凝土的干缩。

（3）温度变形

水泥混凝土具有热胀冷缩的性质。温度变化引起的热胀冷缩对大体积及大面积水泥混凝土工程极为不利。水泥混凝土是不良导体，水泥水化初期放出大量热量难于散发，浇筑后大体积混凝土内部温度远较外部为高，有时可达50～70℃，这将使内部混凝土产生显著的体积膨胀，而外部混凝土却随气温降低而冷却收缩。内部膨胀和外部收缩互相制约，将产生各种应力，当外部混凝土所受拉应力超过混凝土当时的极限抗拉强度时，就会产生裂缝。因此，对大体积水泥混凝土工程，应设法降低水泥混凝土的发热量，如采用低热水泥，减少水泥用量，采用人工降温等措施。对于纵长的钢筋混凝土结构物，应每隔一段长度设置伸缩缝，在结构物内配置温度钢筋。

2. 荷载作用下的变形

（1）弹—塑性变形与弹性模量

水泥混凝土是一种弹—塑性体，在持续荷载作用下会产生可以恢复的弹性变形（ε_t）和不可恢复的塑性变形（ε_s）。

在路面工程中水泥混凝土要求有较高的抗折强度，而且要有较低的抗折弹性模量，以适应混凝土路面受荷载后具有的较大变形能力。

（2）徐变

水泥混凝土在持续荷载作用下，随时间增加的变形称为徐变，也称蠕变。徐变是由于硬化后的混凝土中存在的凝胶体，在作用荷载不变的情况下，凝胶体发生缓慢迁移，使混凝土变形增加，这种在恒定荷载作用下，随着时间而产生的变形是不可恢复的。徐变在混凝土的初期增长较快，以后逐渐变慢，到一定时期后，一般2～3年可以稳定下来。

水泥混凝土的徐变与许多因素有关。混凝土的水胶比大、龄期短，徐变量大；荷载作用时大气湿度小，徐变大；荷载应力大，徐变大；混凝土的胶凝材料用量多时，徐变量大。另外，混凝土弹性模量小，徐变大。

四、水泥混凝土的耐久性

道路与桥梁用水泥混凝土除了要满足工作性和强度要求外，还应具有优良的耐久性。水泥混凝土的耐久性主要从以下几个方面进行评价：

1. 水泥混凝土的抗冻性

水泥混凝土的抗冻性是指混凝土在饱和水状态下遭受冰冻时，抵抗冻融循环作用而不被破坏的能力。冻融破坏的原因是混凝土中的水结冰后发生体积膨胀，当冻胀应力超过混凝土的抗拉强度时，使混凝土产生微细裂缝，反复冻融使裂缝不断扩大，导致水泥混凝土强度降低直至破坏。

我国现行的《公路工程水泥及水泥混凝土试验规程》（JTG E30—2005）规定，公路路面与桥梁工程用混凝土的抗冻性采用“快冻法”试验检验。水泥混凝土的抗冻标号分为D25、D50、D100、D150、D200、D250和D300等。

影响水泥混凝土抗冻性的因素很多，主要是材料本身的性质以及混凝土的密实度、强度等。提高混凝土的耐久性应注意合理选择水泥品种，选用良好的砂石材料，改善集料的级配，采用减水剂或加气剂，改善混凝土的施工操作方法，提高混凝土的密实度。

2. 水泥混凝土的耐磨性

作为铺筑水泥混凝土路面用的水泥混凝土，必须具有抵抗车辆轮胎磨耗和磨光的性能。作为大型桥梁墩台用的水泥混凝土，也需要具有抵抗湍流空蚀的能力。耐磨性是公路路面和桥梁工程用混凝土的重要性能之一。

《公路工程水泥及水泥混凝土试验规程》规定，制作150 mm×150 mm×150 mm的立方体标准试件，养生至28天，在60℃±5℃温度下烘至恒重，按规定的磨损方式磨削试件，以试件磨损面上单位面积的磨损量（kg/m^2）作为评定水泥混凝土耐磨性的相对指标。

提高水泥混凝土抗磨损能力的措施为：提高混凝土的断裂韧性，减少脆裂的发生；减少原生缺陷；提高硬度，降低弹性模量。

3. 碱—集料反应

水泥混凝土中水泥与某些碱活性集料发生化学反应，可引起混凝土膨胀、开裂，甚至破坏，这种化学反应称为碱—集料反应，简称ARR。发生碱—集料反应必须具有三个条件：（1）水泥中含有较高的碱量；（2）水泥混凝土中存在活性集料并超过一定数量；（3）存在水分。

为防止碱—集料反应的危害，应采取的措施有：（1）使用含碱量小于0.6%的水泥或采用抑制碱—集料反应的掺合料；（2）当使用含钾、钠离子的混凝土外加剂时，必须专门试验，符合要求才能使用。

4. 水泥混凝土的碳化

水泥混凝土的碳化作用是指大气中的二氧化碳在有水的条件下与水泥水化产物氢氧化钙发生反应，生成碳酸钙和水。因氢氧化钙是碱性，而碳酸钙是中性，所以碳化又叫中性化。

碳化主要对水泥混凝土的碱度、强度和收缩产生影响。混凝土的碳化深度随着龄期的延长而增加，碳化的速度受许多因素影响，主要有水泥品种和用量、水胶比、环境条件、外加剂、集料种类等。提高水泥混凝土抗碳化的主要措施有：降低水胶比，使用减水剂，在混凝土表面刷涂料或水泥砂浆抹面等。

5. 水泥混凝土的抗侵蚀性

当水泥混凝土所处的环境水有侵蚀性时，必须对侵蚀问题予以重视。环境侵蚀主要指对水泥石的侵蚀，如淡水侵蚀、硫酸盐侵蚀、酸碱侵蚀等。提高水泥混凝土的抗侵蚀性的主要措施是选用合适的水泥品种和提高混凝土的密实度。密实性好及具有封闭孔隙的混凝土，环境水不易侵入混凝土内部，故其抗侵蚀性好。

任务实施

本任务主要对水泥混凝土质量进行评定。对已知配合比，坍落度要求为55~70 mm的某桥梁用C30水泥混凝土进行质量评定。一般来说，实验室内进行的混凝土的质量判定有工作性和强度检测，对混凝土变形和耐久性的检测要在使用之后进行。对于坍落度为55～70 mm的水泥混凝土的工作性的检测需要用坍落度试验，故对该桥梁用混凝土质量的评定仅限于水泥混凝土的工作性和立方体抗压强度两项指标。

一、坍落度仪法测水泥混凝土拌合物的工作性

实验室水泥混凝土的拌和分机械拌和与人工拌和两种方式，机械拌和采用搅拌机，人工拌和由人工借助铁板和铁铲完成。本任务采用人工拌和方式。

1．试验准备

（1）仪器设备

1）搅拌机：自由式或强制式。

2）坍落筒：铁板制成的截头圆锥筒，厚应不小于1.5 mm，上口直径100 mm，下口直径200 mm，高300 mm（见图3—3—5a）。内侧平滑，没有铆钉头之类的突出物，在筒上方约2/3高度处安装两个把手，近下端两侧焊两个踏脚板，保证坍落筒可以稳定操作。

3）捣棒：直径16 mm，长约600 mm，并具有半球形端头的钢质圆棒（见图3—3—5）。

4）磅秤：感量满足称量总量1%的磅秤。此处采用称量50 kg，感量1 g。

5）天平：感量满足称量总量0.5%的天平。此处采用称量10 kg，感量1 g。

6）其他：铁板、铁铲、小铲、木尺、小钢尺和镘刀等。

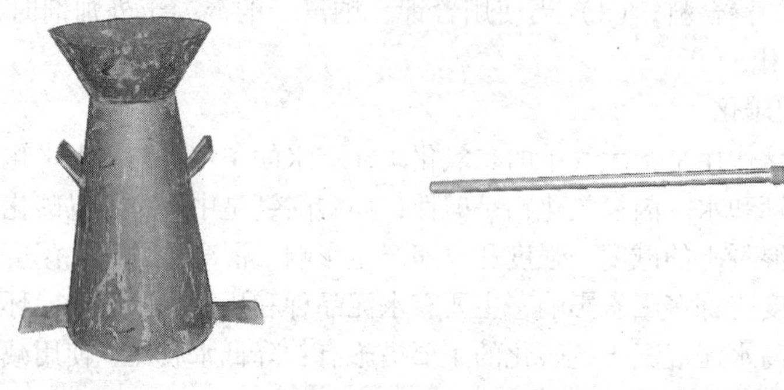

图3—3—5　坍落度试验用仪器设备

（2）试样及用水

1）所有材料均应符合有关要求。

2）拌合物的总量至少应比所需量高20%以上。拌制混凝土的材料用量应以质量计，称量的精确度：集料为±1%，水、水泥、掺合料和外加剂为±0.5%。

3）粗集料、细集料均以干燥状态为基准，计算用水量时应扣除粗集料、细集料的含水量。

（3）温度与相对湿度

拌和前及拌和时室内温度应控制在20℃±5℃范围内。

2. 试验步骤

(1) 水泥混凝土拌合物的拌和

小提示

拌制混凝土所用各种用具，如铁板、铁铲、抹刀，应预先用水润湿，使用完后必须清洗干净。

使用搅拌机前，应先用少量砂浆进行涮膛，再刮出涮膛砂浆，以避免正式拌和混凝土时水泥砂浆黏附筒壁的损失。涮膛砂浆的水胶比与砂灰比，应与正式的混凝土配合比相同。

1) 搅拌机搅拌。按规定称好原材料，往搅拌机内顺序加入粗集料、细集料、水泥。开动搅拌机，将材料拌和均匀，在拌和过程中徐徐加水，全部加料时间不宜超过 2 min。水全部加入后，继续拌和约 2 min，而后将拌合物倾倒在铁板上，再经人工翻拌 1 ~ 2 min，务必使拌合物均匀一致。

2) 采用人工拌和时，先用湿布将铁板、铁铲润湿，再将称好的砂和水泥在铁板上拌匀，加入粗集料，再混合搅拌均匀。而后将此拌合物堆成长堆，中心扒成长槽，将称好的水倒入约一半，将其与拌合物仔细拌匀，再将材料堆成长堆，扒成长槽，倒入剩余的水，继续进行拌和，来回翻拌至少 6 遍。如图 3—3—6 所示。

从试样制备完毕到开始做各项性能试验不宜超过 5 min（不包括成型试件）。

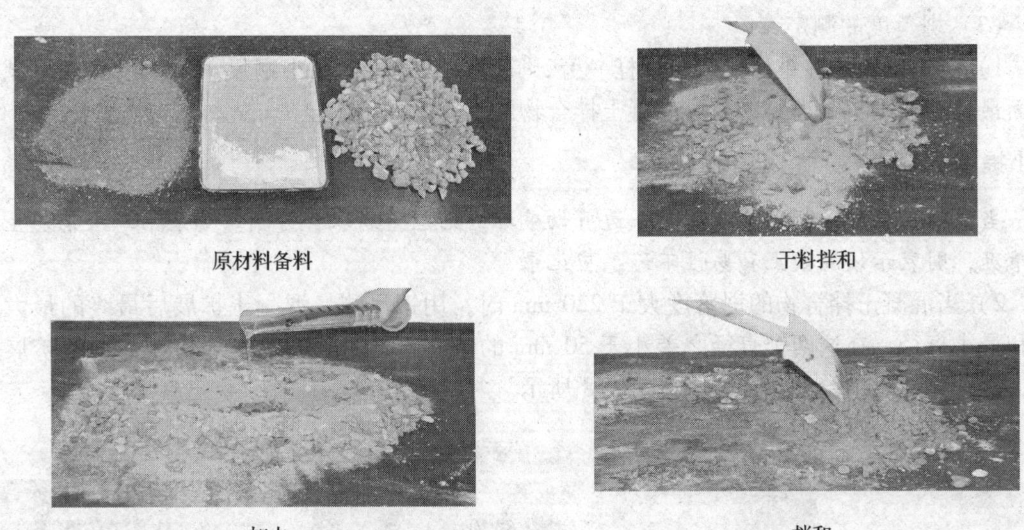

原材料备料　干料拌和

加水　拌和

图 3—3—6　混凝土的人工拌和

(2) 混凝土装筒

1) 试验前将坍落度筒内外洗净，放在经水润湿过的平板上（平板吸水时应垫以塑料布），踏紧踏脚板。

2) 将代表样分三层装入筒内，每层装入高度稍大于筒高的 1/3，用捣棒在每一层的横截面上均匀插捣 25 次。插捣在全部面积上进行，沿螺旋线由边缘至中心，插捣底层时插至底部，插捣其他两层时，应插透本层并插入下层 20 ~ 30 mm，插捣须垂直压下（边缘部分除外），不得冲击。在插捣顶层时，装入的混凝土应高出坍落筒口，随插捣过程随时添加拌合物。

3）当顶层插捣完毕，将捣棒用锯和滚的动作清除掉多余的混凝土，用镘刀抹平筒口，刮净筒底周围的拌合物。而后立即垂直地提取坍落筒，提筒在 5 ~ 10 s 内完成，并使混凝土不受横向及扭力作用。从开始装料到提出坍落度筒整个过程应在 150 s 内完成。如图 3—3—7 所示。

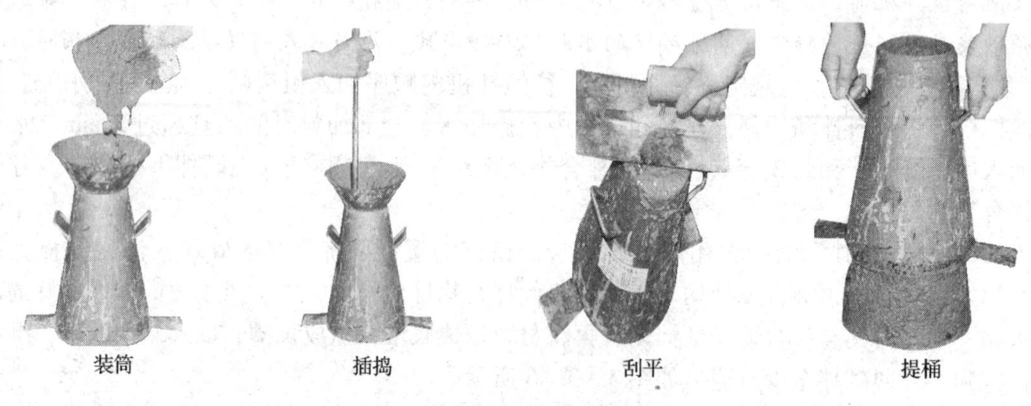

图 3—3—7　混凝土的装筒过程

（3）坍落度的测定

1）将坍落筒放在锥体混凝土试样一旁，筒顶平放木尺，用小钢尺量出木尺底面至试样顶面最高点的垂直距离，即为该混凝土拌合物的坍落度，精确至 1 mm。

小提示

当混凝土试件一侧发生崩坍或一边剪切破坏，则应重新取样另测。如果第二次仍发生上述情况，则表示该混凝土和易性不好，应记录。

2）当混凝土拌合物的坍落度大于 220 mm 时，用钢尺测量混凝土扩展后最终的最大直径和最小直径，在这两个直径之差小于 50 mm 的条件下，用其算术平均值作为坍落扩展度值；否则，此次试验无效。如图 3—3—8 所示。

图 3—3—8　坍落度的测定

(4) 工作性其他性质的评价

坍落度试验的同时，可用目测方法评定混凝土拌合物的下列性质，并予记录。

1) 棍度：按插捣混凝土拌合物的难易程度评定。分“上”“中”“下”三级：“上”表示插捣容易；“中”表示插捣时稍有石子阻滞的感觉；“下”表示很难插捣。

2) 含砂情况：按拌合物外观含砂多少而评定，分“多”“中”“少”三级：“多”表示用镘刀抹拌合物表面时，一两次即可使拌合物表面平整无蜂窝；“中”表示五六次才可使表面平整无蜂窝；“少”表示抹面困难，不易抹平，有空隙及石子外露等现象。

3) 黏聚性：观测拌合物各组分相互黏聚情况。评定方法是用捣棒在已坍落的混凝土锥体侧面轻打，如锥体在轻打后逐渐下沉，表示黏聚性良好；如锥体突然倒坍、部分崩裂或发生石子离析现象，即表示黏聚性不好。黏聚性示意图如图 3—3—9 所示。

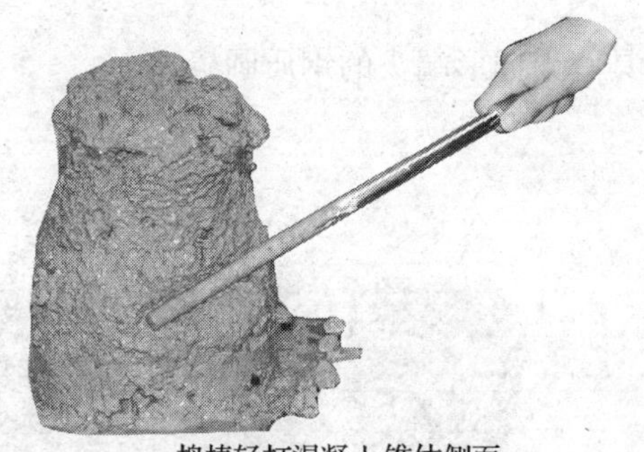
捣棒轻打混凝土锥体侧面

黏聚性良好

图 3—3—9 黏聚性的评价

4) 保水性：指水分从拌合物中析出情况，分“多量”“少量”“无”三级：“多量”表示提起坍落筒后，有较多水分从底部析出；“少量”表示提起坍落筒后，有少量水分从底部析出；“无”表示提起坍落筒后，没有水分从底部析出。

3. 试验数据的记录与处理

混凝土拌合物坍落度和坍落扩展度值以毫米（mm）为单位，测量精确至 1 mm，结果修约至最接近的 5 mm。

表 3—3—2　　水泥混凝土拌合物坍落度记录

坍落度（mm）	坍落扩展度（mm）	棍度	含砂情况	黏聚性	保水性	备注
68	—	中	中	良好	无	—

二、水泥混凝土立方体抗压强度的测定

1. 试验准备

(1) 仪器设备

1）振动台：标准振动台，应符合《混凝土试验用振动台》要求（见图3—3—10a）。

2）压力机或万能试验机（见图3—3—10b）：其测量精度为±1%，试件破坏荷载应大于压力机全量程的20%且小于压力机全量程的80%，同时应具有加荷速度指示装置或加荷速度控制装置。上下压板平整并有足够刚度，可以均匀地连续加荷卸荷，可以保持固定荷载，开机停机均灵活自如，能够满足试件破型吨位要求。

3）试模（见图3—3—10c）：立方体抗压强度采用非圆柱体试模，应符合《混凝土试模》（JG 3019—1994）规定，内表面刨光磨光（粗糙度 $Ra=3.2$ μm）。内部尺寸允许偏差为±0.2%，相邻面夹角为90°±0.3°，试件边长的尺寸公差为1 mm。试模尺寸分为三种：标准尺寸为150 mm×150 mm×150 mm（31.5），适用集料最大公称粒径为31.5 mm，非标准尺寸为100 mm×100 mm×100 mm（26.5）和200 mm×200 mm×200 mm（53），括号内数字为集料公称最大粒径。

4）捣棒：直径为16 mm、长约600 mm并具有半球形端头的钢质圆棒。

振动台

压力机或万能试验机

试模（标准尺寸）

图3—3—10　抗压强度试验用仪器设备

（2）温度与相对湿度

拌和前及拌和时室内温度应控制在20℃±5℃范围内。

（3）试样及其他

1）所有材料均应符合有关要求。

2）拌合物的总量至少应比所需量高20%以上，并取出少量混凝土拌合物代表样，在5 min内进行坍落度或维勃试验，认为品质合格后，应在15 min内开始制件或做其他试验。

3）成型前试模内壁涂一薄层矿物油。

4）混凝土强度等级大于等于C60时，试验机上、下压板之间应各垫一钢垫板，平面尺寸应不小于试件的承压面，其厚度至少为25 mm。钢垫板应机械加工，其平面度允许偏差±0.04 mm，表面硬度大于等于55 HRC，硬化层厚度约5 mm。试件周围应设置防崩裂网罩。

2. 试验步骤

（1）立方体试件成型

1）对于坍落度小于25 mm时，可采用 ϕ25 mm的插入式振捣棒成型。将混凝土拌合物一次装入试模，装料时应用抹刀沿各试模壁插捣，并使混凝土拌合物高出试模口；振捣时振捣棒距底板 10～20 mm，且不要接触底板。振捣直到表面出浆为止，且应避免过振，以防止混凝土离析，一般振捣时间为 20 s。振捣棒拔出时要缓慢，拔出后不得留有孔洞。用刮刀刮去多余的混凝土，在临近初凝时，用抹刀抹平。试件抹面与试模边缘高低差不得超过 0.5 mm。

2）当坍落度大于 25 mm 且小于 70 mm 时，用标准振动台成型。将试模放在振动台上夹牢，防止试模自由跳动，将拌合物一次装满试模并稍有富余，开动振动台至混凝土表面呈现乳状水泥浆为止，振动过程中随时添加混凝土使试模常满，记录振动时间，一般不超过 90 s。振动结束后，用金属直尺沿试模边缘刮去多余混凝土，用镘刀将表面初次抹平，待试件收浆后，再次用镘刀将试件仔细抹平，试件抹面与试模边缘的高低差不得超过 0.5 mm。

3）当坍落度大于 70 mm 时，用人工成型。拌合物分厚度大致相等的两层装入试模。捣固时按螺旋方向从边缘到中心均匀地进行。插捣底层混凝土时，捣棒应达到模底；插捣上层时，捣棒应贯穿上层后插入下层 20～30 mm 处。插捣时应用力将捣棒压下，保持捣棒垂直，不得冲击，捣完一层后，用橡皮锤轻轻击打试模外端面 10～15 下，以填平插捣过程中留下的孔洞。每层插捣次数 100 cm^2 截面积内不得少于 12 次。试件抹面与试模边缘高低差不得超过 0.5 mm。

本任务采用振动台成型，其过程如图 3—3—11 所示。

试模装料

标准振动台成型

镘刀抹平

图 3—3—11　立方体试件振动台成型

（2）混凝土试件养护

1）试件成型后，用湿布覆盖表面（或其他保持湿度办法），在室温 20℃ ±5℃、相对湿度大于 50% 的环境下，静放 1～2 个昼夜，然后拆模并做第一次外观检查、编号，对有缺陷的试件应除去，或加工补平。

2）将完好试件放入标准养护室内进行养护，标准养护室温度 20℃ ±2℃、相对湿度在 95% 以上，试件宜放在铁架或木架上，间距至少 10～20 mm，试件表面应保持一层水膜，并避免用水直接冲淋。当无标准养护室时，将试件放入温度为 20℃ ±2℃ 的不流动的 $Ca(OH)_2$ 饱和溶液中养护。如图 3—3—12 所示。

3）标准养护龄期为 28 天（以搅拌加水开始），非标准的龄期为 1 天、3 天、7 天、60 天、90 天、180 天。

4）混凝土抗压强度试件应同龄期者为一组，每组为 3 个同条件制作和养护的混凝土试块。

静放

拆模

标准养护室内养护

图 3—3—12　混凝土试件养护

（3）抗压强度测定

1）至试验龄期时，自养护室取出试件，应尽快试验，避免其湿度变化。

2）取出试件，检查其尺寸及形状，相对两面应平行。量出棱边长度，精确至 1 mm。试件受力截面积按其与压力机上下接触面的平均值计算。在破型前，保持试件原有湿度，在试验时擦干试件。

3）以成型时侧面为上下受压面，试件中心应与压力机几何相对。

4）强度等级小于 C30 的混凝土取 0.3 ~ 0.5 MPa/s 的加荷速度；强度等级大于 C30 小于 C60 时，则取 0.5 ~ 0.8 MPa/s 的加荷速度；强度等级大于 C60 的混凝土取 0.8 ~ 1.0 MPa/s的加荷速度。

5）当试件接近破坏而开始迅速变形时，应停止调整试验机油门，直至试件破坏，记下破坏极限荷载 F（N）。如图 3—3—13 所示。

侧面受压

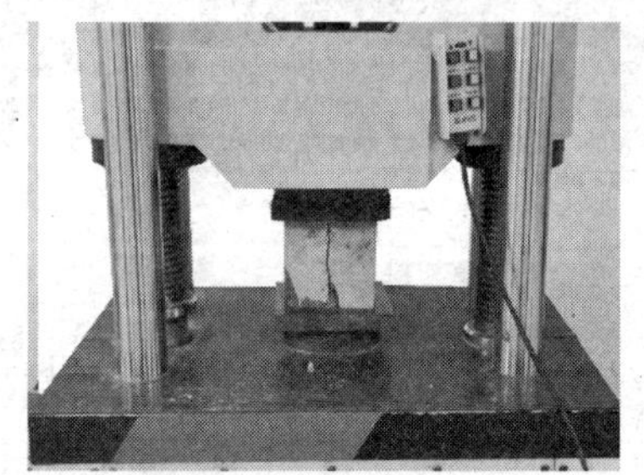

试件破坏

图 3—3—13　抗压强度测定

3. 试验数据的记录与处理

（1）混凝土立方体试件抗压强度按公式 3—3—3 计算：

$$f_{cu}=\frac{F}{A} \tag{3—3—3}$$

式中　f_{cu}——混凝土立方体抗压强度，MPa；

F——极限荷载，N；

A——受压面积，mm^2。

（2）以3个试件测值的算术平均值为测定值，计算精确至0.1 MPa。3个测值中的最大值或最小值中如有一个与中间值的差值超过中间值的15%，则取中间值为测定值；如最大值和最小值与中间值之差均超过中间值的15%，则该组试验结果无效。

小提示

混凝土强度等级小于C60时，非标准试件的抗压强度应乘以尺寸换算系数。以150 mm×150 mm×150 mm的立方块为标准试件，200 mm×200 mm×200 mm试件换算系数为1.05，100 mm×100 mm×100 mm试件换算系数为0.95。当混凝土强度等级大于等于C60时，宜用标准试件，使用非标准试件时，换算系数由试验确定。

试验记录见表3—3—3。

表3—3—3　水泥混凝土立方体抗压强度试验记录

试件编号	制备日期	试验日期	龄期（天）	试件尺寸（mm）	试件截面 A（mm^2）	抗压强度		换算系数	换算后f_{cu}（MPa）
						个别值f_{cu}（MPa）	取用值（MPa）		
1-1	—	—	28	150×150×150	22 500	42.3	42.7	1.0	42.7
1-2	—	—	28	150×150×150	22 500	42.8			
1-3	—	—	28	150×150×150	22 500	42.9			

试验者：________　计算者：__________　校核者：__________　试验日期：__________

4. 质量评定

对坍落度要求为55～70 mm的C30水泥混凝土进行坍落度试验测定该混凝土的工作性，在工作性符合要求的情况下成型立方体试件，经过28天的标准养护后测得立方体抗压强度，从得出的数据及水泥混凝土质量检验报告可以得知该水泥混凝土的各项检测指标均符合要求，该水泥混凝土的质量等级评定为合格。见表3—3—4。

表3—3—4　水泥混凝土质量检验报告

设计强度等级	C30	设计坍落度	55～70
混凝土拌合物情况			
实测坍落度（mm）	68		
标准养生后混凝土试块抗压强度检验结果合格			
龄期（天）	28		
试件规格（mm）	150×150×150		
抗压强度（MPa）	42.7		
结论	产品质量符合要求		
备注	样品及检测项目由委托方提供		

检验单位（盖章）：×××检测中心　检验：×××　审核：×××　负责：×××

维勃稠度试验

本方法适用于集料公称最大粒径不大于31.5 mm的水泥混凝土及维勃时间在5~30 s之间的干稠性水泥混凝土的稠度测定。

1. 试验准备

(1) 仪器准备

1) 稠度仪又称维勃仪，如图3—3—14所示。

①容器：为金属圆筒，内径240 mm±5 mm，高200 mm±2 mm，壁厚3 mm，底厚7.5 mm，容器应不漏水并有足够刚度，上有把手，底部外伸部分可用螺母将其固定在振动台上。

②坍落度筒：为截头圆锥，筒底部直径200 mm±2 mm，顶部直径100 mm±2 mm，高度300 mm±2 mm，壁厚不小于1.5 mm，上下开口并与锥体轴线垂直，内壁光滑，筒外安有把手。

③圆盘：用透明塑料制成，上装有滑杆。滑棒可以穿过套筒垂直滑动。套筒装在一个可用螺钉固定位置的旋转悬臂上。悬臂上还装有一个漏斗。坍落筒在容器中放好后，转动旋臂，使漏斗底部套在坍落筒上口。旋臂装在支柱上，可用定位螺钉固定位置。滑棒和漏斗的轴线应与容器的轴线重合。

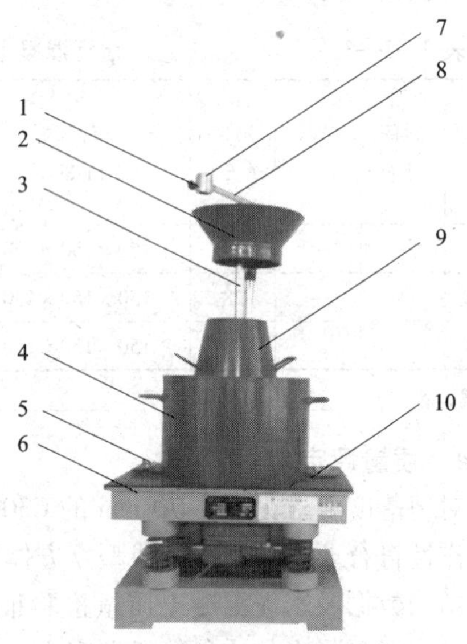

图3—3—14　稠度计（维勃仪）

1—测杆螺钉　2—漏斗　3—支柱　4—容器　5—固定螺钉　6—振动台　7—套筒　8—旋转架　9—坍落度筒　10—固定螺钉

圆盘直径230 mm±2 mm，厚10 mm±2 mm，圆盘、滑棒及荷重块组成的滑动部分总质量为2 750 g±50 g。滑棒刻度可用来测量坍落度值。

④振动台：工作频率50 Hz，空载振幅0.5 mm，上有固定容器的螺栓。

准备工作：将套筒用螺母固定在振动台上，放入润湿的坍落度筒，把漏斗转到坍落筒上口，拧紧螺钉，使漏斗对准坍落度筒口上方。

2) 捣棒、镘刀等。

3) 秒表：分度值为0.5 s。

(2) 试样及用水

1) 所有材料均应符合有关要求。

2) 拌合物的总量至少应比所需量高20%以上。拌制混凝土的材料用量应以质量计，称量的精确度：集料为 ±1%，水、水泥、掺合料和外加剂均为 ±0.5%。

3）粗集料、细集料均以干燥状态为基准，计算用水量时应扣除粗集料、细集料的含水量。

(3) 温度与相对湿度

拌和前及拌和时室内温度应控制在20℃ ±5℃范围内。

2. 试验步骤

(1) 水泥混凝土混合物的拌和

按照坍落度仪法将准备的各原材料拌和均匀备用。

(2) 水泥混凝土的装筒

按坍落度试验步骤，分三层经漏斗装入拌合物，用捣棒每层捣25 次，捣毕第三层混凝土后，拧松螺钉；把漏斗装回到原先的位置，并将筒模顶上的混凝土刮平，然后轻轻提起筒模。

(3) 维勃时间的测定

1）拧紧螺钉，使圆盘可定向地向下滑动，仔细转圆盘到混凝土上方，并轻轻与混凝土接触。检查圆盘是否可以顺利滑向容器。

2）开动振动台并按动秒表，通过透明圆盘观察混凝土的振实情况，当圆盘底面刚为水泥浆布满时，迅速按停秒表和关闭振动台，记下秒表所记时间，精确至1 s。

小提示

仪器每测试一次后，必须将容器、筒模及透明圆盘洗净擦干，并在滑棒等处涂薄层黄油，以备下次使用。

(4) 平行试验

本任务需要进行二次平行试验。

3. 试验数据的记录与处理

秒表所表示时间即为混凝土拌合物稠度的维勃时间，精确至1 s。以两次试验结果的平均值作为混凝土拌合物稠度的维勃时间。

硅酸盐水泥石的腐蚀与防止

(1) 水泥石的腐蚀

硅酸盐水泥硬化后形成的水泥石，在正常环境条件下将继续硬化，强度不断增长。但在某些腐蚀性液体或气体的长期作用下，水泥石会受到不同程度的腐蚀，严重时会使水泥石强度明显降低，甚至完全破坏。水泥石被腐蚀的类型有：

1）淡水的腐蚀。淡水的腐蚀又称为溶析性侵蚀，是指硬化后的水泥水化产物溶于周围的淡水，造成水泥混凝土中孔隙率增大、强度降低的现象。

水泥石在一定浓度的 Ca（OH）$_2$溶液中才能稳定存在。对于硅酸盐水泥的水化产物，Ca（OH）$_2$在水中的溶解度最大，首先被溶出。在静水或无水压的情况下，由于 Ca（OH）$_2$的迅速溶出，周围的水很快饱和，溶出作用很快终止，对整体水泥石的影响不大。在流水或压力水的情况下，溶出的 Ca（OH）$_2$不断被水流带走，水泥石中的 Ca（OH）$_2$会不断溶析，不仅导致水泥混凝土的密度和强度降低，还会导致水化硅酸钙、水化铝酸钙的分解，最终可能引起水泥石内部结构的破坏。

2）硫酸盐的侵蚀。水泥混凝土结构物位于海水、沼泽水和工业污水中时，会受到海水、沼泽水和工业污水中易溶的硫酸盐类的侵蚀。硫酸盐类与水泥石中的 Ca（OH）$_2$反应生成石膏，石膏在水泥石孔隙中结晶时体积膨胀，且石膏与水泥水化物中的水化铝酸钙作用，生成水化硫铝酸钙，其体积可增大 1.5 倍。水泥石中产生很大的内应力，使水泥混凝土结构的强度降低和破坏。

3）镁盐的侵蚀。在海水、地下水或矿泉水中常含有较多的镁盐，如氯化镁、硫酸镁等。镁盐与水泥石中的 Ca（OH）$_2$反应生成无胶结能力且极易溶于水的氯化钙，或生成二水石膏导致水泥石内部结构的破坏。

4）碳酸侵蚀。工业污水或地下水中常溶解有二氧化碳 CO_2，CO_2 与水泥石中的 Ca（OH）$_2$反应生成不溶于水的碳酸钙，碳酸钙再与水中的碳酸作用生成易溶于水的碳酸氢钙，其可溶性使水泥石的强度下降。

（2）防止水泥石腐蚀的措施

1）根据环境腐蚀特点合理选用水泥品种。选用硅酸三钙含量低的水泥，水泥水化产物中的 Ca（OH）$_2$含量减少，可提高其抗腐蚀能力。

2）提高水泥石的密度。在施工过程中，合理选择水泥混凝土的配合比，降低水泥的用水量，改善集料级配，掺加外加剂等措施，均可以使水泥石的密度提高，从而减少腐蚀介质进入水泥石的内部，起到防腐的作用。

3）设置耐腐蚀保护层。在水泥混凝土表面铺设一层耐腐蚀性强且不透水的保护层，如耐酸岩石、耐酸陶瓷、塑料或沥青等与腐蚀介质隔离。

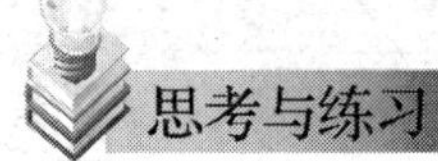

思考与练习

1. 混凝土拌合物的坍落度试验步骤是什么？
2. 影响混凝土强度的因素有哪些？
3. 水泥混凝土强度分哪几种？都在什么情况下采用？

模块四

无机结合料稳定材料

任务一　认知无机结合料稳定材料

◆ 掌握无机结合料稳定材料的概念、分类、工程特点及用途。
◆ 了解石灰、粉煤灰、工程用土、矿质集料及水的技术性质指标。
◆ 了解无机结合料稳定材料组成设计的一般步骤。

在现实生活中你会发现，当修建房屋基础时，人们将石灰和土按一定比例混合后填到基坑里，摊平后用人工或机械的方法将其夯实，然后再在上边砌筑墙体。人们为什么要将石灰和土混到一块使用呢？是不是还有其他的材料可以混合使用呢？这样的材料有什么优点？用这种材料作为公路材料可行吗？它们又能用在公路的哪些层位呢？

一、无机结合料稳定材料的概念

在经过粉碎的或原来松散的土中，掺入足量的无机结合料（包括水泥、石灰、粉煤灰及其他工业废渣等）和水，经拌和得到的混合料，在压实和养生后，当其抗压强度符合规定的要求时，称为无机结合料稳定材料。

按照土中颗粒的最大粒径和公称最大粒径，将土分为下列三种：

细粒土：颗粒最大粒径不大于4.75 mm，公称最大粒径不大于2.36 mm的土，包括各种黏质土、粉质土、砂和石屑等。

中粒土：颗粒最大粒径不大于26.5 mm，公称最大粒径大于2.36 mm且不大于19 mm的土或集料，包括砂砾土、碎石土、级配砂砾、级配碎石等。

粗粒土：颗粒的最大粒径不大于53 mm，公称最大粒径大于19 mm且不大于37.5 mm的土或集料，包括砂砾土、碎石土、级配砂砾、级配碎石等。

以无机结合料稳定材料修筑的路面结构层称为无机结合料稳定材料结构层。无机结合料稳定材料结构层的刚度介于沥青路面材料（柔性）和水泥混凝土路面材料（刚性）之间，因此，无机结合料稳定材料亦称为半刚性材料。采用无机结合料稳定材料修筑的基层称为半刚性基层，以此修筑的底基层亦称为半刚性底基层。

二、无机结合料稳定材料的分类

无机结合料稳定材料的种类很多，其物理、力学性质各有特点，其分类方法也不尽相同。

1. 根据无机结合料的种类分类

（1）水泥稳定材料

在经过粉碎的或原来松散的土中，掺入足量的水泥和水，经拌和得到的混合料，在压实和养生后，当其抗压强度符合规定的要求时，称为水泥稳定材料。

（2）石灰稳定材料

在经过粉碎的或原来松散的土（包括各种粗、中、细粒土）中，掺入足量的石灰和水，经拌和得到的混合料，在压实和养生后，当其抗压强度符合规定的要求时，称为石灰稳定材料。

（3）综合稳定材料

两种或两种以上无机结合料稳定的强度符合要求的混合料。

2. 根据土的粒径大小和组成分类

（1）无机结合料稳定土

用无机结合料稳定细粒土而得到的混合料。如水泥土、水泥砂、水泥石屑、石灰土、二灰土等。

（2）无机结合料稳定粒料

用无机结合料稳定中粒土或粗粒土而得到的混合料。其中，按粒料种类不同分为：

1）无机结合料稳定砂砾。用无机结合料稳定中粒土或粗粒土，原材料为砂砾土或级配砂砾所得到的混合料。如水泥砂砾、石灰砂砾土、石灰粉煤灰砂砾等。

2）无机结合料稳定碎石。用无机结合料稳定中粒土或粗粒土，原材料为碎石土或级配碎石所得到的混合料。如水泥碎石、石灰碎石土、石灰粉煤灰碎石等。

公路常用无机结合料稳定材料见表4—1—1。

表4—1—1　公路常用无机结合料稳定材料

被稳定材料	水泥稳定材料	石灰稳定材料	综合稳定材料（以石灰、粉煤灰为例）
细粒土	水泥土 水泥砂 水泥石屑	石灰土	二灰 二灰土 二灰砂
中粒土	水泥砂砾	石灰砂砾土	石灰粉煤灰砂砾
粗粒土	水泥碎石	石灰碎石土	石灰粉煤灰碎石

试验和生产实践表明，用水泥稳定级配良好的碎石和砂砾效果最好，不但强度高，而且水泥用量少。石灰稳定塑性指数高的土，其稳定效果显著，强度也高。当采用塑性指数过高的土时施工不易粉碎，而且增加干缩裂缝；采用塑性指数偏低的土时容易拌和，但难以碾压成型，稳定效果不显著。选用土质，既要考虑其强度，还要考虑到施工时易于粉碎便于碾压成型。一般选用塑性指数为15～20的土。塑性指数小于12的土不宜用石灰稳定。

3．按混合料结构状态分类

按混合料结构状态分为均匀密实型、悬浮密实型、骨架密实型、骨架空隙型四种结构类型。

（1）均匀密实型

它是指无机结合料稳定细粒土。如水泥土、石灰土、二灰土等。

（2）悬浮密实型

它是指混合料中细料的压实体积大于粗集料所形成的空隙体积，即粗集料在压实混合料中处于“悬浮”状态。

（3）骨架密实型

它是指混合料中细料的压实体积“临界”于粗集料所形成的空隙体积，即粗集料在压实混合料中处于“骨架”状态。

（4）骨架空隙型

它是指混合料中细料的压实体积小于粗集料所形成的空隙体积，压实混合料中形成“骨架”的粗集料之间有一定空隙。

三、无机结合料稳定材料中结合料的用量

无机结合料用量的多少对无机结合料稳定材料的质量及造价都有着直接的影响，对于不同的无机结合料稳定材料，无机结合料的用量也不相同。

1．水泥稳定材料

水泥用量用水泥剂量表示。水泥剂量是指水泥质量占全部粗细颗粒（即碎石、砾石、砂砾、粉粒、黏粒）干质量的百分率。水泥稳定材料的强度随水泥剂量的增加而增长，过

多的水泥用量，虽能增加强度，在经济上却不一定合理，效果上也不一定显著，且容易产生收缩裂缝。水泥稳定材料使用中粒土和粗粒土时，水泥剂量在3%～8%；使用塑性指数小于12的细粒时，水泥剂量在4%～11%；使用其他细粒土时，水泥剂量在6%～16%。一般地，作基层用水泥稳定细粒土，水泥剂量宜取高值；作底基层用水泥稳定细粒土，水泥剂量取低值。合理的水泥剂量的确定应根据结构层技术要求进行混合料组成设计。

2. 石灰稳定材料

石灰用量用石灰剂量表示。石灰剂量是指石灰质量占全部粗细土颗粒（即砾石、碎石、砂砾、粉粒和黏粒）干质量的百分率。石灰剂量对石灰稳定类材料强度的影响显著，石灰剂量较低（小于3%～4%）时，石灰主要起稳定作用，土的塑性、膨胀、吸水量减小，使土的密实度、强度得到改善。随着剂量的增加，强度和稳定性均提高，但剂量超过一定范围时，强度反而降低。生产实践中常用的最佳剂量范围，对于黏质土及粉质土为8%～14%；对细粒土质砂则为9%～16%。最佳剂量的确定应根据结构层技术要求进行混合料组成设计。

3. 综合稳定材料

综合稳定材料有多种类型，最常见的是石灰和粉煤灰作为无机结合料的综合稳定材料。

综合稳定材料采用质量配合比计算，用各无机结合料与土的干质量比表示。如某石灰粉煤灰综合稳定土（简称二灰土）的配合比表示为：石灰∶粉煤灰∶土＝5∶15∶80。二灰土中石灰与粉煤灰的比例一般为1∶2～1∶4，粉煤灰用量越多，初期强度越低，3个月龄期的强度增长幅度也越大。石灰粉煤灰与细粒土的比例为30∶70～90∶10，二灰土中土的比例越大，出现裂缝的概率就越大。石灰粉煤灰与粒料之比在15∶85～20∶80时，在混合料中，粒料形成骨架，石灰粉煤灰起填充空隙和胶结作用。当石灰粉煤灰与粒料之比在50∶50左右时，在混合料中粒料形不成骨架，其收缩性大，容易产生干缩裂缝。在二灰土中加入粒料或少量水泥（1%～2%），可提高其早期强度，但会由于干缩、冷缩而产生裂缝。综合稳定材料的配合比应根据结构层技术要求进行混合料组成设计来确定。

四、无机结合料稳定材料的工程特点及用途

无机结合料稳定材料结构层具有稳定性好、结构本身自成板体、抗冻性能较好等特点，但其容易产生干缩和温缩裂缝，耐磨性差。因此，被广泛用于路面结构的基层或底基层。各无机结合料稳定材料适应的路面结构层见表4—1—2。

表4—1—2　　常用无机结合料稳定材料适应的路面结构层

无机结合料稳定材料种类	无机结合料稳定材料名称	适应的路面结构层
水泥稳定材料	水泥砂、水泥石屑、水泥砂砾、水泥碎石	各级公路的基层和底基层
	水泥土	三级、四级公路的基层或二级及二级以上公路的底基层

续表

无机结合料稳定材料种类	无机结合料稳定材料名称	适应的路面结构层
石灰稳定材料	石灰土、石灰砂砾土、石灰碎石土	各级公路的底基层以及三级、四级公路的基层
石灰粉煤灰综合稳定材料	二灰土	三级、四级公路的基层或二级及二级以上公路的底基层
	石灰粉煤灰砂砾、石灰粉煤灰碎石	各级公路的基层和底基层

其中，水泥稳定材料的强度、水稳性和抗冲刷能力都较石灰稳定材料好，但暴露的水泥稳定材料因干缩和温缩也易产生裂缝；石灰稳定材料收缩裂缝多，抗冲刷能力较差；石灰粉煤灰综合稳定材料抗裂缝能力优于水泥土和石灰土，抗冻性好。

五、无机结合料稳定材料原材料技术要求

1. 水泥

各类水泥都可以用于稳定土或集料。水泥的矿物成分和分散度对其稳定效果有明显影响，对同一种土，硅酸盐水泥比铝酸盐水泥稳定效果好。在水泥矿物成分相同、硬化条件相似的情况下，水泥稳定土或集料的强度随水泥比表面积和活性的增大而提高。稳定土或集料的强度还与水泥用量有关，不存在最佳水泥用量，而存在一个经济用量。通常在保证土或集料的性质能起根本变化，且能保证稳定土或集料达到所规定的强度和稳定性的前提下，尽可能地降低水泥用量。

普通硅酸盐水泥、矿渣硅酸盐水泥或火山灰硅酸盐水泥都可以用于稳定土或集料，早强、快硬的水泥容易造成水泥稳定土或集料来不及摊铺和碾压就已发生硬化反应，导致水泥石结构破坏，从而降低水泥稳定土或集料的强度和密度。应选用凝结时间较长的水泥（即宜采用强度等级较低的水泥），水泥的初凝时间 3 h 以上、终凝时间宜 6 h 以上，水泥强度等级宜采用 32. 5 级或 42. 5 级。受潮、变质的水泥不能使用。

水泥性能评价方法详见模块三中任务二。

2. 水

水分是稳定土或集料的一个重要组成部分，水分可以满足稳定土或集料形成强度的需要，同时，使稳定土或集料在压实时具有一定的塑性，以达到所需要的压实度。水分还可以使稳定土或集料在养生时具有一定的湿度。一般饮用水均满足要求，其技术指标符合水泥混凝土用水标准。其评定方法可参见相关试验规程。

3. 石灰

无机结合料稳定材料中采用的石灰通常是消石灰粉或生石灰粉，对高速公路或一级公路宜用磨细生石灰粉。

在道路工程上，块状生石灰的技术指标为“有效钙 + 氧化镁含量、未消化残渣含量”；消石灰粉的技术指标为“有效钙 + 氧化镁含量、含水量和细度”。

各种化学组成的石灰均可用于稳定土，但石灰质量宜符合Ⅲ级以上的技术指标。在石灰

用量不大的情况下，钙质石灰稳定土比镁质石灰稳定土的初期强度高，镁质石灰稳定土在石灰用量大时，后期强度优于钙质石灰稳定土。

在同等石灰用量下，质量好的石灰，无机结合料稳定材料的稳定效果好。如果采用质量差的石灰，为了满足石灰稳定材料的技术要求，必须适当增加石灰用量。

石灰性能的评定方法见本模块任务二。

《石灰吟》与石灰生产工艺

《石灰吟》是明代民族英雄、政治家于谦的一首托物言志诗。作者以石灰作比喻，表达自己为国尽忠、不怕牺牲的意愿和坚守高洁情操的决心。此诗同时也阐述了石灰的生产工艺。

诗句	工艺过程	反应过程
千锤万凿出深山	石灰石开采	物理变化
烈火焚烧若等闲	石灰石煅烧	$CaCO_3 \xrightarrow{大于900℃} CaO + CO_2$
粉身碎骨浑不怕	石灰的消化	$CaO + H_2O \longrightarrow Ca(OH)_2$
要留清白在人间	石灰的硬化	$Ca(OH)_2 + CO_2 \longrightarrow CaCO_3 + H_2O$

4. 工业废渣

道路工程中常用的工业废渣包括粉煤灰、煤渣、高炉煤渣、钢渣、煤矸石等，在这些工业废渣中均含有较多的活性氧化硅、氧化铝和活性氧化钙等，这些化合物可与饱和的氢氧化钙溶液发生火山灰反应，具有水硬性特征。在上述工业废渣中，目前使用最广泛的是粉煤灰。

粉煤灰中 SiO_2、Al_2O_3和 Fe_2O_3的总含量应大于 70%、粉煤灰的烧失量不应超过 20%，粉煤灰的比表面积宜大于 2 500 cm^2/g。干粉煤灰和湿粉煤灰都可以使用，湿粉煤灰的含水量不宜超过 35%。粉煤灰不应含水团块、腐殖质及有害杂质。使用前应将凝固的粉煤灰打碎或过筛，同时清除有害杂质。

粉煤灰性能的评定方法见本模块任务二。

粉煤灰的来源

粉煤灰是煤粉经高温燃烧后形成的一种似火山灰质混合材料。其来源主要是以燃煤为燃料的发电厂或城市集中供热锅炉。首先将煤磨成 100 μm 以下的煤粉，然后用预热空气喷入炉膛成悬浮状态燃烧，产生混杂有大量不燃物的高温烟气，经集尘装置捕集就得到了粉煤灰。

粉煤灰是我国当前排量较大的工业废渣之一，现阶段我国年排渣量已达 3 000 万吨。随着电力工业的发展，燃煤电厂的粉煤灰排放量还会逐年增加。

5. 土

对土的一般要求是易于破碎，满足一定的级配要求，便于碾压成型。

（1）液限和塑性指数

水泥稳定材料用做底基层时，土的液限不超过40%，塑性指数不应超过17；用做基层时，集料中不应含有塑性指数的土，或粒径0.6 mm以下细粒土的塑性指数及0.075 mm以下颗粒的含量应满足一定要求。

石灰稳定材料中土的塑性指数为15~20。

石灰粉煤灰综合稳定材料，细粒土的塑性指数为12~20，中粒土和粗粒土不宜含有塑性指数的土。

塑性指数在15以上的黏性土，更适合用水泥和石灰综合稳定。

（2）颗粒组成

无机结合料稳定材料中，单个颗粒的最大粒径应满足表4—1—3的要求。

表4—1—3　　颗粒最大粒径　　单位：mm

公路等级	结构层	水泥稳定材料	石灰稳定材料	石灰粉煤灰稳定材料
二级和二级以下公路	底基层	53	53	53
	基层	37.5	37.5	37.5
高速公路、一级公路	底基层	37.5	37.5	37.5
	基层	31.5	/	31.5

水泥稳定材料用作底基层时，土的均匀系数应大于5，并符合表4—1—4中1、3号的级配范围。水泥稳定材料用作高速公路、一级公路底基层时，其颗粒组成应符合表4—1—4中4号级配范围。水泥稳定材料用作基层时，应分别符合表4—1—4中2、5号级配范围。

表4—1—4　　水泥稳定材料的颗粒组成范围

公路等级	编号	通过下列筛孔（mm）的质量百分率（%）											
		53	37.5	31.5	26.5	19	9.5	4.75	2.36	1.18	0.6	0.075	0.002
二级和二级以下公路	1	100						50~100			17~100	0~50	0~30
	2		90~100		66~100	54~100	39~100	28~84	20~70	14~57	8~47	0~30	
高速公路、一级公路	3		100					50~100			17~100	0~30	
	4		100	90~100		67~90	45~68	29~50	18~38		8~22	0~7	
	5			100	90~100	72~89	47~67	29~49	17~35		8~22	0~7	

石灰粉煤灰综合稳定材料用作底基层时，各种细粒土、中粒土、粗粒土都可采用。用作二级和二级以下公路基层时，碎石、砂砾或其他粒料的质量应在80%以上，并符合表4—1—5中1、3号的级配范围；用作高速公路、一级公路基层时，粒径小于0.075 mm颗粒含量宜接近于0，并符合表4—1—5中2、4号的级配范围。

表 4—1—5　　石灰粉煤灰综合稳定材料的颗粒组成范围

粒料类型	编号	通过下列筛孔（mm）的质量百分率（%）								
		37.5	31.5	19	9.5	4.75	2.36	1.18	0.6	0.075
级配砂砾	1	100	85～100	65～85	50～70	35～55	25～45	17～35	10～27	0～15
	2		100	85～100	55～75	39～59	27～47	17～35	10～25	0～10
级配碎石	3	100	90～100	72～90	48～68	30～50	18～38	10～27	6～20	0～7
	4		100	81～98	52～70	30～50	18～38	10～27	6～20	0～7

（3）压碎值

用于半刚性基层、底基层的集料压碎值应符合表 4—1—6 的要求。

表 4—1—6　　半刚性基层、底基层的集料压碎值（%）

材料类型	结构层位	公路等级		
		高速公路、一级公路	二级公路	三、四级公路
水泥、石灰粉煤灰稳定材料	基层 底基层	≤30	≤35	≤35
石灰稳定材料	基层	–	≤30	≤35
	底基层	≤35	≤40	≤40

（4）硫酸盐和腐殖物

有机质含量超过 2% 的土，必须先用石灰进行处理，闷料 12 h 后再用水泥稳定；硫酸盐含量超过 0.25% 的土，不宜用水泥稳定；有机质含量超过 10% 和硫酸盐含量超过 0.8% 的土，不宜用石灰稳定；有机质含量超过 10% 的土，也不宜用石灰粉煤灰综合稳定。

六、无机结合料稳定材料组成设计一般步骤

无机结合料稳定材料组成设计也称为配合比设计，其任务是根据对某种无机结合料稳定材料的技术要求（强度），选择合适的原材料，确定结合料的种类和数量及混合料的最佳含水量。通过设计，使铺筑的路面在技术上可靠，经济上合理。无机结合料稳定材料组成设计的具体步骤如下：

1．原材料试验

原材料试验主要包括各种土和无机结合料的性质试验，其技术性能应符合无机结合料稳定材料对各种原材料的技术要求。

2．拟定混合料配合比

按照无机结合料稳定材料的用途（结构层）、无机结合料种类、土的种类，根据《公路路面基层施工技术规范》（JTJ 034—2000）建议的水泥（或石灰）剂量，拟定 5 个水泥（或石灰）剂量。而对于石灰粉煤灰综合稳定材料，则先确定石灰粉煤灰比例，再确定石灰粉煤灰与土（包括集料）的比例，拟定 5 个配合比。

3. 确定无机结合料稳定材料的最佳含水量和最大干密度

根据拟定的5个剂量（或配合比），至少做3组不同结合料剂量的混合料击实试验，即最小剂量、中间剂量和最大剂量。其他两个剂量混合料的最佳含水量和最大干密度，用内插法确定。

4. 制备无侧限抗压强度试件

按最佳含水量、最大干密度和规定的压实度，制备无侧限抗压强度试件，试件尺寸为直径高度比为1∶1 的圆柱体试件。一个试件用混合料质量由公式4—1—1 确定：

$$m = V\rho_d K\ (1 + 0.01w_0) \tag{4—1—1}$$

式中 m——一个试件用混合料质量，g；

V——无侧限抗压试件体积，cm^3；

ρ_d——最大干密度，g/cm^3；

w_0——最佳含水量，%。

作为平行试验的试件数量应满足表4—1—7 的规定。如果试验结果的偏差系数大于表中规定的值，则应重做试验，并找出原因，加以解决。如果不能降低偏差系数，则应增加试件数量。

表4—1—7 最少的试件数量

稳定土类型	试件尺寸（mm）	偏差系数		
		<10%	10% ~15%	15% ~20%
细粒土	$\phi50\times50$	6	9	
中粒土	$\phi100\times100$	6	9	13
粗粒土	$\phi150\times150$		9	13

5. 无侧限抗压强度试验

试件在规定温度（北方20℃ ±2℃，南方25℃ ±2℃）下保温养生6 天，浸水1 天，然后进行无侧限抗压强度试验，计算试验结果的平均值和偏差系数。

6. 确定最佳水泥（或石灰）剂量（目标配合比）

根据《施工规范》规定的强度标准，选择合适的水泥（或石灰）剂量。此剂量的室内试验结果的平均值应符合公式4—1—2 的要求：

$$\bar{R} \geqslant \frac{R_d}{1 - Z_a C_v} \tag{4—1—2}$$

式中 $\bar{R}$——无侧限抗压强度平均值，MPa；

R_d——设计抗压强度，MPa；

Z_a——试验结果的偏差系数（以小数计）；

C_v——标准正态分布中随保证率（或置信度 α）而变化的系数。高速公路和一级公路应取保证率95%，此时，$Z_a = 1.645$；其他公路应取保证率90%，此时，$Z_a = 1.282$。

如果有多个剂量满足要求，根据经济原则选取最经济剂量。

7. 确定工地实际剂量（生产配合比）

工地实际剂量应比室内试验确定的剂量多0.5% ~1.0%。采用集中厂拌法施工时，可只增加0.5%；采用路拌法施工时，宜增加1%。

无机结合料稳定材料配合比设计实例

某山区一级公路，路面底基层采用水泥稳定砂砾，试按所提供的设计资料进行水泥稳定砂砾混合料组成设计。

[设计资料]

(1) 路线所经地区属暖温带气候区，路面底基层为厚度20 cm的水泥稳定砂砾，7天无侧限饱水抗压强度设计值2.0 MPa。

(2) 水泥要求终凝时间宜在6 h以上；当地有天然砂砾，要求砂砾的压碎值不大于30%、塑性指数小于9，砂砾的级配要求见表4—1—8。

表4—1—8 砂砾级配要求范围

筛孔（mm）	37.5	31.5	19.0	9.5	4.75	2.36	0.60	0.075
通过率（%）	100	93 ~ 98	74 ~ 89	49 ~ 69	29 ~ 52	18 ~ 38	8 ~ 22	0 ~ 7

(3) 施工时混合料采用厂拌，现场用平地机整平，20 cm厚摊铺碾压一次成型，碾压时压实度按96%控制。

[设计步骤]

1. 原材料检验

(1) 水泥。选用当地的42.5级慢凝普通硅酸盐水泥，各项主要技术指标均符合要求。

(2) 砂砾。当地天然砂砾样品筛分试验符合级配要求，压碎值检验结果为19.8%，0.6 mm以下细料的液限为25.3%，塑性指数检验结果为6.1，砂砾材料天然含水量为2.0%。技术指标符合要求，可以使用。

2. 选择水泥剂量的掺配范围

对水泥稳定粗粒土，混合料中的水泥剂量分别按3%、4%、5%、6%、7%的比例配制，即：水泥:砂砾为3:100；4:100；5:100；6:100；7:100。

3. 确定最佳含水量和最大干密度

对5种不同水泥剂量的混合料用重型击实试验法做标准击实试验，按规定的试验方法确定出水泥稳定砂砾混合料的最大干密度和最佳含水量，试验结果见表4—1—9。

表4—1—9 标准击实试验结果

水泥剂量（%）	3	4	5	6	7
最佳含水量（%）	5.7	5.7	5.8	5.9	6.0
最大干密度（g/cm^3）	2.280	2.290	2.300	2.320	2.330

4. 制备试件

制备水泥稳定砂砾强度试件，按规定采用ϕ150 mm×150 mm的圆柱体试件，每个试件的体积为 2 651 cm^3。试件数量按 13 个制备，工地压实度按 96% 控制。

以水泥剂量为 3% 为例，制备一个试件需要湿混合料的质量计算如下：

$$2.280 \times 2\ 651 \times (1 + 5.7\%) \times 0.96 = 6\ 133\ (g)$$

考虑到试验过程的可操作性和配料计算的简便性，配制一个试件的干混合料质量按 6 500 g 计算，其中砂砾材料天然含水量为 2.0%，水泥材料含水量取 0 计算。水泥剂量为 3% 的各种材料数量为：

水泥：6 500 ×3/（100 +3） =189.3（g）；

砂砾：干质量 6 500 ×100/（100 +3） =6 310.7（g），湿质量 6 310.7 ×（1 +2.0%） = 6 436.9（g）；

需加水量：（189.3 +6 310.7） ×5.7% =370.5（g）；

应加水量：370.5 −6 310.7 ×2.0% =244.3（g）。

即制备一个水泥剂量为 3% 的试件所需各种原材料数量为：水泥 189.3 g，砂砾 6 436.9 g，需加水量 244.3 g。

用同样的方法对水泥剂量为 4%、5%、6%、7% 的试件所需各种原材料数量进行计算，计算结果见表 4—1—10。

表 4—1—10　　试件所需各种原材料数量计算结果

水泥剂量（%）		3	4	5	6	7
试件干密度（g/cm^3）		2.19	2.20	2.21	2.23	2.24
一个试件湿混合料数量（g）		6 133	6 160	6 193	6 253	6 286
一个试件所需材料数量（g）	水泥	189	250	310	368	425
	砂砾	6 437	6 375	6 314	6 255	6 196
	水	244	246	253	261	269

根据表 4—1—10 计算结果制备各种不同水泥剂量的混合料试件，将制备好的试件进行称量，将实测密度与预定密度相差 ±0.03 g/cm^3 以内的试件进行标准养生。

5. 测定无侧限抗压强度

5 组试件经 6 天标准养生、1 天浸水，按规定方法测得无侧限抗压强度，结果见表 4—1—11。

表 4—1—11　　抗压强度试验结果

水泥剂量（%）	3	4	5	6	7
强度平均值 $\overline{R}$（MPa）	1.91	2.36	3.15	4.93	6.27
强度标准差（MPa）	0.375	0.302	0.415	0.611	0.593
强度偏差系数 C_v（%）	19.6	12.8	13.2	12.4	11.9
$\frac{R_d}{1 - Z_\alpha \cdot C_v}$（MPa）	2.95	2.53	2.55	2.51	2.49
是否满足公式 $\overline{R} \geq \frac{R_d}{1 - Z_\alpha \cdot C_v}$	否	否	是	是	是

6. 确定试验室合理水泥剂量（目标配合比）

通过以下方法确定合理水泥剂量：

(1) 比较强度平均值和强度设计值，根据试验结果，水泥剂量取4%、5%、6%、7%时，试件强度平均值均满足不低于2.0 MPa设计值要求。

(2) 考虑到试验数据的偏差和施工中的保证率，对水泥剂量为4%、5%、6%、7%时的强度数据，通过公式 $\overline{R} \geqslant \frac{R_d}{1 - Z_\alpha \cdot C_v}$ 验算。对一级公路，取95%的保证率，则系数 Z_a = 1.645。通过计算，水泥剂量取5%、6%、7%时，强度均能满足公式要求。

(3) 最后从工程经济性考虑，5%的水泥剂量为满足强度要求的最小水泥剂量，为合理水泥剂量。因此，试验室配合比为：水泥∶砂砾＝5∶100，混合料的最佳含水量为5.8%，最大干密度为2.300 g/cm^3，施工时压实度为96%。

7. 确定工地实际剂量（生产配合比）

根据施工现场情况，对试验室确定的配合比进行调整，对集中厂拌法施工，水泥剂量要增加0.5%，对粗粒土，混合料含水量要较最佳含水量大0.5%～1.0%。所以，经调整后得到的生产配合比为：水泥∶砂砾＝5.5∶100，混合料的含水量为6.5%，最大干密度为2.310 g/cm^3，施工时压实度为96%。

在施工时，可根据工地材料含水量，对上述生产配合比进行调整，得出最终的施工配合比。

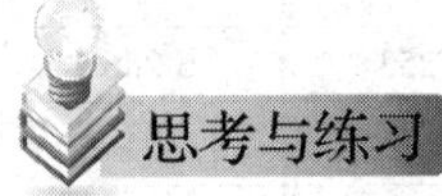

1. 影响无机结合料稳定材料质量的因素有哪些？
2. 无机结合料稳定材料对土的要求有哪些？结合前面所学知识，请列出应进行的检验项目。
3. 试比较土、集料、无机结合料稳定材料混合料根据粒径大小分类有什么不同？

任务二　评价石灰与粉煤灰的性能

- 了解石灰和粉煤灰的技术要求。
- 能够检验石灰有效CaO含量。
- 能够检验粉煤灰的细度。

在本模块任务一中，已经知道无机结合料主要包括水泥、石灰和粉煤灰，由于石灰生产工艺简单、产量高、采购方便；粉煤灰是工业废渣，储量大，使用它可以变废为宝，造福人类。所以，在工程上广泛采用石灰、粉煤灰作为无机结合料，拌制各种无机结合料稳定材料，运用于各级公路的底基层或基层。

从石灰厂拉回的一般都是块状石灰，须消化后才能使用。如果由于煅烧不透或消化不彻底，就会影响石灰的质量；粉煤灰在我国多采用湿法收集，集中存放于粉煤灰池，由于存放时间过久及风吹雨淋，会夹杂团块、杂物等，其活性也会下降。可以想象，如果将没经过检验的石灰或粉煤灰直接用于工程施工，其后果及危害都是相当严重的。

某山区二级公路，沿线石灰和粉煤灰资源丰富，拟采用二灰土。施工单位从石灰厂和电厂粉煤灰池取回足量样品进行检验，评价其是否能用于该工程。

直观地，我们都认为石灰、粉煤灰越细越好，而且活性要大，易与水（或空气）反应，增加其强度和黏结性。

到底什么样的石灰、粉煤灰能满足公路施工的要求呢？它都有哪些指标？用什么方法来检验这些指标？本任务主要介绍石灰、粉煤灰的技术指标及评价方法。

一、石灰的技术要求

根据《公路路面基层施工技术规范》（JTJ 034—2000）要求，用作无机结合料的块状生石灰的技术指标有“有效钙＋氧化镁含量、未消化残渣含量”；消石灰粉的技术指标有“有效钙＋氧化镁含量、含水量和细度”。石灰的技术指标见表 4—2—1。

表 4—2—1　　石灰的技术指标

技术指标	钙质生石灰			镁质生石灰			钙质消石灰			镁质消石灰		
	等级											
	Ⅰ	Ⅱ	Ⅲ	Ⅰ	Ⅱ	Ⅲ	Ⅰ	Ⅱ	Ⅲ	Ⅰ	Ⅱ	Ⅲ
有效钙＋氧化镁含量（%）	≥85	≥80	≥70	≥80	≥75	≥65	≥65	≥60	≥55	≥60	≥55	≥50
未消化残渣含量（5 mm 圆孔筛的筛余，%）	≤7	≤11	≤17	≤10	≤14	≤20						

续表

技术指标		钙质生石灰			镁质生石灰			钙质消石灰			镁质消石灰		
		等级											
		Ⅰ	Ⅱ	Ⅲ	Ⅰ	Ⅱ	Ⅲ	Ⅰ	Ⅱ	Ⅲ	Ⅰ	Ⅱ	Ⅲ
含水量（%）								≤4	≤4	≤4	≤4	≤4	≤4
细度	0.6 mm 方孔筛的筛余（%）							0	≤1	≤1	0	≤1	≤1
	0.15 mm 方孔筛的累计筛余（%）							≤13	≤20	—	≤13	≤20	—
钙镁石灰的分类界限，氧化镁含量（%）		≤5			>5			≤4			>4		

注：硅、铝、镁氧化物含量之和大于5%的生石灰，其有效钙＋氧化镁含量指标为：Ⅰ等≥75%，Ⅱ等≥70%，Ⅲ等≥60%；未消化残渣含量指标与镁质生石灰指标相同

符合表4—2—1中Ⅲ级以上技术要求的石灰均可用作无机结合料。在石灰用量不大的情况下，钙质石灰稳定土比镁质石灰稳定土的初期强度高，镁质石灰稳定土在石灰用量大时，后期强度优于钙质石灰稳定土。

在同等石灰用量下，质量好的石灰，无机结合料稳定材料的稳定效果好。如果采用质量差的石灰，为了满足石灰稳定材料的技术要求，就得适当增加石灰用量。

1. 有效氧化钙和氧化镁

石灰中产生黏结性的有效成分是活性氧化钙和活性氧化镁，它们的含量是评价石灰质量的主要指标。氧化钙和氧化镁的含量越多，石灰的活性越高，质量也越好。生石灰在空气中存放时间过长，会吸收水分而消化成消石灰粉，再与空气中的CO_2作用，形成失去胶凝作用的$CaCO_3$粉末，将降低石灰的使用质量。

石灰中的CO_2含量反映了石灰中“欠火石灰”数量，CO_2含量越高，表明石灰中未完全分解的碳酸钙比例越高，将影响石灰的胶结性能。

2. 未消化残渣含量

未消化残渣含量综合反映生石灰中的“过火石灰”和“欠火石灰”数量，是将生石灰按标准方法消化后过筛，用存留在5 mm圆孔筛上残渣占试样的百分率表示。

3. 细度

细度与消石灰的活性有关，消石灰粉越细，石灰的活性越大。消石灰粉中较大的颗粒包括：未消化的“过烧”石灰颗粒，含有大量钙盐的石灰颗粒以及“欠火石灰”或未燃尽的煤渣等。现行标准以0.6 mm和0.15 mm筛余百分率控制磨细石灰粉和消石灰粉的细度。

4. 游离水含量

游离水含量指消石灰粉中化学结合水以外的含水量。理论上，石灰中氧化钙消化用水量是氧化钙质量的32%左右。而实际消化加水量一般是理论值的一倍左右，多加的水残留于氢氧化钙中。在石灰硬化过程中，这些水分的蒸发将引起体积显著收缩，易出现干缩裂缝，从而影响其使用质量。

二、粉煤灰的技术要求

根据《公路路面基层施工技术规范》（JTJ 034—2000）要求，用作无机结合料的粉煤灰的技术指标有：活性氧化物 SiO_2、Al_2O_3、Fe_2O_3含量、细度、烧失量、含水量等。粉煤灰的技术指标见表4—2—2。

表4—2—2　　粉煤灰的技术指标

技术指标		技术要求
活性氧化物 SiO_2、Al_2O_3、Fe_2O_3含量		>70%
细度	比表面积	>2 500 m^2/g
	0.3 mm筛孔通过率	≥90%
	0.075 mm筛孔通过率	≥70%
烧失量		≤20%
含水量		≤35%

1. 活性氧化物含量

粉煤灰中的活性氧化物 SiO_2、Al_2O_3、Fe_2O_3等在消石灰 $Ca(OH)_2$的化学激发作用下，生成稳定的水化硅酸钙和水化铝酸钙等胶凝物质，这是二灰稳定类材料获得稳定性和强度的前提条件。其中，硅、铝和铁的氧化物的含量是评定粉煤灰在稳定类材料中应用的主要指标。

2. 细度

粉煤灰的细度对二灰稳定类材料的强度有一定影响，粉煤灰的颗粒越细，其表面积越大、活性越强，从而增加混合料的抗压强度。

3. 烧失量

烧失量是指粉煤灰在高温灼烧下损失的质量。烧失部分主要为未烧尽固态碳。碳成分的增加意味有效成分的减少。粉煤灰中的含碳量过多，会影响其活性，对混合料强度有明显影响。

4. 含水量

干粉煤灰和湿粉煤灰的含水量均应控制在35%以内。干粉煤灰如果堆积在空地上应加水，防止飞扬造成污染。湿粉煤灰含水量过大时易结成团块，不易与其他材料拌和均匀，使用时应将结成团块的粉煤灰打碎或过筛，同时清除有害杂质。

石灰、粉煤灰的检验方法可以分成以下几种：石灰有效氧化钙和氧化镁含量、粉煤灰活性氧化物 SiO_2、Al_2O_3、Fe_2O_3含量采用化学分析法；细度（比表面积除外）、未消化残渣含

量采用筛析法，其中，细度采用负压筛进行筛析；比表面积采用勃氏法；烧失量用灼烧后质量损失测定；含水量则采用烘干法、酒精法或砂浴法。

在上述各种方法中，酒精法、烘干法测含水量，在土的含水量测定中讲过，烧失量操作比较简单，余下的化学分析法、负压筛析法在以前的任务中还没出现过，因此，本任务安排石灰有效氧化钙和粉煤灰细度两个检验项目。

一、测定石灰有效氧化钙含量

本方法适用于测定各种石灰的有效氧化钙含量。石灰中的有效氧化钙是指游离的氧化钙，石灰中的有效氧化钙含量，以能溶解于蔗糖溶液中，并能与盐酸作用生成蔗糖钙的钙含量占石灰原试样的重量的百分率表示。

1. 试验准备

（1）仪器设备

1）方孔筛：0.15 mm，1 个；1.18 mm，1 个。

2）烘箱：50 ~ 250℃，1 台。

3）干燥器：ϕ25 cm，1 个。

4）称量瓶：ϕ30 mm × 50 mm，10 个。

5）瓷研钵：ϕ12 ~ 13 cm，1 个。

6）分析天平：量程不小于 50 g，感量 0.000 1 g，1 台。

7）电子天平：量程不小于 500 g，感量 0.01 g，1 台。

8）电炉：1 500 W，1 个。

9）石棉网：20 cm × 20 cm，1 块。

10）玻璃球：ϕ3 mm，1 袋（0.25 kg）。

11）具塞三角瓶：250 mL，20 个。

12）漏斗：短颈，3 个。

13）塑料洗瓶：1 个。

14）塑料桶：20 L，1 个。

15）狭口蒸馏水瓶：5 000 mL，1 个。

16）三角瓶：300 mL，10 个。

17）容量瓶：250 mL、1 000 mL，各 1 个。

18）量筒：200 mL、100 mL、50 mL、5 mL，各 1 个。

19）试剂瓶：250 mL、1 000 mL，各 5 个。

20）塑料试剂瓶：1 L，1 个。

21）烧杯：50 mL，5 个；250 mL（或 300 mL），10 个。

22）棕色广口瓶：60 mL，4 个；250 mL，5 个。

23）滴瓶：60 mL，3 个。

24）酸滴定管：50 mL，2 支。

25）滴定台及滴定管夹，各1套。

26）大肚移液管：25 mL、50 mL，各1个。

27）表面皿：7 cm，10块。

28）玻璃棒：8 mm×250 mm 及4 mm×180 mm 各10支。

29）试剂勺：5个。

30）吸水管：8 mm×150 mm，5支。

31）洗耳球：大、小各1个。

（2）试剂

1）蔗糖（分析纯）。

2）酚酞指示剂：称取0.5 g 酚酞溶于50 mL 的95%乙醇中。

3）0.1%甲基橙指示剂：称取0.05 g 甲基橙溶于50 mL 蒸馏水（40~50℃）中。

4）盐酸标准溶液（相当于0.5 mol/L）：将42 mL 浓盐酸（相对密度1.19）稀释至1 L，按下述方法标定其摩尔浓度后备用。

称取0.8~1.0 g（精确至0.000 1 g）已在180℃烘箱中烘干2 h 的碳酸钠（优级纯或基准级）记录为 m，置于250 mL 三角瓶中，加100 mL 水使其完全溶解；然后加入2~3滴0.1%甲基橙指示剂，记录滴定管中待标定的盐酸标准溶液的体积 V_1，用待标定的盐酸标准溶液滴定至碳酸钠溶液由黄色变为橙红色；将溶液加热至微沸，并保持微沸3 min，然后放在冷水中冷却至室温，如果此时橙红色变为黄色，则再用盐酸标准溶液滴定，至溶液出现稳定橙红色时为止。记录滴定管中盐酸标准溶液的体积 V_2。V_1、V_2 的差值即为盐酸标准溶液的消耗量 V。

盐酸标准溶液的当量浓度按公式4—2—1计算：

$$M = \frac{m}{V \times 0.053} \qquad (4—2—1)$$

式中 M——盐酸标准溶液物质的量浓度，mol/L；

m——称取碳酸钠的质量，g；

V——滴定时盐酸标准溶液的消耗量，mL；

0.053——与1.00 mL 盐酸标准溶液［C（HCl）=1.000 mol/L］相当的以克表示的无水碳酸钠的质量。

0.5 N 盐酸标准溶液标定过程如图4—2—1所示，记录表见表4—2—3。

（3）试样准备

1）生石灰试样：将生石灰样品打碎，使颗粒不大于1.18 mm。拌和均匀后用四分法缩减至200 g 左右，放入瓷研钵中研细；再经四分法缩减几次至20 g 左右；将研磨所得石灰样品，用0.15 mm 方孔筛过筛；从此细样中均匀挑取10余克，置于称量瓶中，放在105℃烘箱中烘干至恒质量，储于干燥器中，供试验用。其过程如图4—2—2所示。

2）消石灰试样：消石灰试样的制备与生石灰相同。将消石灰样品用四分法缩减至10 g 左右，如果有大颗粒存在，须在瓷研钵中磨细至无不均匀颗粒存在为止；将试样置于称量瓶中，在105℃烘箱中烘干至恒量，储于干燥器中，供试验用。

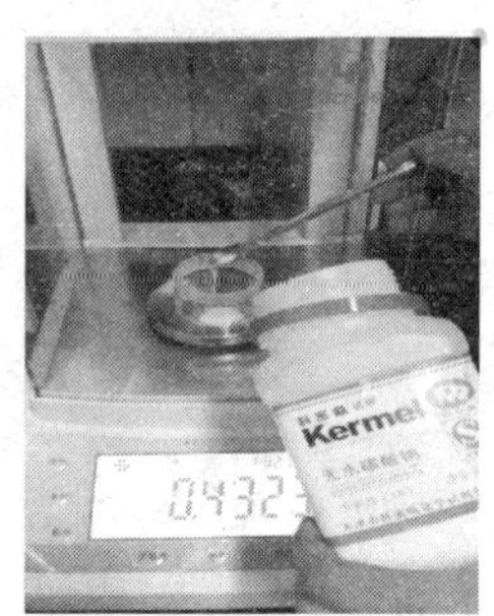

称取碳酸钠

置于二角瓶中加水溶解

用标准盐酸溶液滴定至橙红色

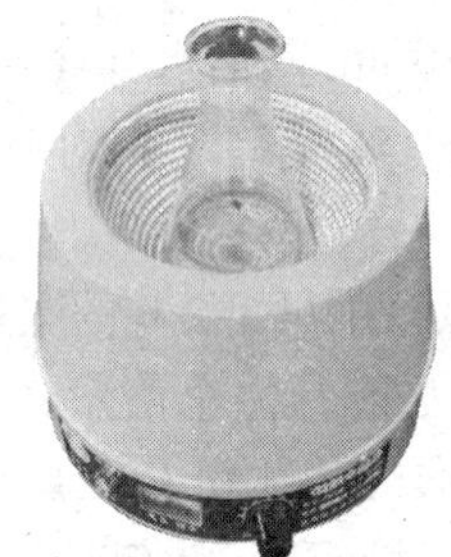
加热至微沸，并保持微沸 3min

放在冷水中冷却至室温

图 4—2—1　0.5 N 盐酸标准溶液标定过程

表 4—2—3　　盐酸标准溶液的摩尔浓度滴定记录

碳酸钠质量 m（g）	滴管中盐酸量		盐酸标准溶液消耗量 V_3（mL）	摩尔浓度 M（mol/L）	平均摩尔浓度 $\overline{M}$（mol/L）
	V_1（mL）	V_2（mL）			
0.852 6	0	32	32	0.50	0.5
0.956 3	0	37	37	0.49	

2. 试验步骤

（1）称取约 0.5 g 石灰试样（用减量法称，精确至 0.000 1 g），记录为 m_1，放入干燥的 250 ml 具塞三角瓶中，取 5 g 蔗糖覆盖在试样表面，投入干玻璃珠 15 粒，迅速加入新煮沸并已冷却的蒸馏水 50 mL，立即加塞振荡 15 min（如果有试样结块或黏于瓶壁现象，则应重新取样）。

（2）打开瓶塞，用水冲洗瓶塞及瓶壁，加入 2～3 滴酚酞指示剂，记录滴定管中盐酸标准溶液体积 V_3，用已标定的约 0.5 N 盐酸标准溶液滴定（滴定速度以 2～3 滴/s 为宜），至溶液的粉红色显著消失并在 30 s 内不再复现为止，记录滴定管中盐酸标准溶液体积 V_4。V_3、V_4 的差值即为盐酸标准溶液的消耗量 V_5。

试验过程如图 4—2—3 所示。

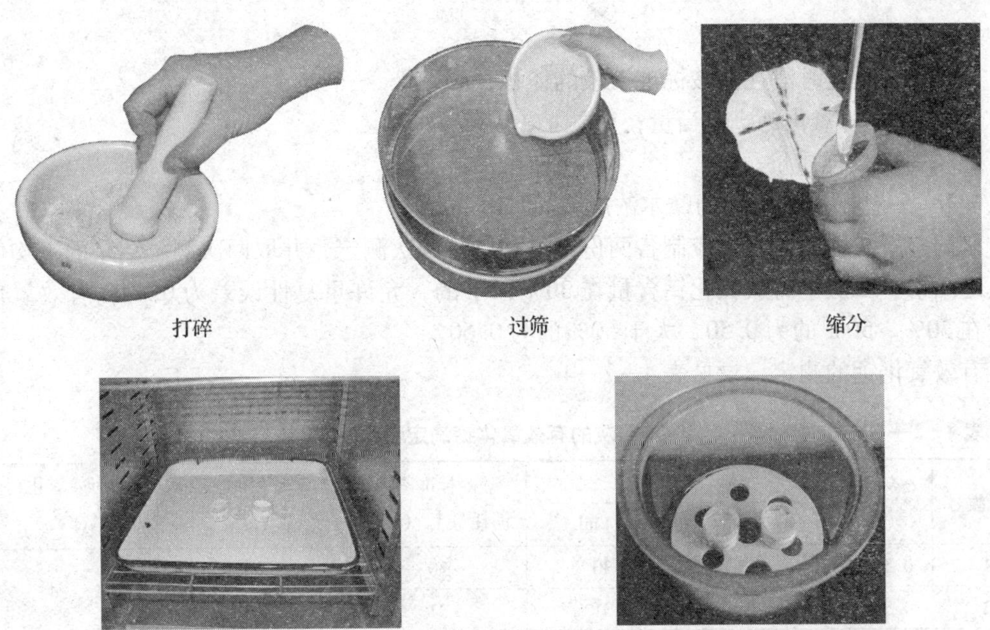
打碎　过筛　缩分
取试样置于称量瓶中烘干　储于干燥器中备用

图 4—2—2　生石灰试样制备过程

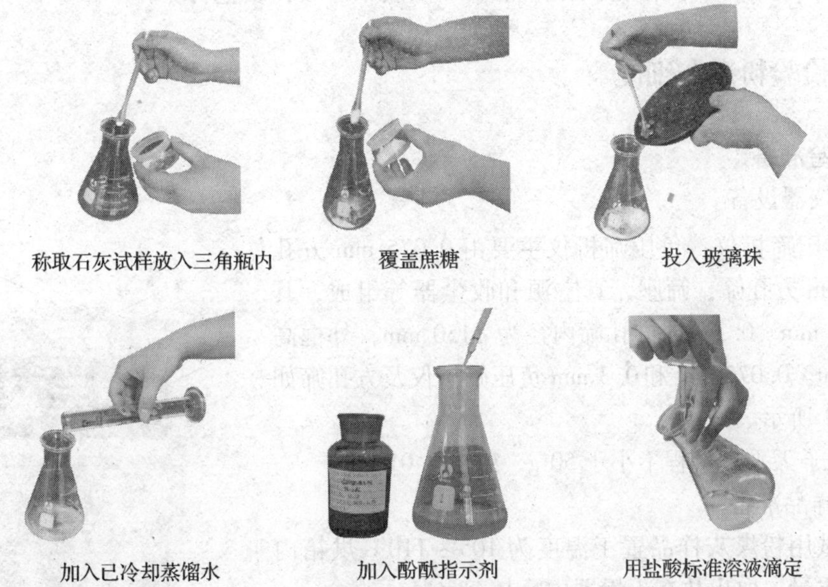
称取石灰试样放入三角瓶内　覆盖蔗糖　投入玻璃珠
加入已冷却蒸馏水　加入酚酞指示剂　用盐酸标准溶液滴定

图 4—2—3　石灰氧化钙含量测定试验过程

3. 结果整理

有效氧化钙含量（X）按公式 4—2—2 计算：

$$X = \frac{V_5 \times M \times 0.028}{m_1} \qquad (4—2—2)$$

式中 X——有效氧化钙含量，%；

V_5——滴定时消耗盐酸标准溶液的体积，mL；

0.028——氧化钙毫克当量；

m_1——试样质量，g；

M——盐酸标准溶液的摩尔浓度，mol/L。

对同一石灰样品，至少应制备两份试样和进行两次测定，并取两次测定结果的平均值代表最终结果。石灰中有效氧化钙含量在30%以下的，允许重复性误差为0.40；有效氧化钙含量在30%～50%的为0.50，大于50%的为0.60。

有效氧化钙的测定记录见表4—2—4。

表4—2—4　石灰的有效氧化钙滴定记录

试验编号	石灰质量（g）	滴管中盐酸量		盐酸标准溶液消耗量 V_5（mL）	有效氧化钙含量 X（%）	平均有效氧化钙含量 $\overline{X}$（%）
		V_3（mL）	V_4（mL）			
1	0.512 4	0	30	30	83	84
2	0.523 6	0	31	31	84	

4. 质量评定

参照表4—2—1的石灰技术指标，该石灰属于Ⅱ级钙质生石灰。

二、检验粉煤灰细度

1. 试验准备

（1）仪器设备

1）负压筛析仪：负压筛析仪主要由0.075 mm方孔筛、0.3 mm方孔筛、筛座、真空源和收尘器等组成，其中，0.075 mm、0.3 mm方孔筛内径为ϕ150 mm，外框高度为25 mm。0.075 mm和0.3 mm负压筛析仪及方孔筛如图4—2—4所示。

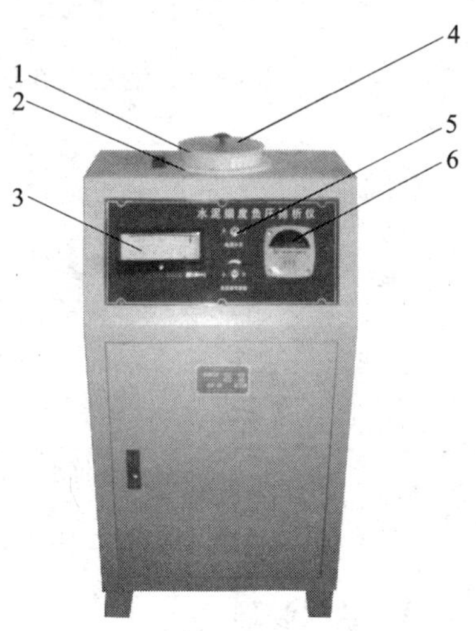

图4—2—4　负压筛析仪及方孔筛

1—方孔筛　2—筛座　3—压力表

4—筛盖　5—开关　6—定时装置

2）电子天平：量程不小于50 g，感量0.01 g。

（2）样品准备

将测试用粉煤灰样品置于温度为105～110℃烘箱内烘干至恒质量，取出放在干燥器中冷却至室温。

2. 试验步骤

（1）称取试样约10 g，精确至0.01 g，记录试样质量m_2，倒在0.075 mm方孔筛网上，将筛子置于筛座上，盖上筛盖。

（2）接通负压筛析仪的电源，将定时开关固定在

3 min，开始筛析。

（3）负压筛析仪开始工作后，观察负压表，使负压稳定在 4 000 ~ 6 000 Pa。若负压小于 4 000 Pa，则应停机，清理收尘器中的积灰后再进行筛析。

（4）在筛析过程中，可用轻质木棒或硬橡胶棒轻轻敲打筛盖，以防吸附。

（5）3 min 后筛析自动停止，停机后观察筛余物，如果出现颗粒呈球状、黏筛或有细颗粒沉积在筛框边缘，用毛刷将细颗粒轻轻刷开，将定时开关固定在手动位置，再筛析 1 ~ 3 min，直至筛分彻底为止。将筛网内的筛余物收集并称量，精确至 0.01 g，记录筛余物的质量 m_1。

（6）称取试样约 100 g，准确至 0.01 g，记录试样质量 m_3，倒入 0.3 mm 方孔筛网上，使粉煤灰在筛面上同时有水平方向及上下方向的不停顿的运动，使小于筛孔的粉煤灰通过筛孔，直至 1 min 内通过筛孔的质量小于筛上残余量的 0.1% 为止。记录筛面上粉煤灰的质量 m_4。

3. 数据整理

粉煤灰的细度（百分含量）按下式计算：

$$X_1 = \frac{m_2 - m_1}{m_2} \times 100 \tag{4—2—3}$$

$$X_2 = \frac{m_3 - m_4}{m_3} \times 100 \tag{4—2—4}$$

式中 X_1——0.075 mm 方孔筛通过百分含量，%；

X_2——0.3 mm 方孔筛通过百分含量，%；

m_1——0.075 mm 方孔筛筛余物质量，g；

m_4——0.3 mm 方孔筛筛余物质量，g；

m_2——过 0.075 mm 方孔筛的样品质量，g；

m_3——过 0.3 mm 方孔筛的样品质量，g。

粉煤灰细度记录见表 4—2—5。

表 4—2—5　粉煤灰细度试验记录

项目	0.075 mm 筛		0.3 mm 筛		细度	
	样品质量 m_2（g）	筛余质量 m_1（g）	样品质量 m_3（g）	筛余质量 m_4（g）	X_1（%）	X_2（%）
第一次	10.23	2.05	100.21	8.02	80	92
第二次	9.96	1.99	99.26	7.94	81	92
第三次	10.12	2.02	100.11	7.01	80	93
平均					80	92

4. 最终结论

参照表 4—2—2 的粉煤灰的技术指标，该粉煤灰样品满足要求。

5. 筛网的校正

筛网的校正采用粉煤灰细度标准样品或其他同等级标准样品。按本方法试验步骤测定标准样品的细度，筛网校正系数按下式计算：

$$K = \frac{m_0}{m} \tag{4—2—5}$$

式中 m_0——标准样品筛余标准值，%；

m——标准样品筛余实测值，%。

筛网校正系数范围为0.8～1.2，筛析150个样品后进行筛网的校正。

1. 石灰的技术要求有哪些？
2. 如何制备生石灰试样？
3. 粉煤灰的细度指标如何评定？

任务三　评价无机结合料稳定材料的性能

- 了解无机结合料稳定材料的技术要求。
- 了解无机结合料稳定材料的性能缺陷及控制要点。
- 掌握无机结合料稳定材料性能的检验步骤及方法。

无机结合料稳定材料主要用作公路的基层和底基层，它与路面材料一起承受车辆的荷载作用，同时也受到温度、水等外部因素的作用。

对无机结合料稳定材料修筑的结构层，应该具备什么样的性能？用什么样的技术指标来表示？又如何检验这些指标呢？

无机结合料稳定材料除了自身的优点外，也存在着一些工程上的缺陷，应该采用什么方法来改善呢？

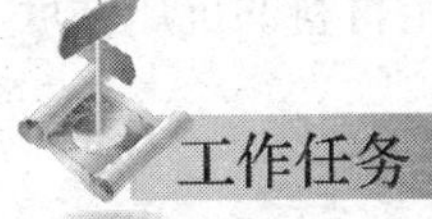

工作任务

某平原区二级公路，采用水泥稳定砂砾作基层，施工前首先要确定无机结合料稳定材料的配合比，施工中要检验混合料中水泥剂量及混合料的无侧限抗压强度是否满足设计要求。

如何进行配合比设计呢？在任务一中已经做了简单介绍，从中可以看到，配合比设计的核心任务是制作一定剂量无机结合料稳定材料的无侧限抗压强度试件，在达到标准养生规定龄期后，进行无侧限抗压强度试验，检验无机结合料稳定材料的强度是否满足要求。

同时，在无机结合料稳定材料施工中，为了控制施工质量，在施工中要按一定频率检验无机结合料剂量，同时制作无侧限抗压强度试件，在标准养生规定龄期后，进行无侧限抗压强度试验，检验无机结合料稳定材料的强度，以此作为评定工程质量的标准。

相关理论

一、无机结合料稳定材料的技术要求

由于无机结合料稳定材料耐磨性差，在路面工程中一般不用于路面面层，主要作为路面基层、底基层材料。为满足行车、气候和水文地质条件的要求，无机结合料稳定材料必须满足强度、抗变形能力和水稳定性等技术要求。具体包括以下几个方面：

1. 强度

在沥青路面结构中，由于路面面层厚度较薄，传给基层的荷载应力较大，基层和底基层是承受车辆荷载作用的主要结构（一般称为承重层），这就要求无机结合料稳定材料具有足够的强度。

若面层材料系水泥混凝土，由于刚性板块传递给基层的应力已经很小，基层虽不起主要承重作用，但是，基层是保证路面整体强度、防止水泥混凝土板产生开裂等损坏的重要支承基础，同时对延长路面使用寿命也有明显作用。

若面层系沥青路面，则无机结合料稳定层是主要的承重层，混合料的强度对路面质量起着至关重要的作用。

强度分抗压强度和抗拉强度两个方面，抗压强度采用7天龄期的标准试件在饱水状态下的无侧限抗压强度表示，而抗拉强度采用间接抗拉强度——劈裂强度表示。劈裂强度试验用加载压条沿圆柱体试件侧面轴线方向均匀施加荷载，直至试件劈裂为止，按有关规定计算试件的极限劈裂强度。整个养生期间的温度保持20℃±2℃，养生期最后一天，将试件浸泡在水中。水泥稳定材料龄期为90天，二灰稳定材料、石灰稳定材料龄期为180天，水泥粉煤灰稳定材料龄期为120天。

目前工程上主要采用无侧限抗压强度这一指标。

不同的公路等级、无机结合料类型和路面结构层次，对无机结合料稳定材料的抗压强度要求也不相同，7 天龄期无侧限抗压强度应符合表 4—3—1 的规定。

表 4—3—1　　无机结合料稳定材料的 7 天龄期无侧限抗压强度标准　　MPa

公路等级	结构层	水泥稳定材料	石灰稳定材料	石灰粉煤灰稳定材料
二级和二级以下公路	底基层	1. 5 ~2. 0	0. 5 ~0. 7	≥0. 5
	基层	2. 5 ~3	≥0. 8	0. 6 ~0. 8
高速公路、一级公路	底基层	1. 5 ~2. 5	—	≥0. 6
	基层	3 ~5	≥0. 8	0. 8 ~1. 1

2. 干缩与温缩性能

（1）干缩

随着无机结合料稳定材料强度的不断形成，水分逐渐消耗以及蒸发，体积发生收缩，当收缩变形受到约束时，逐渐产生裂缝，称为干缩裂缝。无机结合料稳定材料干缩裂缝的产生与结合料的种类和用量、含细粒土的多少及养护条件有关。试验表明，最佳含水量状态下各种无机结合料稳定材料的干缩系数按由大到小排序为石灰土、石灰砂砾、二灰土、二灰砂砾、水泥砂砾。石灰稳定土比水泥稳定土容易产生干缩裂缝。对于含细粒土较多的无机结合料稳定土，常以干缩为主，故应加强初期养护，保证稳定土表面潮湿，减轻其干缩裂缝。

（2）温缩

无机结合料稳定材料具有热胀冷缩的性质。随着气温的降低，稳定材料会产生冷却收缩变形，当收缩变形受到约束时，逐渐形成裂缝，称为温缩裂缝。温缩裂缝的产生也与结合料的种类和用量、土的粗细程度与成分以及养护条件有关。试验表明，最佳含水量状态下各种无机结合料稳定材料的温缩系数按由大到小排序为石灰土、石灰砂砾、二灰土、水泥砂砾、二灰砂砾。石灰稳定土比水泥稳定土的温缩大，细粒土比粗粒土的温缩大。掺入一定数量的粉煤灰可以降低温缩系数。早期养生良好的无机结合料稳定材料易于成型，强度高，可以减少裂缝的产生。

3. 疲劳特性

在重复荷载作用下，无机结合料稳定材料的强度与其静力极限强度相比有所下降。荷载重复作用的次数越多，这种强度下降亦越大，即疲劳强度越小。材料从开始至出现疲劳破坏的荷载作用次数称为材料的疲劳寿命。试验表明，石灰粉煤灰稳定材料的抗疲劳性能优于水泥砂砾。

由于在一定的应力条件下，疲劳寿命取决于材料的强度，故在多数情况下，凡有利于水泥（石灰）类材料强度的因素对提高疲劳寿命也有利。

4. 水稳定性和抗冻稳定性

无机结合料稳定材料除应具有适当的强度，能承受设计荷载以外，还应具备一定的水稳定性和抗冻稳定性。否则，稳定材料基层由于面层开裂、渗水或者两侧路肩渗水，将使稳定材料的含水量增加，强度降低，从而使路面过早破坏。在冰冻地区，冰冻将加剧这种破坏。评价稳定材料的水稳定性和抗冻稳定性可用浸水强度和冻融循环试验的方法。

影响水稳定性和抗冻稳定性的主要因素如下：

（1）土类

细土含量多、塑性指数大的土，水稳定性和抗冻稳定性能差。

（2）结合料种类和剂量

石灰粉煤灰粒料和水泥粒料的水稳定性最好。当结合料剂量不足时，胶结作用弱，透水性大，强度达不到要求，其稳定性也差。

（3）密实度

密实度大时，透水能力降低，水稳定性增强。

（4）龄期

由于无机结合料稳定材料的强度形成需要一定的时间，因此，这类材料的水稳定性和抗冻稳定性随龄期的增长而增长。

二、影响无机结合料稳定材料强度的因素

影响无机结合料稳定材料强度的因素除原材料本身的质量外，还有无机结合料用量、含水率、施工条件等几个方面。

1. 无机结合料用量

无机结合料稳定材料配合比设计确定的无机结合料用量（生产配合比）是无机结合料稳定材料施工时配料的依据，无机结合料用量过大，将造成造价提高，对于某些稳定材料甚至会造成强度的下降；用量过小，则无法满足强度的要求。因此，《公路工程质量检验标准》中明确要求，无机结合料用量要按设计要求准确控制。

2. 最佳含水量和最大干密度

对于水泥稳定材料，当含水量不足时，水泥不能在混合料中完全水化和水解，发挥不了水泥对土或集料的稳定作用，影响强度形成。达不到最佳含水量时，还会影响水泥稳定材料的压实度。对于石灰稳定材料，水是混合料的重要组成部分，它不仅促使石灰稳定材料发生物理化学变化，形成强度，也是便于土的粉碎、拌和与压实的必要条件。不同土质、不同石灰剂量的石灰稳定材料有不同的最佳含水量。

施工时，实际含水量宜略大于最佳含水量。对于稳定粗粒土和中粒土，宜较最佳含水量大0.5%～1%；对于稳定细粒土，宜较最佳含水量大1%～2%。

最佳含水量和最大干密度用标准击实试验得到，试验方法与土的击实试验基本相同。

3. 压实质量

无机结合料稳定材料的压实质量用压实度表示。不同的无机结合料稳定材料、不同结构层的压实度要求见表4—3—2。

表 4—3—2　　无机结合料稳定材料料压实度标准　　单位:%

公路等级	结构层	无机结合料稳定细粒土		无机结合料稳定中粒土、粗粒土	
		代表值	极值	代表值	极值
二级和二级以下公路	底基层	93	89	95	91
	基层	95	91	97	93
高速公路、一级公路	底基层	95	91	96	92
	基层	—	—	98	94

4. 施工条件与龄期

对于水泥稳定材料，从加水拌和到碾压终了的时间不应超过 3 ~4 h，并应短于水泥的终凝时间。施工期的日最低气温应在 5℃以上，并在第一次重冰冻（ -5 ~ -3℃）到来之前半个月至 1 个月完成。水泥稳定材料要进行保湿养生，养生条件不同，其强度也有差异。当温度高时，物理化学反应、硬化速度快，强度增长快，反之，强度增长慢，在负温条件下甚至不增长。

石灰稳定材料的强度具有随龄期增长而增长的特点。石灰稳定土初期强度低，随着龄期的增加而趋于稳定。一般情况下，石灰稳定土的强度在 90 天以前增长比较显著，以后就比较缓慢。为了防止冰冻破坏，要求有一个冻前龄期。

石灰粉煤灰综合稳定材料初期强度低，随着龄期的增长，强度增长的幅度较大。

根据任务一中工程实例，要求 7 天无侧限饱水抗压强度设计值为 2. 0 MPa。混合料组成设计确定的水泥砂砾的配合比为：水泥: 砂砾 =5. 5: 100，混合料的最佳含水率为 6. 5%，最大干密度为 2. 310 g/cm^3，施工时压实度为 96%。砂砾材料天然含水率为 2. 0%，现对现场水泥稳定砂砾进行质量评定。

一、测定水泥稳定砂砾中水泥剂量

水泥稳定材料中水泥剂量测定采用 EDTA 滴定法。测定水泥剂量应在水泥终凝之前进行，否则，需要用相应龄期的 EDTA 二钠标准溶液消耗量的标定曲线确定。

EDTA 测定法的化学原理是：先用 10% 氯化铵弱酸溶出水泥稳定材料中的 Ca^{2+}，然后用 EDTA 二钠标准溶液萃取 Ca^{2+}，EDTA 二钠标准溶液的消耗量与相应的水泥剂量（水泥剂量的大小正比于 Ca^{2+} 的数量）存在近似线性关系。

水泥剂量测定原理：按工地最佳含水率制备不同剂量水泥稳定材料试样；用 EDTA 二钠溶液滴定各试样，记录 EDTA 二钠溶液消耗量，绘制水泥剂量与 EDTA 二钠溶液消耗量标准曲线；用 EDTA 二钠溶液滴定现场水泥稳定材料试样，记录 EDTA 二钠溶液消耗量；与标准曲线比较，得出现场混合料中水泥剂量。

1. 试验准备

（1）仪器设备

1）滴定管（酸式）：50 mL，1 支；

2）滴定管支架：1 个；

3）滴定管夹：1 个；

4）大肚移液管：10 mL、50 mL，10 支；

5）锥形瓶（即三角瓶）：200 mL，20 个；

6）烧杯：2 000 mL（或 1 000 mL），1 只；300 mL，1 只；

7）容量瓶：1 000 mL，1 个；

8）搪瓷杯：容量大于 1 200 mL，10 只；

9）不锈钢搅拌棒（或粗玻璃棒）：10 根；

10）量筒：100 mL 和 5 mL 各 1 只，50 mL，2 只；

11）棕色广口瓶：60 mL，1 只（装钙红指示剂）；

12）电子天平：量程不小于 1 500 g，感量 0.0.1 g，1 台；

13）秒表：1 只；

14）表面皿：ϕ9 cm，10 个；

15）研钵：ϕ12 ~ 13 cm，1 个；

16）洗耳球：1 个；

17）精密试纸：pH 值为 12 ~ 14；

18）聚乙烯桶：20 L（装蒸馏水和氯化铵及 EDTA 二钠标准溶液），3 个；5 L（装氢氧化钠），1 个；5 L（大口桶），10 个；

19）洗瓶（塑料）：500 mL，10 个；

20）其他：毛刷、去污粉、吸水管、塑料勺、特种铅笔、厘米纸等。

（2）试剂及配制

1）0.1 mol/m^3 乙二胺四乙酸二钠（简称 EDTA 二钠）标准溶液。准确称取 EDTA 二钠（分析纯）37.23 g，用 40 ~ 50℃的无二氧化碳蒸馏水溶解，待全部溶解并冷却至室温后，定容至 1 000 mL。EDTA 二钠标准溶液配制过程如图 4—3—1 所示。

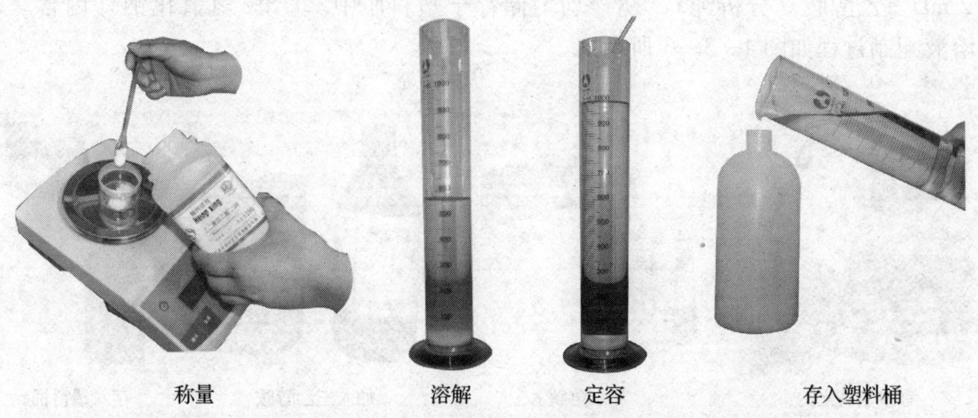

称量　　溶解　　定容　　存入塑料桶

图 4—3—1　EDTA 二钠标准溶液配制

2）10% 氯化铵（NH_4Cl）溶液。将 500 g 氯化铵（分析纯或化学纯）放在 10 L 的聚乙烯桶内，加蒸馏水 4 500 mL，充分振荡，使氯化铵完全溶解。也可以分批在 1 000 mL 的烧杯内配制，然后倒入塑料桶内摇匀。10% 氯化铵（NH_4Cl）溶液配制过程如图 4—3—2 所示。

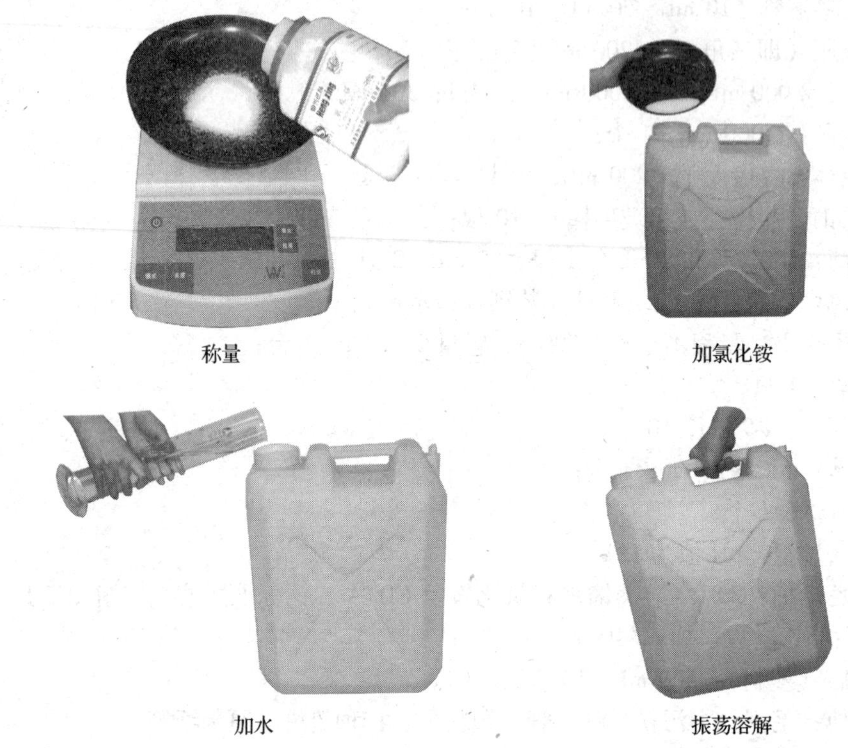

称量　加氯化铵　加水　振荡溶解

图 4—3—2　10% 氯化铵（NH_4Cl）溶液配制

3）1.8% 氢氧化钠（内含三乙醇胺）溶液。用电子天平称 18 g 氢氧化钠（分析纯），放入纯洁干燥的 1 000 mL 烧杯中，加 1 000 mL 蒸馏水使其全部溶解，待溶液冷却至室温后，加入 2 mL 三乙醇胺（分析纯），搅拌均匀储存于塑料瓶中。1.8% 氢氧化钠（内含三乙醇胺）溶液配制过程如图 4—3—3 所示。

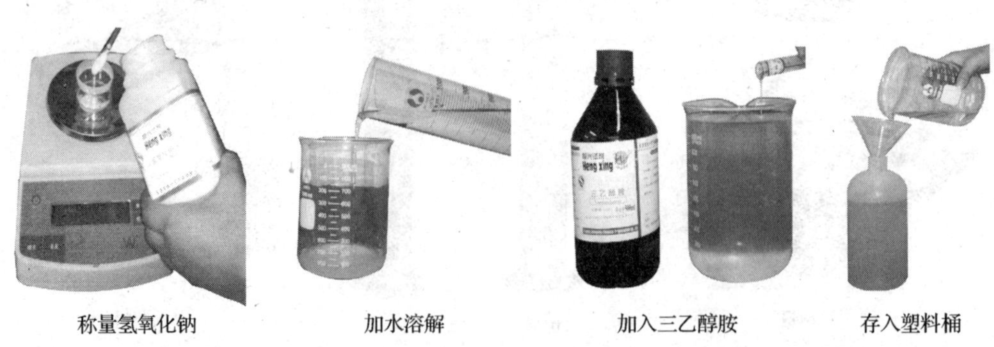

称量氢氧化钠　加水溶解　加入三乙醇胺　存入塑料桶

图 4—3—3　1.8% 氢氧化钠（内含三乙醇胺）溶液配制

4）钙红指示剂。将 0.2 g 钙试剂羧酸钠与 20 g 预先在 105℃烘箱中烘 1 h 的硫酸钾混合，一起放入研钵中，研成极细粉末，储存于棕色广口瓶中，以防吸潮。钙红指示剂配制过程如图 4—3—4 所示。

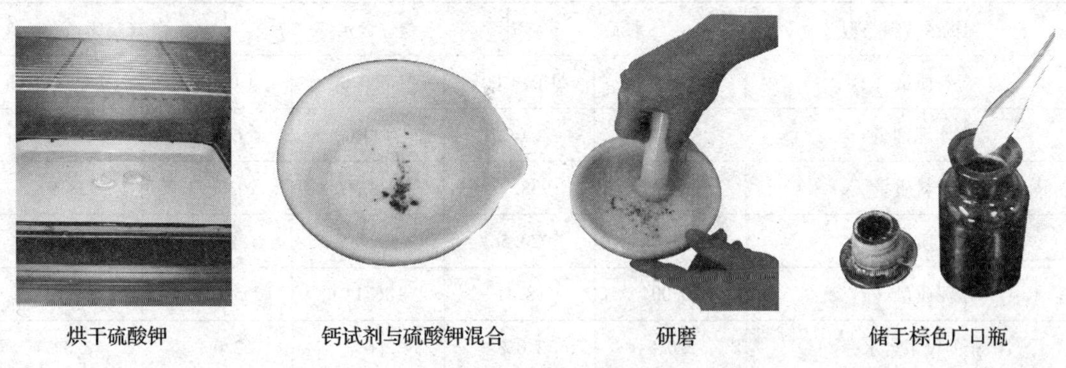

烘干硫酸钾　钙试剂与硫酸钾混合　研磨　储于棕色广口瓶

图 4—3—4　钙红指示剂配制

（3）准备标准曲线

1）取样。取工地用水泥和土，用烘干法或酒精燃烧法测其含水量（假定水泥的含水率为 0%）。

2）混合料组成的计算。计算公式如下：

干混合料质量 = 湿混合料质量/（1 + 含水量）

计算步骤如下：

干混合料质量 = 湿混合料质量/（1 + 最佳含水量）

干土质量 = 干混合料质量/（1 + 石灰或水泥剂量）

水泥质量 = 干混合料质量 − 干土质量

湿土（湿集料）质量 = 干土质量 ×（1 + 土的风干含水量）

3）准备试样。准备 5 种试样，每种 2 个样品，如果是水泥稳定中、粗粒土，每个样品取 1 000 g 左右；如果是细粒土，则取 300 g 左右。为了减少中、粗粒土的离散，宜按设计级配单份掺配的方式备料。

5 种混合料的水泥剂量应为：水泥剂量为 0、最佳水泥剂量左右、最佳水泥剂量 ±2%、最佳水泥剂量 +4%，每种剂量取两个（为湿质量）试样，并分别放在大口聚乙烯桶（中、粗粒土）或搪瓷杯（细粒土）内。土的含水率应等于工地预期达到的最佳含水率，土中所加的水应与工地所用的水相同。

根据已知条件，混合料为水泥稳定粗粒土，宜取 1 000 g 左右；最佳水泥剂量 5.5%，则 5 种混合料的水泥剂量为 0、(5.5 −2)%、5.5%、(5.5 +2)%、(5.5 +4)%，即 0、3.5%、5.5%、7.5%、9.5%。为便于计算，取水泥剂量为 0、2%、4%、6%、8%；混合料最佳含水率为 6.5%；土（砂砾）的风干含水率为 2.0%。5 种混合料中水泥、土和水的质量见表 4—3—3。按表中湿土质量、水泥质量、应加水质量分别称取原材料，倒入

5 L 大口聚乙烯桶中，用不锈钢搅拌棒（或粗玻璃棒）搅拌均匀，桶上贴上标签，注明水泥剂量。

表 4—3—3　　5 种剂量混合料各组成材料质量

无机结合料类型	水泥		最佳含水率		6.5%
湿料质量（g）	1 000.00	1 000.00	1 000.00	1 000.00	1 000.00
水泥剂量	0.0%	2.0%	4.0%	6.0%	8.0%
干混合料质量（g）	938.97	938.97	938.97	938.97	938.97
干土质量（g）	938.97	920.56	902.85	885.82	869.41
水泥质量（g）	0.00	18.41	36.11	53.15	69.55
土的风干含水率	2.0%	2.0%	2.0%	2.0%	2.0%
湿土质量（g）	957.75	938.97	920.91	903.53	886.80
应加入水质量（g）	42.25	42.62	42.98	43.32	43.64

4）滴定试样。取一个盛有试样的盛样器，在盛样器内加入 2 倍试样质量（湿料质量）体积的 10% 氯化铵溶液（如果湿料质量为 300 g，则氯化铵溶液为 600 mL；如果湿料质量为 1 000 g，则氯化铵溶液为 2 000 mL）。料为 300 g，则搅拌 3 min（每分钟搅拌 110 ~ 120 次）。料为 1 000 g，则搅拌 5 min。如果用 1 000 mL 具塞三角瓶，则手握三角瓶（瓶口向上）用力振荡 3 min（每分钟 120 次 ±5 次），以代替搅拌棒搅拌。放置沉淀 10 min。如果 10 min 后得到的是混浊悬浮液，则应增加放置沉淀时间，直到出现无明显悬浮颗粒的悬浮液为止，并记录所需时间。以后所有该种水泥稳定土混合料的试验，均应以同一时间为准。然后将上部清液移到 300 mL 烧杯内，搅匀，加盖表面皿待测。

用移液管吸取上层（液面下 1 ~ 2 cm）悬浮液 10.0 mL，放入 200 mL 的三角瓶内。用量筒量取 1.8% 氢氧化钠（内含三乙醇胺）溶液 50 mL，倒入锥形瓶中，此时溶液的 pH 值为 12.5 ~ 13.0（可用 pH 值为 12 ~ 14 精密试纸检验）。然后加入钙红指示剂（质量约为 0.2 g），摇匀，溶液呈玫瑰红色。记录滴定管中 EDTA 二钠标准溶液的体积 V_1，然后用 EDTA二钠标准溶液滴定，边滴定边摇匀，并仔细观察溶液的颜色。在溶液颜色变为紫色时，放慢滴定速度，并摇匀。直到变为纯蓝色为止。记录滴定管中 EDTA 二钠标准溶液体积 V_2（以 mL 计，读至 0.1 mL）。计算 $V_1 - V_2$的值，即为 EDTA 二钠标准溶液的消耗量。

一个样品 EDTA 滴定的过程如图 4—3—5 所示。

对其他几个盛样器中的试样，用同样的方法进行试验，并记录各自的 EDTA 二钠的耗量。记录表格式见表 4—3—4。

5）绘制标准曲线。以同一水泥剂量混合料消耗的 EDTA 二钠消耗量（mL）的平均值为纵坐标，以水泥剂量（%）为横坐标，两者的关系应是一根顺滑的曲线，如图 4—3—6 所示。如果集料或水泥改变，必须重新绘制标准曲线。

在盛样器内加入10% 氯化铵溶液

搅拌均匀

放置沉淀

将上部清液移到 300mL 烧杯内，搅匀，加盖表面皿待测

用移液管吸取上层悬浮液 10mL 放入200mL 的三角瓶内

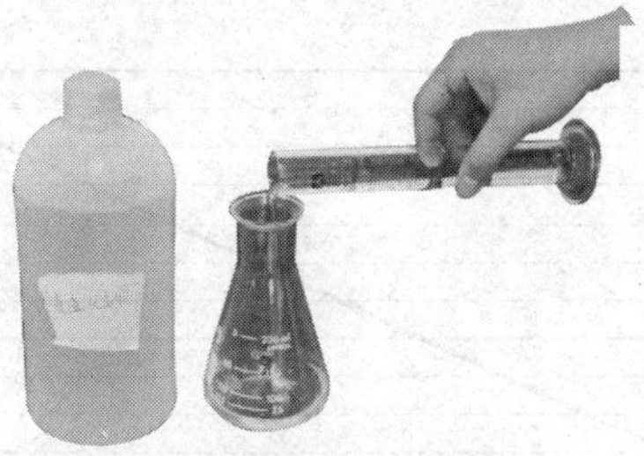
用量筒量取 1.8% 氢氧化钠（内含三乙醇胺）溶液 50mL，倒入锥形瓶中

检查 pH 值

加入钙红指示剂，摇匀，溶液呈玫瑰红色

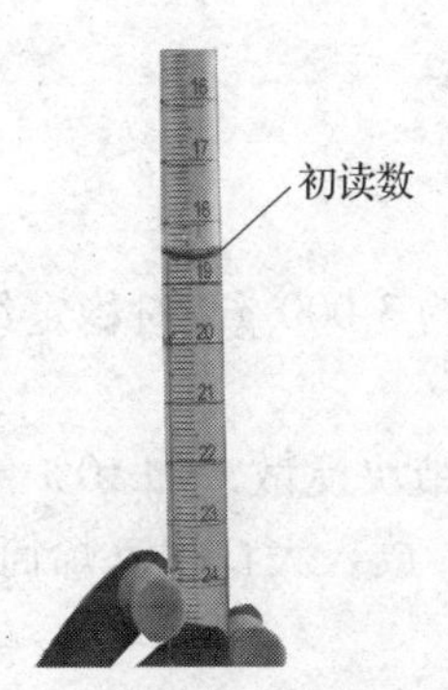

记录滴定管中 EDTA 二钠标准溶液的体积 V_1

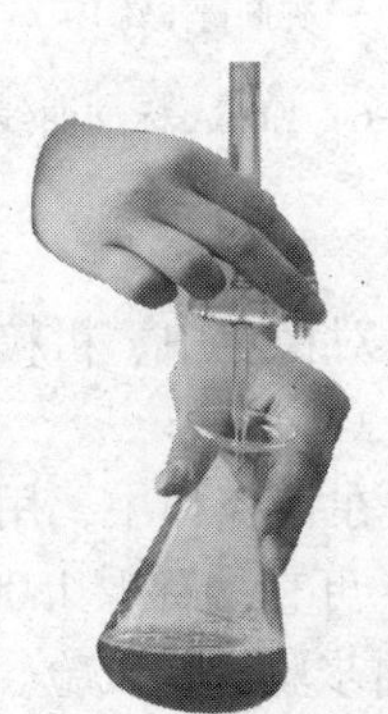
滴定

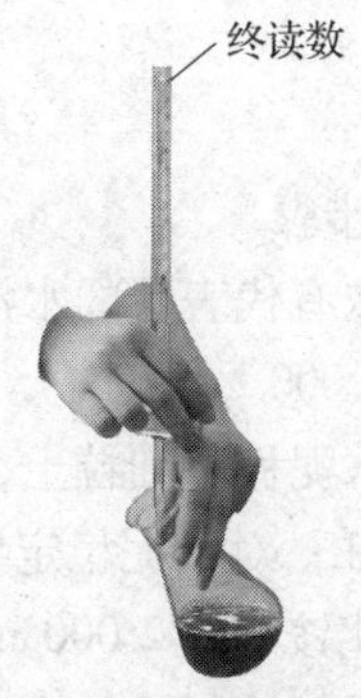

直到变为纯蓝色为止，记录滴定管中 EDTA 二钠标准溶液体积 V_2

图 4—3—5 一个样品 EDTA 滴定过程

表 4—3—4　　EDTA 标准曲线滴定记录

平行试样	1			2			平均 EDTA 二钠标准溶液消耗量（mL）
剂量	V_1（mL）	V_2（mL）	EDTA 二钠标准溶液消耗量（mL）	V_1（mL）	V_2（mL）	EDTA 二钠标准溶液消耗量（mL）	
0	0	6.2	6.3	0	6.4	6.4	6.3
2%	0	8.5	8.5	0	8.7	8.7	8.6
4%	0	12.2	12.2	0	12.4	12.4	12.3
6%	0	16.1	16.1	0	16.3	16.3	16.2
8%	0	18.2	18.2	0	18.4	18.4	18.3

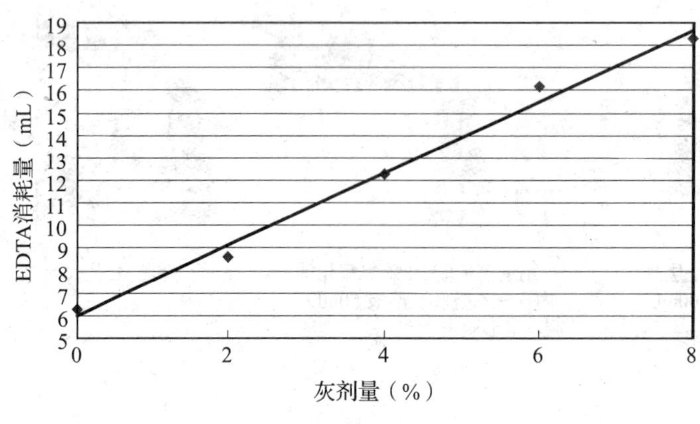

图 4—3—6　EDTA 标准曲线

2. 试验步骤

（1）选取有代表性的水泥稳定材料，对稳定中、粗粒土取试样约 3 000 g，对稳定细粒土取试样约 1 000 g。

（2）对水泥稳定细粒土，称 300 g 放在搪瓷杯中，用搅拌棒将结块搅散，加 10% 氯化铵溶液 600 mL；对水泥稳定中、粗粒土，可直接称取 1 000 g 左右，放入大口聚乙烯筒中，加入 10% 氯化铵溶液 2 000 mL，然后如前步骤进行试验。

（3）利用所绘制的标准曲线，根据 EDTA 二钠标准溶液消耗量，确定混合料中的水泥剂量。

3. 结果处理

本试验应进行两次平行测定，取算术平均值，精确至 0.1 mL。允许重复性误差不得大于均值的 5%，否则，重新进行试验。

水泥剂量测定（EDTA 滴定法）记录见表 4—3—5。

表 4—3—5　　水泥剂量测定（EDTA 滴定法）记录

试样编号	V_1 (mL)	V_2 (mL)	EDTA 二钠标准溶液消耗量（mL）	平均 EDTA 二钠结合标准溶液消耗量（mL）	结合料剂量（%）
1	0	16.9	16.9	17	7
2	0	17.1	17.1		

4．最终结论

由试验结果，根据 EDTA 标准曲线，查得试样的结合料剂量为 7%，满足要求。

二、无机结合料稳定材料的无侧限抗压强度试验

无机结合料稳定材料无侧限抗压强度试验分为试件制作、养生和力学试验三个阶段。该试验具有过程复杂、持续时间长、劳动强度大、数据处理理论性强等特点，在无机结合料稳定材料配合比设计及无机结合料稳定材料施工质量评定中有着重要的地位和作用。

本方法适用于测定无机结合料稳定材料（包括稳定细粒土、中粒土和粗粒土）的无侧限抗压强度。

1．试验准备

（1）仪器准备

1）方孔筛：孔径 53 mm、37.5 mm、31.5 mm、26.5 mm、4.75 mm 和 2.36 mm 的筛各一个。

2）试模：细粒土，试模的直径 × 高为 ϕ50 mm × 50 mm；中粒土，试模的直径 × 高为 ϕ100 mm × 100 mm；粗粒土，试模的直径 × 高为 ϕ150 mm × 150 mm。一套试模由一个试筒及上、下两个垫块组成，如图 4—3—7 所示。

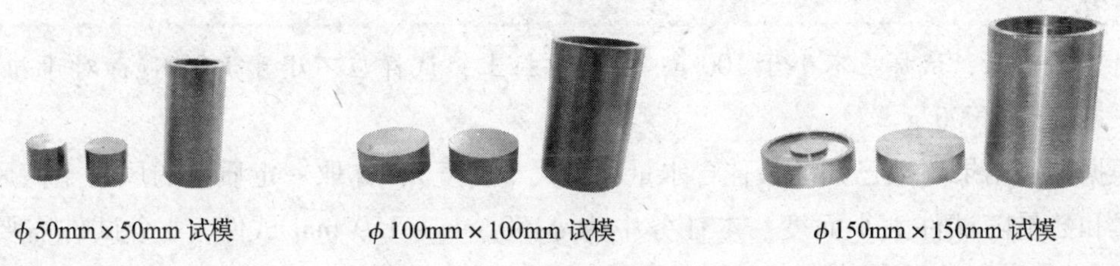

图 4—3—7　无侧限抗压强度试模

3）脱模器。

4）路面强度试验仪和测力计。

小提示

也可用压力机或万能试验机替代路面强度试验仪和测力计：测量精度为 1%，加载速率控制在 1 mm/min。

5）钢板尺：量程 200 mm 或 300 mm，最小刻度 1 mm。

6）游标卡尺：量程 200 mm 或 300 mm。

7）电子天平：量程 15 kg，感量 0.1 g；量程 4 kg，感量 0.01 g。

8）标准养护室：标准养护室温度为 20℃ ±2℃，相对湿度在 95% 以上。

9）水槽：深度应比试件高度大 50 mm。

10）压力试验机：量程不小于 2 000 kN，行程、速度可调。

小提示

可用液压反力框架和千斤顶替代压力试验机。反力框架的压力为 400 kN 以上；液压千斤顶的压力为 200 ~1 000 kN。

11）其他：球形支座、量筒、拌和工具、搪瓷盘、漏斗、大小铝盒、烘箱、机油等。

（2）试料准备

无机结合料稳定材料无侧限抗压强度试件的径高比为 1∶1，根据需要也可成型 1∶1.5 或 1∶2 的试件。试件的成型根据需要的压实度水平，按照体积标准，采用静力压实法制备。

小提示

当用于配合比设计时，应通过标准击实试验确定一定剂量无机结合料稳定材料的最佳含水量和最大干密度。当用于施工质量评定时，直接采用施工时最佳含水量和最大干密度。压实度采用结构层要求的压实度。本任务中取最佳含水量 6.5%，最大干密度 2.310 g/cm^3，压实度 96%。

将具有代表性的风干试料（必要时，也可在 50℃烘箱内烘干），用木锤或木碾捣碎，但应避免破碎粒料的原粒径。按照公称粒径的大一级筛，将土过筛并进行分类。

在预定做试验的前一天，取有代表性的试料测定其风干含水率。

小提示

对于细粒土，试样应不小于 100 g；对于中粒土，试样应不小于 1 000 g；对于粗粒土，试样应不小于 2 000 g。

根据击实结果（或已知的最佳含水量和最大干密度），称取一定质量的风干土。风干土的质量和数量随试件大小而变。本任务中为 ϕ150 mm ×150 mm 试件，1 个试件需要干土 5 700 ~6 000 g。对于粗粒土，一次只称取 1 个试件的土。将准备好的试料分别装入塑料袋中备用。至少应该制备 13 个试件。

小提示

对于 ϕ50 mm ×50 mm 试件，1 个试件约需要干土 180 ~210 g；对于 ϕ100 mm ×100 mm 试件，1 个试件需要干土 1 700 ~1 900 g。对于细粒土，一次可称取 6 个试件的土；对于中粒土，一次宜称取 1 个试件的土。

对于无机结合料细料土，至少应该制备6个试件；对于无机结合料中粒土，至少应该制备9个试件。

根据任务一中工程应用的计算结果，灰剂量为5.5%，各种原材料计算如下：

制备一个试件需要湿混合料的质量为：

$$2.310 \times 2\,651 \times (1+6.5\%) \times 96\% = 6\,260\ \text{g}$$

考虑到试验过程的可操作性和配料计算的简便性，配制一个试件的干混合料质量按6 500 g计算。其中，砂砾材料天然含水率为2.0%，水泥材料含水率为0。水泥剂量为5.5%的各种材料数量为：

水泥：$6\,500 \times 5.5/(100+5.5) = 338.9$ g；

砂砾：干质量$6\,500 \times 100/(100+5.5) = 6\,161.1$ g；湿质量$6\,161.1 \times (1+2.0\%) = 6\,284.3$ g；

需加水量：$(338.9+6\,161.1) \times 6.5\% = 422.5$ g；

应加水量：$422.5 - 6\,161.1 \times 2.0\% = 299.3$ g。

称量土（本任务中为砂砾，为能与其他材料通用，这里一律称为土）6 284.3 g放在长方盘（400 mm×600 mm×70 mm）内。按比最佳含水率少2%（即$6.5\% - 2\% = 4.5\%$）向土中加水$(338.9+6\,161.1) \times 4.5\% - 6\,161.1 \times 2.0\% = 169.3$（g），拌料、闷料。将拌和均匀的试样放在密闭容器或塑料袋（封口）内浸润备用。

小提示

石灰稳定材料、水泥和石灰综合稳定材料、石灰粉煤灰综合稳定材料、水泥粉煤灰综合稳定材料，可将水泥或石灰或粉煤灰和土一起拌和。

对于细粒土（特别是黏性土），浸润时的含水率应比最佳含水率小3%；对于中粒土，可按最佳含水率加水。对于水泥稳定材料，加水量应比最佳含水率小1%～2%。

浸润时间要求为：黏质土12～24 h；粉质土6～8 h；砂类土、砂砾土、红土砂砾等可缩短到4 h左右；含土很少的未筛分碎石、砂砾及砂可以缩短到2 h。浸润时间一般不超过24 h。

在试件成型前1 h内，加入预定数量的水泥并拌和均匀。在拌和过程中，应将预留的2%水（$299.3 - 169.3 = 130$ g）加入土中，使混合料达到最佳含水率。

小提示

对于细粒土，最佳含水量为3%，对于水泥稳定材料，最佳含水量为1%～2%。

拌和均匀的加有水泥的混合料应在1 h内制成试件，超过1 h的混合料应该作废。其他结合料稳定材料，混合料虽不受此限，但也应尽快制成试件。试料准备过程如图4—3—8所示。

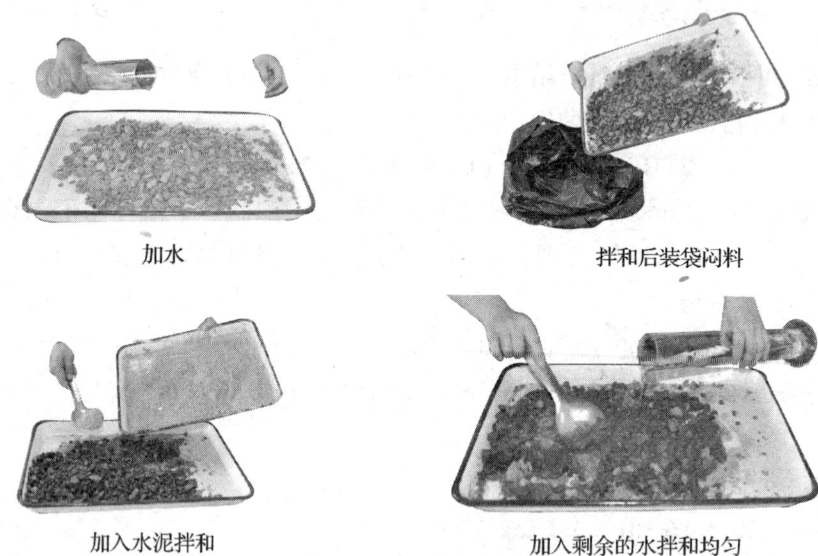

图 4—3—8　试料准备过程

2. 试验步骤

（1）制备试件

可以用反力框架和液压千斤顶制作试件，也可用以压力试验机制作试件。

1）检查各种设备是否运行正常；将成型用的模具擦拭干净，并涂抹机油。成型中、粗粒土试件时，试模筒的数量应与每组试件的个数相配套。上下垫块应与试模筒相配套，上下垫块能够刚好放入试筒内上下自由移动（一般来说，上下垫块直径比试筒内径小约 0.2 mm），且上下垫块放入试筒后，试筒内未被上下垫块占用的空间体积能满足高径比为 1∶1 的设计要求。

小提示

制备一个试件需要的混合料的数量 m_1 随试模的尺寸而变，可按下式计算：

单个试件的标准质量：

$$m_0 = V \times \rho_{max} \times (1 + 0.01w_{opt}) \times 0.01\gamma$$

考虑到试件成型过程中的质量损失，实际操作过程中，每个试件的质量可增加 0 ~ 2%，即：

$$m_1 = m_0 \times (1 + 0.01\delta)$$

式中　V——试件体积，cm^3；

w_{opt}——混合料最佳含水量，%；

ρ_{max}——混合料最大干密度，g/cm^3；

γ——混合料压实度标准，%；

δ——混合料质量的冗余量，%。

本任务中，一个试件需要的质量为：m_1 = 6 260 g。

2）将试模配套的下垫块放入试模的下部，外露 2 cm 左右；将称量的规定数量 m_1 的稳定材料混合料分 2 ~ 3 次灌入试模中，每次灌入后用夯棒轻轻均匀插实。

小提示

如果制备 ϕ50 mm × 50 mm 的小试件，则可以将混合料一次倒入试模中，然后将试模配套的上垫块放入试模内，也应使其外露 2 cm 左右（即上、下垫块露出试模外的部分应该相等）。

3）将整个试模（连同上、下垫块）放到反力框架内的液压千斤顶上（液压千斤顶上应放一扁球座），以 1 mm/min 的加载速率加压，直到上下垫块都压入试模为止，维持压力 2 min。解除压力后，取下试模，并放到脱模器上将试件顶出。

小提示

用水泥稳定有黏结性的材料（如黏质土）时，制件后可以立即脱模；用水泥稳定无黏结性细粒土时，最好在 2 ~ 4 h 后再脱模；对于中、粗粒土的无机结合料稳定材料，也最好在 2 ~ 6 h 后脱模。

4）在脱模器上取试件时，应用双手抱住试件侧面的中下部，然后沿水平方向轻轻旋转，待感觉到试件移动后，再将试件轻轻捧起，放置在试验台上。切勿直接将试件向上捧起。

5）称试件的质量 m_2，小试件和中试件精确到 0.01 g，大试件准确到 0.1 g。然后用游标卡尺量试件的高度 h，精确到 0.1 mm。

检查试件的高度和质量，不满足标准的试件作为废件。高度和质量允许误差见表 4—3—6。

表 4—3—6　　稳定材料圆柱形试件成型允许误差

项目	小试件	中试件	大试件
高度误差（cm）	−0.1 ~ 0.1	−0.1 ~ 0.15	−0.1 ~ 0.2
质量损失（g）	5	25	50

6）试件称量后应立即放在塑料袋中封闭，并用潮湿的手巾覆盖，移放至养生室。试件制备过程如图 4—3—9 所示。试件成型记录见表 4—3—7。

7）养生。养生方法分为标准养生方法和快速养生方法两种。标准养生方法是指无机结合料稳定材料在规定的标准温度和湿度环境下强度增长的过程；快速养生方法是为了提高试验效率，采用提高养生温度缩短养生时间的养生方法。本任务采用标准养生方法。

将试料装入试筒，检查上下垫块

用压力试验机加压制备试件

脱模

取下试件

检查试件

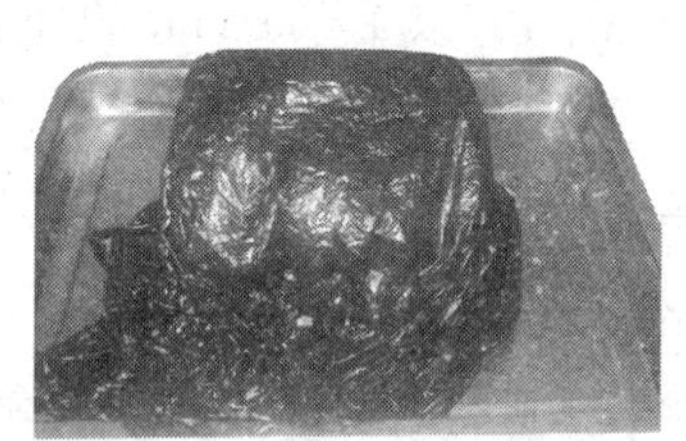
包覆试件并移至养生室

图 4—3—9　无侧限抗压强度试件制备

表 4—3—7　无机结合料稳定材料圆柱形试件成型及养生记录

编号	直径（mm）				高度（mm）				质量	误差
	1	2	3	平均	1	2	3	平均	(g)	(g)
养生前（成型后）质量（m_2）和尺寸										
1	14.9	15.0	15.1	15.0	15.1	14.9	15.0	15.0	6 256.7	3.3
2	15.0	14.9	15.0	15.0	14.9	15.1	14.9	15.0	6 238.4	21.6
3	15.1	15.2	15.1	15.1	15.1	15.0	15.0	15.0	6 252.1	7.9
4	15.0	15.1	15.1	15.0	15.1	15.0	15.0	15.0	6 238.2	21.8
5	15.0	15.2	14.9	15.0	15.2	15.1	15.2	15.1	6 243.2	16.8
6	15.0	15.2	15.2	15.1	15.0	15.2	15.0	15.0	6 238.8	21.2
7	15.1	15.0	14.9	15.0	15.1	15.0	15.1	15.1	6 253.7	6.3
8	15.0	15.0	15.0	15.0	15.0	15.0	14.9	15.0	6 240.2	19.8
9	15.2	15.1	15.0	15.1	15.0	14.9	15.1	15.0	6 256.7	3.3
10	15.1	15.0	15.0	15.1	15.0	15.0	15.0	15.0	6 232.6	27.4
11	15.0	15.1	15.1	15.1	14.9	15.0	15.0	15.0	6 240.4	19.6
12	14.9	15.1	15.2	15.1	14.9	15.1	15.0	15.0	6 232.9	27.1
13	15.2	14.9	14.9	15.0	15.2	14.9	15.2	15.1	6 253.4	6.6

续表

编号	直径（mm）				高度（mm）				质量（g）	误差（g）
	1	2	3	平均	1	2	3	平均		
饱水前质量（m_3）和尺寸										
1	14.9	15.0	15.1	15.0	15.1	14.9	15.0	15.0	6 251.0	5.8
2	15.0	14.9	15.0	15.0	14.9	15.1	14.9	15.0	6 233.5	4.9
3	15.1	15.2	15.1	15.1	15.1	15.0	15.0	15.0	6 247.1	5.1
4	15.0	15.1	15.1	15.0	15.1	15.0	15.0	15.0	6 234.9	3.3
5	15.0	15.2	14.9	15.0	15.2	15.1	15.2	15.1	6 236.7	6.6
6	15.0	15.2	15.2	15.1	15.0	15.2	15.0	15.0	6 233.8	5.0
7	15.1	15.0	14.9	15.0	15.1	15.0	15.1	15.1	6 250.1	3.6
8	15.0	15.0	15.0	15.0	15.0	15.0	14.9	15.0	6 237.8	2.4
9	15.2	15.1	15.0	15.1	15.0	14.9	15.1	15.0	6 252.9	3.8
10	15.1	15.0	15.0	15.1	15.0	15.0	15.0	15.0	6 226.0	6.6
11	15.0	15.1	15.1	15.1	14.9	15.0	15.0	15.0	6 235.8	4.6
12	14.9	15.1	15.2	15.1	14.9	15.1	15.0	15.0	6 230.8	2.1
13	15.2	14.9	14.9	15.0	15.2	14.9	15.2	15.1	6 251.2	2.2
饱水后质量（m_4）和尺寸										
1	14.9	15.0	15.1	15.0	15.1	14.9	15.0	15.0	6 330.1	79.1
2	15.0	14.9	15.0	15.0	14.9	15.1	14.9	15.0	6 316.8	83.3
3	15.1	15.2	15.1	15.1	15.1	15.0	15.0	15.0	6 330.4	83.3
4	15.0	15.1	15.1	15.0	15.1	15.0	15.0	15.0	6 318.6	83.7
5	15.0	15.2	14.9	15.0	15.2	15.1	15.2	15.1	6 315.9	79.2
6	15.0	15.2	15.2	15.1	15.0	15.2	15.0	15.0	6 317.8	84.0
7	15.1	15.0	14.9	15.0	15.1	15.0	15.1	15.1	6 335.4	85.3
8	15.0	15.0	15.0	15.0	15.0	15.0	14.9	15.0	6 317.7	79.9
9	15.2	15.1	15.0	15.1	15.0	14.9	15.1	15.0	6 335.3	82.4
10	15.1	15.0	15.0	15.1	15.0	15.0	15.0	15.0	6 305.0	79.0
11	15.0	15.1	15.1	15.1	14.9	15.0	15.0	15.0	6 315.4	79.6
12	14.9	15.1	15.2	15.1	14.9	15.1	15.0	15.0	6 312.8	82.0
13	15.2	14.9	14.9	15.0	15.2	14.9	15.2	15.1	6 337.8	86.6

试件从试模内脱出并量高称质量（m_2）后，中试件和大试件应装入塑料袋内。试件装入塑料袋内后，将袋内的空气排除干净，扎紧袋口，将包好的试件放入养护室。

标准养生的温度为20℃ ±2℃，标准养生的湿度为≥95%。试件应放在铁架或木架上，间距至少 10 ~20 cm。试件表面应保持一层水膜，并避免用水直接冲淋。

对于无侧限抗压强度试验，标准养生龄期为 7 天，最后一天浸水。

在养生期的最后一天，将试件取出，观察试件的角有无磨损和缺块，并量高称质量（m_3）。用刮刀将试件两顶面刮平，必要时可用快凝水泥砂浆抹平试件顶面。然后将试件浸泡于20℃ ±2℃水中，应使水面在试件顶上约 2.5 cm。

在养生期间，试件如果有明显的边角缺损，试件应该作废。质量的损失（指含水率的减少，不包括由于各种不同原因从试件上掉下的混合料）应符合表 4—3—8 的要求。

表 4—3—8　　试件养生期间质量损失要求

项目	小试件	中试件	大试件
质量损失（g）	1	4	10

8）无侧限抗压强度试验。根据试验材料的类型选择合适量程的测力计和压力机，试件破坏荷载应大于测力量程的 20% 且小于测力量程的 80%。球形支座和上下顶板涂上机油，使球形支座能够灵活转动。

本任务选用路面强度试验仪，测力计采用测力环，量程 50 ~60 kN。

将已浸水一昼夜的试件从水中取出，用软布吸去试件表面的水分，并称量试件的质量（m_4）。

用游标卡尺量试件的高度 h，精确到 0.1 mm。

将试件放到路面材料强度试验仪或压力机上，并在升降台上先放一扁球座（压力机适用），进行抗压试验。试验过程中，应保持加载速率约为 1 mm/min。记录试件破坏时的最大压力 P（N）。

采用测力环时，应用测力环系数将百分表读数换算成荷载。

从试件内部取有代表性的样品（经过打破），用烘干法（T0801—2009）测定其含水量 w。

无侧限抗压强度试验过程如图 4—3—10 所示。

图 4—3—10　无侧限抗压强度试验过程

3. 试验数据的记录与处理

（1）强度计算

试件的无侧限抗压强度按下式计算：

$$R_c = \frac{P}{A} \tag{4—3—1}$$

式中 R_c——试件无侧限抗压强度，MPa；

P——试件破坏时的最大压力，N；

A——试件的截面积，$A = \frac{1}{4}\pi D^2$，mm²；

D——试件的直径，mm。

（2）结果整理

抗压强度保留1位小数。

同一组试件中，采用3倍均方差方法剔除异常值，小试件允许有1个异常值，中试件允许有1~2个异常值，大试件允许有2~3个异常值。异常值数量超过上述规定的试验重做。

同一组试验的变异系数 C_v（%）符合下列规定，方为有效试验：小试件 $C_v \leqslant 6\%$；中试件 $C_v \leqslant 10\%$；大试件 $C_v \leqslant 15\%$。如果不能保证试验结果的变异系数小于规定的值，则应按允许误差的10%和90%概率重新计算所需的试件数量，增加试件数量并另做试验，新试验结果与原试验结果一并重新进行统计评定，直到变异系数满足上述规定。

试验数量按公式4—3—2计算：

$$n = [t_{1-a/2} C_v |e|]^2 \qquad (4—3—2)$$

式中 n——试验数量；

$t_{1-a/2}$——t 分布中的分位值；

$|e|$——允许误差，在此取10%。

如果试验结果的 C_v 超过上述规定，则应根据实际的 C_v 值，用上式计算应做的试验数量，以保证试验结果的精度，并增补所缺的试件数。

正态分布中相同概率（或 a）的 $Z_{1-a/2}$ 的值，代入式（4—3—2）中计算得 n 后，再加2或3即为所要求的试验数量。在此用90%概率（即 $a = 0.1$），$Z_{1-a/2} = 1.645$。

试验记录见表4—3—9。

表4—3—9　　无机结合料稳定材料无侧限抗压强度记录

工程名称	××××	混合料名称	水泥稳定砂砾
试件制备日期	×年×月×日	试验日期	×年×月×日
试件尺寸（mm）	150×150	试件成型方法	静压法
结合料剂量（%）	5.5	试件压实度（%）	96
最大干密度（g/cm³）	2.310	养生龄期（d）	7
测力环系数公式	P=21.23×测力环读数-21.112	加载速度（mm/min）	1

试件号	1	2	3	4	5	6	7	8	9	10	11	12	13
养生前试件质量 m_2（g）	6 256.7	6 238.4	6 252.1	6 238.2	6 243.2	6 238.8	6 253.7	6 240.2	6 256.7	6 232.6	6 240.4	6 232.9	6 253.4
浸水前试件质量 m_3（g）	6 251.0	6 233.5	6 247.1	6 234.9	6 236.7	6 233.8	6 250.1	6 237.8	6 252.9	6 226.0	6 235.8	6 230.8	6 251.2
浸水后试件质量 m_4（g）	6 330.1	6 316.8	6 330.4	6 318.6	6 315.9	6 317.8	6 335.4	6 317.7	6 335.3	6 305.0	6 315.4	6 312.8	6 337.8
养生期间质量损失 $m_2 - m_3$（g）	5.8	4.9	5.1	3.3	6.6	5	3.6	2.4	3.8	6.6	4.6	2.1	2.2
吸水量 $m_4 - m_3$（g）	6 330.1	6 316.8	6 330.4	6 318.6	6 315.9	6 317.8	6 335.4	6 317.7	6 335.3	6 305.0	6 315.4	6 312.8	6 337.8
养生前试件高度 h_1（cm）	15.0	15.0	15.0	15.0	15.1	15.0	15.1	15.0	15.0	15.0	15.0	15.0	15.1
浸水后试件高度 h_2（cm）	15.0	15.0	15.0	15.0	15.1	15.0	15.1	15.0	15.0	15.0	15.0	15.0	15.1

续表

试 件 号	1	2	3	4	5	6	7	8	9	10	11	12	13
测力环读数（mm）	3. 158	3. 241	3. 324	2. 825	2. 991	3. 074	3. 407	3. 158	3. 241	3. 324	3. 407	3. 158	2. 991
试验的最大压力 P(N)	45 923	47 689	49 455	38 858	42 390	44 156	51 221	45 923	47 689	49 455	51 221	45 923	42 390
无侧限抗压强度 R（MPa）	2. 6	2. 7	2. 8	2. 2	2. 4	2. 5	2. 9	2. 6	2. 7	2. 8	2. 9	2. 6	2. 4

4. 质量评定

设计抗压强度：$R_d = 2.0$（MPa）　　平均抗压强度：$\overline{R} = 2.6$（MPa）

标准差：　　$S = 0.202$（MPa）　　偏差系数：$C_v = 7.8\% < 10\%$

$$R_{C0.95} = \overline{R} - 1.645S = 2.6 - 1.645 \times 0.202 = 2.26\ (\text{MPa})$$

抗压强度大于设计值2.0 MPa，满足设计要求。

无机结合料稳定材料最佳含水量和最大干密度的确定方法

无论是进行无机结合料稳定材料配合比设计，还是无机结合料稳定材料施工，都要用到最佳含水量和最大干密度，这两个指标是如何得到的呢？

在“模块一 土质”中，我们接触了土的击实试验，那是求土的最佳含水率和最大干密度。无机结合料稳定材料的最佳含水量和最大干密度的试验方法与土的击实试验相同吗？还有其他方法吗？

实际上，多年以来，无机结合料稳定材料最佳含水量和最大干密度一直采用重型击实试验方法。随着人们对无机结合料稳定材料及压实机械的认识不断深入，近些年来，国内一些大学和科研单位针对碎石含量比较高的无机结合料稳定材料，采用振动压实试验方法进行配合比试验，发现振动压实试验确定的最佳含水量小于试验确定的最佳含水量，最大干密度大于击实试验确定的最大干密度。由于还未建立起振动压实试验确定的干密度与击实试验及工程现场振动压实效果的相关关系，因此，击实试验为标准方法，振动压实试验方法主要用于室内研究。

一、无机结合料稳定材料击实试验方法（简介）

1. 适用范围

（1）本方法适用于在规定的试筒内，对水泥稳定材料（在水泥水化前）、石灰稳定材料、石灰（或水泥）粉煤灰稳定材料进行击实试验，以绘制稳定材料的含水率—干密度关系曲线，从而确定其最佳含水量和最大干密度。

（2）试验集料的公称最大粒径宜控制在37.5 mm以内（方孔筛）。

（3）试验方法类别：本试验方法分为3类，各类击实方法的主要参数见表4—3—10。

表 4—3—10 各类试验方法的主要参数

类别	锤的质量（kg）	锤底直径（cm）	落高（cm）	试筒尺寸			层数	每层击数	击实功（kJ/m^2）	最大粒径（mm）
				内径（cm）	高（cm）	容积（cm^3）				
甲	4.5	5.0	45	10	12.7	997	5	27	2 687	19.0
乙	4.5	5.0	45	15.2	12.0	2 177	5	59	2 687	19.0
丙	4.5	5.0	45	15.2	12.0	2 177	3	98	2 677	37.5

2. 仪器设备

（1）击实筒：小型，内径 100 mm，高 127 mm 的金属圆筒，套环高 50 mm，底座；大型，内径 152 mm，高 170 mm 的金属圆筒，套环高 50 mm，内径 152 mm，高 50 mm 的筒内垫块，底座。

（2）多功能自控电动击实仪：击锤的底面直径 50 mm，总质量 4.5 kg。击锤在导管内的总行程为 450 mm。可设置击实次数，并保证击锤自由落下，落高应为 450 mm，锤迹均匀分布于试样面。

（3）电子天平：量程 15 kg，感量 0.1 g；量程 4 kg，感量 0.01 g。

（4）方孔筛：孔径 53 mm、37.5 mm、31.5 mm、26.5 mm、19 mm、9.5 mm、4.75 mm、2.36 mm 的标准筛各 1 个。

（5）量筒：50 mL、100 mL 和 500 mL 的量筒各 1 个。

（6）直刮刀：长 200～250 mm，宽 30 mm，厚 3 mm，一侧开口的直刮刀。

（7）刮土刀：长 150～200 mm，宽 20 mm 的刮刀。

（8）工字形刮平刀：30 mm×50 mm×310 mm，上下两面和侧面均刨平。

（9）拌和工具：400 mm×600 mm×70 mm 的长方形金属盘、拌和用平头小铲等。

（10）脱模器。

（11）游标卡尺。

（12）铝盒、烘箱等其他用具。

3. 试验准备

（1）将具有代表性的风干试样（必要时，也可以在 50℃烘箱内烘干）用木锤捣碎或用木碾碾碎。土团均应破碎到能通过 4.75 mm 的筛孔。但应注意不使粒料的单个颗粒破碎或不使其破碎程度超过施工中拌和机械的破碎率。

（2）按细粒土、中粒土、粗粒土的分类标准及控制粒径过筛，记录超粒径颗粒的百分率。

（3）在预定做试验的前一天，取有代表性的试料，测定其风干含水率。对于细粒料，试料应不少于 100 g；对于中粒料，试料应不少于 1 000 g；对于粗粒料的各种集料，试料应不少于 2 000 g。同时，测定石灰和水泥的含水率。

（4）在试验前用游标卡尺准确测量试模的内径、高度和垫块的厚度，以计算试筒的容积。

4. 试验步骤

以表4—3—10中的甲方法为例，其他方法参阅相关规程。

(1) 将已筛分的试样用四分法逐次分小，至最后取出10~15 kg试料。再采用四分法将已取出的料分成5~6份，每份试料的干质量为2.0 kg（细粒土）或2.5 kg（中粒土）。

(2) 预定5~6个不同含水量，依次相差0.5%~1%，且至少有两个预定的含水量大于最佳含水量，两个小于最佳含水量。

(3) 按预定含水量制备试样。试样制备方法与“任务实施”中的方法基本相同。

(4) 将所需要的稳定剂水泥加到浸润后的试样中，并用小铲、泥刀或其他工具充分拌和到均匀状态。水泥应在土样击实前逐个加入，加有水泥的试料拌和后，应在1 h内完成振实试验。拌和后超过1 h未完成振实试验的试样，应予作废（石灰稳定材料和石灰粉煤灰稳定材料除外）。

(5) 试筒套环与击实底板应紧密连接。将击实筒放在坚实地面上，用四分法取制备好的试样400~500 g（其量应使击实后的试样等于或略高于筒高的1/5）倒入筒内，整平其表面并稍加压紧，然后将其安装到多功能自控电动击实仪上，设定所需锤击次数，进行第1层试样的击实。第1层试样击实完后，检查该层高度是否合适，以便调整以后几层的试样用量。用刮土刀或旋具将已击实层的表面“拉毛”，然后重复上述做法，进行其余4层试样的击实。最后一层试样击实后，试样超出筒顶的高度不得大于6 mm，超出高度过大的试件应该作废。

(6) 用刮土刀沿套环内壁削挖（使试样与套环脱离）后，松开螺栓后小心扭动并取下套环。齐筒顶细心刮平试样，并拆除底板。如果试样底面略突出筒外或有孔洞，则应细心刮平和修补。最后用工字形刮平尺齐筒顶和筒底将试样刮平。擦净试筒的外壁，称取样品的质量m_1。

(7) 用脱模器推土筒的试样。从试样内部由上至下取两个代表性的样品（可将脱出的试件用锤打碎后，用四分法采取），测定其含水量，计算至0.1%。两个试样的含水量的差值不得大于1%。所取样品数量见表4—3—11。擦净试筒，称取样品的质量m_2。

表4—3—11　　测稳定材料含水率的样品质量

公称最大粒径（mm）	2.36	19	37.5
样品质量（g）	约50	约300	约1 000

(8) 按上述方法进行其他含水率下稳定材料的击实和测定工作。凡已用过的试样，一律不再重复使用。

5. 计算

计算稳定材料的湿密度、干密度，并绘制含水量—干密度曲线。其方法与土的击实试验相同。

6. 结果整理

(1) 应做两次平行试验，取两次试验的平均值作为最大干密度和最佳含水量。两次重复性试验最大干密度的差不应超过 0.05 g/cm³（细粒土）和 0.08 g/cm³（中粒土和粗粒土），最佳含水量的差不应超过 0.5%（最佳含水量小于 10%）和 1.0%（最佳含水量大于 10%）。超过上述规定值，应重做试验，直到满足精度要求。

（2）混合料密度计算应保留小数点后 3 位有效数字。含水量应保留小数点后 1 位有效数字。

7. 报告（略）

8. 记录（略）

二、无机结合料稳定材料振动压实试验方法（简介）

1. 适用范围

本方法适用于在室内对水泥、石灰、石灰粉煤灰稳定粒料土基层材料进行振动压实试验，以确定这些材料在振动压实条件下的含水量—干密度曲线，确定其最佳含水量和最大干密度。

2. 仪器设备

（1）钢模：内径 152 mm，高 170 mm，壁厚 10 mm；钢模套环：内径 152 mm，高 50 mm，壁厚 10 mm；筒内垫块：直径 151 mm，厚 20 mm；钢模底板：直径 300 mm，厚 10 mm。

（2）振动压实机：配有 ϕ150 的压头，静压力、激振力和频率可调。如图 4—3—11 所示。

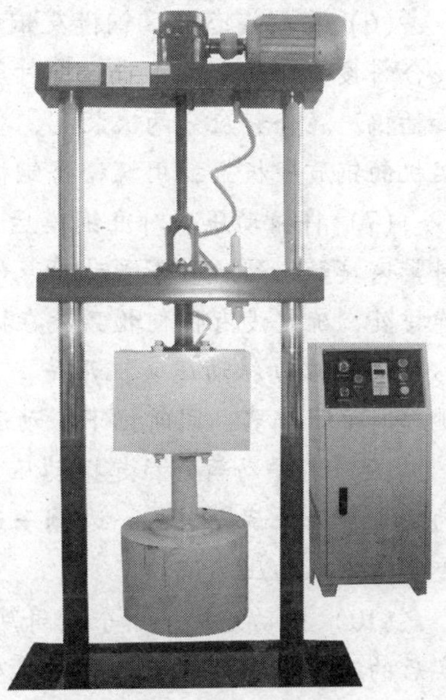

图 4—3—11 振动压实机

（3）电子天平：量程 15 kg，感量 0.1 g；量程 4 kg，感量 0.01 g。

（4）方孔筛：孔径 37.5 mm、31.5 mm、26.5 mm、19 mm、9.5 mm、4.75 mm、2.36 mm、0.6 mm 以及 0.075 mm 的标准筛各一个。

（5）量筒：50 mL、100 mL 和 500 mL 的量筒各一个。

（6）直刮刀：长 200 ~ 250 mm，宽 30 mm，厚 3 mm，一侧开口的直刮刀。

（7）工字形刮平刀：30 mm × 50 mm × 310 mm，上下两面和侧面均刨平。

（8）拌和工具：400 mm × 600 mm × 70 mm 的长方形金属盘、拌和用平头小铲等。

（9）脱模器。

（10）用于固紧试模螺栓的扳手、钳子，用于调节偏心块夹角的小榔头等。

（11）铝盒、烘箱等其他用具。

3. 试验准备

（1）对集料进行筛分，按预定级配配好集料。如果集料的最大公称粒径不大于 37.5 mm，则直接备料；如果大于 37.5 mm 的粒径含量超过 10%，则过 37.5 mm 筛备用，筛分后记录超尺寸颗粒的百分率。

(2) 在预定做试验的前一天，取有代表性的试料测定其风干含水量。对于细粒料，试料应不少于 100 g；对于中粒料，试料应不少于 1 000 g；对于粗粒料的各种集料，试料应不少于 2 000 g。同时，测定石灰和水泥的含水量。

4. 试验步骤

(1) 调节振动压实机上下车的配重块数、偏心块夹角和变频器的频率。对无机结合料稳定材料，一般选用面压力约为 0.1 MPa，激振力约为 6 800 N，振动频率为 28 ~30 Hz。

(2) 将准备好的各种粗、细集料按照预定的混合料级配配制 5 ~6 份，每份试料的干质量为 5.5 ~6.5 kg。

(3) 预定 5 ~6 个不同含水量，依次相差 1% ~2%，且其中至少有两个预定的含水量大于最佳含水量，两个预定的含水量小于最佳含水量。

(4) 按预定含水量制备试样。

注：试样制备方法与击实法相同。

(5) 将所需的结合料（如水泥）加到浸润后的试样中，并用小铲、泥刀或其他工具充分拌和到均匀状态。加有水泥的试料拌和后，应在 1 h 内完成振实试验。拌和后超过 1 h 未完成振实试验的试样，应予作废（石灰稳定材料和石灰粉煤灰稳定材料除外）。

(6) 将钢模套环、钢模及钢模底板紧密连接，然后将其放在坚实地面上，将拌和好的混合料按四分法分成 4 份，将对角的两份依次倒入筒内，一边倒一边用直径 2 cm 左右的木棒插捣。混合料应分两次装完，整平其表面并稍加压紧，然后将钢模连同混合料放在振动压实机的钢质底板上，用螺栓将钢模底板与振动压实机底板固定在一起。

(7) 将振动压头对准钢模后，拉动手动葫芦放下振动器，使振动压头与钢模内的混合料紧密接触，然后取下手动葫芦吊钩，放好手动葫芦拉链。检查振动压实机上的螺栓及相关连接处，确定没有任何物品放在振动压实机上。

(8) 启动振动压实机开关，开始振动压实。仔细观察振动压实情况，在振动压头回弹跳起时关闭机器，同时记下振动压实时间。

(9) 用手动葫芦拉起振动压头。用刮土刀或旋具将已振实层的表面拉毛，然后将剩下的混合料加入试模中，一边倒一边用直径 2 cm 左右的木棒插捣，整平其表面并稍加压紧，重复上述振动压实试验。

(10) 振动完毕，用手动葫芦拉起振动压头。松开钢模底板的螺栓，将钢模连同经过振实后的混合料一起卸下。用刮土刀沿套环内壁稍稍挖松振实后的混合料，以便使混合料与套环脱离，松开螺栓后小心扭动并取下钢模套环，然后检查钢模内振动后的材料高度是否合适。经过振实的混合料不能低于钢模边缘，同时，振实后的混合料也不能高出钢模边缘 10 mm，否则作废。

(11) 齐钢模顶用刮土刀仔细刮平混合料，如果混合料顶面略有突出筒外或有孔洞，则应细心刮平和修补。拆除底板，擦净钢模外壁，称取钢模与混合料的质量 m_1。

(12) 用脱模器推土钢模内的混合料。用锤将经过振实的混合料打碎后，从其中心部分取 2 000 ~2 500 g 的混合料，装入金属盆中。将金属盆连同混合料一起放入 110℃的烘箱中烘干 12 h，测定其含水量，并计算相应的干密度。擦净试筒，称其质量 m_2。

5. 计算（略）
6. 结果整理（略）
7. 报告（略）
8. 记录（略）

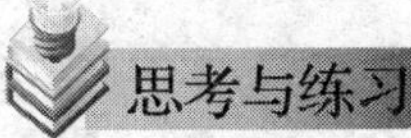

思考与练习

1. 无机结合料稳定材料的技术要求有哪些?
2. 简述一个灰剂量试样的滴定过程。
3. 无侧限抗压强度数据如何处理?

模块五

沥青及沥青混合料

任务一　认识沥青混合料

- 了解沥青混合料的种类及特点。
- 了解沥青混合料的组成材料。
- 了解沥青混合料的配合比设计方法。

前面学习了以石灰、水泥等无机胶凝材料为主要黏结料的两种混合料：水泥混凝土和无机结合料稳定材料。常用的路面混合料还有另外一种：沥青混合料。沥青混合料是以沥青为主要结合料的混合料，是由矿料与沥青结合料拌和而成的混合料。其中，矿料起骨架作用，沥青与填料（矿粉）起胶结和填充作用。沥青混合料经摊铺、压实成型后成为沥青路面（见图 5—1—1）。

从图 5—1—1 以及日常所见的沥青路面可知，沥青的颜色为黑褐色或褐色，是一种有机胶凝材料，它是由十分复杂的高分子碳氢化合物及其非金属（氧、氮、硫）衍生物所组成的混合物。沥青在常温下一般呈固体或半固体，也有少数品种的沥青呈黏性液体状态，可溶于二硫化碳、四氯化碳、三氯甲烷和苯等有机溶剂。

与水泥混凝土和无机结合料稳定材料一样，在掌握沥青混合料的技术性质之前，需要了解沥青混合料的种类、组成结构以及结构类型。沥青混合料的内部结构如何，各组成材料在结构中都起到什么作用，它们的性能和数量的变化会对混合料有什么影响呢？

图 5—1—1 沥青混合料路面

一、沥青混合料的分类

1. 按结合料分类

（1）石油沥青混合料

以石油沥青（包括黏稠石油沥青、乳化石油沥青及液体石油沥青）为结合料的沥青混合料。

（2）煤沥青混合料

以煤沥青为结合料的沥青混合料。

2. 按施工温度分类

（1）热拌热铺沥青混合料

加热的沥青与加热的矿料在热态拌和、热态铺筑的混合料，简称热拌沥青混合料。

（2）常温沥青混合料

以乳化沥青或稀释沥青与矿料在常温状态下拌制、铺筑的混合料。

3. 按矿料组成及结构分类

（1）连续级配沥青混合料

沥青混合料中的矿料颗粒从大到小各级粒径都有，并按一定的比例相互搭配、组成的沥青混合料，称为连续级配沥青混合料。

（2）间断级配沥青混合料

沥青混合料的矿料级配组成中缺少 1 个或几个粒径档次（或用量很少）而形成的沥青混合料，称为间断级配沥青混合料。

4. 按矿料级配组成和空隙率大小分类

（1）密级配沥青混合料

按密实级配原理设计组成的各种粒径颗粒的矿料与沥青结合料拌和而成，设计（剩余）空隙率较小的密实式沥青混合料。又可分为密实式沥青混凝土混合料，简称沥青混凝土，设计空隙率3%～5%，代号AC；密实式沥青稳定碎石混合料，简称沥青稳定碎石，设计空隙率3%～6%，代号ATB。

当前，采用间断级配设计组成的各种粒径颗粒的矿料与沥青玛蹄脂拌和而成的密实式沥青混合料，称为沥青玛蹄脂碎石混合料。沥青玛蹄脂碎石混合料是由沥青结合料与少量的纤维稳定剂、细集料以及较多量的填料（矿粉）组成的沥青玛蹄脂，填充于间断级配的粗集料骨架的间隙，组成一体的沥青混合料，简称沥青玛蹄脂碎石，设计空隙率3%～4%，代号SMA。

（2）开级配沥青混合料

矿料级配主要由粗集料嵌挤组成，细集料及填料较少，设计空隙率大于18%的沥青混合料，它可分为两种：一是大空隙开级配排水式沥青磨耗层，简称排水式沥青磨耗层，代号OGFC；二是铺筑在沥青层底部的排水式沥青稳定碎石混合料，简称排水式沥青碎石基层，代号ATPB。

（3）半开级配沥青混合料

由适当比例的粗集料、细集料及少量填料（或不加填料）与沥青结合料拌和而成，设计剩余空隙率为6%～12%的沥青混合料。主要品种为半开式沥青碎石混合料，简称沥青碎石，代号AM。

5．按矿料的公称最大粒径分类

（1）特粗式沥青混合料

矿料公称最大粒径大于31.5 mm的沥青混合料。

（2）粗粒式沥青混合料

矿料公称最大粒径为31.5 mm或26.5 mm的沥青混合料。

（3）中粒式沥青混合料

矿料公称最大粒径为19.0 mm或16.0 mm的沥青混合料。

（4）细粒式沥青混合料

矿料公称最大粒径为13.2 mm或9.5 mm的沥青混合料。

（5）砂粒式沥青混合料

矿料公称最大粒径小于9.5 mm的沥青混合料。

热拌沥青混合料适用于各种等级公路的沥青路面，按矿料的公称最大粒径、矿料级配、空隙率划分的种类见表5—1—1。

表5—1—1　　热拌沥青混合料种类

混合料类型	密级配			开级配		半开级配	公称最大粒径（mm）	最大粒径（mm）
	连续级配		间断级配	间断级配		沥青稳定碎石		
	沥青混凝土	沥青稳定碎石	沥青玛蹄脂碎石	排水式沥青磨耗层	排水式沥青碎石基层			
特粗式	—	ATB－40	—	—	ATPB－40	—	37.5	53.0

续表

混合料类型	密级配			开级配		半开级配	公称最大粒径（mm）	最大粒径（mm）
	连续级配		间断级配	间断级配		沥青稳定碎石		
	沥青混凝土	沥青稳定碎石	沥青玛蹄脂碎石	排水式沥青磨耗层	排水式沥青碎石基层			
粗粒式	—	ATB－30	—	—	ATPB－30	—	31.5	37.5
	AC－25	ATB－25	—	—	ATPB－25	—	26.5	31.5
中粒式	AC－20	—	SMA－20	—	—	AM－20	19.0	26.5
	AC－16	—	SMA－16	OGFC－16	—	AM－16	16.0	19.0
细粒式	AC－13	—	SMA－13	OGFC－13	—	AM－13	13.2	16.0
	AC－10	—	SMA－10	OGFC－10	—	AM－10	9.5	13.2
砂粒式	AC－5	—	—	—	—	AM－5	4.75	9.5
设计空隙率（%）	3～5	3～6	3～4	>18	>18	6～12	—	—

注：空隙率可按配合比设计要求适当调整。

二、沥青混合料的特点

1. 沥青混合料的优点

沥青混合料是现代道路应用的主要路面材料，它具有以下一些优点：

（1）沥青混合料是一种黏弹性材料，具有良好的力学性质和路用性能，铺筑的路面平整无接缝，汽车在上面行驶振动小、噪声低，行车舒适。

（2）路面平整而具有一定的粗糙度，耐磨性好，无强烈反光，有利于行车安全。

（3）沥青路面可全部采用机械化施工，有利于施工质量控制，施工后能及时开放交通。

（4）路面维修简单，旧沥青混合料可再生利用。

（5）便于分期修建。

2. 沥青混合料的缺点

（1）温度稳定性差。夏季高温时沥青易软化，路面易产生车辙、推拥等现象；冬季低温时沥青易脆裂，在车辆荷载重复作用下，路面易产生开裂。

（2）沥青材料易老化。在长期的气候环境因素（空气、紫外线、雨水等）作用下，随着时间的延续，沥青材料塑性降低、脆性增强、黏聚力减小，导致路面表层产生开裂、松散等病害。

三、沥青混合料的组成材料

1. 沥青

(1) 沥青的分类

1) 按其在自然界中获得的方式不同,可分为地沥青和焦油沥青两大类。

①地沥青。地沥青是指地下原油演变或加工而得到的沥青,又可分为天然沥青和石油沥青。天然沥青是石油在自然界长期受地壳挤压、变化,并与空气、水接触逐渐变化而形成的,以天然状态存在的石油沥青,其中常混有一定比例的矿物质。天然沥青按形成的环境可分为湖沥青、岩沥青、海底沥青、油页岩沥青等。石油沥青是由石油原料经蒸馏提炼出各种轻质油品(汽油、煤油、柴油、润滑油等)后的残留物,再经加工(吹氧、调和等)得到的产品。主要为可溶于二硫化碳的碳氢化合物的半固态的黏稠状物质。

我国天然沥青很少,但石油资源较为丰富,故石油沥青是使用量最大的一种沥青材料。石油沥青分类如图5—1—2所示。

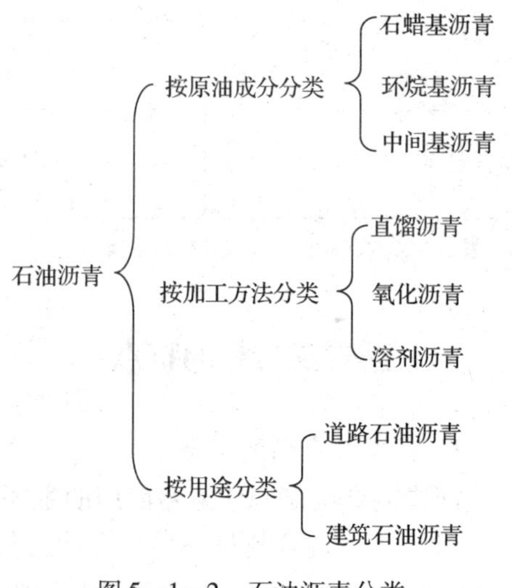

图5—1—2 石油沥青分类

②焦油沥青。焦油沥青是干馏有机燃料(煤、页岩、木材等)所收集的焦油再经加工而得到的一种沥青材料。按干馏原料的不同,焦油沥青可分为煤沥青、页岩沥青、木沥青和泥岩沥青等。工程上常用的焦油沥青为煤沥青。煤沥青的相关知识见本任务阅读材料。

2) 根据对沥青的再加工方法不同,可分为乳化沥青、改性沥青、液体石油沥青等。

①乳化沥青。乳化沥青是将黏稠石油沥青加热至流动状态,经高速离心、搅拌及剪切等机械作用,使沥青形成细小的微粒(粒径为2~5 μm左右),再使沥青微粒均匀地溶于有乳化剂和稳定剂的水溶液之中,所形成的水包油型(O/W)沥青乳液。由于乳化剂和稳定剂的作用,使沥青乳液形成均匀稳定的分散系,其外观为茶褐色,在常温下具有较好的流动性。乳化沥青的相关知识见本任务阅读材料。

②改性沥青。改性沥青是指在普通沥青中加入橡胶、树脂、高分子聚合物、或其他填料等外掺剂(改性剂),或采取对沥青轻度氧化加工等措施,使沥青的路用性能得以改善而制成的沥青结合料。改性沥青的相关知识见本任务阅读材料。

③液体石油沥青。液体石油沥青是由较软的黏稠石油沥青经加热后掺配适量的煤油或轻柴油,经适当的搅拌、稀释制成。掺配煤油或轻柴油的比例根据使用要求由试验确定。根据液体石油沥青与集料拌和后凝聚的速度快慢,液体石油沥青可分为快凝、中凝、慢凝3种类型。液体石油沥青适用于路面结构层的透层、黏层及拌制冷拌沥青混合料。液体石油沥青在制作、储存、使用过程中,必须通风良好,并有专人负责,确保安全。液体石油沥青的储存

温度不得高于50℃。

（2）石油沥青的组成和结构

1）石油沥青的元素组成。石油沥青是由多种碳氢化合物及其非金属（氧、硫、氮）衍生物组成的混合物，它的分子表达通式为 $C_nH_{2n+a}O_bS_cN_d$。化学组成主要是碳（80%～87%）、氢（10%～15%），其次是非烃元素，如氧、硫、氮等（<3%）。此外，还含有一些微量的金属元素，如镍、钒、铁、锰、钙、镁、钠等，但含量都很少，为几个至几十个ppm（百万分之一）。

由于石油沥青化学组成结构的复杂性，许多元素分析结果非常近似的石油沥青，它们的性质却相差很大。这主要是石油沥青中所含烃类基属的化学结构不同。

2）石油沥青的化学组分。目前的分析技术尚难将沥青分离为纯粹的化合物单体。为了研究石油沥青化学组成与使用性能之间的联系，从工程角度出发，利用沥青在不同溶剂中的选择性溶解或在不同吸附剂上的吸附，将沥青分离为几个化学性质较接近而又与其胶体结构性质和路用性质有一定联系的几个组，这些组称为沥青的组分。将沥青分为不同组分的化学分析方法称为组分分析法。《公路工程沥青及沥青混合料试验规程》（JTG E20—2011）中，沥青化学组分试验采用三组分分析法和四组分分析法两种试验方法。

①三组分分析法。这种分析方法是一种典型的溶剂吸附法。该分析法是将石油沥青分离为油分、胶质和沥青质三个组分。按三组分分析法所得各组分的性状见表5—1—2。

表5—1—2　石油沥青三组分分析法的各组分性状

性状 组分	外观特征	平均相对分子质量 M_w	碳氢比 C/H	物理化学特征
油分	淡黄色透明液体	200～700	0.5～0.7	可溶解于大部分有机溶剂，具有光学活性，常发现有荧光，相对密度为0.910～0.925
胶质	红褐色黏稠半固体	800～3 000	0.7～0.8	温度敏感性高，熔点低于100℃，相对密度大于1.00
沥青质	深褐色固体末微粒	1 000～5 000	0.8～1.0	加热不熔化，分解为硬焦炭，使沥青呈黑色

②四组分分析法。由科尔贝特（L. W. Corbete）首先提出，该方法可将沥青分离为如下四种成分：一是沥青质。沥青中不溶于正庚烷而溶于甲苯中的物质；二是饱和分。亦称饱和烃，沥青中溶于正庚烷，吸附于 Al_2O_3 谱柱下，能为正庚烷或石油醚溶解脱附的物质；三是芳香分。亦称芳香烃，沥青经上一步骤处理后，为甲苯所溶解脱附的物质；四是胶质。沥青经上一步骤处理后，能为苯—乙醇或苯—甲醇所溶解脱附的物质。

对于多蜡沥青，还可将饱和分和芳香分用丁酮—苯混合溶液，经冷冻分离出蜡。按四组分分析法所得各组分的性状见表5—1—3。

表 5—1—3　　石油沥青四组分分析法的各组分性状

组分＼性状	外观特征	平均相对分子质量 M_w	碳氢比 C/H	物理化学特征
沥青质	深褐色固体末微粒	1 000 ~ 5 000	<1.0	提高热稳定性和黏滞性
饱和分	无色黏稠液体	300 ~ 1 000	<1.0	赋予沥青流动性（相当于油分）
芳香分	茶色黏稠液体			
胶质	红褐色至黑褐色黏稠半固体	500 ~ 1 000	≈1.0	赋予胶体稳定性，提高黏附性及可塑性
蜡	白色晶体	300 ~ 1 000	<1.0	破坏沥青结构的均匀性，降低塑性

沥青的化学组分与沥青的物理力学性质有着密切的关系，主要表现为沥青组分及其含量的不同将引起沥青性质趋向性的变化。一般认为，油分赋予沥青流动性；胶质使沥青具有良好的塑性和黏结性；沥青质能提高沥青的稳定性。

3）石油沥青的含蜡量。蜡组分的存在对石油沥青性能的影响，是沥青性能研究的一个重要课题。特别是我国富产石蜡基原油的情况下，更是应该关注。现有研究认为，由于沥青中蜡的存在，在高温时沥青容易发软，导致沥青路面的高温稳定性降低，出现车辙；在低温时沥青变得脆硬，导致路面低温抗裂性降低，出现裂缝。此外，蜡会使沥青与矿料黏附性降低，在水分的作用下，还会使路面骨料与沥青产生剥落现象，造成路面破坏。更严重的是，含蜡量大的沥青会使沥青路面的抗滑性能降低，影响路面的行车安全。

对于石油沥青含蜡量的限制，由于世界各国的测定方法不同，所以限值也不一致，我国现行规范《道路石油沥青技术要求》（JTG F30—2004）对石油沥青含蜡量有明确规定。

4）石油沥青的结构。根据石油沥青中各组分的化学组成和相对含量的不同，可以形成不同的胶体结构。石油沥青的胶体结构可分为下列 3 种类型：

①溶胶型结构。沥青质含量较少（<10%），饱和分和芳香分、胶质足够多时，则沥青质形成的胶团外膜较厚，胶团全部分散，且在分散介质中的运动相对自由。这种结构的沥青黏滞性小、流动性大、塑性好，开裂后自行愈合的能力强，但温度稳定性较差。

②凝胶型结构。沥青质含量较多（>30%），并有相应数量的胶质形成胶团，胶团外膜较薄，胶团靠近时形成团聚，相互吸引力增大，移动困难。这种结构的沥青弹性和黏性较高，温度敏感性较小，流动性和塑性较低。

③溶—凝胶型结构。沥青质含量适当（15% ~25%），有较多的胶质存在，胶团的浓度介于溶胶型结构和凝胶型结构之间，胶团之间有一定的吸引力。在常温下，这种结构的沥青性质介于上述两者之间；在高温时，稳定性好；在低温时，具有较好的形变能力。优质道路沥青为溶—凝胶型结构。以上 3 种胶体结构如图 5—1—3 所示。

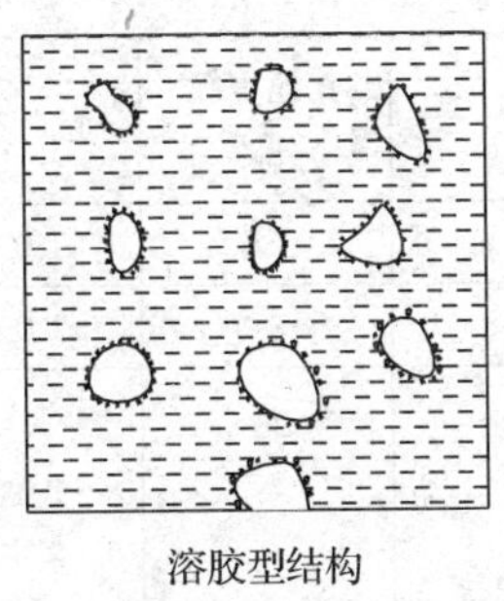
溶胶型结构

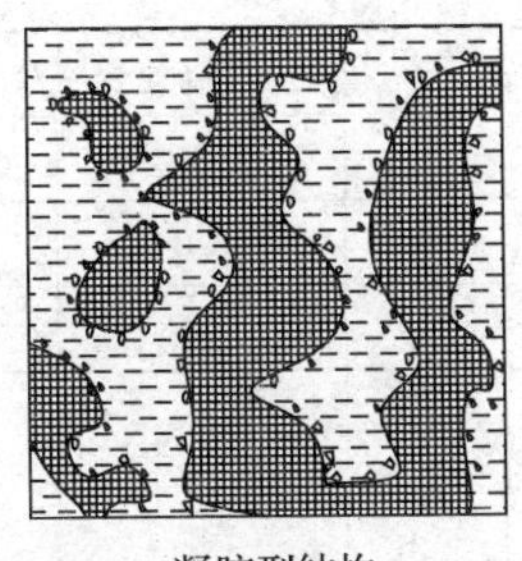
凝胶型结构

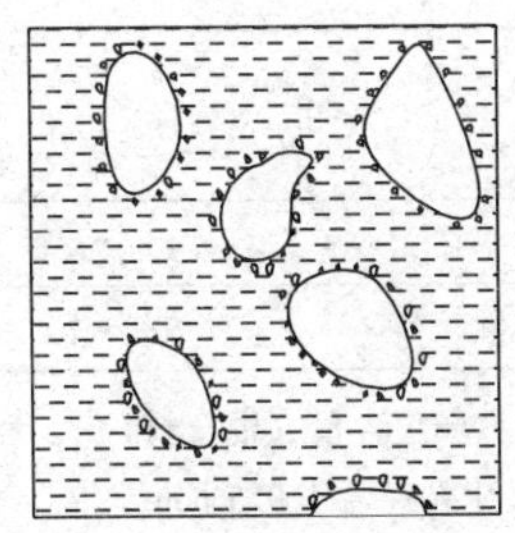
溶—凝胶型结构

图 5—1—3　石油沥青的胶体结构

此外，根据沥青的针入度指数 PI 值，可以划分石油沥青的胶体结构类型，见表 5—1—4。

表 5—1—4　　沥青的针入度指数和胶体结构类型

沥青的针入度指数（PI）	沥青胶体结构类型
< -2	溶胶
-2 ~ +2	溶—凝胶
> +2	凝胶

沥青质量的好坏直接影响到沥青混合料的整体结构，沥青质量的评定见本模块任务 2。

2. 粗集料

（1）粗集料的物理力学性质

用作沥青路面的粗集料应洁净、干燥、表面粗糙，无风化、不含杂质，并且具有足够的强度、耐磨耗性。粗集料的颗粒应为立方形，且富有棱角。在路面中粗集料起着支承荷载的作用，其质量，尤其是针片状颗粒含量、风化石含量，对路面使用性能有很大的影响。针片状颗粒含量高的混合料，其空隙率会增大，在车辆荷载的作用下颗粒非常容易被压碎。集料中针片状颗粒含量不仅与岩石的品质有关，而且与加工的工艺、所用的机械设备以及质量管理水平也有关。要严格限制针片状颗粒含量，除要选择质地好的岩石外，选择合适的设备并提高管理水平也是很重要的。

我国《公路沥青路面施工技术规范》（JTG F40—2004）对粗集料的技术要求见表 5—1—5。沥青路面用粗集料针片状颗粒含量试验采用游标卡尺法。

表 5—1—5　　沥青混合料用粗集料质量技术要求

指　　标		单位	高速公路及一级公路		其他等级公路	试验方法
			表面层	其他层次		
石料压碎值	不大于	%	26	28	30	T 0316
洛杉矶磨耗损失	不大于	%	28	30	35	T 0317
表观相对密度	不小于	—	2.60	2.50	2.45	T 0304

续表

指　　标		单位	高速公路及一级公路		其他等级公路	试验方法
			表面层	其他层次		
吸水率	不大于	%	2.0	3.0	3.0	T 0304
坚固性	不大于	%	12	12	—	T 0314
针片状颗粒含量（混合料）	不大于	%	15	18	20	T 0312
其中粒径大于9.5 mm	不大于	%	12	15	—	
其中粒径小于9.5 mm	不大于	%	18	20	—	
水洗法小于0.075 mm颗粒含量	不大于	%	1	1	1	T 0310
软石含量	不大于	%	3	5	5	T 0320

注：①坚固性试验可根据需要进行；②用于高速公路、一级公路时，多孔玄武岩的视密度可放宽至2.45 t/m^3，吸水率可放宽至3%，但必须得到建设单位的批准，且不得用于SMA路面；③对S14即3～5 mm规格的粗集料，针片状颗粒含量可不予要求，粒径小于0.075 mm，含量可放宽到3%。

为了控制碎石材料中的含泥量，采石场在生产过程中必须彻底清除泥土覆盖层及泥土夹层。同时，生产碎石用的原石不得含有土块、杂物。集料成品要堆放在经过硬化处理的地坪上，不要直接堆放在泥地上。试验和实践都已证明，碎石表面严重污染，将影响与沥青的有效黏附，当遇水时沥青很容易剥落，使混合料失去黏结而松散。所以，决不能忽视碎石料被泥土、粉尘污染的危害性。

用于高速公路、一级公路、城市快速道路、主干路沥青路面表面层的粗集料，应该采用坚硬、耐磨、抗冲击性好的碎石或破碎砾石，不得使用筛选砾石、矿渣及软质集料。高速公路、一级公路沥青路面的表面层（或磨耗层）的粗集料的磨光值应符合表5—1—6的要求。除SMA、OGFC路面外，当坚硬石料来源缺乏时，允许掺加一定比例较小粒径的普通粗集料，掺加比例根据实验确定。在以骨架原则设计的沥青混合料中，不得添加其他粗集料。

表5—1—6　　　　粗集料与沥青的黏附性、磨光值的技术要求

雨量气候区		1（潮湿区）	2（湿润区）	3（半干区）	4（干旱区）	试验方法
年降雨量（mm）		>1 000	1 000～500	500～250	<250	
粗集料的磨光值PSV　不小于 高速公路、一级公路表面层		42	40	38	36	T 0321
粗集料与沥青的黏附性不小于	高速公路、一级公路表面层	5	4	4	3	T 0616 T 0663
	高速公路、一级公路的其他层次及其他等级公路的各个层次	4	4	3	3	

（2）粗集料与沥青的黏附性

碱性石料轧制的碎石与石油沥青的黏附性较好，酸性石料轧制的碎石与石油沥青的黏附性不良。粗集料与沥青的黏附性应符合表5—1—6的要求，当使用不符合要求的粗集料时，宜掺加消石灰、水泥或用饱和石灰水处理后使用，必要时可同时在沥青中掺加耐热、耐水、长期性能好的抗剥落剂，也可采用改性沥青的措施，使沥青混合料的水稳定性检验达到要求。掺加外加剂的剂量由沥青混合料的水稳定性检验确定。

（3）粗集料的表面纹理构造

碎石颗粒的表面纹理构造是集料的又一重要特性，它对集料颗粒间的摩阻力有重要影响。对于盛产河砾石的地区，可以将砾石破碎后使用。用于破碎的砾石应选用粒径大于50 mm、含泥量不大于1%的砾石，破碎砾石的破碎面应符合表5—1—7的要求。为保证高速公路沥青路面的高温稳定性，用于沥青面层的沥青混合料应尽量不采用破碎砾石作为集料。

表5—1—7　　粗集料对破碎面的要求

路面部位或混合料类型	具有一定数量破碎面的颗粒含量（%）	
	1个破碎面	2个或2个以上破碎面
沥青路面表面层		
高速公路、一级公路	100	90
其他等级公路	80	60
沥青路面中下面层、基层		
高速公路、一级公路	90	80
其他等级公路	70	50
SMA混合料	100	90
贯入式路面	80	60

经过破碎且存放期超过6个月以上的钢渣可作为粗集料使用。除吸水率允许适当放宽外，钢渣的各项质量指标应符合表5—1—5的要求。钢渣在使用前应进行活性检验，要求钢渣中的游离氧化钙含量不大于3%，浸水膨胀率不大于2%。一般来说，钢渣轧制的碎石材料只适用于二级及二级以下道路的沥青路面。

（4）粗集料的粒径规格

粗集料应符合一定的级配要求，以便在沥青混合料生产时能保证集料级配始终符合设计要求而不致偏差过大。对于集料粒径分布不均衡的碎石料，应进行过筛处理。粗集料应按照表5—1—8的粒径规格进行生产和选用。如果某一档的粗集料不符合表5—1—8的规格，但确认与其他集料组配后的合成级配符合设计级配的要求时，也可以采用。

表5—1—8　　沥青混合料用粗集料的粒径规格

规格名称	公称粒径（mm）	通过下列筛孔（mm）的质量百分率（%）												
		106	75	63	53	37.5	31.5	26.5	19.0	13.2	9.5	4.75	2.36	0.6
S1	40～75	100	90～100	—	—	0～15	—	0～5						
S2	40～60		100	90～100	—	0～15	—	0～5						
S3	30～60		100	90～100	—	—	0～15	—	0～5					

续表

规格名称	公称粒径（mm）	通过下列筛孔（mm）的质量百分率（%）												
		106	75	63	53	37.5	31.5	26.5	19.0	13.2	9.5	4.75	2.36	0.6
S4	25～50			100	90～100	—	—	0～15	—	0～5				
S5	20～40				100	90～100	—	—	0～15	—	0～5			
S6	15～30					100	90～100	—	—	0～15	—	0～5		
S7	10～30					100	90～100	—	—	—	0～15	0～5		
S8	10～25						100	90～100	—	0～15	—	0～5		
S9	10～20							100	90～100	—	0～15	0～5		
S10	10～15								100	90～100	0～15	0～5		
S11	5～15								100	90～100	40～70	0～15	0～5	
S12	5～10									100	90～100	0～15	0～5	
S13	3～10									100	90～100	40～70	0～20	0～5
S14	3～5										100	90～100	0～15	0～3

3. 细集料

（1）细集料的物理力学性能要求

沥青路面结构层用的细集料包括天然砂、机制砂、石屑等。细集料应洁净、干燥、无风化、无杂质，并有适当的级配范围，其质量应符合表5—1—9的规定。细集料的洁净程度，天然砂以粒径小于0.075 mm含量的百分数表示，石屑和机制砂以砂当量（适用于0～4.75 mm）或亚甲蓝值（适用于粒径0～2.36 mm或0～0.15 mm）表示。细集料应与沥青有良好的黏结能力，在高速公路、一级公路、城市快速路、主干路沥青面层使用与沥青黏结性能差的天然砂、机制砂及石屑时，应采取前述粗集料的抗剥落措施对细集料进行处理。在高速公路、一级公路、城市快速路、主干路沥青面层及抗滑磨耗层中，所用石屑总量不宜超过天然砂或机制砂的用量。

表5—1—9　　沥青混合料用细集料质量要求

项目		单位	高速公路、一级公路	其他等级公路	试验方法
表观相对密度	不小于	—	2.50	2.45	T 0328
坚固性（>0.3 mm部分）	不小于	%	12	—	T 0340
含泥量（小于0.075 mm的含量）	不大于	%	3	5	T 0333
砂当量	不小于	%	60	50	T 0334
亚甲蓝值	不大于	g/kg	25	—	T 0346
棱角性（流动时间）	不小于	s	30	—	T 0345

注：坚固性试验可根据需要进行。

（2）细集料的粒径规格

1）天然砂。天然砂可采用河砂或海砂，通常宜采用粗、中砂。天然砂的粒径规格应符合表5—1—10的要求。砂的含泥量超过规定时，应水洗后使用，海砂中的贝壳类材料必须筛除。热拌密级配沥青混合料中，天然砂的用量通常不宜超过集料总量的20%。SMA和OGFC混合料不宜使用天然砂。

表5—1—10　沥青混合料用天然砂的粒径规格

筛孔尺寸（mm）	通过各孔筛的质量百分率（%）		
	粗砂	中砂	细砂
9.5	100	100	100
4.75	90~100	90~100	90~100
2.36	65~95	75~90	85~100
1.18	35~65	50~90	75~100
0.6	15~30	30~60	60~84
0.3	5~20	8~30	15~45
0.15	0~10	0~10	0~10
0.075	0~5	0~5	0~5

2）石屑。石屑是采石场破碎石料时通过4.75 mm或2.36 mm的筛下部分，它与机制砂有着本质的不同，是石料加工破碎过程中表面剥落或撞下的边角，强度一般较低，且针片状含量较高，在沥青混合料的使用过程中还会进一步细化。所以，在生产石屑的过程中应特别注意，避免山体覆盖层或夹层的泥土混入石屑。石屑的粒径规格应符合表5—1—11的要求。

表5—1—11　沥青混合料用石屑的粒径规格

规格	公称粒径（mm）	水洗法通过各筛孔的质量百分率（%）							
		9.5	4.75	2.36	1.18	0.6	0.3	0.15	0.075
S15	0~5	100	90~100	60~90	40~75	20~55	7~40	2~20	0~10
S16	0~3	—	100	80~100	50~80	25~60	8~45	0~25	0~15

注：当生产石屑采用喷水抑制扬尘工艺时，应特别注意含粉量不得超过表中要求。

4. 填料

（1）矿粉

沥青混合料主要依靠沥青与矿粉的交互作用形成较高黏结力的沥青胶浆，将粗、细集料结合成一个整体。填料必须采用石灰岩或者岩浆岩中的强基性岩石等憎水性石料经磨细得到的矿粉，原石料中的泥土杂质应清除。矿粉应干燥、洁净，能自由地从矿粉仓流出，其质量应符合表5—1—12的要求。

（2）粉尘

拌和机的粉尘可作为矿粉的一部分回收使用。但每盘用量不得超过填料总量的25%，掺有粉尘填料的塑性指数不得大于4。

表 5—1—12　　沥青混合料用矿粉质量要求

项目	单位	高速公路、一级公路	其他等级公路	试验方法
表观密度　不小于	t/m^3	2.50	2.45	T 0352
含水量　　不大于	%	1	1	T 0103 烘干法
粒度范围 <0.6 mm <0.15 mm <0.075 mm	% % %	100 90 ~ 100 75 ~ 100	100 90 ~ 100 70 ~ 100	T 0351
外观	—	无团粒结块		
亲水系数	—	<1		T 0353
塑性指数	—	<4		T 0354
加热安定性	—	实测记录		T 0355

（3）粉煤灰

粉煤灰作为填料使用时，用量不得超过填料总量的 50%，粉煤灰的烧失量应小于 12%，与矿粉混合后的塑性指数应小于 4，其余质量要求与矿粉相同。高速公路、一级公路的沥青面层不宜采用粉煤灰作填料。

（4）生石灰粉、消石灰粉、水泥

为了改善沥青混合料的水稳性，可以采用干燥、磨细的生石灰粉、消石灰粉或水泥作为填料，其用量不宜超过填料总量的 1% ~2%。

四、其他品种沥青混合料

1. 沥青玛蹄脂碎石（SMA）混合料

沥青玛蹄脂碎石混合料是一种新型的沥青混合料，它起源于 20 世纪 60 年代的德国，90 年代初引入美国，被称为“Stone Mastic Asphalt”，缩写为 SMA。1993 年，SMA 在我国首都机场高速公路首次应用。

SMA 是一种由沥青、纤维稳定剂、矿粉和少量的细集料组成的沥青玛蹄脂，填充于间断级配的粗集料骨架的间隙而组成一体的沥青混合料。因此，它具有抗高温、低温稳定性，良好的水稳定性，良好的耐久性和表面功能（抗滑、车辙小、平整度高、噪声小、能见度好）。

2. Superpave 沥青混合料

Superpave 沥青混合料是美国战略公路研究计划（SHRP）的研究成果之一。Superpave 是 Superior Performing Asphalt Pavement 的缩写，中文意思就是“高性能沥青路面”。

3. 排水性（OGFC）沥青混合料

OGFC 是开级配抗滑磨耗层（Open - graded friction course）的缩写，具有抗滑性好，不积水，行车安全，以及高温稳定性好，抗车辙能力强，噪声低，防眩光等优点。但其空隙大，且容易被堵塞，沥青容易老化，耐久性差，养护比较困难。

4. 常温沥青混合料

常温沥青混合料是指常温下拌和、常温下铺筑的沥青混合料，也可称为冷铺沥青混合料。这类混合料所用的结合料为液体沥青或乳化沥青。为了节约能源、保护环境，我国较少采用液体沥青。下面主要介绍以乳化沥青为结合料的几种常温沥青混合料。

（1）乳化沥青混合料

乳化沥青混合料是采用乳化沥青与矿料在常温状态下拌和的混合料。根据矿料的级配类型，分为乳化沥青碎石混合料与乳化沥青混凝土混合料。乳化沥青混合料适用于沥青路面的维修和养护，如铺筑封层、罩面、修补坑槽等，主要目的是封闭路面表面，并抑制路表结构中混合料松散，改善道路的表面外观。乳化沥青混合料是一种节约能源、保护环境、方便施工的路面养护维修材料。

由于乳化沥青混合料与热沥青混合料具有不同的成型机理，因此，在配合比设计试验中需要考虑乳化沥青的特性，采取相应的成型和养生措施，尽可能模拟现场实际情况，使室内试验结果具有指导现场施工的意义。所以，乳化沥青混合料的马歇尔稳定度试验方法需要在热拌沥青混合料试验方法的基础上进行修正，修正的要点在于试件的击实和养生，其余的饱和度、密度、空隙率、流值、稳定度的测定方法与热拌沥青混合料相同。

（2）乳化沥青稀浆封层混合料与微表处混合料

乳化沥青稀浆封层混合料是用适当级配的石屑或砂、填料（水泥、石灰、粉煤灰、石粉等）与乳化沥青、外掺剂和水，按一定比例拌和而成的流动状态的沥青混合料。微表处混合料是用适当级配的石屑或砂、填料（水泥、石灰、粉煤灰、石粉等）与聚合物改性乳化沥青、外掺剂和水，按一定比例拌和而成的流动状态的沥青混合料。

沥青稀浆封层混合料和微表处混合料可以用于沥青路面的养护维修，也可以用于路表加铺抗滑层或磨耗层。

知识拓展

热拌沥青混合料的配合比设计步骤

热拌沥青混合料是经人工组配的矿质混合料与黏稠沥青在专门的设备中加热拌和而成，用保温运输工具运送至施工现场，并在热态下进行摊铺和压实的混合料，通称“热拌热铺沥青混合料”，简称“热拌沥青混合料”。热拌沥青混合料是应用最为广泛的普通沥青混凝土材料，也就是通常所说密级配 AC 类沥青混合料。热拌沥青混合料是沥青混合料中最典型的品种，其他各种沥青混合料均为由其发展而来的亚种。

热拌沥青混合料的配合比设计结果与沥青路面的使用性能、材料用量及工程造价关系密切。热拌沥青混合料配合比设计的基本任务有两个：一是矿质混合料的配合比设计；二是确定最佳的沥青含量。其目的是通过目标配合比设计、生产配合比设计及生产配合比验证三个阶段，确定热拌沥青混合料的材料品种及配合比、矿料级配、最佳沥青含量。

热拌沥青混合料的配合比设计步骤如下：

1. 确定工程设计级配范围

沥青路面工程的混合料设计级配范围由工程设计文件或招标文件规定。

2. 材料选择与准备

根据现场取样，测定粗集料、细集料及矿粉的密度，并进行筛分试验，确定各种规格集料的级配组成。

3. 矿料配合比设计

根据各档集料的筛分结果，采用图解法或试算法，确定符合要求级配范围的各档集料的用量比例，计算矿质混合料的合成级配。根据级配范围，初选几组粗细不同的级配。

高速公路和一级公路沥青路面矿料配合比设计宜借助电子表格，用试配法进行。

4. 沥青混合料马歇尔试验

沥青混合料马歇尔试验的主要目的是确定最佳沥青含量。沥青混合料中沥青含量通常采用油石比或沥青用量表示。油石比是指沥青混合料中沥青质量占矿料总质量的百分比；沥青用量是指沥青混合料中沥青质量占沥青混合料总质量的百分比。最佳沥青含量以 OAC 表示。

采用马歇尔试验法确定沥青最佳含量，按下列步骤进行：

（1）按确定的矿质混合料配合比，计算各种规格集料的用量。

（2）根据经验估计适宜的油石比（或沥青用量）。

（3）初选几组粗细级配，分别制作马歇尔试件，测定 VMA，初选一组满足或接近设计要求的级配作为设计级配。

（4）以设计级配为基础，按一定的间隔取 5 个或 5 个以上不同的油石比（或沥青用量），分别成型马歇尔试件。

（5）测定压实沥青混合料试件的毛体积相对密度和吸水率，取平均值。通常采用表干法测定毛体积相对密度；对吸水率大于 2% 的试件，宜改用蜡封法测定毛体积相对密度。

（6）确定沥青混合料最大的理论相对密度。

（7）计算沥青混合料试件的空隙率、矿料间隙率、有效沥青的饱和度。

（8）进行马歇尔试验，测定马歇尔稳定度 MS 和流值 FL。

5. 确定最佳油石比或最佳沥青用量

（1）以油石比或沥青用量为横坐标，马歇尔试验的各项指标为纵坐标，绘制各指标与沥青用量之间的关系曲线图。将试验结果点入图中，连成圆滑的曲线。

（2）确定最佳油石比或最佳沥青用量。

（3）根据实践经验和公路等级、气候条件、交通情况，调整确定最佳油石比或最佳沥青含量。

6. 配合比设计检验

对用于高速公路和一级公路的密级配沥青混合料（AC）及 SMA、OGFC 混合料，需在配合比设计的基础上进行各种使用性能的检验。检验的项目主要有高温稳定性、水稳定性、低温抗裂性。不符合要求的沥青混合料，必须更换材料或重新进行配合比设计。其他公路的沥青混合料参照执行。

(1) 高温稳定性检验

对公称最大粒径等于或小于 19 mm 的混合料，按规定方法进行车辙试验。

(2) 水稳定性检验

按规定的试验方法进行浸水马歇尔试验和冻融劈裂试验。

(3) 低温抗裂性检验

对公称最大粒径等于或小于 19 mm 的混合料，按规定方法在温度 −10℃、加载速率 50 mm/min 的条件下进行低温弯曲试验，测定破坏强度、破坏应变、破坏劲度模量，并根据应力应变曲线的形状，综合评价沥青混合料的低温抗裂性能。

沥青混合料配合比设计

1. 原始资料

(1) 道路等级：高速公路。

(2) 路面类型：AC−16C 型沥青混凝土。

(3) 结构层位：上面层。

(4) 气候条件：7 月份平均最高气温为 31℃，年极端最低气温为 −7℃，年降雨量为 1 400 mm。

小提示

气候分区指标分别为高温指标、低温指标和雨量指标。气候分区情况见表 5—1—13。

表 5—1—13　　气候分区种类、气候因子指标

设计高温分区指标		一级区划分为 3 个区		
高温气候区		1	2	3
气候区名称		夏炎热区	夏热区	夏凉区
最热月平均最高气温（℃）		>30	20～30	<20
设计低温分区指标		二级区划分为 4 个区		
低温气候区	1	2	3	4
气候区名称	冬严寒区	冬寒区	冬冷区	冬温区
极端最低气温（℃）	< −37.0	−37.0～−21.5	−21.5～−9.0	> −9.0
设计雨量分区指标		三级区划分为 4 个区		
雨量气候区	1	2	3	4
气候区名称	潮湿区	湿润区	半干区	干旱区
年降雨量（mm）	>1 000	1 000～500	500～250	<250

沥青路面温度分区由高温和低温组合而成，第一个数字代表高温分区，第二个数字代表低温分区，数字越小表示气候因素越严重；温度和雨量组成的气候分区由高温—低温—雨量组合而成，第三个数字代表雨量分区。

（5）材料性能

1）沥青材料。沥青密度为 1.037 g/cm^3，经检验各项技术性能均符合要求。

2）矿质材料。粗集料采用粒径为 10 ~ 20 mm、5 ~ 10 mm 和 3 ~ 5 mm 3 档集料，洛杉矶磨耗损失为 13%，黏附性等级为 5 级。细集料为机制砂。矿粉采用石灰岩矿粉，无团粒结块。

2. 设计要求

（1）进行矿质混合料的配合比设计。

（2）确定最佳沥青用量。

（3）根据高速公路用沥青混合料要求，检验沥青混合料的水稳定性、高温和低温能力。

3. 配合比设计步骤

（1）确定工程设计级配范围

见表 5—1—14 中 AC－16 矿料级配范围。

（2）材料选择与准备

测定粗集料粒径分别为 10 ~ 20 mm、5 ~ 10 mm 和 3 ~ 5 mm 的毛体积相对密度分别为 2.804 g/cm^3、2.790 g/cm^{3}和 2.803 g/cm^3，表观相对密度分别为 2.848 g/cm^3、2.846 g/cm^{3}和 2.840 g/cm^3。细集料毛体积相对密度为 2.715 g/cm^3，表观相对密度为 2.833 g/cm^3。矿粉表观密度为 2.714 g/cm^3。

对矿料进行筛分试验，确定各种规格集料的级配组成，见表 5—1—14。

表 5—1—14　　矿质集料级配与设计级配范围

材料名称	各筛孔（mm）的通过百分率（%）										
	19.0	16.0	13.2	9.5	4.75	2.36	1.18	0.6	0.3	0.15	0.075
10 ~ 20 mm	99.5	89.7	58.5	9.4	0.2	0.2	0.2	0.2	0.2	0.2	0.2
5 ~ 10 mm	100	100	100	87.0	6.9	0.2	0.2	0.2	0.2	0.2	0.2
3 ~ 5 mm	100	100	100	100	93.6	2.4	0.9	0.8	0.7	0.7	0.7
机制砂	100	100	100	100	100	74.8	62.1	38.4	21.8	13.9	9.6
矿粉	100	100	100	100	100	100	100	100	100	100	98.8
AC－16 级配范围	100	90 ~ 100	76 ~ 92	60 ~ 80	34 ~ 62	20 ~ 48	13 ~ 36	9 ~ 26	7 ~ 18	5 ~ 14	4 ~ 8

（3）矿料配合比设计

根据级配范围，初选 3 组粗细不同的级配，各种材料用量见表 5—1—15。

表 5—1—15 **各种矿料用量**

级配类型	材料用量（%）				
	10 ~ 20 mm	5 ~ 10 mm	3 ~ 5 mm	机制砂	矿粉
细级配	34	21	5	38	2
中级配	36	23	5	34	2
粗级配	38	25	5	30	2

3 种配合比合成级配计算见表 5—1—16。

表 5—1—16 **矿料合成级配计算**

筛孔尺寸（mm）	10 ~ 20 mm（%）	5 ~ 10 mm（%）	3 ~ 5 mm（%）	机制砂（%）	矿粉（%）	细级配通过量	中级配通过量	粗级配通过量	AC - 16 矿料级配范围（%）
19	99.5	100	100	100	100	100	100	100	100
16	89.7	100	100	100	100	96.5	96.3	96.1	90 ~ 100
13.2	58.5	100	100	100	100	85.9	85.1	84.2	76 ~ 92
9.5	9.4	87.0	100	100	100	66.5	64.4	62.3	60 ~ 80
4.75	0.2	6.9	93.6	100	100	46.2	42.3	38.5	34 ~ 62
2.36	0.2	0.2	2.4	74.8	100	30.7	27.7	24.7	20 ~ 48
1.18	0.2	0.2	0.9	62.1	100	25.8	23.3	20.8	13 ~ 36
0.6	0.2	0.2	0.8	38.4	100	16.7	15.2	13.7	9 ~ 26
0.3	0.2	0.2	0.7	21.8	100	10.4	9.6	8.7	7 ~ 18
0.15	0.2	0.2	0.7	13.9	100	7.4	6.9	6.3	5 ~ 14
0.075	0.2	0.2	0.7	9.6	92	5.8	5.4	5.0	4 ~ 8

（4）沥青混合料马歇尔试验

1）按确定的矿料配合比，计算各种规格集料的用量。若一个试件按 1 200 g 计，各种规格的材料用量见表 5—1—17。

表 5—1—17 **制作一个试样的材料用量** （g）

级配类型	材料用量				
	10 ~ 20 mm	5 ~ 10 mm	3 ~ 5 mm	机制砂	矿粉
细级配	408	252	60	456	24
中级配	432	276	60	408	24
粗级配	456	300	60	360	24

2）根据经验预估最佳油石比为 4.5%。

3）对 3 种级配进行马歇尔试验，按预估的最佳油石比 4.5% 成型马歇尔试件，具体结果见表 5—1—18。

表 5—1—18　　3 种粗级配的马歇尔试验结果

试验项目	粗级配（24.7）	中级配（27.7）	细级配（30.7）	技术要求
毛体积相对密度（g/cm³）	2.471	2.480	2.495	—
最大理论相对密度（g/cm³）	2.593	2.590	2.588	—
稳定度（kN）	9.38	11.30	10.57	≥8
流值（0.1 mm）	28.0	29.5	31.4	15～40
空隙率（%）	4.7	4.2	3.6	—
饱和度（%）	67.8	70.5	73.6	65～75
矿料间隙率（%）	14.66	14.26	13.64	VV＝4.2%时，VMA≥13.7

通过表 5—1—18 可以看出，细级配的空隙率较要求值（4%～6%）偏小，不选用；中级配和粗级配的空隙率和矿料间隙率均符合规范要求，但考虑到粗级配在施工过程中不易控制，因此，综合考虑，确定中级配为设计级配。

4）对选用的设计级配再成型油石比为 3.5%、4.0%、4.5%、5.0%和 5.5%的 5 组马歇尔试件。马歇尔试验结果见表 5—1—19。

表 5—1—19　　确定最佳油石比的马歇尔试验结果

油石比（%）	3.5	4.0	4.5	5.0	5.5	技术要求
毛体积相对密度（g/cm³）	2.451	2.465	2.480	2.490	2.499	—
最大理论相对密度（g/cm³）	2.628	2.609	2.590	2.571	2.553	—
稳定度（kN）	8.31	10.60	11.30	10.62	9.32	≥8
流值（0.1 mm）	23.2	24.1	29.5	34.5	38.5	15～40
空隙率（%）	6.7	5.5	4.2	3.2	2.1	—
饱和度（%）	53.7	61.6	70.5	77.7	85.4	65～75
矿料间隙率（%）	14.46	14.33	14.26	14.36	14.41	VV＝4.2%时，VMA≥13.7

（5）确定最佳油石比或最佳沥青用量

以油石比或沥青用量为横坐标，以马歇尔试验的各项指标为纵坐标，绘制各指标与沥青用量之间的关系曲线图，如图 5—1—4 所示。确定最佳油石比为 4.4%。

（6）配合比设计检验

按确定的最佳油石比制作试件进行车辙试验、浸水马歇尔试验、冻融试验以及弯曲试验，以检验沥青混合料的高温稳定性、水稳定性和低温抗裂性，其结果见表 5—1—20。

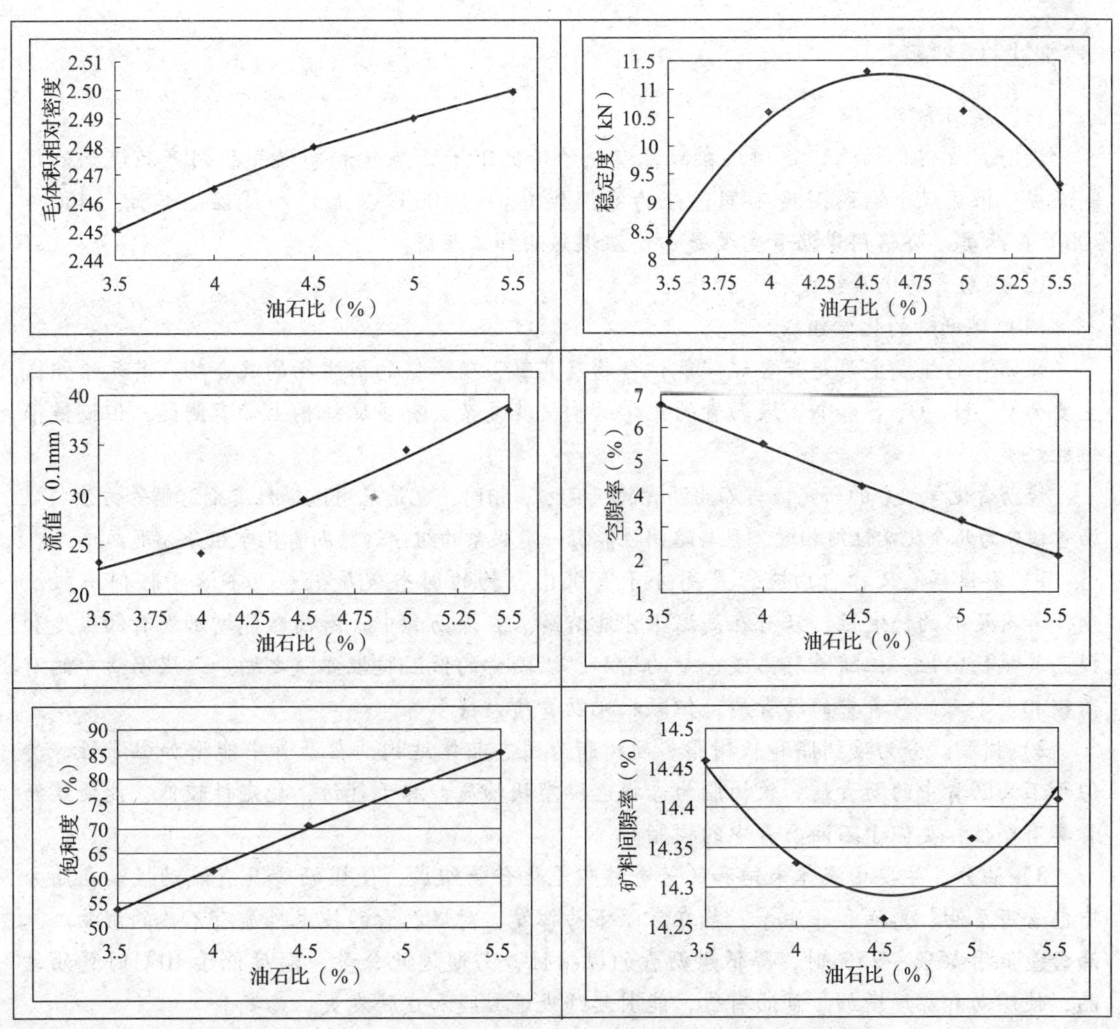

图 5—1—4 马歇尔试验结果

表 5—1—20 沥青混合料配合比检验结果

试验名称	技术指标	规定值	检测值	备注
车辙试验	动稳定度 DS（次/mm）	≮1 000	1 207	满足
马歇尔稳定度试验	浸水残留稳定度 MS_0（%）	≮80	82.7	满足
冻融劈裂试验	冻融劈裂强度比 TSR（%）	≮75	83.6	满足
弯曲试验	破坏时的抗弯拉强度（MPa）	—	8.60	无要求
	破坏时的最大弯拉应变（με）	≮2 000	2 550	满足
	破坏时的弯拉劲度模量（MPa）	—	3 378	无要求

一、煤沥青

煤沥青（俗称柏油）是用煤在隔绝空气的情况下干馏炼焦和制煤气的副产品煤焦油炼制而成。根据煤干馏的温度不同，分为高温煤焦油（700℃以上）和低温煤焦油（450～700℃）两类。公路用煤沥青主要是由高温煤焦油加工获得。

1. 煤沥青的化学组成和结构特点

(1) 煤沥青的化学组成

煤沥青的组成主要是芳香族碳氢化合物及其氧、硫和氮的衍生物的混合物。其元素组成主要为C、H、O、S和N。煤沥青的化学结构极其复杂，有多环结构上带有侧链，但侧链很短的烃类。

煤沥青化学组分的研究，与石油沥青的研究方法相同，也是采用选择性溶剂溶解等方法将煤沥青划分为几个化学性质相近、且与路用性能有一定联系的组分。煤沥青化学组分如下：

1）游离碳。又称自由碳，是高分子有机化合物的固态碳质微粒，不溶于任何有机溶剂，具有足够的稳定性，只有在高温下才能溶解。在煤沥青中，游离碳能增加沥青的黏度和提高其热稳定性。但随着游离碳含量的增加，煤沥青的低温脆性亦随之增加。煤沥青中的游离碳相当于石油沥青中的沥青质，但颗粒比沥青质大得多。

2）树脂。分为硬树脂和软树脂。硬树脂为固态晶体结构，在沥青中能增加黏滞性，类似于石油沥青中的沥青质。软树脂为赤褐色黏塑状物质，溶于氯仿，稳定性较低，能使煤沥青具有塑性，类似于石油沥青中的树脂。

3）油分。主要由液体未饱和的芳香族碳氢化合物组成，使煤沥青具有流动性。在油分中包含有萘油、蒽油和菲油等。萘在常温下易挥发，对煤沥青的技术性质有不良的影响。蒽油含量低于15%～25%时，降低煤沥青的黏结性，若超过此含量，温度低于10℃时蒽油结晶，使煤沥青黏度增加。蒽油有毒，能引起呼吸道黏膜和皮肤发炎、疼痛。

4）其他。煤沥青中含有少量碱性物质（吡啶、喹啉等）和酸性物质（主要是酚）。煤沥青中的酸碱物质都属表面活性物质，相当于石油沥青中的沥青酸与沥青酸酐，但其活性物质含量高于石油沥青。所以，煤沥青表面活性比石油沥青高，与石料的黏附力较好。

(2) 煤沥青的结构

煤沥青和石油沥青类似，也是复杂的胶体分散系，游离碳和硬树脂组成的胶体微粒为分散相，油分为分散介质，而软树脂为保护物质，它吸附于固态分散胶粒周围，逐渐向外扩散，并溶解于油分中，使分散系形成稳定的胶体体系。

2. 煤沥青与石油沥青技术性质的差异

(1) 煤沥青的温度稳定性差

煤沥青是较粗的分散系，且可溶性树脂含量较多，受热易软化，故温度稳定性差。

(2) 煤沥青的气候稳定性差

由于煤沥青中含有较多不饱和碳氢化合物，在热、阳光、氧气等长期综合作用下，使煤沥青的组分变化较大，易老化变脆。

(3) 煤沥青的塑性较差

因含有较多的游离碳，使其塑性降低，所以，在使用时易因受力变形而开裂。

(4) 与矿料表面黏附性能好

煤沥青组分中含有较多的酸、碱等表面活性物质，故与酸、碱性矿料表面的黏结力都较强。

(5) 煤沥青防腐性能好

由于煤沥青中含有酚、蒽、萘油等成分，所以，防腐性好，故适用于地下防水层及防腐材料等。

3. 煤沥青的技术性质指标

道路用煤沥青的技术性质指标有：黏度、蒸馏试验的馏出量、蒸馏残留物的软化点、水分、甲苯不溶物、萘含量、焦油酸含量等。

4. 煤沥青在道路中的应用

道路用煤沥青适用于透层沥青，也可用于三级及三级以下的公路铺筑沥青表面处治路面或沥青贯入式路面，但不能用于热拌热铺沥青混合料。

二、乳化沥青

1. 乳化沥青的特点

(1) 可冷态施工，节约能源

黏稠沥青通常要加热至 160 ~ 180℃ 才能用于施工。乳化沥青可以在常温下进行喷洒、贯入或拌和摊铺，现场无须加热，简化了施工程序，操作简便，节省了能源。

(2) 可在潮湿的环境下使用

其他品种的沥青必须与干燥的矿料拌和形成混合料，而且所形成的混合料只能铺筑在干燥的基层上，只有这样才能保证沥青与矿料、沥青混合料与基层具有足够的黏结力。乳化沥青可以直接与湿集料拌和，可以在潮湿的基层上铺筑，具有足够的黏结力。

(3) 可改善施工环境

乳化沥青无毒、无臭、不燃，施工安全，可保护环境，减少污染。

(4) 稳定性差

储存期不能超过半年，储存期过长容易引起凝聚分层，储存温度在 0℃ 以上。

(5) 乳化沥青修筑路面成型期较长

乳化沥青修筑的路面，待乳化沥青破乳且水分蒸发后才能发挥沥青的黏结作用，故路面成型期较长。

2. 乳化沥青的组成材料

乳化沥青主要由沥青、乳化剂、稳定剂和水等组成。

(1) 沥青

沥青是乳化沥青的主要组成材料，占 55% ~ 70%。沥青的性质直接决定乳化沥青成膜性能和路用性质。在选择沥青时，首先要考虑它的易乳性。

(2) 乳化剂

乳化剂是乳化沥青的关键性材料。在沥青、水分散体系中，沥青微粒被乳化剂分子的亲油基吸引，此时以沥青微粒为固体核，乳化剂包裹在沥青微粒表面形成吸附层。乳化剂的另一端吸引水分子，形成一层水膜，它可机械地阻碍沥青微粒的聚集。乳化剂按其亲水基在水中是否电离，分为离子型和非离子型两大类，离子型乳化剂又分为阴离子型、阳离子型和两性离子型三种。

(3) 稳定剂

为使乳化沥青乳液具有良好的储存稳定性，以及在施工中喷洒或拌和机械作用下有良好的稳定性，必要时应加入适量的稳定剂。稳定剂可分为有机稳定剂和无机稳定剂两类。

(4) 水

水是乳化沥青的主要组成部分。水在乳化沥青中起着润湿、溶解及化学反应的作用。

3. 乳化沥青的施工方法

乳化沥青用于修筑路面，可采用如下两种施工方法：

(1) 洒布法施工

用于喷洒透层、黏层与封层等，或修筑沥青表面处治路面、沥青贯入式路面。

(2) 拌和法施工

用于修筑冷拌沥青混合料路面、修补裂缝等。

4. 乳化沥青的品种

乳化沥青的品种有喷洒用阳离子型乳化沥青 PC－1、PC－2、PC－3，拌和用的阳离子型乳化沥青 BC－1；喷洒用阴离子型乳化沥青 PA－1、PA－2、PA－3，拌和用的阴离子型乳化沥青 BA－1；喷洒用非离子型乳化沥青 PN－2，拌和用的非离子型乳化沥青 BN－1。

5. 乳化沥青在集料表面的分裂机理

分裂是指从乳液中分裂出来的沥青微滴在集料表面聚结成一层连续的沥青薄膜，这一过程俗称破乳。乳液产生分裂的外观特征是它的颜色由棕褐色变成黑色，此时乳液中还含有水分，需待水分完全蒸发后才能产生黏结力。

(1) 水分的蒸发作用

洒布在路上的乳化沥青，随即产生水分蒸发，水分蒸发速度的快慢与温度、湿度、风速等条件有关。在温度较高，有风的环境中，水分蒸发较快，反之则较慢。当沥青乳液中水分蒸发到沥青乳液的 80%～90% 时，乳化沥青即开始凝结。碾压应力也能促使沥青的凝结。

(2) 乳液与集料表面的吸附作用

在水分蒸发、乳液分裂凝聚的同时，沥青与集料表面还有吸附作用。沥青与集料的吸附除依靠分子间产生的物理吸附外，还有两者之间的电性吸附。

1) 阴离子乳液（沥青微滴带负电荷）与带正电荷的碱性集料（石灰石、玄武岩等）具有较好的黏结性。

2) 阳离子乳液（沥青微滴带正电荷）与带负电荷的酸性集料（花岗岩、石英岩等）具有较好的黏结性。同时，对碱性集料也具有较好的亲和力。

三、改性沥青

1. 改性沥青的分类及特性

国际上还没有关于改性沥青分类的统一标准。目前，通常所说的改性沥青是指聚合物改性沥青。按照改性剂的不同，一般分为以下几类：

(1) 热塑性橡胶类改性沥青

改性剂主要是苯乙烯共聚物，如苯乙烯—丁二烯—苯乙烯（代号SBS）、苯乙烯—异戊二烯—苯乙烯（代号SIS）、苯乙烯—聚乙烯/丁基—聚乙烯（代号SE/BS）等。其中，SBS具有良好的弹性（变形的自恢复性及裂缝的自愈性好），被广泛用于路面沥青混合料；SIS主要用于热熔黏结料；SE/BS则应用于抗氧化、抗高温变形要求高的道路。SBS类改性沥青最大特点是高温稳定性和低温抗裂性能都好，且有良好的弹性恢复性能，抗老化性能良好。SBS使沥青软化点提高最大，使5℃的延度大幅度增大，且薄膜加热后的针入度保留90%以上。

(2) 橡胶类改性沥青

通常称为橡胶沥青，其中使用最多的是丁苯橡胶（SBR）和氯丁橡胶（CR）等。橡胶类改性沥青不仅是世界上最早出现并广泛应用的改性沥青品种，也是在我国较早研究和推广的品种。其中，SBR是世界上应用最广泛的改性剂之一，尤其是胶乳形式的SBR，使用越来越广泛。CR具有极性，常掺入煤沥青中使用，已成为煤沥青的改性剂。

SBR改性沥青最大特点是低温性能得到改善，以5℃的低温延度作为主要指标。但其在老化试验后，延度严重降低，所以，主要适宜在寒冷气候条件下使用。

(3) 热塑性树脂类改性沥青

聚乙烯（PE）、聚丙烯（PP）、聚氯乙烯（PVC）、聚苯乙烯（PS）和乙烯—乙酸乙烯酯共聚物（EVA）等在道路沥青的改性中均被使用过。热塑性树脂的共同特点是加热后软化，冷却时变硬。此类改性剂的最大特点是使沥青结合料在常温下黏度增大，从而使高温稳定性增加。不足的是，不能使沥青混合料的弹性增加，且加热后易离析，再次冷却时产生众多的弥散体。不过，这些局限性一定程度上已被接受。

(4) 掺加天然沥青的改性沥青

在沥青中通常可掺加天然沥青进行改性，天然沥青有湖沥青（如特立尼达湖沥青TLA）、岩石沥青（如美国的Gilsonite）和海底沥青（如BMA）等。

掺加TLA的混合沥青有良好的高温稳定性及低温抗裂性能，耐久性好；掺加岩石沥青的混合沥青有抗剥离、耐久性、高温抗车辙和抗老化的特点；BMA沥青适用于重载交通道路、飞机场跑道、抗磨耗层等，最小铺筑厚度可减薄到2 cm，由此降低工程造价。

(5) 其他改性沥青

1) 多价金属皂化物改性沥青。多价金属与一元羧酸所形成的盐类称为金属皂。将一定的金属皂溶解在沥青中，可使沥青延度增加，脆点降低，明显提高与集料的黏附性能，增加沥青混合料的强度，提高沥青路面的柔性和疲劳强度。

2) 碳黑改性沥青。碳黑是由石油、天然气等碳氢化合物经高温不完全燃烧而生成的高含碳量粉状物质，在改性好的SBS改性沥青中混入碳黑综合改性，可使改性沥青的黏度增大，回弹性能提高。

3) 玻纤格栅改性沥青。将一种自黏结型的玻璃纤维格栅，用一种专门的摊铺机铺设，铺在沥青混合料层中，提高沥青混合料的耐热、黏结性。这些格栅对提高高温抗车辙能力及低温抗裂性能都有良好效果，同时，还可防治沥青路面的反射性裂缝。

2. 改性沥青的应用

改性沥青可用于排水或吸声磨耗层及其下面的防水层；在老路面上做应力吸收膜中间层，以减少反射裂缝；在重载交通道路的老路面上加铺薄或超薄的沥青面层，以提高耐久性；在老路面上或新建公路上做表面层结合料，以恢复路面使用性能或减少养护工作量；在重载交通道路上做沥青混凝土的结合料。

使用改性沥青时，应当特别注意路基、路面的施工质量，以避免产生路基沉降和其他早期损坏。否则，使用改性沥青就会达不到应有的效果。SBS 改性沥青无论在高温、低温、弹性等方面都优于其他改性沥青，SBS 的价格也比较适宜，应用较为广泛。

1. 沥青混合料的分类方法有哪些？
2. 沥青中蜡的存在对沥青路面质量有何影响？
3. 沥青的胶体结构有哪些类型？各有何特点？如何判定？

任务二　评价石油沥青的性能

◆ 掌握石油沥青的技术性质。
◆ 能够对沥青质量进行评定。

作为沥青路面重要的结合料，沥青质量的好坏对沥青路面的使用寿命影响颇大。比如说，在夏季高温情况下，由于车辆的反复碾压推挤，容易产生车辙和壅包现象；在冬季低温时，由于沥青抵抗不住收缩时产生的拉力，就会在部分路段产生裂缝。在车辆荷载及气候因素长期作用下，沥青路面还会出现坑槽和松散现象。沥青路面常见病害如图 5—2—1 所示。

以上沥青路面的损坏是由什么原因引起的呢？如果原因在于沥青，是哪一方面出现了问题？在选择沥青时，需要评价沥青哪几方面的性能呢？

图 5—2—1　沥青质量问题引起的路面破坏类型

工作任务

某施工单位委托质检部门对其提供的沥青基本性能进行评价，并判断该沥青是否满足相关规范的要求。

前面学习过的水泥，人们接触得多，对水泥的质量有一定的评价经验。而对于沥青，因为用的不是那么普遍，人们对它的性能评价相对来说比较陌生。沥青是一种黏弹性的物质（没有特殊说明的话，仅指石油沥青），同时具有黏性和弹性。在室温时用手按压沥青表面，沥青会有变形，但手离开后，它的变形不能完全恢复，会在沥青的表面留有一定深度的压痕或变形，这就是沥青的黏滞特性。因为沥青的黏滞性，它受气温的影响比较大，在温度升高时会变软，温度降低时又会变硬变脆。在夏季高温下，沥青的这种性能表现得更为突出，在承受了车辆的荷载后，它就留下了一定的不可恢复的变形，久而久之，就形成了一定深度的痕迹，就是图 5—2—1 中的车辙。图 5—2—1 中所示的裂缝，产生的原因很多，有因为冬季低温引起的收缩裂缝；有自下而上的疲劳裂缝；有承受了车辆荷载产生的破坏裂缝等。

作为沥青混合料的结合料，沥青和石料之间的黏结力起到了至关重要的作用，这就是沥青的黏附性。如果沥青的黏附性不好，在雨季或下雨天，经过行车荷载的反复作用和动压水冲刷，容易产生沥青从集料表面剥落的情况，随之松散的集料被车轮带走，部分沥青路面就会发生图 5—2—1 中所示的坑槽现象。

除了以上沥青的特性之外，还有没有其他的性能呢？它们会对沥青路面产生怎样的影响呢？该怎样评价沥青的各项性能呢？

相关理论

一、石油沥青的技术性质与检验

1. 密度

沥青密度是指沥青试样在规定温度条件下单位体积所具有的质量。用 ρ_b 表示，单位为 g/cm³ 或 t/m³。密度是沥青的基本参数，在沥青储运和沥青混合料设计时都要用到这一参数。有时沥青的密度也用相对密度表示。沥青的相对密度是指在同一温度条件下沥青质量与同体积的水质量之比值，用 γ_b 表示，无量纲。

我国现行的《公路工程沥青及沥青混合料试验规程》（JTG E20—2011）规定，沥青的密度和相对密度利用比重瓶法测定（见图 5—2—2），非特殊要求，本方法宜在试验温度为 25℃ 及 15℃ 下测定沥青的密度和相对密度。

图 5—2—2　沥青密度试验用比重瓶

沥青的密度一般在 1.00 g/cm³ 左右，但是，由于沥青的化学成分不同，其密度又有所差别。沥青中含硫量大、芳香族含量高、沥青质含量高，则密度较大；蜡含量较多，则密度较小。

2. 黏滞性

沥青的黏滞性（简称黏性）是指沥青材料在外力作用下沥青粒子产生相互位移时抵抗剪切变形的能力。它反映沥青内部材料阻碍其相对流动的特性。沥青的黏滞性通常用黏度表示。黏度的大小反映沥青抵抗流动的能力，黏度越大，沥青路面抗车辙的能力越强。很多国家的沥青技术标准中，将沥青 60℃ 黏度作为一个高温指标。为了满足沥青路面的高温性能，要求沥青 60℃ 黏度不小于一定值。但为了保证沥青混合料的正常生产，便于沥青的泵送和沥青混合料的拌和，沥青在施工温度（135℃）下黏度不能过大。

沥青黏度的测定方法可分为两类：一类为“绝对黏度”法；另一类为“相对黏度”（或称“条件黏度）”法。由于相对黏度指标测试简便、直观，工程上多测定沥青的相对黏度。黏稠石油沥青的相对黏度可用沥青针入度试验测定。

针入度试验是国际上经常用来测定黏稠沥青（固体、半固体）稠度的一种方法。针入度是指沥青材料在规定的温度条件下，以一定质量的标准针经过规定时间后垂直贯入沥青试样中的深度，以 0.1 mm 计。试验条件以 $P_{T,m,t}$ 表示，其中，P 表示针入度；T 表示试验温度（℃）；m 表示标准针（包括连杆及砝码）的质量（g）；t 表示贯入时间（s）。我国现行试验法规定，标准的试验条件为：温度 25℃，荷重 100 g，贯入时间 5 s。沥青针入度试验如图 5—2—3 所示。

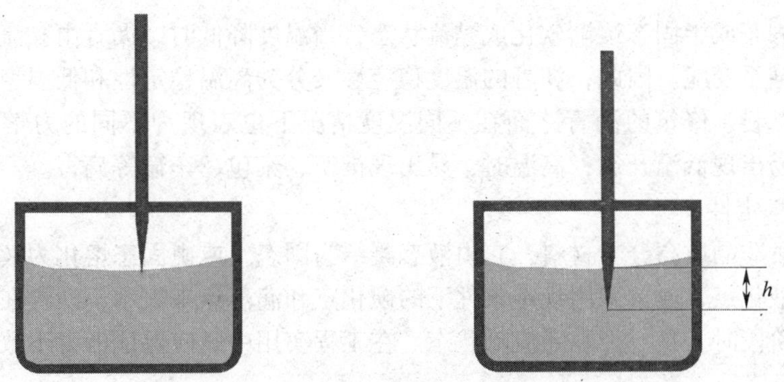

图 5—2—3　沥青针入度试验

按上述方法测定的针入度值越大，表示沥青越软（稠度越小）。我国现行使用的黏稠沥青技术标准中，针入度是划分沥青技术等级的主要指标。

3. 塑性（延度）

沥青的塑性是指沥青在外力作用下发生变形而不被破坏的能力，也称为沥青的延性，通常用延度指标来表征，即以规定形态的沥青试样，在规定温度下以一定的速率受拉伸至断裂时的长度，以 cm 计。

我国现行规范中，沥青的塑性采用延度仪来测定，试验温度和拉伸速度可根据要求选用，通常采用的试验温度为25℃、15℃、10℃或5℃，拉伸速度为5 cm ±0.25 cm/min。《公路沥青路面施工技术规范》（JTG F40—2004）对道路石油沥青延度试验规定的温度分别采用10℃和15℃。沥青延度试验如图 5—2—4 所示。

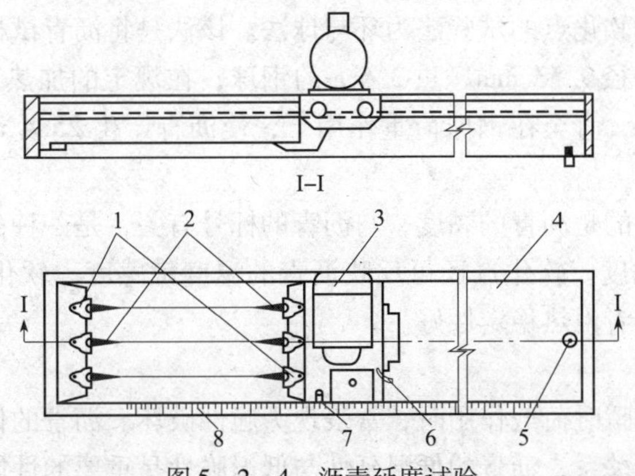

图 5—2—4　沥青延度试验

1—试模　2—试样　3—电动机　4—水槽　5—泄水孔　6—开关　7—指针　8—标尺

延度主要反映沥青的柔韧性，延度越大，沥青的柔韧性越好。如果低温下延度大，则沥青的抗裂性好。沥青延度与其黏度和组分有密切关系。一般来说，延度大的沥青含蜡量低，黏结性和耐久性都好；反之，含蜡量大，黏结性和耐久性也差。因此，延度是表征沥青性质的重要指标。

4. 温度稳定性

沥青的温度稳定性又称感温性。沥青的性质随着温度的变化会有较大的变化。当温度升高时，沥青由固态或半固态逐渐软化成黏流状态；当温度降低时，沥青由黏流状态转化成固态或半固态，甚至变脆。因此，沥青的温度稳定性又分为高温稳定性和低温稳定性。沥青作为混合料的胶结料，修筑的沥青路面在不同温度情况下也表现为不同的力学状态。在低温时，沥青路面易出现低温开裂；高温时，易出现推挤、雍包、车辙等病害。

（1）高温稳定性

沥青是一种非晶质高分子材料，它由液态凝结为固态，或由固态熔化为液态时，没有明确的固化点或液化点，通常采用规定条件下的硬化点和滴落点来表示，沥青在硬化点至滴落点之间的温度阶段时，是一种黏滞流动状态。在工程实用中，应保证沥青不致由于温度升高而产生流动的状态。

沥青的高温稳定性用软化点表征（见图 5—2—5）。软化点是指沥青试样在规定尺寸的金属环内，上置规定尺寸和质量的钢球，放于水或甘油中，以规定的速度加热，至钢球下沉到规定距离时的温度，用 $T_{R\&B}$ 表示，以℃计。

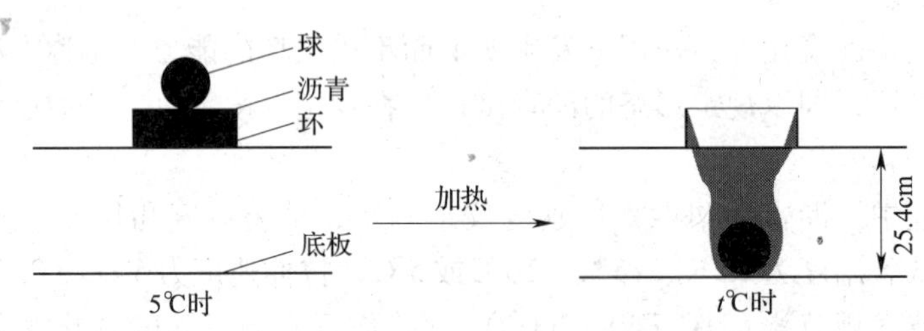

图 5—2—5　沥青软化点试验

我国现行测定沥青软化点的试验法为环与球法。该法是将沥青试样注于内径为 19. 8 mm 的铜环中，环上置一直径 9. 53 mm、重 3. 5 g 的钢球，在规定的加热速度（5℃/min）下加热，沥青试样逐渐软化，直至在钢球荷重作用下，使沥青产生 25. 4 mm 挠度时的温度，即为软化点。

软化点实质上反映的是沥青的黏度，与沥青的标号有关，是一种条件黏度，即在等黏度条件下以温度表示的黏度。软化点还可反映沥青的温度敏感度，软化点高，其等黏温度也高，温度稳定性好，或者说热稳定性好。

（2）低温稳定性

沥青在低温下受到瞬时荷载作用时，常表现为脆性破坏。沥青的低温稳定性与沥青路面的低温抗裂性有密切的关系，沥青的低温延性与低温脆性是重要的性能，多以沥青的低温延度和脆点来评价。

沥青脆性的测定极为复杂，通常采用弗拉斯脆点作为条件脆性指标。

脆点试验的方法是，将沥青试样 0. 4 g 在一个标准的金属薄片上摊成薄层，涂有沥青薄膜的金属片置于有冷却设备的脆点仪内，摇动脆点仪的曲柄，使涂有沥青薄膜的金属片产生弯曲。随着冷却设备中制冷剂温度以 1℃/min 的速度降低，沥青薄膜的温度亦逐渐降低，当降至某一温度时，沥青薄膜在规定弯曲条件下产生断裂时的温度，即为沥青的脆点。因此，脆点是测量沥青在低温时不引起破坏时的条件温度。

沥青及沥青混合料施工温度

普通沥青混合料的施工温度，宜根据在135℃及175℃条件下测定的黏度—温度曲线，按表5—2—1的规定确定。缺乏黏度—温度曲线数据时，可参考表5—2—2的范围选择，并根据实际情况确定使用高值或低值。

表5—2—1　确定沥青混合料拌和及压实温度的适宜温度

黏度	适宜于拌和的沥青结合料黏度	适宜于压实的沥青结合料黏度
表观黏度	(0.17±0.02) Pa·S	(0.28±0.03) Pa·S
运动黏度	(170±20) mm^2/s	(280±30) mm^2/s
赛波特黏度	(85±10) s	(140±15) s

表5—2—2　热拌沥青混合料的施工温度

施工工序		石油沥青的标号			
		50号	70号	90号	110号
沥青加热温度（℃）		160~170	155~165	150~160	145~155
矿料加热温度（℃）	间隙式拌和机	集料加热温度比沥青温度高10~30			
	连续式拌和机	矿料加热温度比沥青温度高5~10			
沥青混合料出料温度（℃）		150~170	145~165	140~160	135~155
混合料储料仓储存温度		储料过程中温度降低不超过10			
混合料废弃温度，高于		200	195	190	185
运输到现场温度，不低于		150	145	140	135
混合料摊铺温度，不低于	正常施工	140	135	130	125
	低温施工	160	150	140	135
开始碾压的混合料内部温度，不低于	正常施工	135	130	125	120
	低温施工	150	145	135	130
碾压终了的表面温度，不低于	钢轮压路机	80	70	65	60
	轮胎压路机	85	80	75	70
	振动压路机	75	70	60	55
开放交通的路表温度，不高于		50	50	50	45

沥青路面不得在气温低于10℃（高速公路和一级公路）或5℃（其他等级公路）的情况下施工。

由于沥青胶体结构的差异，沥青的黏度—温度曲线变化是很复杂的。国际上用于表示沥青感温性的指标有多种，下面主要介绍针入度指数法。在沥青的常规试验方法中，软化点试验也可以作为反映沥青温度敏感性的方法。

针入度指数用 PI 表示，它是荷兰学者普费等研究提出的一种评价沥青感温性的指标，应用针入度和软化点的试验结果来表征。

1）针入度—温度感应性系数。在不同温度下测定沥青的针入度，在半对数坐标中，针入度与温度为直线关系，并可通过回归建立起如下的关系方程式：

$$\lg P = A \cdot T + K \tag{5—2—1}$$

式中　P——沥青的针入度，0.1 mm；

A——针入度—温度感应性系数，可由针入度和软化点确定；

K——回归系数。

斜率 A 根据不同温度的针入度值确定，常采用的温度为 15℃、25℃、30℃。

一般来说，针入度—温度敏感性系数值越大，表示沥青对温度的变化比较敏感，其性能则不好。

2）针入度指数的确定。普费等人在制定针入度指数时，为方便起见，作了一些处理，改用针入度指数表示为：

$$A = \frac{20 - PI}{10 + PI} \cdot \frac{1}{50} \tag{5—2—2}$$

即：

$$PI = \frac{30}{1 + 50A} - 10 \tag{5—2—3}$$

针入度指数 PI 是评价沥青感温性应用最广泛的指标。PI 值越小，表示沥青的温度敏感性越强。按针入度指数（PI）可将沥青分为三种胶体结构类型：< -2 者为溶胶型沥青；$> +2$者为凝胶型沥青；$-2 \sim +2$ 者为溶－凝胶型沥青。PI 为 $-1 \sim +1$ 的溶—凝胶型沥青适宜铺筑沥青路面。

5. 黏附性

沥青在沥青混合料中以薄膜的形式涂覆在集料颗粒表面，并将松散的矿料黏结为一个整体。除了沥青自身的黏结能力外，还需要评价沥青与矿料之间的黏附能力，两者有一定的相关性。黏附性是指沥青与矿料之间相互作用所产生的物理吸附和化学吸附的能力，而黏结力则是沥青本身的黏结能力。黏结性好的沥青，黏附能力也强。

在干燥的状态下，沥青与矿料的黏附是不成问题的。但在潮湿的状态下，由于水比沥青更容易浸润矿料，矿料表面的沥青就可能被水所取代，导致沥青从矿料表面剥离下来。当集料失去沥青的黏结作用，路面就出现松散现象。这就是雨季沥青路面经常出现松散、坑洞的原因。

我国现行的《公路工程沥青及沥青混合料试验规程》中，沥青与粗集料的黏附性试验方法规定，沥青的黏附性测定方法根据沥青混合料的矿料最大粒径决定：矿料最大粒径 > 13.2 mm 者采用水煮法；矿料最大粒径≤13.2 mm 者采用水浸法。

（1）水煮法

水煮法是选取粒径为 13.2 ~ 19 mm、形态接近正方体的规则集料 5 个，经沥青裹覆后，在水中沸煮 3 min，按沥青膜剥落的情况分为五个等级来评价沥青与集料的黏附性。

（2）水浸法

水浸法是选取粒径为9.5～13.2 mm的集料100 g与5.5 g的沥青在规定温度条件下拌和，取20个裹有沥青的集料，冷却后浸入80℃的水中保持30 min，然后按剥落面积的百分率来评价沥青与集料的黏附性。

6. 耐久性

路用沥青在使用过程中受到储运、加热、拌和、摊铺、碾压、交通荷载以及自然因素的作用，发生一系列的物理、化学变化。沥青在自然因素作用下逐渐改变其原有的性能而变硬变脆的特性，称为沥青老化。老化后沥青的黏附性、柔性等性质出现劣化，使沥青的耐久性降低。沥青路面应具有良好的使用性能和较长的使用年限，要求沥青具有较好的抗老化性能，即耐久性。

我国现行行业标准规定，对道路用石油沥青应进行“薄膜加热试验”“旋转薄膜加热试验”，以评价沥青的耐老化性能；采用“压力老化容器加速沥青老化试验”评价沥青的抗氧化老化能力。

（1）薄膜加热试验

薄膜加热试验简称TFOT，主要是模拟沥青混合料在加热拌和等施工过程中的热老化现象。该试验是将50 g沥青试样放入内径140±1 mm、深9.5～10 mm的铝或不锈钢盛样皿中，形成厚度均匀的沥青薄膜，在163℃通风烘箱中以5.5 r/min的速率水平旋转，经过5 h取出试件。用加热前后沥青试样的质量损失、针入度比（加热后沥青试样残留物的针入度与原试样针入度的百分比）、残留物软化点增值等指标来表示沥青的抗老化性能。

薄膜加热试验后的性质与沥青在拌和机中加热拌和后的性质有很好的相关性。沥青在薄膜加热试验后的性质，相当于在150℃拌和机中拌和1.0～1.5 min后的性质。

沥青试样的质量损失越小，针入度比越大，残留物软化点增值越小，表明沥青的抗老化性能越好。

（2）旋转薄膜加热试验

旋转薄膜加热试验简称RTFOT。该方法与薄膜加热试验一样，是模拟沥青在加热拌和等施工阶段的热老化现象，两种方法可以互相代替。

试验时，在8个高139.7 mm、外径64 mm、壁厚2.4 mm的开口耐热玻璃盛样瓶中分别注入沥青试样35±0.5 g，将盛样瓶置于旋转烘箱的环形架上各个瓶位，以15 r/min的速度旋转，同时以4 000 mL/min流量吹入热空气。烘箱的温度应在10 min回升到163℃，在163℃温度下受热时间不少于75 min，总持续时间为85 min。称量沥青试样老化前后的质量，计算质量损失，并用其老化残留物测试针入度、软化点、延度等。根据老化后各测试参数的变化评价老化特性。烘箱式样如图5—2—6所示。

这种试验方法的优点是：试样在垂直方向旋转，沥青膜较薄；能连续鼓入热空气，以加速老化，使试验时间缩短为75 min，试验结果精度较高。

（3）压力老化容器加速沥青老化试验

压力老化试验是在压力老化容器中进行。在试验盘中放入规定用量的沥青，然后放入压力老化容器中，温度保持为90℃～110℃（随沥青结合料的标号而不同），容器内的充气压力保持 2.1 ±0.1 MPa，老化 20 h。

压力老化容器加速沥青老化试验，只能模拟沥青在道路使用过程中发生的氧化老化，但不能说明混合料因素的影响或沥青实际使用条件下对老化的影响。

经压力老化试验后的沥青结合料，用于动态剪切试验、弯梁流变试验和直接拉伸试验，以评价长期老化对沥青性能的影响。

图 5—2—6　沥青旋转薄膜烘箱

7. 黏弹性

物体在外力作用下既产生弹性变形又产生黏性流动变形的性质，称为黏弹性。沥青是一种典型的黏弹性材料，在低温或瞬间荷载作用下，沥青表现出明显的弹性性质；而在高温或长时间荷载作用下，沥青又表现为较强的黏性性质。

沥青的黏弹性性质不仅与温度有关，而且也与荷载作用时间有关。在一般情况下，沥青的弹性和黏性是不能明确区分的。为了表征沥青在某一温度和某一荷载时间的应力与应变关系，一般采用劲度模量指标。沥青的劲度模量是指在一定荷载作用时间和温度条件下应力与总应变之比。

8. 其他技术性质

除上述技术性质外，在公路工程中，有时还要评价沥青的加热安全性、有害物质（沥青碳、似碳物）含量、含蜡量、含水量等。沥青的加热安全性用闪点、燃点表示：闪点是指沥青加热时产生的可燃气体和空气组成的混合气体与火接触发生闪光时的温度；燃点是指沥青加热时产生的可燃气体和空气组成的混合气体与火接触持续燃烧 5 s 以上的温度。有害物质的含量用沥青在三氯乙烯中溶解的百分率（溶解度）表示，溶解度越大，表明沥青中有害物质的含量越小。

二、我国公路石油沥青的技术要求

我国现行的《公路沥青路面施工技术规范》（JTG F40—2004）中规定，各个沥青等级的适用范围应符合表 5—2—3 的规定。道路石油沥青应符合表 5—2—4 规定的技术要求。经建设单位同意，沥青的 PI 值、60℃动力黏度、10℃延度可作为选择性指标。

表 5—2—3　　公路石油沥青的适用范围

沥青等级	适用范围
A 级沥青	各个等级的公路，适用于任何场合和层次
B 级沥青	高速公路、一级公路沥青下面层及以下的层次，二级及二级以下公路的各个层次用作改性沥青、乳化沥青、改性乳化沥青、稀释沥青的基质沥青
C 级沥青	三级及三级以下公路的各个层次

表 5—2—4　道路石油沥青技术要求

指标	单位	等级	沥青标号																	试验方法[1]
			160 号[4]	130 号[4]	110 号			90 号					70 号[3]					50 号	30 号[4]	
针入度（25℃，5 s，100 g）	dmm		140 ~ 200	120 ~ 140	100 ~ 120			80 ~ 100					60 ~ 80					40 ~ 60	20 ~ 40	T 0604
适用的气候分区			注[4]	注[4]	2－1	2－2	3－2	1－1	1－2	1－3	2－2	2－3	1－3	1－4	2－2	2－3	2－4	1－4	注[4]	
针入度指数 PI[2]		A	－1.5 ~ +1.0																	T 0604
		B	－1.8 ~ +1.0																	
软化点（R&B）不小于	℃	A	38	40	43			45			44		46		45			49	55	T 0606
		B	36	39	42			43			42		44		43			46	53	
		C	35	37	41			42					43					45	50	
60℃动力黏度[2] 不小于	Pa. s	A	—	60	120			160			140		180		160			200	260	T 0620
10℃延度[2] 不小于	cm	A	50	50	40			45	30	20	30	20	20	15	25	20	15	15	10	T 0605
		B	30	30	30			30	20	15	20	15	15	10	20	15	10	10	8	
15℃延度 不小于	cm	A、B	100															80	50	
		C	80	80	60			50					40					30	20	
蜡含量（蒸馏法）不大于	%	A	2.2																	T 0615
		B	3.0																	
		C	4.5																	

续表

指标	单位	等级	沥青标号							试验方法[1]
			160号[4]	130号[4]	110号	90号	70号[3]	50号	30号[4]	
闪点 不小于	℃		230			245	260			T 0611
溶解度 不小于	%		99.5							T 0607
密度（15℃）	g/cm^3		实测记录							T 0603
TFOT（或 RTFOT）后[5]										T 0609 或 T 0610
质量变化不大于	%		±0.8							
残留针入度比 不小于	%	A	48	54	55	57	61	63	65	T 0604
		B	45	50	52	54	58	60	62	
		C	40	45	48	50	54	58	60	
残留延度（10℃） 不小于	cm	A	12	12	10	8	6	4	—	T 0605
		B	10	10	8	6	4	2	—	
残留延度（15℃） 不小于	cm	C	40	35	30	20	15	10	—	T 0605

注：[1] 试验方法按照现行《公路工程沥青及沥青混合料试验规程》（JTJ 052）规定的方法执行。用于仲裁试验求取PI时的5个温度的针入度关系的相关系数不得小于0.997。

[2] 经建设单位同意，表中PI值、60℃动力黏度、10℃延度可作为选择性指标，也可不作为施工质量检验指标。

[3] 70号沥青可根据需要，要求供应商提供针入度范围为60～70或70～80的沥青；50号沥青可要求供应商提供针入度范围为40～50或50～60的沥青。

[4] 30号沥青仅适用于沥青稳定基层。130号和160号沥青除寒冷地区可直接在中低级公路上直接应用外，通常用作乳化沥青、稀释沥青、改性沥青的基质沥青。

[5] 老化试验以TFOT为准，也可以用RTFOT代替。

沥青路面所用沥青等级应根据气候条件和沥青混合料类型、道路等级、交通性质、路面类型、施工方法以及当地使用经验等，经技术论证后确定。

在使用条件相同的情况下，黏度较大的黏稠沥青所配制的沥青混合料具有较高的力学强度和稳定性，但如果黏度过高，则沥青混合料的低温变形能力较差，沥青路面容易产生裂缝。反之，采用黏度较低的沥青所配制的沥青混合料，在低温时具有较好的变形能力，但在夏季高温时往往会由于稳定性不足使沥青路面产生较大的变形。为此，在选择沥青等级时，必须考虑环境温度对沥青混合料的作用。在夏季温度高或高温持续时间长的地区，应采用黏度高的沥青；而在冬季寒冷的地区，则宜采用稠度低、低温劲度较小的沥青。对于日温差较大的地区，还应选择针入度指数较大、感温性较低的沥青。

对于重载交通路段、高速公路等实行渠化交通的路段、山区及丘陵区上坡路段、服务区、停车场等行车速度慢的路段，为了提高沥青混合料的强度和承载能力，应选用稠度大的沥青。对于公路等级低的路段，可选用稠度略小的沥青。当高温要求与低温要求发生矛盾时，应优先考虑满足高温性能的要求。

彩色沥青路面

目前彩色沥青路面（见图5—2—7）的应用比较广泛，如广场、人行道、运动场、公路分隔带等。所谓彩色沥青混凝土路面是指脱色沥青与各种颜色石料、色料和添加剂等材料在特定的温度下混合拌和，即可配制成各种色彩的沥青混合料，再经过摊铺、碾压而形成具有一定强度和路用性能的彩色沥青混凝土路面。彩色沥青路面具有良好的路用性能，且色泽鲜艳持久，具有较强的吸声音功能和良好的弹性和柔性，“脚感”好，最适合老年人散步，且冬天还能防滑，再加上色彩主要来自石料自身颜色，也不会对周围环境造成大的危害。

图5—2—7　某公园内彩色沥青路面

本任务主要进行沥青质量的评定。

在所有沥青技术指标中，沥青的 3 大指标（针入度、软化点、延度）是最基本、必测的技术指标。本任务主要对沥青的 3 大指标进行检测，以确定所检参数是否符合相关标准的要求。

沥青 3 大指标试验都属于条件试验，试件的尺寸、试验条件对试验结果的正确性起着至关重要的作用，因此，沥青试件的制备是 3 大指标试验的首要工作。

一、沥青试件制备

1. 试验准备

（1）仪器准备

1）烘箱：200℃，装有温度控制调节器。

2）加热炉具：电炉或燃气炉（丙烷石油气、天然气）。

3）滤筛：筛孔孔径 0.6 mm。

4）盛样皿：金属制，圆柱形平底。小盛样皿的内径 55 mm，深 35 mm（适用于针入度小于 200 的试样）；大盛样皿内径 70 mm，深 45 mm（适用于针入度为 200 ~ 350 的试样）；对针入度大于 350 的试样，需使用特殊盛样皿，其深度不小于 60 mm，容积不小于 125 mL。

5）盛样皿盖：平板玻璃，直径不小于盛样皿开口尺寸。

6）软化点试环。

7）延度试模。试模：黄铜制，由两个端模和两个侧模组成，试模内侧表面粗糙度值 0.2 μm。试模底板：玻璃板或磨光的铜板、不锈钢板（表面粗糙度值 0.2 μm）。

8）甘油滑石粉隔离剂（甘油与滑石粉的质量比为 2∶1）。

9）天平：称量 2 000 g，感量不大于 1 g；称量 100 g，感量不大于 0.1 g。

10）其他：玻璃棒、溶剂、棉纱、平刮刀、石棉网、金属锅或瓷把坩埚等。

沥青试件制备主要器具及试模如图 5—2—8 所示。

（2）环境准备

1）沥青加热时会产生烟尘，排烟设施应开启。

2）易燃物较多，应配备灭火器等消防器材。

3）配备必要的劳保用品，防止腐蚀、烫伤等事件的发生。

2. 试验步骤

（1）沥青熔化加热

1）将装有试样的盛样皿带盖放入恒温烘箱中，当石油沥青试样中含有水分时，烘箱温度 80℃左右，加热至沥青全部熔化后供脱水用。当石油沥青中无水分时，烘箱温度宜为沥青软化点以上，通常为 135℃左右。沥青试样不得直接采用电炉或燃气炉明火加热。

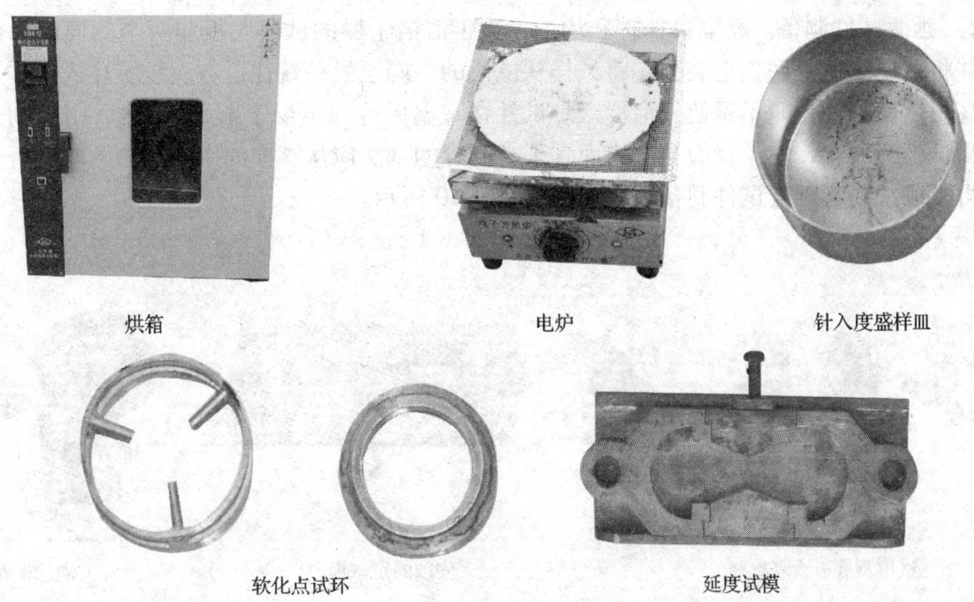

图5—2—8　沥青试件制备主要器具及试模

2）当石油沥青试样中含有水分时，将盛样皿放在可控温的砂浴、油浴、电热套上加热脱水，不得已采用电炉、燃气炉加热脱水时，必须加放石棉垫。加热时间不超过30 min，并用玻璃棒轻轻搅拌，防止局部过热。在沥青温度不超过100℃的条件下，脱水至无泡沫为止，最后的加热温度不宜超过软化点以上100℃（石油沥青）或50℃（煤沥青）。

（2）沥青过筛

将盛样皿中的沥青通过0.6 mm的滤筛过滤，不等冷却立即一次性灌入各项试验的模具中。

（3）灌模

1）针入度试件制备。将试样注入盛样皿中，试样高度应超过预计针入度值10 mm，并盖上盛样皿盖，以防落入灰尘。盛有试样的盛样皿在15～30℃室温中冷却不少于1.5 h（小盛样皿）、2 h（大盛样皿）或3 h（特殊盛样皿）后，以备针入度试验使用。针入度试件制备过程如图5—2—9所示。

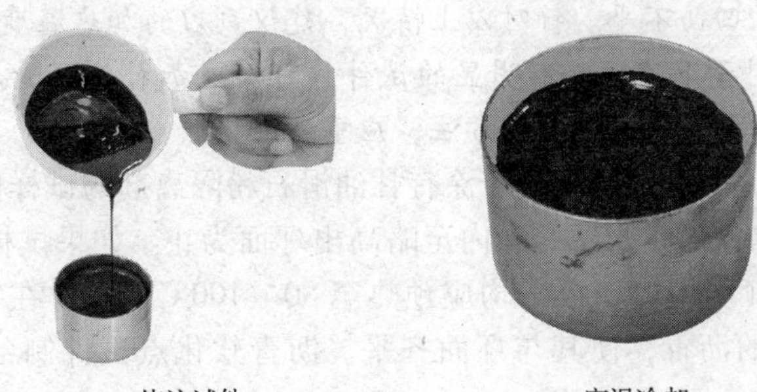

图5—2—9　沥青针入度试件的制备

2）延度试件制备。将隔离剂拌和均匀，涂于清洁干燥的试模底板和两个侧模的内侧表面，并将试模在试模底板上装妥。将试样从试模的一端至另一端往返数次缓缓注入模中，最后略高出试模。灌模时不得使气泡混入。试件在室温中冷却不少于1.5 h，然后用热刮刀刮除高出试模的沥青，使沥青面与试模面齐平。沥青的刮法应从试模的中间刮向两端，且表面应刮得平滑。沥青延度试件制备过程如图5—2—10所示。

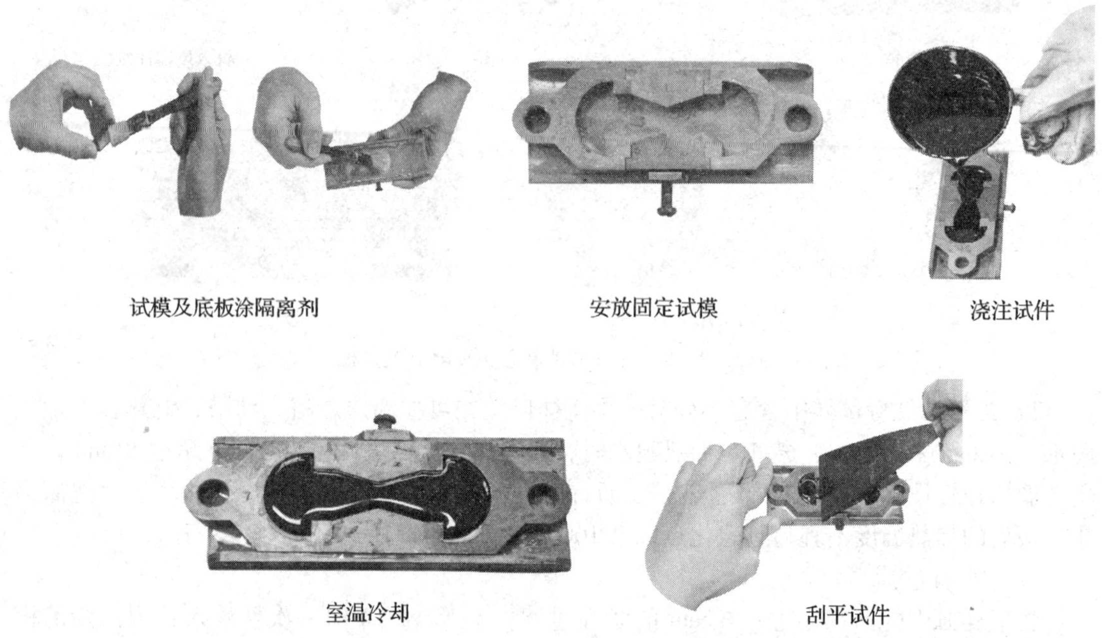

试模及底板涂隔离剂　安放固定试模　浇注试件　室温冷却　刮平试件

图5—2—10　沥青延度试件的制备

小提示

刮平试件用热刮刀温度的选择：现行做法是凭经验的，一般地，如果刮刀加热温度过高，尽管刮平时试样与试模平齐，但温度降低后会出现试样下凹现象；如果刮刀加热温度过低，则刮出的试样表面凹凸不平。针对以上情况，建议刮刀的加热温度不宜超过软化点以上100℃（石油沥青）。对于下凹情况不明显的试件，可及时加补热沥青后再刮平。对凹凸不平的情况，不得采用加补沥青再刮平的方法，应重新灌模。

3）软化点试件制备。将试样环置于涂有甘油滑石粉隔离剂的试样底板上。按规定方法将准备好的沥青试样徐徐地注入试样环内至略高出环面为止。如果试样软化点高于120℃，则试样环和试样底板（不用玻璃板）均应预热至80～100℃。试样在室温冷却30 min后，用热刮刀刮除环面上的沥青，使其与环面齐平。沥青软化点试件制备过程如图5—2—11所示。

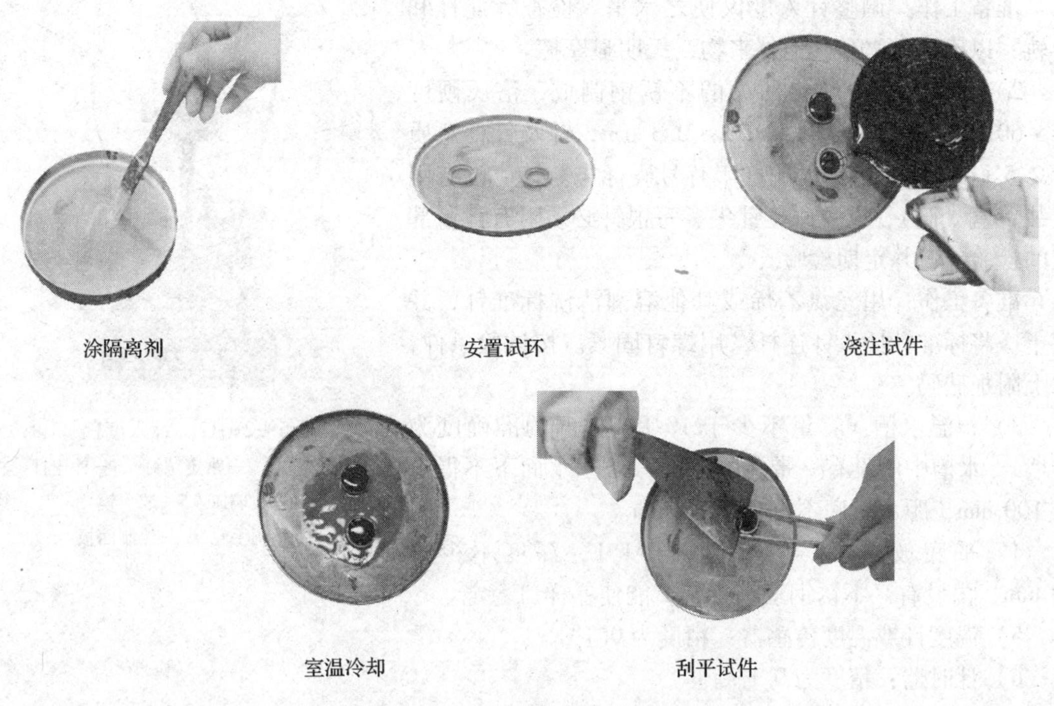

图 5—2—11　沥青软化点试件的制备

二、沥青针入度的测定

沥青针入度试验的标准条件为温度 25℃，荷重 100 g，贯入时间 5 s。

当采用针入度指数 PI 描述沥青的温度敏感性及评定沥青的胶体结构时，宜在 15℃、25℃、30℃等 3 个或 3 个以上温度条件下测定针入度后，按规定的方法计算得到，若 30℃时的针入度过大，可采用 5℃代替。

本任务采用标准试验条件。

1. 试验准备

（1）仪器准备

1）针入度仪：针入度试验宜采用能够自动计时的针入度仪进行测定，要求针和针连杆必须在无明显摩擦下垂直运动，针的贯入深度必须准确至 0.1 mm。针和针连杆组合件总质量为 50 ±0.05 g，另附 50 ±0.05 g 砝码 1 只，试验时总质量为 100 ±0.05 g。仪器应有放置平底玻璃保温皿的平台，并有水平调节装置，针连杆应与平台垂直。应有针连杆制动按钮，使针连杆可自由下落。针连杆应易于装拆，以便检查其质量。仪器还设有可自由转动与调节距离的悬臂，其端部有一面小镜或聚光灯泡，借以观察针尖与试样表面接触的情况。应对装置的准确性经常校核。当采用其他试验条件时，应在试验结果中注明。针入度仪的构造如图 5—2—12 所示。

准备工作：调整针入度仪使之水平。检查针连杆和导轨，以确认无水和其他外来物，无明显摩擦。

2）标准针：由硬化回火的不锈钢制成，洛氏硬度54～60HRC，表面粗糙度 Ra0.2～0.3 μm，针及针杆总质量2.5±0.05 g，针杆上应打印有号码标志。针应设有固定装置盒（筒），以免碰撞针尖。每根针必须附有计量部门的检验单，并定期检验。

准备工作：用三氯乙烯或其他溶剂清洗标准针，并擦干。将标准针插入针连杆，用螺钉固紧。按试验条件，加上附加砝码。

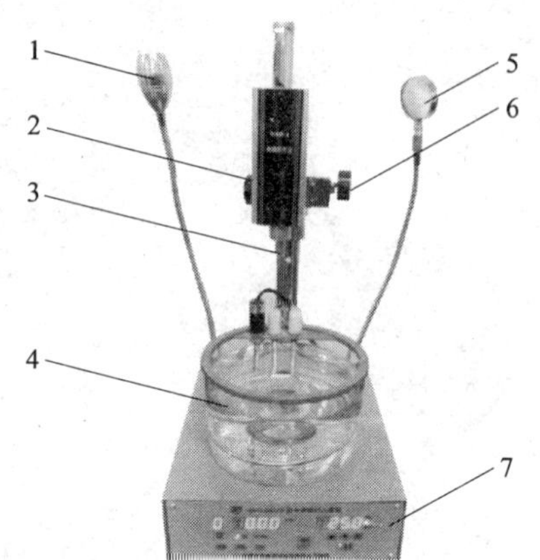

图5—2—12　针入度仪

1—聚光灯　2—紧定螺钉　3—针连杆　4—玻璃皿　5—放大镜　6—微调手轮　7—控制面板

3）恒温水槽：容量不少于10 L，控温的准确度为0.1℃。水槽中应设有一带孔的搁架，位于水面下不得少于100 mm，距水槽底不得少于50 mm。

4）平底玻璃皿：容量不少于1 L，深度不少于80 mm，内设有一不锈钢三脚支架，能使盛样皿稳定。

5）温度计或温度传感器：精度为0.1℃。

6）计时器：精度为0.1 s。

7）位移计或位移传感器：精度为0.1 mm。

注：自动针入度仪已包含温度传感器、计时器和位移计（或位移传感器）。

8）溶剂：三氯乙烯等。

针入度试验的仪器设备如图5—2—13所示。

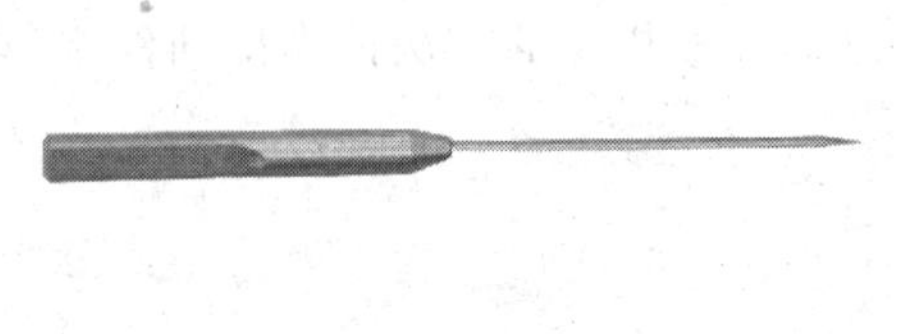

标准针

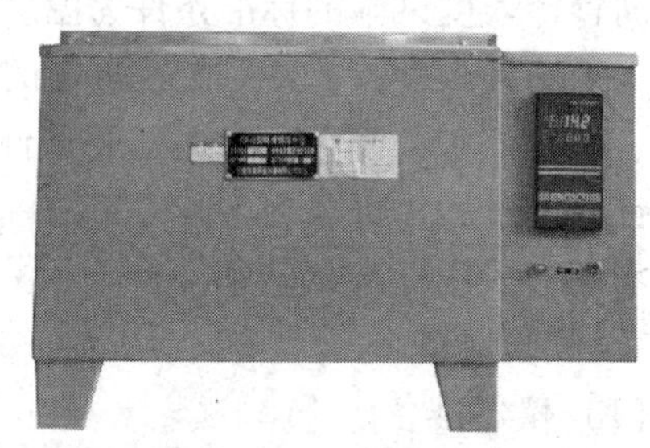

恒温水槽

图5—2—13　针入度试验的仪器设备

（2）试件准备

在针入度试验前，按试验要求将恒温水槽调节到所要求的试验温度25℃，保持稳定。

将针入度试件移入保持规定试验温度±0.1℃的恒温水槽中，并应保温不少于1.5 h（小盛样皿）。

注：大盛样皿或特殊盛样皿应保温不少于2 h或2.5 h。

2. 试验步骤

（1）从恒温水槽中取出达到恒温的盛样皿，并移入水温控制在试验温度 ±0.1℃（可用恒温水槽中的水）的平底玻璃皿中的三脚支架上，试样表面以上的水层深度不少于 10 mm。

（2）将盛有试样的平底玻璃皿置于针入度仪的平台上。慢慢放下针连杆，用适当位置的反光镜或灯光反射观察，使针尖恰好与试样表面接触，将位移计或刻度盘指针复位为零。

小提示

判断针是否与试样表面接触的方法有多种。通常利用光线下针与针的影子的接触来判断。具体操作时，可将针入度仪置于光线照射处，从试样表面观察标准针的倒影，然后调节标准针升降，使标准针与其倒影刚好接触即可。

（3）开始试验，按下释放键，当标准针落下并贯入试样时开始计时，至 5 s 时自动停止。

（4）读取位移计或刻度盘指针的读数，准确至 0.1 mm。

沥青针入度试验过程如图 5—2—14 所示。

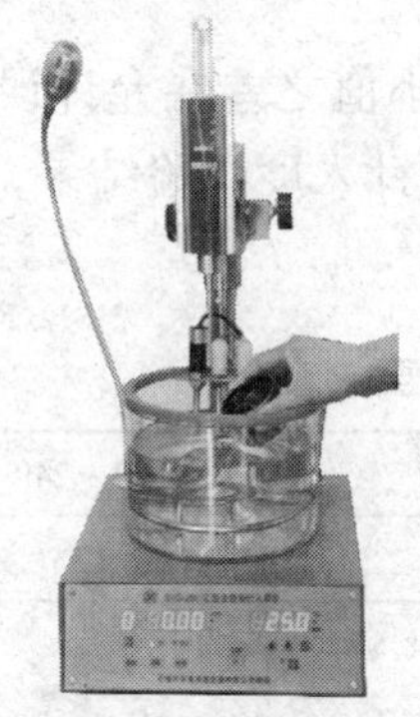

放置平底玻璃皿于针入度仪平台上

调整标准针与试样表面接触

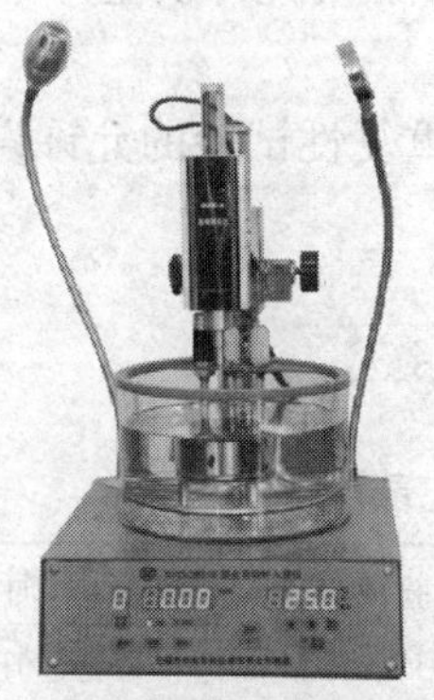

位移测定装置调零

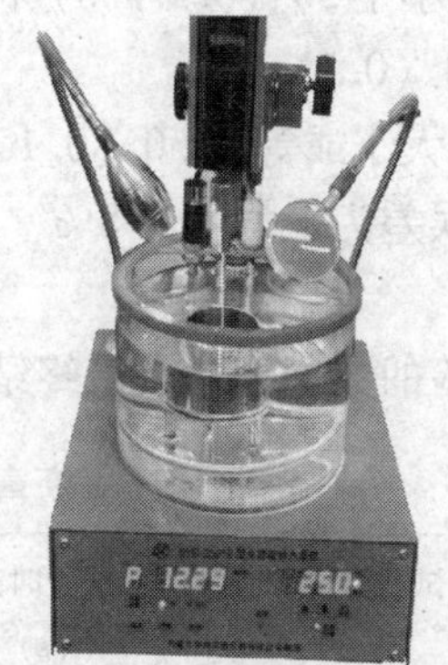

测定中

图 5—2—14 针入度的测定

（5）平行试验。同一试样平行试验至少 3 次，各测试点之间及与盛样皿边缘的距离不少于 10 mm。每次试验后应将平底玻璃皿放入恒温水槽，使平底玻璃皿中的水温保持试验温度。每次试验应换一根干净的标准针或将标准针取下用蘸有三氯乙烯溶剂的棉花或布揩净，再用干棉花或布擦干。测定针入度大于200的沥青试样时，至少用3支标准针，每次试验后将针留在试样中，直到3次平行试验完成后，才能将标准针取出。

小提示

沥青针入度值在试模不同部位试验时有区别，在试模边缘及中央表现尤为明显。为避免在扎针时的“边缘效应”及差异性问题，各测点应以盛样皿中心为圆心均匀分布。3次试验的针入位置如图5—2—15所示。

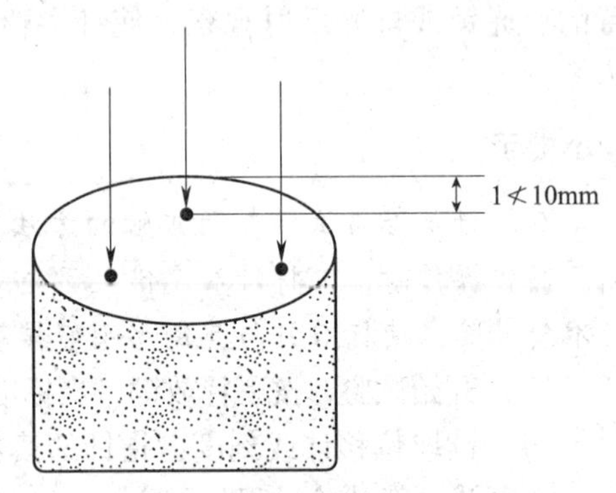

图5—2—15　针入度试验针入位置

（6）测定针入度指数PI时，用同样的方法，在15℃、25℃、30℃（或5℃）3个或3个以上（必要时增加10℃、20℃等）温度条件下，分别测定沥青的针入度，但用于仲裁试验的温度条件应为5个。

3. 试验数据的记录与处理

（1）同一试样3次平行试验结果的最大值和最小值之差在允许误差范围内（见表5—2—5）时，计算3次试验结果的平均值，取整数作为针入度试验结果，以0.1 mm计。当试验值不符合此要求时，应重新进行试验。

表5—2—5　沥青针入度试验精度要求

针入度（0.1 mm）	0～49	50～149	150～249	250～500
允许误差（0.1 mm）	2	4	12	20

（2）允许误差

1）当试验结果小于50（0.1 mm）时，重复性试验的允许误差为2（0.1 mm），再现性试验的允许误差为4（0.1 mm）。

2）当试验结果大于或等于50（0.1 mm）时，重复性试验的允许误差为平均值的4%，再现性试验的允许误差为平均值的8%。

（3）试验记录

沥青针入度试验的数据记录及最终结果见表5—2—6。

表5—2—6　沥青针入度试验记录

试验次数	试验温度（℃）	试验时间（s）	试验荷载（g）	针入度（0.1 mm）	
				测定值	平均值
1	25	5	100	89	90
2	25	5	100	91	
3	25	5	100	90	

试验者：______　计算者：______　校核者：______　试验日期：______

三、沥青软化点的测定（环球法）

根据沥青软化点的不同，软化点试验使用的液体介质有水和甘油两种，当软化点在80℃以下时，采用水作为加热介质；当软化点在80℃以上时，应采用甘油作为加热介质。

本任务以水作为加热介质。以甘油为介质的试验方法请参阅相关规程。

1. 试验准备

（1）仪器准备

1）软化点试验仪：如图 5—2—16 所示，由下列部件组成：

钢球：直径 9.53 mm，质量 3.5 ±0.05 g。

试样环：黄铜或不锈钢等制成，形状尺寸符合标准要求。

钢球定位环：黄铜或不锈钢制成，形状尺寸符合标准要求。

金属支架：由两个主杆和三层平行的金属板组成。上层为一圆盘，直径略大于烧杯直径，中间有一圆孔，用以插放温度感应器或温度计。中层板上有两个孔，各放置一个金属环，中间有一小孔可支持温度传感器或温度计的测温端部。一侧立杆距环上面 51 mm 处刻有水高标记。环下面距下层底板为 25.4 mm，而下底板距烧杯底不少于 12.7 mm，也不得大于 19 mm。三层金属板和主杆由两螺母固定在一起。

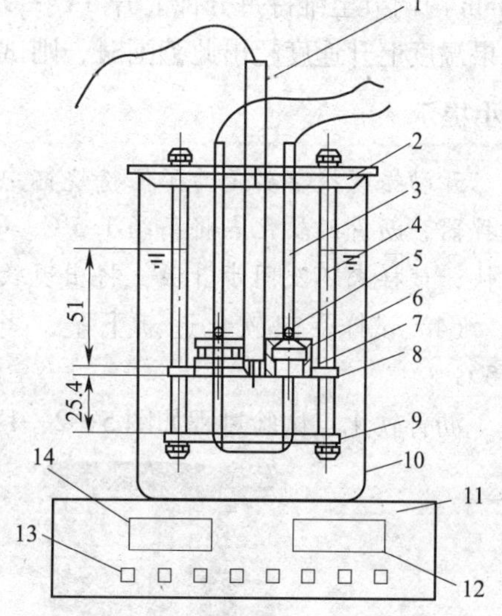

图 5—2—16　自动软化点试验仪
（尺寸单位：mm）

1—温度传感器　2—上盖板　3—热器装置　4—立杆　5—钢球　6—钢球定位环　7—金属环　8—中层板　9—下底板　10—烧杯　11—带磁力搅拌的控制器　12—温度显示窗　13—各种控制按钮　14—时间显示窗

耐热玻璃烧杯：容量 800 ~1 000 mL，直径不小于 86 mm，高不小于 120 mm。

温度计：0 ~100℃，分度值为 0.5℃。

2）装有温度调节器的电炉或其他加热炉具（液化石油气、天然气等）：应采用带有振荡搅拌器的加热电炉，振荡子置于烧杯底部。

3）当采用自动软化点仪时，温度采用温度传感器测定，并能自动显示或记录，且应对自动装置的准确性经常校验。

4）试样底板：金属板（表面粗糙度值应达 *R*a0.8 μm）或玻璃板。

5）恒温水槽：控温的准确度为 ±0.5℃。

6）蒸馏水或纯净水。

（2）试件准备

软化点试验前，将装有试样的试样环连同试样底板置于 5℃ ±0.5℃水的恒温水槽中至少 15 min，同时将金属支架、钢球、钢球定位环等亦置于同一水槽中。

2. 试验步骤

(1) 烧杯内注入新煮沸并冷却至5℃的蒸馏水或纯净水，水面略低于立杆上的深度标记。

(2) 从恒温水槽中取出盛有试样的试样环放置在支架中层板的圆孔中，套上定位环；然后将整个环架放入烧杯中，调整水面至深度标记，并保持水温为5℃ ±0.5℃。环架上任何部分不得附有气泡。将0~100℃的温度计由上层板中心孔垂直插入，使温度计端部测温头底部与试样环下面齐平。

(3) 将盛有水和环架的烧杯移至放有石棉网的加热炉具上，然后将钢球放在定位环中间的试样中央，立即开动电磁振荡搅拌器，使水微微振荡，并开始加热，使杯中水温在3 min内调节至维持每分钟上升5℃ ±0.5℃。在加热过程中，应记录每分钟上升的温度值，如果温度上升速度超出此范围时，则试验应重做。

小提示

开动振荡搅拌器是为了保持烧杯中水温均匀。由于上下水温传导有一个过程，若不开动搅拌器，沥青的软化点将高约1.5℃。水温升温速度对软化点的准确性也很重要，如果加热过快，试样来不及同步升温，将出现软化点偏高的现象。

(4) 试样受热软化逐渐下坠，当与下层底板表面接触时，立即读取温度，准确到0.5℃。

沥青软化点试验过程如图5—2—17所示。

放置环架于烧杯中，调整水面高度

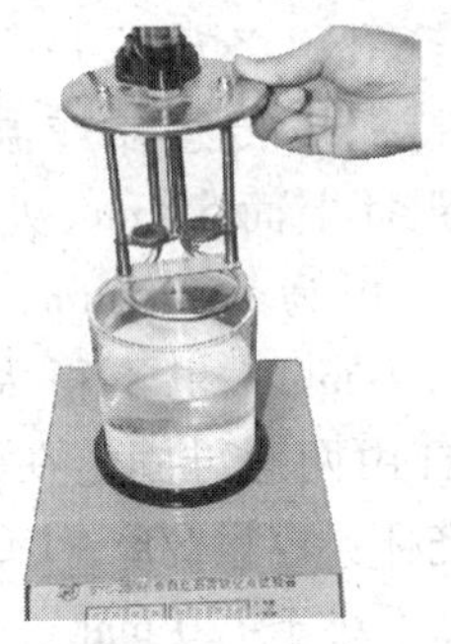

放置试件

放置定位环钢球，开动振荡器并加热

沥青接触底板，读取温度值

图5—2—17 软化点试验过程

（5）平行试验。同一试样平行试验 2 次。目前的软化点仪一般都能同时安放两个试环，因此，操作一次即可完成平行试验。

3. 试验数据的记录与处理

（1）同一试样平行试验 2 次，当 2 次测定值的差值符合重复性试验精度要求时，取其平均值作为软化点试验结果，准确至 0.5℃。

（2）允许误差

1）当试样软化点小于 80℃时，重复性试验的允许误差为 1℃，再现性试验的允许误差为 4℃。

2）当试样软化点大于或等于 80℃时，重复性试验的允许误差为 2℃，再现性试验的允许误差为 8℃。

（3）试验记录

沥青软化点试验的数据记录及最终结果见表 5—2—7。

表 5—2—7　　沥青软化点试验记录

试验次数	室内温度（℃）	烧杯内液体种类	软化点（℃）	
			个别	平均
1	18	蒸馏水	49.0	49.0
2	18	蒸馏水	48.9	
准确度校核	符合精度要求			

试验者：________　计算者：________　校核者：________　试验日期：________

四、沥青延度的测定

沥青延度的温度和拉伸速度可根据要求确定，通常采用的试验温度为 25℃、15℃和 10℃，拉伸速度为 5 ±0.25 cm/min，低温延度也可采用 5 ±0.25 cm/min 的拉伸速度，但应在报告中注明。

本任务采用的试验温度为 15℃，拉伸速度为 5 ±0.25 cm/min。

1. 试验准备

（1）仪器准备

1）延度仪：延度仪的测量长度不宜大于 150 cm，仪器应有自动控温、控速系统。应满足试件浸没于水中，能保持规定的试验温度及规定的拉伸速度拉伸试件，且试验时应无明显振动。该仪器如图 5—2—18 所示。

工作内容：检查延度仪延伸速度是否符合规定要求，然后移动滑板使其指针正对标尺的零点。将延度仪注水，并保温达到试验温度 ±0.1℃。

2）恒温水槽：容量不少于 10 L，控制温度的准确度为 0.1℃，水槽中应设有带孔搁架，搁架距水槽底不得少于 50 mm。试件浸入水中深度不小于 100 mm。

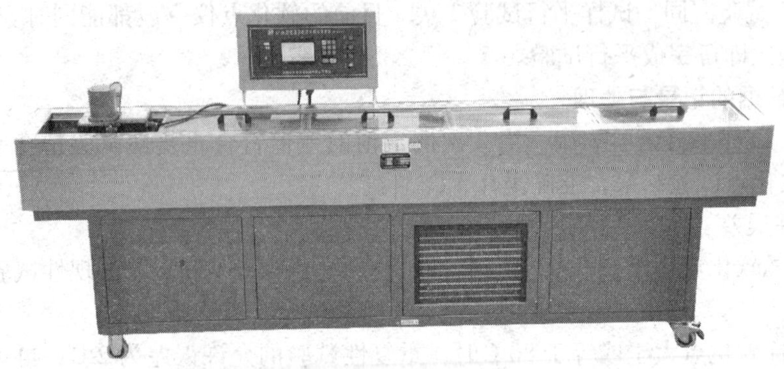

图 5—2—18　延度仪

3）温度计：0～50℃，分度值 0.1℃。

4）其他：酒精、食盐等。

（2）试件准备

沥青延度试验前，将试模连同底板放入规定试验温度的水槽中保温 1.5 h。

2. 试验步骤

（1）将保温后的试件连同底板移入延度仪的水槽中，然后将盛有试样的试模自玻璃板或不锈钢板上取下，将试模两端的孔分别套在滑板及槽端固定板的金属柱上，并取下侧模。水面距试件表面应不小于 25 mm。

（2）开动延度仪，并注意观察试样的延伸情况。此时应注意，在试验过程中，水温应始终保持在试验温度规定范围内，且仪器不得有振动，水面不得有晃动，当水槽采用循环水时，应暂时中断循环，停止水流。

小提示

在试验中，如果发现沥青细丝浮于水面或沉入槽底时，则应在水中加入酒精或食盐，调整水的密度至与试样相近后，重新试验。

（3）试件拉断时，读取指针所指标尺上的读数，以 cm 计。在正常情况下，试件延伸时应成锥尖状，拉断时实际断面接近于零。如果不能得到这种结果，则应在报告中注明。

沥青延度的试验过程如图 5—2—19 所示。

测定前（取下侧模）

测定中

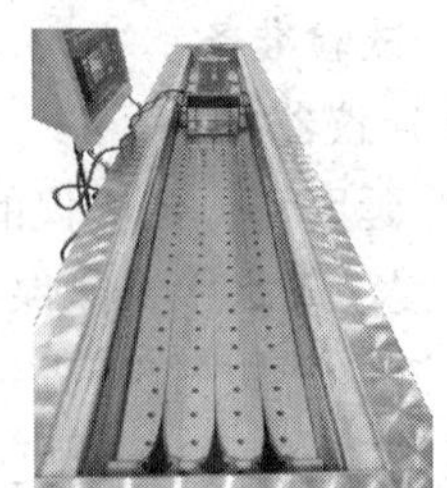

测定后（>100 cm）

图 5—2—19　沥青延度试验过程

（4）平行试验

同一样品，每次平行试验不少于3次。目前的沥青延度仪可同时安放3个延度试件，因此，操作一次即可完成平行试验。

3. 试验数据的记录与处理

（1）同一样品，每次平行试验不少于3次，如果3次的测定结果均大于100 cm，试验结果记作“ >100 cm”；特殊需要也可分别记录实测值。3个测定结果中，当有一个以上的测定值小于100 cm时，若最大值或最小值与平均值之差满足重复性试验要求，则取3个测定结果的平均值的整数作为延度试验结果；若平均值大于100 cm，记作“ >100 cm”；若最大值或最小值与平均值之差不符合重复性试验要求时，应重新进行试验。

（2）允许误差

当试验结果小于100 cm时，重复性试验的允许误差为平均值的20%，再现性试验的允许误差为平均值的30%。

（3）试验记录

沥青延度试验的数据记录及最终结果见表5—2—8。

表5—2—8　　沥青延度试验记录

试样编号	试验温度（℃）	延伸速度（cm/min）	延度（cm）				拉伸情况描述
			试件1	试件2	试件3	平均值	
1	15	5	>100	>100	>100	>100	良好
准确度校核	符合精度要求						

试验者：＿＿＿＿　计算者：＿＿＿＿　校核者：＿＿＿＿　试验日期：＿＿＿＿

五、沥青质量评定

对送检的沥青样品进行了针入度、软化点以及延度3大指标的检测，得出的数据及沥青质量检验报告见表5—2—9。对应《公路沥青路面施工技术规范》（JTG F40—2004）对沥青指标的检查方法及技术标准，可以得知，若该沥青样品的各项检测指标均符合要求，则沥青质量等级评定为合格。

表5—2—9　　沥青质量检验报告

项目		测定值	规定值	试验标准
针入度（0.1 mm）	温度（℃） 25	90	80～100	T0604－2011
延度（5 cm/min，15℃，cm）		>100	≮100	T0605－2011

续表

项目		测定值	规定值	试验标准
软化点（℃）		49.0	≮45	T0606－2011
结论	产品质量符合要求			
备注	样品及检测项目由委托方提供			
检验单位（盖章）：××检测中心　　检验：×××　　审核：×××　　负责：×××				

沥青闪点与燃点试验（克利夫兰开口杯法）

沥青的闪点是沥青质量的安全性指标，沥青燃点是施工安全的一项参考指标。

1. 试验准备

(1) 仪器准备

1) 克利夫兰开口杯式闪点仪（见图 5—2—20）。克利夫兰开口式闪点仪由下列部分组成：

①克利夫兰开口杯：用黄铜或铜合金制成。

②加热板：黄铜或铸铁制，直径 145～160 mm，厚约 6.5 mm，上有石棉垫板，中心有圆孔，以支承金属试样环。在距中心 58 mm 处有一个与标准试焰大小相当的 ϕ4.0±0.2 mm 的电镀金属小球，供火焰调节的对照使用。

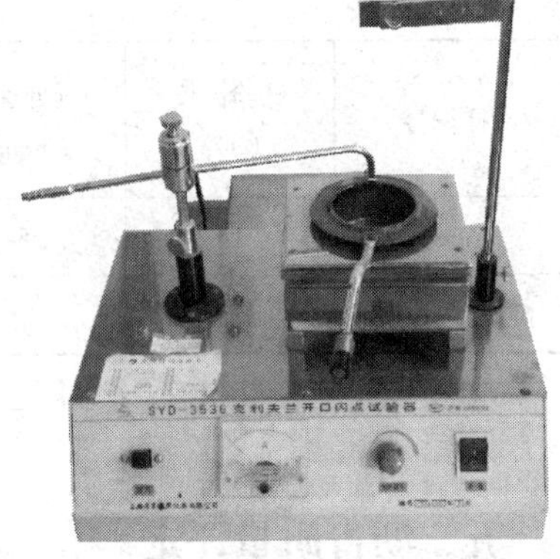

图 5—2—20　克利夫兰开口式闪点仪

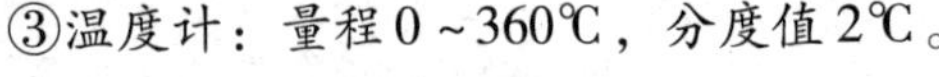

③温度计：量程 0～360℃，分度值 2℃。

④点火器：金属管制作。

⑤铁支架：高约 500 mm，附有温度计夹及试样杯支架，支脚为高度调节器，使加热顶保持水平。

工作内容：将试样杯用溶剂洗净、烘干，装置于支架上。加热板放在可调电炉上，如果用燃气炉时，加热板距炉口约 50 mm，接好可燃气管道或电源；安装温度计，垂直插入试样杯中，温度计的水银球距杯底约 6.5 mm，位置在与点火器相对一侧距杯边缘约 16 mm 处；将点火器转向一侧，试验点火，调节火苗成标准球的形状或成直径为 4±0.8 mm 的小球形试焰。

2) 防风屏：金属薄板制，三面将仪器围住挡风，内壁涂成黑色，高约 600 mm。

3) 加热源：附有调节器的 1 kW 电炉或燃气炉。根据需要，可以控制加热试样的升温速度为 14～17℃/min、5.5℃±0.5℃/min。

(2) 试件准备

将准备好的沥青试样注入试样杯中至标线处，试样杯外部不许沾有沥青（试样加热温度不能超过闪点以下55℃）。

(3) 环境准备

全部装置应置于室内光线较暗且无显著空气流通的地方，并用防风屏三面维护。

2. 试验步骤

(1) 开始加热试样，升温速度迅速地达到14～17℃/min。待试样温度达到预期闪点前56℃时，调节加热器，降低升温速度，以便在预期闪点前28℃时将升温速度控制在5.5℃±0.5℃/min。

(2) 试样温度达到预期闪点前28℃时开始，每隔2℃将点火器的试焰沿试验杯口中心以150 mm半径作弧水平扫过一次；从试验杯口的一边至另一边所经过的时间约1 s。此时应确认点火器的试焰为直径4±0.8 mm的火球，并位于坩埚口上方2～2.5 mm处。

(3) 当试样液面上最初出现一瞬间即灭的蓝色火焰时，立即从温度计上读取温度，作为试样的闪点。

(4) 继续加热，保持试样升温速度5.5±0.5℃/min，并按上述操作要求用点火器进行点火试验。

(5) 当试样接触火焰立即着火，并能继续燃烧不少于5 s时，停止加热，并读取温度计上的温度，作为试样的燃点。

(6) 平行试验。同一试样平行试验2次。

3. 试验数据的记录与处理

(1) 同一试样至少平行试验2次，两次测定结果的差值不超过重复性试验允许误差8℃时，取其平均值的整数作为试验结果。

试验时，大气压若在标准大气压以下，应对闪点或燃点的试验进行修正。当大气压为95.3～84.5 kPa（715～634 mmHg）时，修正值增加2.8℃；当大气压为84.5～73.3 kPa（634～550 mmHg）时，修正值增加5.5℃。

(2) 允许误差

重复性试验的允许误差为：闪点8℃，燃点8℃；再现性试验的允许误差为：闪点16℃，燃点14℃。

思考与练习

1. 沥青的技术要求有哪些？都用什么指标表示？
2. 沥青三大指标试验的试样制作，关键点有哪些？
3. 沥青三大指标试验中，应注意哪些问题？

任务三　评价热拌沥青混合料的性能

学习目标

◆ 了解沥青混合料的组成结构和强度形成原理。
◆ 了解沥青混合料的技术性质和热拌沥青混合料的技术要求。
◆ 能够评价热拌沥青混合料的常用性能。

想一想

沥青路面的破坏现象是很多的，比如本模块任务 2 中提到的车辙、坑槽，以及裂缝（见图 5—3—1）等，造成沥青路面的破坏原因是不同的，有沥青等组成材料的质量问题，有沥青混合料自身的问题，也有路基、施工质量等的问题，原因很多，也很复杂，下面仅就沥青混合料自身的质量问题进行研究。如果沥青混合料的设计空隙率过小，油石比偏大，在高温季节，沥青受热膨胀，在填满混合料中的空隙后溢出路表面形成泛油（见图 5—3—2）。在泛油路段，路表如镜面光滑，雨天车辆易打滑。

那么，满足什么条件的沥青混合料才能铺筑路面？沥青混合料的内部结构是怎样的？什么结构的沥青混合料性能比较好？如何判定沥青混合料的质量呢？判定的方法和步骤是什么？试验的条件和试件的尺寸形状又作何要求？

图 5—3—1　沥青路面裂缝

图 5—3—2　沥青路面泛油

某质检部门对 AC－16 型沥青混合料进行配合比设计，并进行基本性能检验，判断该沥青混合料是否符合相关规范。

众所周知，作为路面表层的沥青路面是暴露在大气中的，常年经受日晒、雨淋、车载等，对其性能的检验也是从其经受的环境因素考虑的，例如，夏季高温环境下沥青混合料的耐高温性能，冬季低温环境下的耐低温性能，经受各种不良环境的耐久性等。所以，对沥青混合料的性能的判断也是基于这几个因素的。

本节论述的热拌沥青混合料是指应用最为广泛的普通沥青混凝土材料，也就是通常所说的密级配 AC 类沥青混合料。

一、沥青混合料的组成结构和强度形成原理

沥青混合料是一种复合材料，它是由沥青、粗集料、细集料、填料（矿粉）以及外加剂所组成。这些组成材料在混合料中，由于组成材料质量和数量不同，可形成不同的组成结构，并表现为不同的力学性能。

1．沥青混合料的组成结构

沥青混合料是一种多级空间网状结构的分散系，粗集料分散在沥青与细集料形成的沥青砂中，细集料又分布在沥青与矿粉构成的沥青胶浆中。由于各组成材料用量比例的不同，压实后沥青混合料内部的矿料颗粒的分布状态、剩余空隙率也呈现出不同的特征，形成不同的组成结构，而具有不同组成结构特征的沥青混合料在使用时则表现出不同的性能。按照沥青混合料的矿料级配组成特点，可将沥青混合料分为下列 3 类：

（1）悬浮—密实结构

当采用连续型密级配矿质混合料（见图 5—3—3 中曲线 a）与沥青组成沥青混合料时，矿料颗粒由大到小连续存在，粒径较大的颗粒被小一档的颗粒挤开，不能直接接触形成嵌挤骨架结构，彼此分离，悬浮于较小颗粒和沥青胶浆之间，而较小颗粒与沥青胶浆较为密实，形成悬浮—密实结构，如图 5—3—4 中 a 所示。这种结构的沥青混合料，虽然具有较高的黏聚力，但内摩阻角 φ 较低，因此，此结构的沥青混合料经压实后，密实度较大，水稳定性、低温抗裂性和耐久性较好，但高温条件下受沥青性质影响较大，会导致混合料的强度和稳定性降低。我国传统的 AC－I 型沥青混合料就是典型的悬浮—密实结构。

（2）骨架—空隙结构

当采用连续型开级配矿质混合料（见图 5—3—3 中曲线 b）与沥青组成沥青混合料

时，粗集料所占的比例较高，粗集料彼此接触形成互相嵌挤的骨架，而细集料数量较少，不足以填充骨架空隙，形成骨架—空隙结构，如图 5—3—4 中 b 所示。这种结构的沥青混合料，虽然具有较高的内摩阻角 φ，但黏聚力较低，因此，此结构的沥青混合料具有较好的高温稳定性，但由于压实后混合料中剩余空隙率仍较大，在使用过程中，水分易进入混合料内部，引发沥青老化或使沥青从集料表面剥落，因此，这种结构的沥青混合料的耐久性较差。开级配排水式磨耗层混合料（OGFC）是典型的骨架—空隙结构。

（3）骨架—密实结构

当采用间断型密级配矿质混合料（见图 5—3—3 中曲线 c）与沥青组成沥青混合料时，在沥青混合料中既有较多数量的粗集料可形成空间骨架，又有相当数量的细集料可填充骨架的空隙，因此，形成了具有较高密实度的骨架结构如图 5—3—4 中 c 所示。这种结构的沥青混合料，不仅具有较高的黏聚力，而且具有较高的内摩阻角 φ，较好的高温稳定性和耐久性。沥青玛蹄脂碎石 SMA 是一种典型的骨架—密实结构。

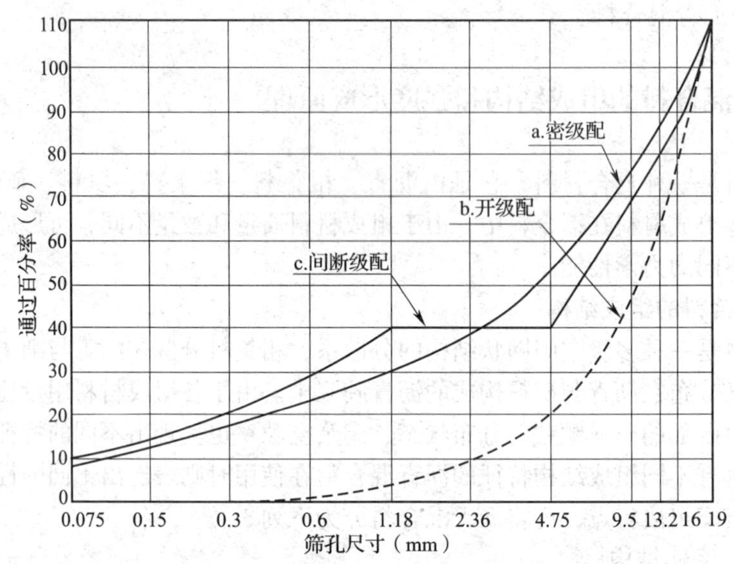

图 5—3—3　三种类型矿质混合料级配曲线

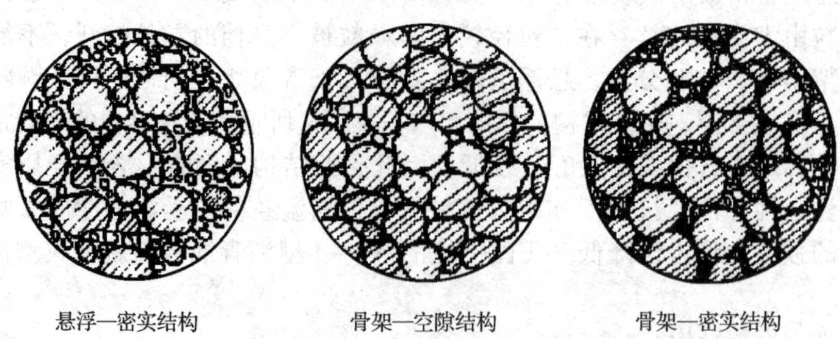

图 5—3—4　沥青混合料的典型组成结构

2. 沥青混合料的结构强度及其影响因素

（1）沥青混合料结构强度的构成

沥青混合料在路面结构中产生破坏的情况，主要是发生在高温时由于抗剪强度不足或塑性变形过剩而产生推挤等现象，以及低温时抗拉强度不足或变形能力较差而产生裂缝现象。根据沥青混合料强度和稳定性理论，沥青混合料强度的构成主要是沥青混合料在高温时必须具有一定的抗剪强度和抵抗变形的能力，沥青混合料的抗剪强度主要取决于黏聚力 c 和内摩阻角 φ 两个参数。

（2）沥青混合料结构强度的影响因素

1）沥青黏度的影响。沥青的黏度反映沥青自身的黏聚力。在其他因素固定的条件下，沥青混合料的黏聚力 c 是随着沥青黏度的提高而增加的。沥青的黏度越大，则沥青混合料黏结力越大，并可以保持矿质集料的相对嵌锁作用，沥青混合料的强度越大，抗变形能力越强。

2）沥青与矿料在界面上的交互作用。沥青混合料黏结力除了与沥青材料自身的黏聚力有关外，还取决于沥青与矿料的交互作用。矿料颗粒对于包裹在表面的沥青分子具有一定的化学吸附作用，这种化学吸附比矿料与沥青间的分子力吸附（即物理吸附）强得多，并使矿料表面吸附沥青的组分重新分布，形成一层吸附溶化膜。在此膜厚度以内的沥青称为“结构沥青”，在此膜厚度以外的沥青称为“自由沥青”，如图 5—3—5 所示。“结构沥青”膜层较薄，黏度较高，与矿料之间有着较强的黏结力。如果矿料颗粒之间接触处是由结构沥青膜所联结，这样的沥青混合料具有较高的黏结力。反之，如果矿料颗粒以“自由沥青”相互联结，则沥青混合料的黏结力较低。沥青与矿料表面交互作用不仅与沥青的化学性质有关，而且与矿料的岩石学特征有关。试验表明，碱性石料（如石灰石）对石油沥青的吸附性较强，而酸性石料（如石英石）对石油沥青的吸附性较弱。

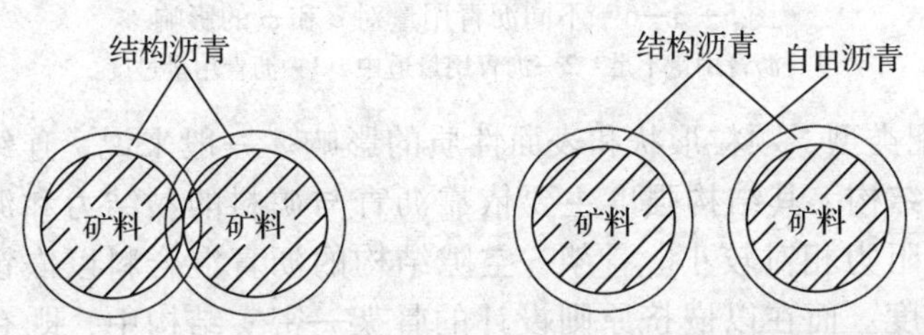

图 5—3—5 沥青与矿料交互作用

3）矿料比面和沥青用量的影响。根据沥青与矿料交互作用原理，沥青混合料的黏结力既取决于“结构沥青”的比例，也取决于矿料颗粒之间的距离。不同的矿料比面和沥青用量，将导致沥青膜厚度的不同，所产生的“结构沥青”和“自由沥青”的比例也不同。所以，在相同的沥青用量条件下，与沥青产生交互作用的矿料表面积越大，形成的沥青膜越薄，则在沥青中“结构沥青”所占的比率越大，促使矿料颗粒能够黏结牢固，构成较高的整体强度。通常，在工程应用上，以单位质量集料的总表面积来表示表面积的大小，称为“比表面积”（简称“比面”）。而矿料的比面比粗集料大得多，在密实型沥青混合料中，矿料用量虽只有7%左右，但其表面积却占混合料的总表面积的80%以上，所以，矿料的性质和用量对沥青混合料的强度影响非常大。在沥青混合料中保持一定的矿料数量，对于减薄沥青膜厚度，增加“结构沥青”的比例有着非常重要的作用。

当沥青用量很少时，沥青不足以形成结构沥青薄膜来黏结矿料颗粒。随着沥青用量的增加，结构沥青逐渐形成，沥青更为完满地包裹在矿料表面，使沥青与矿料间的黏附力随着沥青的用量增加而增加。当沥青用量足以形成薄膜并充分黏附矿料颗粒表面时，沥青胶浆具有最优的黏聚力。随后，如果沥青用量继续增加，则由于沥青用量过多，逐渐将矿料颗粒推开，在颗粒间形成未与矿料交互作用的“自由沥青”，并对矿料颗粒间可能产生的位移起着润滑剂的作用，致使沥青混合料的黏结力降低。随着沥青用量的增加，降低了粗集料的相互密排作用，因而降低了沥青混合料的内摩擦角。

不同沥青用量对黏聚力 c 和内摩阻角 φ 的影响如图 5—3—6 所示。

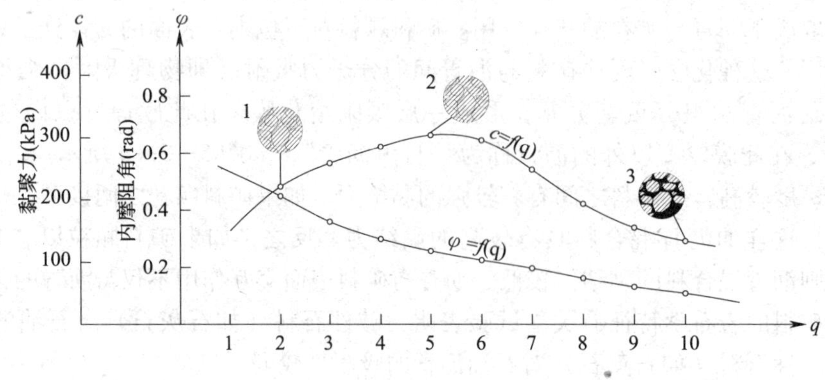

图 5—3—6　不同沥青用量对 c 和 φ 的影响

1—沥青用量不足　2—沥青用量适中　3—沥青用量过度

4）矿料的级配类型、颗粒形状和表面性质的影响。一般来说，连续密级配的沥青混合料是悬浮—密实结构，其结构强度主要依靠沥青与矿料的黏结力和沥青的内聚力，而矿料颗粒间的内摩阻力相对较小。骨架—空隙结构的沥青混合料以嵌锁为主、沥青内聚力为辅形成结构强度。而在以嵌挤原则设计的骨架—密实结构中，既有以粗集料为主的嵌锁骨架，又有细集料和沥青胶浆填充空隙，形成很强的黏结力，故沥青混合料整体强度高，稳定性好。

与采用粒径较小且不均匀的矿料集料所组成的沥青混合料相比，粒径较大且均匀的矿料可以提高沥青混合料的嵌锁力与内摩阻角。通常，砂粒式、细粒式、中粒式和粗粒式沥青混凝土的内摩阻角依次递增。有棱角且表面粗糙的集料由于颗粒间相互嵌锁紧密，比滚圆颗粒间的摩擦作用大得多，对沥青混合料内摩阻角影响较大。

5）使用条件的影响。环境温度和荷载条件是影响沥青混合料强度的主要外界因素。随着温度的升高，沥青的黏度降低，沥青混合料的黏结力也随之降低，内摩阻角同时受温度变化的影响，但变化幅度小些。在其他条件相同的情况下，沥青混合料的黏结力与荷载作用时间或变形速率之间关系密切。由于沥青的黏度随着变形速率增加而增加，因此，沥青混合料的黏结力也随着变形速率的增加而显著提高，而内摩阻角随变形速率的变化相对较小。

二、沥青混合料的技术性质

沥青混合料作为沥青路面的结构层材料，在使用过程中直接承受车辆荷载的作用以及环境因素的作用，因此，必须具备足够的高温稳定性、低温抗裂性、耐久性、抗滑性、施工和易性等技术性能。

1. 高温稳定性

高温稳定性是指沥青混合料在高温条件下，能够抵抗车辆荷载的反复作用，不发生显著永久变形，保证路面平整度的特性。沥青混合料是典型的黏—弹—塑性材料，沥青路面在夏季高温条件下或长时间承受荷载作用时，会产生显著的变形，其中不能恢复的部分成为永久变形，这种特性是导致沥青路面产生车辙、波浪及雍包等病害的主要原因。

（1）高温稳定性的评价方法和评价指标

沥青混合料的高温稳定性的检验方法较多，下面主要介绍工程中常用的两种试验方法及其评价指标。

1）沥青混合料马歇尔稳定度试验。马歇尔稳定度试验由美国密西西比州公路局布鲁斯·马歇尔提出，迄今已半个多世纪。马歇尔稳定度试验用于测定沥青混合料试件的破坏荷载和抗变形能力。标准马歇尔圆柱体试件的尺寸为直径 ϕ101.6 ± 0.2 mm、高 63.5 ± 1.3 mm；大型马歇尔圆柱体试件的尺寸为直径 ϕ152.4 ± 0.2 mm、高 95.3 ± 2.5 mm。

将沥青混合料制备成规定尺寸的圆柱状试件，试验时将试件横向置于两个半圆形压头中，使试件受到一定的侧限。在规定温度（黏稠石油沥青混合料为 60℃ ±1℃，煤沥青混合料为 33.8℃ ±1℃）和加荷速度（50 ±5 mm/min）下，对试件施加压力，记录试件所受压力与变形曲线。试件受压至破坏时承受的最大荷载为稳定度，用 *MS* 表示，以 KN 计；达到最大破坏荷载时试件的垂直变形称为流值，用 *FL* 表示，以 mm 计。

马歇尔稳定度与流值的比值称为马歇尔模数，用 *T*（kN/mm）表示，即：

$$T = \frac{MS}{FL} \tag{5—3—1}$$

根据 J. M. 爱德华兹的研究，马歇尔模数与车辙深度有一定的相关性，马歇尔模数越大，车辙深度越小。也有研究者对这一结论有不同的看法。

马歇尔稳定度试验如图 5—3—7 所示。

马歇尔稳定度是沥青混合料配合比设计和沥青路面施工质量检验的主要控制指标。

2）沥青混合料车辙试验。车辙试验方法首先是由英国运输与道路研究试验所（TRRL）开发的，后经过了多个国家道路工作者的研究改进。车辙试验是一种模拟车辆轮胎在路面上滚动形成车辙的试验方法，试验结果较为直观，且与沥青路面车辙深度之间有着较好的相关性。

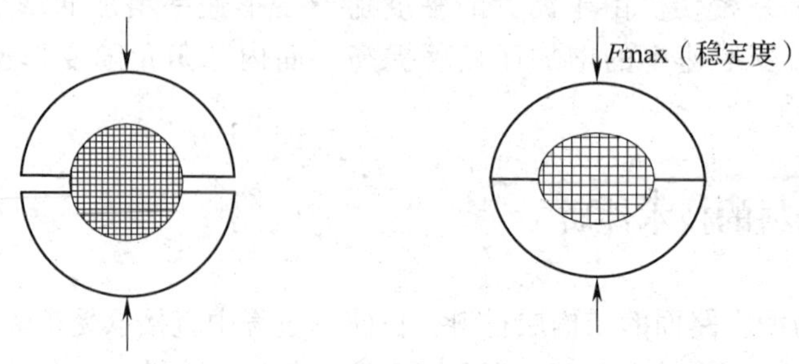

图 5—3—7　马歇尔稳定度试验

车辙试验的试件可以是轮碾成型机成型，也可以是现场切割路面制作。轮碾成型试件的尺寸为长 300 mm、宽 300 mm、厚 50 ~ 100 mm；切割成型试件的尺寸根据现场面层的实际情况确定。沥青混合料试件在 60℃（寒冷地区也可采用 45℃，高温条件下可采用 70℃）的温度条件下，标准试验轮以 0.7 MPa 轮压在同一轨迹上作一定时间的反复行走，以产生 1 mm 车辙变形所需要的行走次数，即为动稳定度，用 *DS* 表示，以次/mm 计。动稳定度试验如图 5—3—8 所示。动稳定度是沥青混合料配合比设计高温稳定性检验的技术指标。

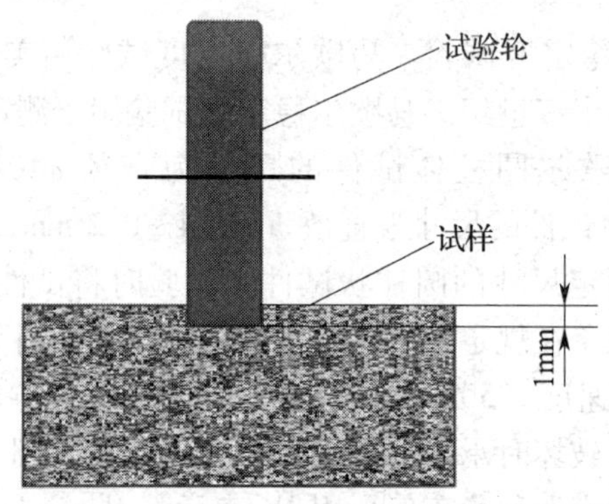

图 5—3—8　动稳定度试验

（2）影响高温稳定性的主要因素

沥青混合料高温稳定性的形成主要来源于矿料颗粒间的嵌锁作用及沥青的高温黏度。因此，影响沥青混合料高温稳定性的因素主要有以下几种：

1）矿料性质。在沥青混合料的组成材料中，矿料性质对沥青混合料高温性能影响至关重要。采用表面粗糙、多棱角、颗粒接近正方体的碎石集料，经压实后集料颗粒间能够形成紧密的嵌锁作用，增大沥青混合料的内摩阻角，有利于增强沥青混合料的高温稳定性。

2）沥青的高温黏度。沥青的高温黏度越大，与集料的黏附性越好，相应的沥青混合料的抗高温变形能力就越强。可以使用合适的改性剂来提高沥青的高温黏度，降低感温性，提高沥青混合料的黏结力，从而改善沥青混合料的高温稳定性。

3）沥青用量。沥青用量的影响可能超过沥青本身特性的影响，随着沥青用量的增加，矿料表面的沥青膜增厚，自由沥青比例增加，在高温条件下，这部分自由沥青在荷载作用下发生明显的流动变形，从而导致沥青混合料抗高温变形能力的降低，因此，进行沥青混合料配合比设计时宜选择最佳沥青用量。

4）矿料级配。在高温条件下，即使是采用了高黏度的改性沥青，仅仅依靠沥青还是无法承受车辆荷载对路面强大的水平剪切作用，因此，采用合理的矿料级配可以增加内摩阻角和矿料颗粒间的嵌锁作用，提高沥青混合料的高温稳定性。

2. 低温抗裂性

沥青混合料不仅应具备高温稳定性，同时还要具有低温抗裂性，以保证路面在冬季低温时不产生裂缝。

(1) 低温抗裂性的评价方法和评价指标

目前，用于研究和评价沥青混合料低温抗裂性的方法可以分为3类：预估沥青混合料的开裂温度；评价沥青混合料的低温变形能力或应力松弛能力；评价沥青混合料断裂能力。相关的试验主要包括低温弯曲试验、低温蠕变弯曲试验、劈裂试验等。

1）沥青混合料低温弯曲试验。低温弯曲试验用于测定热拌沥青混合料试件在规定温度和加载速率时弯曲破坏的力学性质，以评价沥青混合料的抗弯拉能力。低温弯曲试验是评价沥青混合料低温变形能力的常用方法之一。在试验温度 -10℃ ±0.5℃的条件下，以50 mm/min速率，对沥青混合料小梁试件跨中施加集中荷载至断裂破坏，记录试件跨中荷载与挠度的关系曲线，如图5—3—9所示。由破坏时的最大荷载求得沥青混合料的抗弯强度，由破坏时的跨中挠度求得沥青混合料的破坏弯拉应变，两者的比值为破坏时的弯曲劲度模量。沥青混合料在低温下破坏弯拉应变越大，低温柔韧性越好，抗裂性越好。

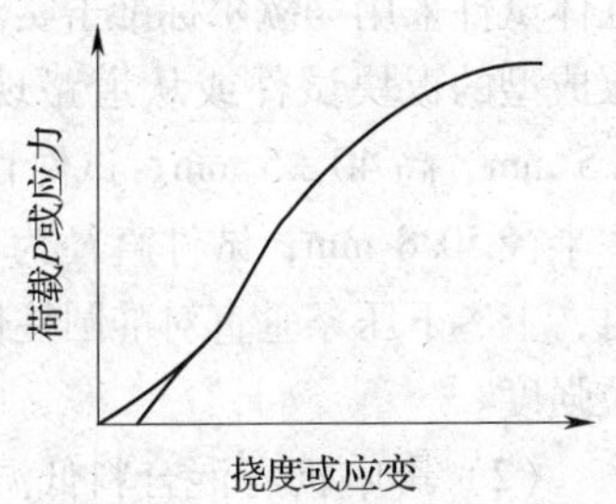

图5—3—9 低温弯曲试验曲线

2）沥青混合料低温弯曲蠕变试验。低温弯曲蠕变试验用于测定热拌沥青混合料试件在规定温度和加载应力水平条件下弯曲蠕变的应变速率，以评价沥青混合料的变形能力。

试验温度根据试验目标的需要确定，如果无特殊规定，试验时宜采用0℃。试件采用轮碾成型后切割制成的长250 mm、宽30 mm、高35 mm的棱柱体小梁，其跨径为200 mm。

在规定温度下，对规定尺寸的沥青混合料小梁试件，跨中施加恒定的集中荷载，测定试件随时间不断增长的蠕变变形，沥青混合料蠕变变形曲线如图5—3—10所示，以蠕变稳定阶段的蠕变速率评价沥青混合料的低温变形能力。蠕变速率越大，沥青混合料在低温下的变形能力越大，松弛能力越强，低温抗裂性能越好。

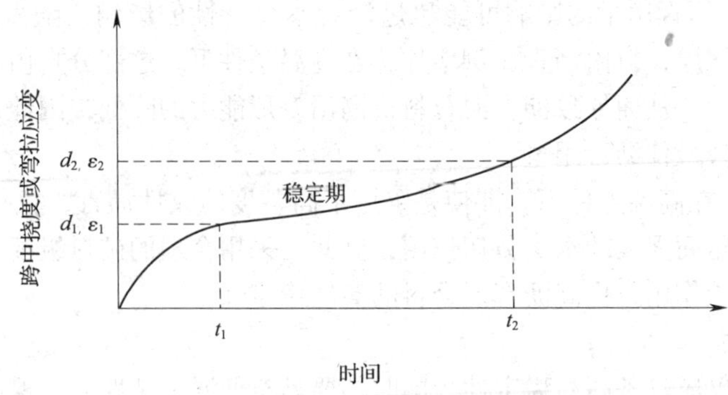

图 5—3—10 沥青混合料蠕变变形曲线

3）沥青混合料劈裂试验。沥青混合料劈裂试验是对规定尺寸的圆柱体试件，通过一定宽度的圆弧形压条施加荷载，将试件劈裂直至破坏的试验。由于沥青混合料的弯曲试验、弯曲蠕变试验费工费时，且试验精度不易控制，因此，劈裂试验是目前路面工程中常用的、间接评价沥青混合料抗拉强度等指标的方法。

用于评价沥青混合料的低温抗裂性能时，试验温度为 -10℃，加载速率为 1 mm/min。圆柱体试件采用马歇尔标准击实法成型，尺寸为直径 ϕ101. 6 ±0. 2 mm、高 63. 5 ±1. 3 mm；从轮碾成型的板块试件或从道路现场钻取芯样得到的试件，尺寸为直径 ϕ100 ±2 mm 或 ϕ150 ±2. 5 mm、高 40 ±5 mm。试件直径为 ϕ100 mm 或 ϕ101. 6 mm 时，压条宽度为 12. 7 mm，内侧曲率半径 50. 8 mm；试件直径为 ϕ150 mm 时，压条宽度为 19 mm，内侧曲率半径 75 mm。试验时，上、下压条垂直对准圆柱体试件的中轴线，逐级施加荷载至试件破坏，计算试件的劈裂抗拉强度。

（2）影响沥青混合料低温性能的主要因素

在低温条件下，沥青混合料的变形能力越强，抗裂性能就越好，而沥青混合料的变形能力与其低温劲度模量成反比。也就是说，为了提高沥青混合料的低温抗裂性，应选用低温劲度较低的混合料。影响沥青混合料的低温劲度的最主要因素是沥青的低温劲度，而沥青黏度和温度敏感性是决定沥青劲度的主要指标。对同一油源的沥青，针入度较大、温度敏感性较低的沥青低温劲度较小，抗裂能力较强。所以，在寒冷地区，可采用稠度较低、劲度较低的沥青，或选择松弛性能较好的橡胶类改性沥青来提高沥青混合料的低温抗裂性。

通常，密级配沥青混合料的低温抗拉强度高于开级配的沥青混合料，但是，粒径大、空隙率大的沥青混合料内部微空隙发达，应力松弛能力略强，温度应力有所减小，两方面的影响相互抵消，故沥青混合料的这两种级配类型与沥青路面开裂程度之间没有显著关系。

3. 耐久性

耐久性是指沥青混合料在使用过程中抵抗环境因素及行车荷载反复作用的能力，它包括沥青混合料的抗老化性、水稳定性、抗疲劳性等综合性质。

沥青混合料的老化过程一般分为两个阶段，即施工过程中的热老化和路面在长期使用过程中的长期老化（氧化）。

在沥青路面的施工过程中，沥青混合料的运输与储存、沥青混合料的拌和以及拌和后的施工期间，沥青混合料始终处于高温状态，特别是沥青与矿料的拌和阶段，沥青是在薄膜状态暴露于170～190℃的空气中，在此短暂的时间内，沥青由于空气氧化以及挥发成分的丧失，使其性质发生实质性的变化，这是沥青混合料老化最主要的阶段。沥青混合料在施工阶段的老化称为短期老化。

沥青路面在长期使用过程中，由于空气、辐射、水与光等作用，特别是路面空隙率较大的情况下，沥青胶结料同样也会发生老化。沥青混合料在使用过程中发生的老化称为长期老化。

（1）沥青混合料耐久性的评价方法

1）沥青与矿料的黏附性试验。黏附性试验是将沥青裹覆在矿料表面，浸入水中，根据矿料表面沥青的剥落程度，判断沥青与矿料的黏附性。其中，水煮法或水浸法是目前工程中的常用方法。

2）沥青混合料浸水马歇尔试验。浸水马歇尔试验方法与标准马歇尔试验方法的不同之处在于，试件在已达规定温度（60℃）恒温水槽中的保温时间为48 h，然后测定试件浸水后的稳定度MS_1。试件浸水后的稳定度与浸水前的稳定度的百分比称为浸水残留稳定度，用MS_2表示。浸水残留稳定度越大，表明沥青混合料的水稳定性越好。也可用浸水前后试件劈裂强度比值的大小来评价沥青混合料的水稳定性。

3）沥青混合料冻融劈裂试验。冻融劈裂试验是将沥青混合料圆柱体（ϕ101.6±0.25 mm、高63.5±1.3 mm）试件分为两组：一组试件测定25℃常规状态下的劈裂强度；另一组试件经过真空饱水15 min、－18℃恒温冰箱冷冻16 h、60℃恒温水槽保温24 h、25℃水中保温不少于2 h等一系列冻融过程后进行劈裂试验。

试件浸水冻融后的劈裂强度与浸水冻融前的劈裂强度的百分比称为冻融劈裂强度比，用*TRS*表示。冻融劈裂强度比越大，表明沥青混合料的水稳定性、抗冻性越好。

4）热拌沥青混合料加速老化试验。该试验用于模拟沥青混合料的短期老化及长期老化过程，试件在进行长期老化试验前必须经过短期老化。短期老化是将拌和好的沥青混合料均匀摊铺在搪瓷盘中，放入135℃±3℃的烘箱，在强制通风条件下加热4 h±5 min。长期老化是将制成的试件置于85℃±3℃的烘箱中，在强制通风条件下连续加热5 d，与未进行老化过程的沥青混合料的性能试验结果进行对比，以评价沥青混合料的耐老化性能。

（2）沥青混合料耐久性的影响因素

影响沥青混合料耐久性的因素很多，如沥青的化学性质、矿料的矿物成分、沥青混合料的组成结构（残留空隙、沥青填隙率）等。

沥青混合料的空隙率的大小与矿料的级配、沥青的用量以及压实程度等有关。从耐久性角度出发，希望沥青混合料空隙率尽量减少，以防止水的渗入和日光紫外线对沥青的老化作用等。但是，一般沥青混合料中应残留3%～6%空隙，以备夏季沥青膨胀。

沥青混合料空隙率与水稳定性有关。空隙率大，且沥青与矿料黏附性差的混合料，在饱水后石料与沥青黏附力降低，易发生剥落，同时颗粒相互推移产生体积膨胀以及出现力学强度显著降低等现象，引起路面早期破坏。

此外，沥青路面的使用寿命还与混合料中的沥青含量有很大的关系。当沥青用量较正常的用量减少时，则沥青膜变薄，混合料的延伸能力降低，脆性增加；如果沥青用量偏少，将使混合料的空隙率增大，沥青膜暴露较多，加速了老化作用。同时，增加了渗水率，促使了水对沥青的剥落作用。

4. 抗滑性

沥青路面的抗滑性能与所用矿料的表面构造深度、颗粒形状与尺寸、抗磨光性有着密切的关系。为保证长期高速行车的安全，应特别注意粗集料的耐磨光性，应选用表面粗糙、硬质有棱角的集料。通常，坚硬耐磨的矿料多为酸性石料，与沥青的黏附性较差，为了保证沥青混合料的水稳定性，应采取有效的抗剥落措施。

沥青路面的抗滑性除了取决于矿料自身的表面构造外，还取决于矿料级配所确定的表面构造深度，由压实后路表构造深度试验评价。

此外，应严格控制沥青混合料中的沥青含量，特别是应选用含蜡量低的沥青，以免沥青表层出现滑溜现象。

5. 施工和易性

沥青混合料除了应具备前述的技术要求外，还应具备适宜的施工和易性，以保证在拌和、摊铺与碾压过程中，集料颗粒保持分布均匀，表面被沥青膜完整地裹覆，并能被压实到规定的密度。影响沥青混合料施工和易性的因素很多，如当地气温、施工条件及混合料性质等。

单纯从混合料材料性质而言，影响沥青混合料施工和易性的首要因素是混合料的级配情况。如果粗、细集料的颗粒大小相差过大，缺乏中间尺寸，混合料容易离析；如果细集料太少，沥青层就不容易均匀地分布在粗颗粒表面；细集料过多，则使拌和困难。此外，当沥青用量过少，或矿粉用量过多时，混合料容易产生疏松，不易压实。反之，如果沥青用量过多，或矿粉质量不好，则容易使混合料黏结成团块，不易摊铺。

三、热拌沥青混合料的技术要求

热拌沥青混合料的技术要求见表5—3—1。

表5—3—1　　密级配沥青混凝土混合料马歇尔试验技术标准

（本表适用于公称最大粒径小于等于26.5 mm的密级配沥青混凝土混合料）

试验指标		单位	高速公路、一级公路				其他等级公路	行人道路
			夏炎热区（1-1、1-2、1-3、1-4区）		夏热区及夏凉区（2-1、2-2、2-3、2-4、3-2区）			
			中轻交通	重载交通	中轻交通	重载交通		
击实次数（双面）		次	75				50	50
试件尺寸		mm	ϕ101.6 mm×63.5 mm					
空隙率VV	深约90 mm以内	%	3~5	4~6	2~4	3~5	3~6	2~4
	深约90 mm以下	%	3~6		2~4	3~6	3~6	–
稳定度MS不小于		KN	8				5	3
流值FL		mm	2~4	1.5~4	2~4.5	2~4	2~4.5	2~5

续表

	设计空隙率（%）	相应于以下公称最大粒径（mm）的最小 VMA 及 VFA 技术要求（%）					
		26.5	19	16	13.2	9.5	4.75
矿料间隙率 VMA（%）不小于	2	10	11	11.5	12	13	15
	3	11	12	12.5	13	14	16
	4	12	13	13.5	14	15	17
	5	13	14	14.5	15	16	18
	6	14	15	15.5	16	17	19
沥青饱和度 VFA（%）		55～70	65～75			70～85	

注：①对空隙率大于5%的夏炎热区重载交通路段，施工时应至少提高压实度1%；②当设计的空隙率不是整数时，由内插法确定要求的 VMA 最小值；③对改性沥青混合料，马歇尔试验的流值可适当放宽。

本任务主要对沥青混合料的质量进行评定。

在确定沥青混合料组成设计时，必须取一定的原材料拌制并成型一定形状的试件，并模拟路面成型方式对沥青混合料试件进行压实，并测定相应的一些指标，来确定沥青混合料中的各材料组成，这种方法就是施工规范中提到的“马歇尔试验配合比设计方法”。然后，对已经确定了配合比的沥青混合料进行性能检验，主要进行高温稳定性、低温抗裂性和水稳定性等指标的检验，其他指标可依具体情况确定，其测定方法及步骤可参考相应的试验规范。本任务主要讲述沥青混合料的成型（击实法）、马歇尔试验指标的测定，以及数据处理方法。

某试验检测中心受委托承担了 AC－16C 型沥青混凝土目标配合比设计，确定的矿料级配，见表 5—3—2：

表 5—3—2　　**AC－16C 沥青混凝土矿料级配**

筛孔尺寸（mm）	原材料级配通过百分率（%）					合成级配（%）	规范推荐范围（%）
	15～20 碎石	5～10 碎石	3～5 碎石	砂	矿粉		
	36	23	5	34	2	100	
19	99.5	100	100	100	100	100.0	100
16	89.7	100	100	100	100	96.3	90～100
13.2	58.5	100	100	100	100	85.1	76～92
9.5	9.4	87	100	100	100	64.4	60～80
4.75	0.2	6.9	93.6	100	100	42.3	34～62
2.36	0.2	0.2	2.4	74.8	100	27.7	20～48

续表

筛孔尺寸（mm）	原材料级配通过百分率（%）					合成级配（%）	规范推荐范围（%）
	15 ~ 20 碎石	5 ~ 10 碎石	3 ~ 5 碎石	砂	矿粉		
	36	23	5	34	2	100	
1. 18	0. 2	0. 2	0. 9	62. 1	100	23. 3	13 ~ 36
0. 6	0. 2	0. 2	0. 8	38. 4	100	15. 2	9 ~ 26
0. 3	0. 2	0. 2	0. 7	21. 8	100	9. 6	7 ~ 18
0. 15	0. 2	0. 2	0. 7	13. 9	100	6. 9	5 ~ 14
0. 075	0. 2	0. 2	0. 7	9. 6	98. 8	5. 4	4 ~ 8

一、沥青混合料试件制作方法（击实法）

击实法是沥青混合料成型的常用方法，该方法适用于采用标准击实法或大型击实法制作沥青混合料试件，以供试验室进行沥青混合料物理力学性质试验使用。标准击实法适用于标准马歇尔试验、间接抗拉试验（劈裂法）等所使用的 ϕ101. 6 × 63. 5 mm 圆柱体试件的成型。大型击实法适用于大型马歇尔试验和 ϕ152. 4 × 95. 3 mm 大型圆柱体试件的成型。当集料的公称最大粒径≤26. 5 mm 时，采用标准击实法，一组试件的数量不少于 4 个；当集料公称最大粒径 > 26. 5 mm 时，宜采用大型击实法，一组试件数量不少于 6 个。

沥青混合料试件制备分两种情况：一种是在拌和厂或施工现场取料制作试样；另一种是在实验室人工配置沥青混合料。前者用于评定沥青混合料的拌和质量，后者主要用于沥青混合料配合比设计。

本任务采用实验室人工配置沥青混合料制备标准马歇尔试件，其他方法参阅相关规程。

1. 试验准备

（1）仪器设备

1）标准击实仪：如图 5—3—11 所示，由击实锤、直径为 98. 5 mm 的平圆形压实头及带手柄的导向棒组成。用机械将击实锤举起，从 457. 2 ± 1. 5 mm 高度沿导向棒自由落下击实，标准击实锤质量 4 536 ± 9 g。

2）试验室用沥青混合料拌和机：能保证拌和温度并充分拌和均匀，可控制拌和时间，容量不小于 10 L，如图 5—3—12 所示。搅拌叶自转速度 70 ~ 80 r/min，公转速度 40 ~ 50 r/min。

准备工作：将沥青混合料拌和机预热至拌和温度 10℃左右。

3）脱模器：电动或手动，可无破损地推出圆柱体试件，装备有标准圆柱体试件尺寸的推出环。如图 5—3—13 所示。

4）试模：由高碳钢或工具钢制成，每组包括内径 101. 6 ± 0. 2 mm，高 87 mm 的圆柱形金属筒、底座（直径约 120. 6 mm）和套筒（内径 101. 6 mm、高 70 mm）各 1 个。如图 5—3—13 所示。

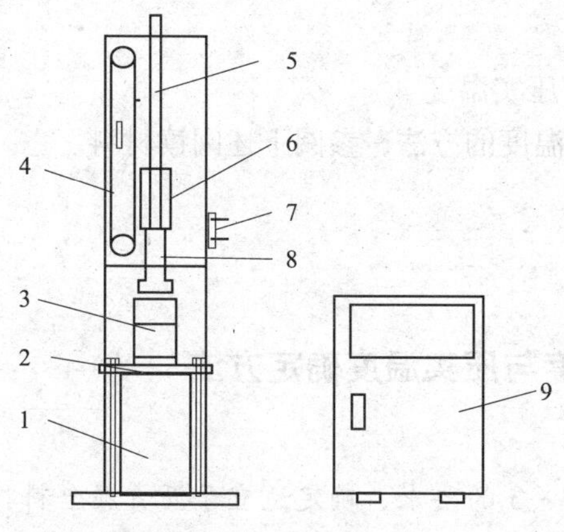

图 5—3—11　自动击实仪

1—木墩　2—钢板　3—底座、试模、套筒　4—链条
5—击实锤导杆　6—击实锤　7—压头升降手柄
8—压头　9—控制柜

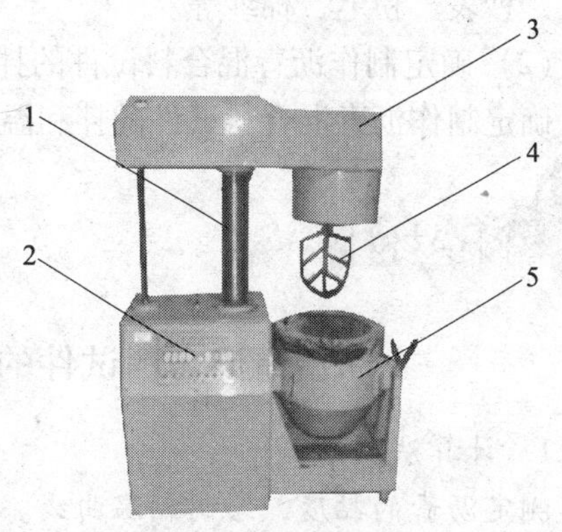

图 5—3—12　试验室用沥青混合料拌和机

1—升降立轴　2—操作面板　3—传动装置
4—搅拌叶桨　5—搅拌锅

试模

脱模器

烘箱

图 5—3—13　沥青混合料试件制备的主要仪器设备

准备工作：用沾有少许黄油的棉纱擦净试模、套筒及击实座等，置于 100℃左右烘箱中加热 1 h 备用。常温沥青混合料用试模不加热。

5）烘箱：大、中型各 1 台，装有温度调节器。如图 5—3—13 所示。

准备工作：大烘箱温度设定为 105℃ ±5℃，用于烘干矿料；然后设定为 163℃，用于加热矿料。小烘箱温度设定为 100℃，用于加热试模。

6）天平或电子秤：用于称量矿料的，感量不大于 0.5 g；用于称量沥青的，感量不大于 0.1 g。

7）布洛克菲尔德黏度计：用于测定沥青黏度。

8）插刀或大旋具。

9）温度计：分度为 1℃，量程 0 ~ 300℃。宜采用有金属插杆的插入式数显温度计，金属插杆的长度不小于 150 mm。

10）其他：电炉或煤气炉、沥青熔化锅、拌和铲、标准筛、滤纸（或普通纸）、胶布、卡尺、秒表、粉笔、棉纱等。

（2）确定制作沥青混合料试件的拌和温度与压实温度

确定制作沥青混合料试件的拌和温度与压实温度的方法，参阅下述阅读材料。

沥青混合料试件的拌和温度与压实温度确定方法

1. 计算法

测定沥青的黏度，绘制黏温曲线。按表5—3—3的要求，确定适宜于沥青混合料拌和及压实的黏度。

表5—3—3　确定沥青混合料拌和及压实温度的沥青黏度

沥青混合料种类	黏度与测定方法	适宜于拌和的沥青结合料黏度	适宜于压实的沥青结合料黏度
石油沥青	表观黏度，T0625	0.17 ±0.02 Pa · S	0.28 ±0.03 Pa · S

注：液体沥青混合料的压实成型温度按石油沥青要求执行。

2. 经验法

当缺乏沥青黏度测定条件时，试件的拌和与压实温度可按表5—3—4确定，并根据沥青品种和标号作适当调整。针入度小、稠度大的沥青取高限，针入度大、稠度小的沥青取低限，一般取中值。

对改性沥青，应根据实践经验、改性剂的品种和用量，适当提高混合料的拌和与压实温度。对大部分聚合物改性沥青，需要在普通沥青的基础上提高10～20℃；掺加纤维时，需再提高10℃左右。

表5—3—4　沥青混合料拌和及压实温度

沥青混合料种类	拌和温度（℃）	压实温度（℃）
石油沥青	140～160	120～150
改性沥青	160～175	140～170

（3）材料准备

1）将各种规格的矿料置于105℃ ±5℃的烘箱中烘干至恒量（一般不少于4～6 h）。

2）将烘干分级的粗、细集料，按每个试件设计级配要求称其质量，在一金属盘中混合均匀，矿粉单独放入小盘里；然后置烘箱中预热至沥青拌和温度以上约15℃（采用石油沥青时通常为163℃；采用改性沥青时通常为180℃）备用。一般按一组试件（每组4～6个）备料，但进行配合比设计时宜对每个试件分别备料。常温沥青混合料的矿料不应加热。

本任务采用163℃，每个试件单独备料。

3）将规定方法采集的沥青试样，用烘箱加热至规定的沥青混合料拌和温度，但不得超过175℃。当不得已采用燃气炉或电炉直接加热脱水时，必须使用石棉垫隔开。

一个试样所需材料的用量见表5—3—5。

表5—3—5　　制作一个试样所需材料用量（总质量1 200 g）　　单位：g

10~20个碎石	5~10个碎石	3~5个碎石	砂	矿粉
432	276	60	408	24

小提示

在拌和厂或施工现场采取沥青混合料制作试样时，按规定方法取样，将试样置于烘箱中加热或保温，在混合料中插入温度计测量温度，待混合料温度符合要求后成型。需要拌和时，将其倒入已加热的室内沥青混合料拌和机中适当拌和，时间不超过1 min。不得在电炉或明火上加热炒拌。

2. 试验步骤

（1）沥青混合料的拌和

将加热的粗、细集料置于拌和机中，用小铲子适当混合；然后加入所需数量的沥青，开动拌和机，一边搅拌一边将拌和叶片插入混合料中拌和1~1.5 min；暂停拌和，加入加热的矿粉，继续拌和至均匀为止，并使沥青混合料保持在要求的拌和温度范围内。标准的总拌和时间为3 min。热拌沥青混合料拌和如图5—3—14所示。

粗、细集料拌匀

加入沥青

图5—3—14　热拌沥青混合料拌和

（2）称取混合料

将拌好的沥青混合料，称取一个试件所需的用量（标准马歇尔试件约1 200 g，大型马歇尔试件约4 050 g）。当已知沥青混合料的密度时，可根据试件的标准尺寸计算并乘以1.03得到要求的混合料数量。

本任务制作一个试件的混合料用量为1 150 g。

小提示

当一次拌和几个试件时，宜将沥青混合料倒入经预热的金属盘中，用小铲适当拌和均匀分成几份，分别取用。在试件制作过程中，为防止混合料温度下降，应连盘放在烘箱中保温。

（3）装料

1）从烘箱中取出预热的试模及套筒，用蘸有少许黄油的棉纱擦拭套筒、底座及击实锤底面。将试模装在底座上，放一张圆形的吸油性小的纸，用小铲将混合料铲入试模中，用插刀或大旋具沿周边插捣 15 次，中间捣 10 次。插捣后将沥青混合料表面整平。

2）插入温度计至混合料中心附近，检查混合料温度。

（4）击实

1）待混合料温度符合要求的压实温度（本任务采用 140℃）后，将试模连同底座一起放在击实台上固定。在装好的混合料上面垫一张吸油性小的圆纸，再将装有击实锤及导向棒的压实头放入试模中。开启电动机，使击实锤从 457 mm 的高度自由落下，达到击实规定的次数（75 或 50 次）。

本任务采用 75 次。

2）试件击实一面后，取下套筒，将试模翻面，装上套筒；然后以同样的方法和次数击实另一面。

称料、装料及击实过程如图 5—3—15 所示。

图 5—3—15　装料及击实

（5）高度的检验

试件击实结束后，立即用镊子取掉上下面的纸，用卡尺量取试件离试模上口的高度并由此计算试件高度。高度不符合要求时，试件应作废，并按下式调整试件的混合料质量，以保证高度符合 63.5 ± 1.3 mm（标准试件）或 95.3 ± 2.5 mm（大型试件）的要求。

$$调整后混合料质量 = \frac{要求试件高度 \times 原用混合料质量}{所得试件的高度}$$

（6）脱模

卸去套筒和底座，将装有试件的试模横向放置冷却至室温后（不少于 12 h），从脱模机上脱出试件。

小提示

用于现场马歇尔指标检验的试件，在施工质量检验过程中如果急需试验，允许采用电风扇吹冷 1 h 或浸水冷却 3 min 以上的方法脱模；但浸水脱模法不能用于测量密度、空隙率等各项物理指标。

试件高度检验及脱模过程如图 5—3—16 所示。

取掉试纸

量取高度

脱模

图 5—3—16　试件高度检验及脱模

(7) 用相同方法完成其他 3 个试件的制作。

3. 试验数据的记录与处理

沥青混合料试件制作试验的数据记录及最终结果见表 5—3—6。

表 5—3—6　**沥青混合料试件制作试验记录（击实法）**

路段桩号			试样来源			
试样名称	AC－16C 沥青混凝土		初拟用途	面层		
级配组成	组成材料名称		配合时所需质量（g）		配合比（%）	
	10～20 个碎石		432		36	
	5～10 个碎石		276		23	
	3～5 个碎石		60		5	
	砂		408		34	
	矿粉		24		2	
试件编号	制备日期	拌和温度 T（℃）	击实温度 T（℃）	试件尺寸（mm） 高度 h	试件尺寸（mm） 直径 d	试件用途
		150	140	64.2	101.4	
				64.8	101.4	
				63.8	101.6	
				64.0	101.4	
				63.4	101.6	

试验者：______　计算者：______　校核者：______　试验日期：______

二、沥青混合料马歇尔稳定度试验

沥青混合料马歇尔稳定度试验方法包括标准马歇尔稳定度试验和浸水马歇尔稳定度试验，以进行沥青混合料的配合比设计或沥青路面施工质量检验。浸水马歇尔稳定度试验（根据需要，也可进行真空饱水马歇尔稳定度试验）供检验沥青混合料受水侵害时抵抗剥落的能力时使用，通过测试水稳定性检验其配合比设计的可行性。该方法适用于击实法成型的标准马歇尔试件圆柱体和大型马歇尔试件圆柱体。浸水马歇尔试验除在规定温度恒温水槽中的保温时间为48 h外，其余均与标准马歇尔试验方法相同。

本任务采用标准马歇尔试件进行标准马歇尔稳定度试验。

1. 试验准备

（1）仪器准备

1）沥青混合料马歇尔试验仪：分为自动式和手动式。自动马歇尔试验仪（见图5—3—17）应具备控制装置、记录荷载—位移曲线、自动测定荷载与试件的垂直变形，能自动显示和存储或打印试验结果等功能。手动式马歇尔试验仪由人工操作，试验数据通过操作者目测后读取。

对用于高速公路和一级公路的沥青混合料，宜采用自动马歇尔试验仪。

对于标准马歇尔试件，试验仪最大荷载不得小于25 kN，读数准确至0.1 kN，加载速率应能保持50 ±5 mm/min。钢球直径16 ±0.05 mm，上下压头曲率半径为50.8 ±0.08 mm。

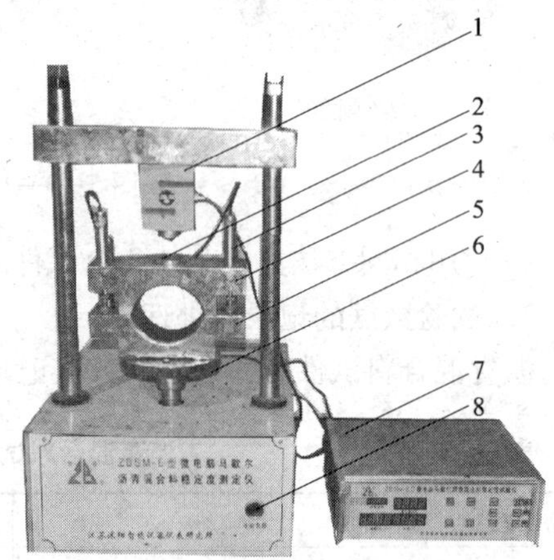

图5—3—17 自动马歇尔试验仪

1—力传感器 2—球座 3—位移传感器 4—上压块 5—下压块 6—升降平台 7—控制器 8—手动急停按钮

小提示

当集料公称最大粒径大于26.5 mm时，宜采用ϕ152.4 ×95.3 mm的大型马歇尔试件，试验仪最大荷载不得小于50 kN，读数准确至0.1 kN。上下压头的曲率内径为152.4 ±0.2 mm，上下压头间距为19.05 ±0.1 mm。

准备工作：将马歇尔试验仪的上下压头放入水槽或烘箱中达到要求的温度。

2）恒温水槽：控温准确度至1℃，深度不小于150 mm。

准备工作：将恒温水槽调节至要求的试验温度，对黏稠石油沥青或烘箱养生过的乳化沥青混合料，试验温度调节至60℃ ±1℃，对煤沥青混合料，试验温度调节至33.8℃ ±1℃，对空气养生的乳化沥青或液体沥青混合料，试验温度调节至25℃ ±1℃。

本任务采用60℃。

3）烘箱：用于加热马歇尔稳定度试验仪的上下压头。

准备工作：将温度设定为与恒温水浴相同的温度。

4）天平：感量不大于0.1 g。

5）温度计：分度值为1℃。

6）卡尺。

7）其他：棉纱、黄油。

（2）试样准备

1）按标准击实法成型马歇尔试件，标准马歇尔试件尺寸应符合直径101.6 ±0.2 mm、高63.5 ±1.3 mm的要求。一组试件的数量最少不得少于4个，并符合有关规定。

2）测量试件的直径及高度：用卡尺测量试件中部的直径，用马歇尔试件高度测定器或卡尺在十字对称的4个方向测量离试件边缘10 mm处的高度，准确至0.1 mm，并以其平均值作为试件的高度。如果试件高度不符合63.5 ±1.3 mm的要求或两侧高度差大于2 mm时，此试件应作废。

3）按规定的方法测定试件的密度，并计算空隙率、沥青体积百分率、沥青饱和度、矿料间隙率等体积指标。

4）将试件置于已达规定温度的恒温水槽中保温，标准马歇尔试件需30 ~40 min，大型马歇尔试件需45 ~60 min。试件之间应有间隔，底下应垫起，离容器底部不小于5 cm。

2. 试验步骤

（1）安放沥青混合料试件

1）将上下压头从水槽或烘箱中取出，擦拭干净内面。为使上下压头滑动自如，可在下压头的导棒上涂少量黄油。

2）将试件取出置于下压头上，盖上上压头，然后装在加载设备上。

3）在上压头的球座上放妥钢球，并对准荷载测定装置的压头。

4）调整压力测定装置和流值测定装置。

当采用自动马歇尔试验仪时，将自动马歇尔试验仪的压力传感器、位移传感器与计算机或X－Y记录仪正确连接，调整好适宜的放大比例，压力和位移传感器调零。

当采用压力环和流值计测定时，将流值计安装在导棒上，使导向套管轻轻地压住上压头，同时将流值计调零。调整压力环中的百分表，对零。

（2）试件测定

1）启动加载设备，使试件承受荷载，加载速度为50 ±5 mm/min。计算机或X－Y记录仪自动记录传感器压力和试件变形曲线，并将数据自动存入计算机。

当试验荷载达到最大值的瞬间，取下流值计，同时读取压力环中百分表读数和流值计的流值读数。

2）从恒温水槽中取出试件至测出最大荷载值的时间，不得超过30 s。

（3）用相同的方法完成其他试件的测定。

沥青混合料马歇尔稳定度试验过程如图5—3—18所示。

3. 试验数据的记录与处理

（1）试件的稳定度及流值

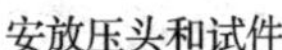
安放压头和试件　　安放流值测定装置　　加载测定

图 5—3—18　沥青混合料马歇尔稳定度试验过程

1）当采用自动马歇尔试验仪时，将计算机采集的数据绘制成压力和试件变形曲线，或由 X－Y 记录仪自动记录的荷载—变形曲线，按规定的方法对坐标原点进行修正，从修正的坐标原点 O_1 起，量取相应于荷载最大值时的变形作为流值，以 mm 计，准确至 0.1 mm；最大荷载即为稳定度，以 kN 计，准确至 0.01 kN。

2）当采用压力环和流值计测定时，根据压力环标定曲线，将压力环中的百分表读数换算为荷载值，或者由荷载测定装置读取的最大值即为试样的稳定度，以 kN 计，准确至 0.01 kN。由流值计及位移传感器测定装置读取的试件垂直变形，即为试件的流值，以 mm 计，准确至 0.1 mm。

3）计算测定值的平均值、标准差。

（2）数据取舍

1）当一组测定值中某个测定值与平均值之差大于标准差的 k 倍时，该测定值应予舍弃，并以其余测定值的平均值作为试验结果。当试件数量 n 为 3、4、5、6 时，k 值分别为 1.15、1.45、1.67、1.82。

2）试件的马歇尔模数计算。公式如下：

$$T = \frac{MS}{FL} \tag{5—3—2}$$

式中　T——马歇尔模数，kN/mm；

MS——试件的稳定度，kN；

FL——试件的流值，mm。

小提示

当进行浸水马歇尔试验时，试件的浸水残留稳定度按下式计算：

$$MS_0 = \frac{MS_1}{MS} \times 100 \tag{5—3—3}$$

式中　MS_0——试件的浸水残留稳定度，%；

MS——标准马歇尔稳定度，kN；

MS_1——试件浸水 48 h 后的稳定度，kN。

（3）沥青混合料马歇尔稳定度试验数据记录见表 5—3—7。

表 5—3—7　　沥青混合料标准马歇尔稳定度试验数据记录

<table>
<tr><td>路段桩号</td><td colspan="4"></td><td colspan="2">试样来源</td><td colspan="3"></td></tr>
<tr><td>试样名称</td><td colspan="4">AC－16C 沥青混凝土</td><td colspan="2">初拟用途</td><td colspan="3">面层</td></tr>
<tr><td>试件数目</td><td colspan="4">5</td><td colspan="2">k 值</td><td colspan="3">1.67</td></tr>
<tr><td rowspan="3">试件编号</td><td colspan="3">稳定度（kN）</td><td colspan="5">流值（mm）</td><td rowspan="3">马歇尔模数（kN/mm）</td></tr>
<tr><td rowspan="2">测定值</td><td rowspan="2">标准差</td><td rowspan="2">平均值</td><td colspan="3">测定值</td><td rowspan="2">标准差</td><td rowspan="2">平均值</td></tr>
<tr><td>测值 1</td><td>测值 2</td><td>平均值</td></tr>
<tr><td>1</td><td>11.65</td><td rowspan="5">0.94</td><td rowspan="5">11.30</td><td>2.3</td><td>2.3</td><td>2.3</td><td rowspan="5">0.46</td><td rowspan="5">2.9</td><td rowspan="5">3.8</td></tr>
<tr><td>2</td><td>9.97</td><td>3.0</td><td>3.0</td><td>3.0</td></tr>
<tr><td>3</td><td>11.35</td><td>3.5</td><td>3.5</td><td>3.5</td></tr>
<tr><td>4</td><td>10.98</td><td>2.7</td><td>2.7</td><td>2.7</td></tr>
<tr><td>5</td><td>12.54</td><td>3.2</td><td>3.2</td><td>3.2</td></tr>
</table>

试验者：______　计算者：______　校核者：______　试验日期：______

4. 质量评定

对已确定矿料级配的 AC－16C 型沥青混凝土进行配合比设计时，首先按照矿料级配分别配料、加热、拌和、击实制成标准马歇尔试件，然后对成型试件进行标准马歇尔稳定度的检测，得出的数据及沥青混合料质量检验报告见表 5—3—8。对应《公路沥青路面施工技术规范》（JTG F40—2004），可以得知，该沥青混合料的各项检测指标均符合要求，沥青混合料质量等级评定为合格。

表 5—3—8　　沥青混合料质量检验报告

<table>
<tr><td colspan="2">项目</td><td></td><td>标准</td><td>试验标准</td></tr>
<tr><td colspan="2">稳定度（kN）</td><td>11.30</td><td>≮8</td><td rowspan="2">T0709－2011</td></tr>
<tr><td colspan="2">流值（mm）</td><td>2.9</td><td>1.5～4</td></tr>
<tr><td>结论</td><td colspan="4">产品质量符合要求</td></tr>
<tr><td>备注</td><td colspan="4">样品及检测项目由委托方提供</td></tr>
</table>

检验单位（盖章）：××检测中心　检验：×××　审核：×××　负责：×××

沥青混合料试件制作方法（轮碾法）

本方法规定了在试验室用轮碾法制作沥青混合料试件的方法，以供进行沥青混合料物理力学性质试验时使用。

轮碾法适用于长300 mm×宽300 mm×厚50～100 mm板块状试件的成型，这种试件可用切割机切制成棱柱体试件，或在试验室用取芯机钻取试样。成型试件的密度应符合马歇尔标准击实试样密度100%±1%的要求。

沥青混合料试件制作时，试件的厚度可根据集料粒径大小及工程需要进行选择。对于集料公称最大粒径小于或等于19 mm的沥青混合料，宜采用长300 mm×宽300 mm×厚50 mm的板块试模成型；对于集料公称最大粒径大于或等于26.5 mm的沥青混合料，宜采用长300 mm×宽300 mm×厚80～100 mm的板块试模成型。

1．试验准备

（1）仪器准备

1）轮碾成型机：如图5—3—19所示，它具有与钢筒式压路机相似的圆弧形碾压轮，轮宽300 mm，压实线荷载为300 N/cm，碾压行程等于试件长度，经碾压后的板块状试件可达到马歇尔试验标准击实密度的100%±1%。

准备工作：将碾压轮预热至100℃左右。

图5—3—19　轮碾成型机

2）试验室用沥青混合料拌和机：能保证拌和温度并充分拌和均匀，可控制拌和时间，宜采用容量大于30 L的大型沥青混合料拌和机，也可采用容量大于10 L的小型拌和机。

3）试模：由高碳钢或工具钢制成，试模尺寸应保证试件成型后符合要求。试验室制作车辙试验板块状试件的标准试模如图5—3—20所示。内部平面尺寸为长300 mm×宽300 mm×厚50～100 mm。

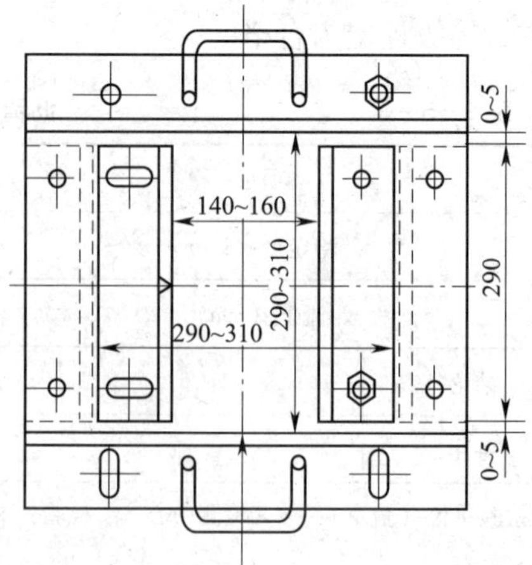

图5—3—20　车辙试验试模

4）切割机：试验室用金刚石锯片锯石机（单锯片或双锯片切割机）或现场用路面切割机，有淋水冷却装置，其切割厚度不小于试件厚度。

5）钻孔取芯机：用电力或汽油机、柴油机驱动，有淋水冷却装置。金刚石钻头的直径根据试件直径的大小选择（100 mm或150 mm）。钻孔深度不小于试件厚度，钻头转速不小于 1 000 r/min。

6）烘箱：大、中型各一台，装有温度调节器。

7）台秤、天平或电子秤：称量 5 kg 以上的，感量不大于 1 g；称量 5 kg 以下时，用于称量矿料的感量不大于 0.5 g，用于称量沥青的感量不大于 0.1 g。

8）沥青运动黏度测定设备：布洛克菲尔德黏度计、真空减压毛细管。

9）小型击实锤：钢制，端部断面 80 mm × 80 mm，厚 10 mm，带手柄，总质量 0.5 kg 左右。

10）温度计：分度值 1℃。宜采用有金属插杆的插入式数显温度计，金属插杆的长度不小于 150 mm，量程 0 ~ 300℃。

11）其他：电炉或煤气炉、沥青熔化锅、拌和铲、标准筛、滤纸、胶布、卡尺、秒表、粉笔、垫木、棉纱等。

（2）试样准备

1）确定制作沥青混合料试件的拌和温度与压实温度。常温沥青混合料的拌和及压实在常温下进行。

2）在拌和厂或施工现场采取代表性的沥青混合料，如果混合料温度符合要求，可直接用于成型。在试验室人工配制沥青混合料时，准备矿料及沥青。常温沥青混合料的矿料不加热。

3）将金属试模及小型击实锤等置于 100℃左右烘箱中加热 1 h 备用。常温沥青混合料用的试模不加热。

4）拌制沥青混合料。当采用大容量沥青混合料拌和机时，宜一次拌和。当采用小型混合料拌和机时，可分两次拌和。混合料质量及各种材料数量由试件的体积按马歇尔标准击实密度乘以 1.03 的系数求得。常温沥青混合料的矿料不加热。

2. 试验步骤

（1）轮碾成型方法

1）在试验室用轮碾成型机制备试件。

试件尺寸为长 300 mm × 宽 300 mm × 厚 50 ~ 100 mm。试件的厚度可根据集料粒径大小选择。根据需要，厚度也可以采用其他尺寸，但混合料一层碾压的厚度不得超过 100 mm。

①将预热的试模从烘箱中取出，装上试模框架，在试模中铺一张裁好的普通纸（可用报纸），使底面及侧面均被纸隔离，将拌和好的全部沥青混合料（注意不得散失，分两次拌和的应倒在一起），用小铲稍加拌和后均匀地由边缘至中间按顺序转圈装入试模，中部要略高于四周。

②取下试模框架，用预热的小型击实锤由边缘至中间转圈夯实一遍，整平成凸圆弧形。

③插入温度计，待混合料稍冷至规定的压实温度（为使冷却均匀，试模底下可用垫木支起）时，在表面铺一张裁好尺寸的普通纸。

④将盛有沥青混合料的试模置于轮碾机的平台上，轻轻放下碾压轮，调整总荷载为 9 kN（线荷载 300 N/cm）。

⑤启动轮碾机，先在一个方向碾压 2 个往返（4 次）行程，卸荷；再抬起碾压轮，将试

件调转方向，再加相同荷载碾压至马歇尔标准密实度100% ±1% 为止。试件正式压实前，应经试压，测定密度后，确定试件的碾压次数。对普通沥青混合料，一般12 个往返（24 次）行程可达要求（试件厚为50 mm）。

⑥压实成型后，揭去表面的纸，用粉笔在试件表面标明碾压方向。

⑦盛有压实试件的试模，置室温下冷却，至少12 h 后方可脱模。

2）在工地制备试件。在工地制备试件的步骤如下：

①采取代表性的沥青混合料样品，数量需多于3 个试件的需要量。

②按试验室方法称取一个试样混合料数量装入符合要求尺寸的试模中，用小锤均匀击实。试模应不妨碍碾压成型。

③碾压成型：在工地上，可用小型振动压路机或其他适宜的压路机碾压，在规定的压实温度下，每一遍碾压3 ~4 s，约25 次往返，使沥青混合料压实密度达到马歇尔标准密度的100% ±1%。

④如果将工地取样的沥青混合料送往试验室成型时，混合料必须放在保温桶内，不使温度下降，且在抵达试验室后立即成型；如果温度低于要求，可适当加热至压实温度后，用轮碾成型机成型。如果属于完全冷却后经二次加热重塑成型的试件，必须在试验报告上注明。

（2）用切割机切制棱柱体试件

试验室用切割机切制棱柱体试件的步骤如下：

1）按试验要求的试件尺寸，在轮碾成型的板块状试件表面，规划切割试件的数目，但边缘20 mm 部分不得使用。

2）切割顺序如图5—3—21 所示。首先在与轮碾法成型垂直的方向，沿 *A*—*A* 切割第1 刀作为基准面，再在垂直的 *B*—*B* 方向切割第2 刀，精确量取试件长度后切割 *C*—*C*，使 *A*—*A* 及 *C*—*C* 切下的部分大致相等。使用金刚石锯片切割时，一定要开放冷却水。

3）仔细量取试件切割位置，按图5—3—21 顺碾压方向（*B*—*B* 方向）切割试件，使试件宽度符合要求。锯下的试件应按顺序放在平玻璃板上排列整齐，然后再切割试件的底面及表面。将切割好的试件立即编号，供弯曲试验用的试件应用胶布贴上标记，标明轮碾机成型时的上下位置，试件的尺寸应符合各项试验的规格要求。

4）将完全切割好的试件放在玻璃板上，试件之间留有10 mm 以上的间隙，试件下垫一层滤纸，并经常挪动位置，使其完全风干。如果急需使用，可用电风扇或冷风机吹干，每隔1 ~2 h 挪动试件一次，使试件加速风干，风干时间宜不小于24 h。在风干过程中，试件的上下方向及排序不能搞错。

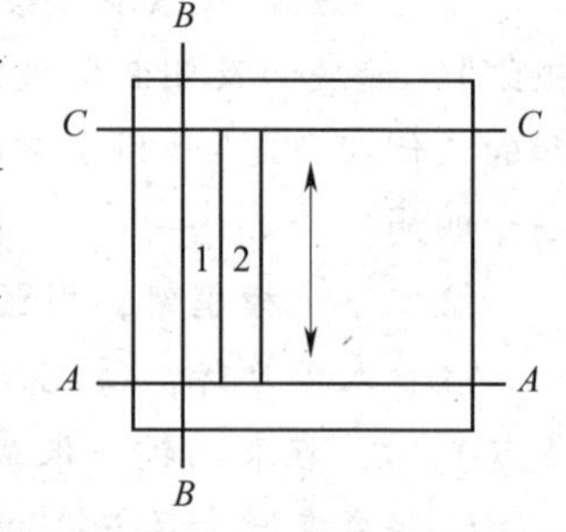

图5—3—21　切割棱柱体试件的顺序

（3）用钻芯法钻取圆柱体试件

1）在试验室用芯样钻机从板块状试件钻取圆柱体试件的步骤如下：

①将轮碾成型机成型的板块状试件脱模，成型的试件厚度

应不小于圆柱体试件的厚度。

②在试件上方作出取样位置标记，板块状试件边缘部分的 20 mm 内不得使用。根据需要，可选用直径 100 mm 或 150 mm 的金刚石钻头。

③将板块状试件置于钻机平台上固定，钻头对准取样位置；开放冷却水，开动钻机，均匀地钻透试块。为保护钻头，在试块下可垫上木板等。

④提起钻机，取出试件。

⑤将试件吹干备用。

2）根据需要，可再用切割机切去钻芯试件的一端或两端，达到要求的高度，但必须保证端面与试件轴线垂直，且保持上下平行。

沥青混合料车辙试验

沥青混合料车辙试验形象地模拟了在车轮来回碾压下产生车辙的现象，测定沥青混合料的高温抗车辙能力，供沥青混合料配合比设计的高温稳定性检验使用。

车辙试验的试验温度与轮压可根据有关规定和需要选用，非经注明，试验温度为 60℃，轮压为 0.7 MPa。如果在寒冷地区，也可采用 45℃，在高温条件下采用 70℃等，对重载交通的轮压可增加至 1.4 MPa，但应在报告中注明。计算动稳定度的时间，原则上为试验开始后 45 ~ 60 min。

本任务适用于轮碾成型机碾压成型的长 300 mm、宽 300 mm、厚 50 ~ 100 mm 的板块状试件，根据工程需要，也可采用其他尺寸的试件。本任务也适用于现场切割板块状试件，切割试件的尺寸根据现场面层的实际情况由试验确定。

1. 试验准备

（1）仪器准备

1）车辙试验机。如图 5—3—22 所示，主要由下列部分组成：

①试件台：可牢固地安装两种宽度（300 mm 及 150 mm）尺寸试件的试模。

②试验轮：橡胶制的实心轮胎，外径 200 mm，轮宽 50 mm，橡胶层厚 15 mm。橡胶硬度（国际标准硬度）20℃时为 84 ± 4，60℃时为 78 ± 2。试验轮行走距离为 230 ± 10 mm，往返碾压速度为 42 ± 1 次/min（21 次往返/min）。采用曲柄连杆驱动加载轮往返运行方式。

③加载装置：通常情况下试验轮与试件的接触压强在 60℃时为 0.7 ± 0.05 MPa，施加的总荷重为 780 N 左右，根据需要可以调整接触压强的大小。

④试模：钢板制成，由底板及侧板组成，试模内侧尺寸为长 300 mm × 宽 300 mm × 厚 50 ~ 100 mm，也可根据需要对厚度进行调整。

图 5—3—22 车辙试验机

⑤试件变形测量装置：自动采集车辙变形并

记录曲线的装置，通常用位移传感器 LVDT 或非接触位移计。位移测量范围为 0～130 mm，精度 ±0.01 mm。

⑥温度检测装置：自动检测并记录试件表面及恒温室内温度的温度传感器，精度 ±0.5℃。温度应能自动连续记录。

准备工作：（试验轮接地压强测定）测定在 60℃ 时进行，在试验台上放置一块 50 mm 厚的钢板，其上铺一张方格纸，再铺一张新的复写纸，以规定的 700 N 荷载施加给试验轮，静压复写纸，即可在方格纸上得出轮压面积，并由此求得接地压强。当压强不符合 0.7 ±0.05 MPa 时，应适当调整荷载。

2）恒温室：恒温室应具有足够的空间。车辙试验机必须整机安放在恒温室内，恒温空装有加热器、气流循环装置及装有自动温度控制设备。同时，恒温室还应有至少能保温 3 块试件并进行试验的条件。保持恒温室温度 60℃ ±1℃（试件内部温度 60℃ ±0.5℃），根据需要亦可为其他温度。

3）台秤：称量 15 kg，感量不大于 5 g。

（2）试样准备

1）用轮碾成型法制作车辙试验试块。在试验室或工地制备成型的车辙试件，其标准尺寸为长 300 mm × 宽 300 mm × 厚 50～100 mm（厚度根据需要确定）。也可从路面切割所需要尺寸的试件。

小提示

当直接在拌和厂取拌和好的沥青混合料样品制作车辙试验试件时，必须将混合料装入保温桶中，在温度下降至成型温度之前，迅速送达试验室制作试件。如果温度稍有不足，可放在烘箱中加热（时间不超过 30 min）后成型，但不得将混合料冷却后二次加热重塑制作试件。重塑制件的试验结果仅供参考，不得用于评定配合比设计是否合格的标准。

2）如果需要，将试件脱模，按规定的方法测定密度及空隙率等各项物理指标。

3）试件成型后，连同试模一起在常温条件下放置的时间不得少于 12 h。对聚合物改性沥青混合料，放置的时间以 48 h 为宜。聚合物改性沥青充分固化后方可进行车辙试验，室温放置时间不得超过 7 天。

2. 试验步骤

（1）将试件连同试模一起置于已达到试验温度 60℃ ±1℃ 的恒温室中，保温不少于 5 h，也不得多于 12 h。在试件的试验轮不行走的部位上，粘贴一个热电偶温度计（也可在试件制作时预先将热电偶导线埋入试件一角），控制试件温度，稳定在 60℃ ±0.5℃。

（2）将试件连同试模移置于轮辙试验机的试验台上，试验轮置于试件的中央部位，其行走方向须与试件碾压或行车方向一致。开动车辙变形自动记录仪，然后启动试验机，使试验轮往返行走，时间约 1 h，或最大变形达到 25 mm 时为止。试验时，记录仪自动记录变形曲线（见图 5—3—23）及试件温度。

注：对试验变形较小的试件，也可对一块试件在其两侧 1/3 的位置上进行两次试验，然

后取平均值。

(3) 同一沥青混合料或同一路段的路面，至少做3个试件的平行试验。

3．数据记录与处理

(1) 从图5—3—23上读取45 min（t_1）及60 min（t_2）时的车辙变形d_1及d_2，准确至0.01 mm。

当变形过大，在未到60 min变形已达25 mm时，则以达到25 mm（d_2）的时间为t_2，其前的15 min为t_1，此时的变形量为d_1。

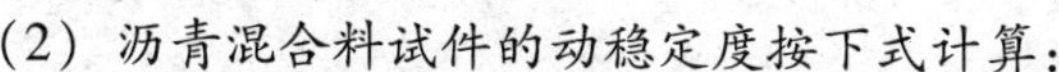

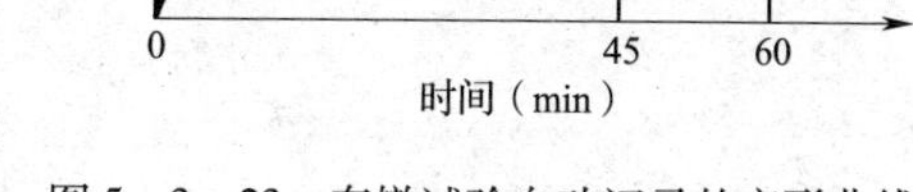

图5—3—23　车辙试验自动记录的变形曲线

(2) 沥青混合料试件的动稳定度按下式计算：

$$DS = \frac{(t_2 - t_1) \times N}{d_2 - d_1} \times C_1 \times C_2 \quad (5—3—4)$$

式中　DS——沥青混合料的动稳定度，次/mm；

d_1——对应于时间t_1的变形量，mm；

d_2——对应于时间t_2的变形量，mm；

C_1——试验机类型修正系数，曲柄连杆驱动加载轮往返运行方式为1.0；

C_2——试件系数，试验室制备宽300 mm的试件为1.0；

N——试验轮往返碾压速度，42次/min。

(3) 当3个试件的动稳定度变异系数不大于20%时，取其平均值作为试验结果。变异系数大于20%时，应分析原因，并追加试验。如果计算动稳定度值大于6 000次/mm时，记作：>6 000次/mm。

(4) 允许误差：重复性试验动稳定度变异系数不大于20%。

(5) 试验记录（略）。

思考与练习

1．沥青混合料的组成结构有哪几种？各有何特点？

2．简述马歇尔稳定度试验的简要操作步骤有哪些。

3．浸水马歇尔试验的作用是什么？用什么指标表示？

模块六

其他筑路材料

任务一　认识建筑钢材

- 了解建筑钢材的概念和分类。
- 了解建筑钢材的性能指标及常用建筑钢材的技术要求。

对交通建设而言，钢材的应用相当广泛。桥梁多是钢桥和钢筋混凝土桥（如著名的南京长江大桥、郑州黄河公路大桥等）。在钢结构和钢筋混凝土结构中，钢材是重要的工程建筑材料。建筑钢材都有哪些？评价钢材性能的指标有哪些？公路桥梁使用的钢材有哪些技术要求呢？

一、建筑钢材的概念

建筑钢材泛指在建筑工程中使用的各种钢材，主要包括：钢结构所用的各种型材（也称为型钢）和板材（也称为钢板），型钢又可分为圆钢、角钢、工字钢、槽钢、钢管等；钢筋混凝土结构所用的钢筋、钢丝和钢绞线（俗称线材）等。常用的建筑钢材如图 6—1—1 所示。

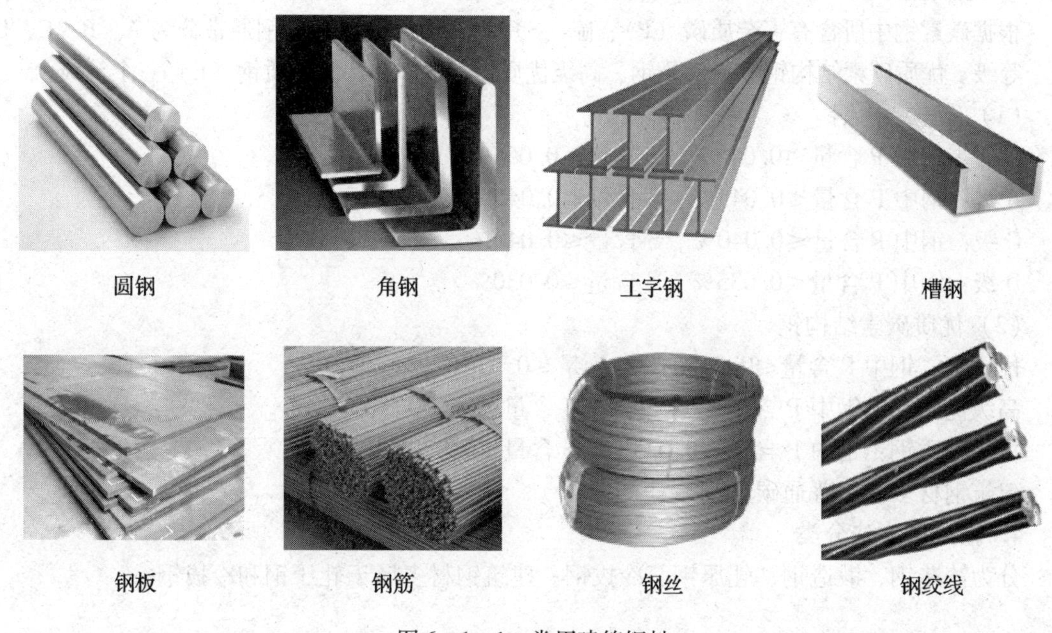

图 6—1—1 常用建筑钢材

二、钢材的分类

1. 按化学成分分类

（1）碳素钢

碳素钢也称“碳钢”，属铁碳合金范畴，常包含硅、锰、磷等杂质。碳钢按含碳量可分为低碳钢（含碳量≤0.25%）、中碳钢（含碳量 0.25% ~ 0.60%）、高碳钢（含碳量≥0.60%）。含碳量越高，强度越高，但塑性越差。建筑钢材多属低碳钢。

（2）合金钢

为了改善钢的力学性能、工艺性能或物理化学性能，在冶炼时特意向钢中加入一些合金元素（如锰、硅、钛、钒、铬、钼、钨等）。如不锈钢就属于合金钢。

2. 按用途分类

（1）结构钢

用于各种建筑工程（如桥梁、房屋等）构件和机械制造（如机械零件、船舶制造等）构件的钢材。这类钢一般属于低碳钢和中碳钢，分为碳素结构钢和优质碳素结构钢两大类。

（2）工具钢

用于制造各种刀具、量具、模具的钢材。这类钢含碳量较高，一般属于高碳钢。

（3）特殊钢

具有各种特殊物理化学性能的钢材，如不锈钢、磁性钢等。这类钢一般为合金钢。

3. 按质量分类

根据碳素钢中所含有害杂质磷（P）、硫（S）的多少，碳素结构钢通常分为A、B、C、D四个等级。优质碳素结构钢分为优质钢、高级优质钢（A）和特级优质钢（E）三个等级。

（1）碳素结构钢

A级：钢中P含量≤0.045%，S含量≤0.055%；

B级：钢中P含量≤0.045%，S含量≤0.045%；

C级：钢中P含量≤0.040%，S含量≤0.040%；

D级：钢中P含量≤0.035%，S含量≤0.030%。

（2）优质碳素结构钢

优质钢：钢中P含量≤0.035%，S含量≤0.035%；

高级优质钢：钢中P含量≤0.030%，S含量≤0.030%；

特级优质钢：钢中P含量≤0.025%，S含量≤0.020%。

建筑钢材多使用普通碳素钢。

4. 按成型方法分类

分为铸造钢、锻造钢、轧压钢、冷拔钢。建筑钢材多属于轧压钢和冷拔钢。

三、建筑钢材的性能指标

建筑钢材的性能包括力学性能和工艺性能，如强度、塑性、冲击韧性、冷弯性能、耐疲劳性、硬度、应力松弛等。

1. 强度

对于线形钢材，主要评价其抗拉强度，抗拉强度由拉伸试验测出。将钢筋制成标准形状和尺寸的拉伸试件，在拉伸试验机上逐级施加荷载，直至钢筋拉断为止。

低碳钢在拉伸试验中表现的应力和变形关系比较典型，它在外力作用下的变形一般可分为四个阶段：弹性阶段、屈服阶段、强化阶段和缩颈阶段。其应力—延伸率（$R-e$）关系曲线如图6—1—2所示。

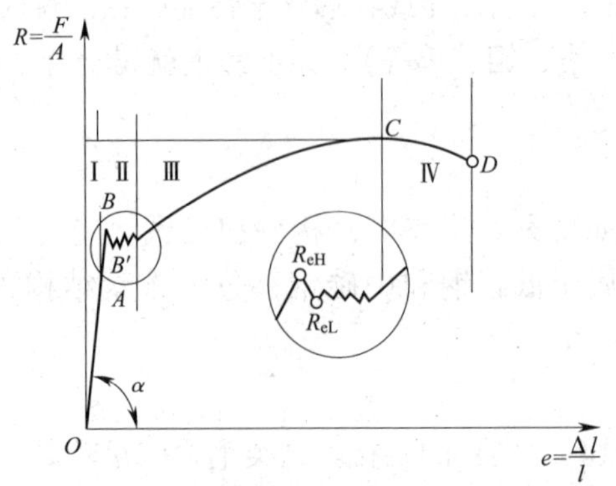

图6—1—2　碳素结构钢的应力—延伸率关系曲线

（1）弹性阶段

在图 6—1—2 中曲线上的 OA 为弹性阶段。该阶段的应力与应变成直线关系，随着荷载的增加，应变成比例增加。若卸载，试件可恢复原样，称为弹性变形。OA 阶段的应力与应变比值为一常数，称为弹性模量，用 E 表示，即 $E = R/e$。弹性模量反映钢材的刚度，即抵抗弹性变形的能力，是钢材在受力条件下计算结构变形的重要指标。

（2）屈服阶段

在图 6—1—2 中曲线上的 AB 为屈服阶段。该阶段应变急剧增加，而应力基本保持不变，这种现象称为屈服。当钢筋呈现屈服现象时，在试验期间发生塑性变形而应力不增加的应力点强度称为屈服强度。屈服强度可分为上屈服强度（见图 6—1—2 中的 B 点）和下屈服强度（见图 6—1—2 中的 B' 点）。

在该阶段，应力与应变不再成比例变化，应变增加的速度远大于应力增加的速度，若在该阶段卸载，试件的变形将有部分不能恢复，即试件发生了塑性变形。图 6—1—2 中 B 点对应的应力是试件发生屈服而应力首次下降前的最高应力，即上屈服强度，用 R_{eH} 表示；B' 点对应的应力为试件在屈服期间，不计初始瞬时效应时的最低应力，即下屈服强度，用 R_{eL} 表示。

（3）强化阶段

当应力超过某一值后，因塑性变形使钢材内部的组织结构发生变化，抵抗变形的能力有所增强，$R-e$ 曲线出现上升的趋势，进入强化阶段，如图 6—1—2 中的 BC 段，此阶段虽然应力能够增加，表现为承载力提高，但变形速率比应力增加速率大。

钢筋试件在屈服阶段之后能抵抗的最大拉力所对应的应力称为抗拉强度（即对应于最高点 C 的应力），用 R_m 表示。

（4）缩颈阶段

在图 6—1—2 中的 CD 段，应变迅速增大，在试件的某一薄弱部位断面开始显著缩小，最后在 D 点断裂，此阶段称为缩颈阶段。

中碳钢和高碳钢（硬钢）与低碳钢（软钢）相比有明显不同，中碳钢和高碳钢没有明显的屈服阶段，应力随应变持续增加，直至断裂。试验期间的最大拉力所对应的应力称为中碳钢和高碳钢的抗拉强度。

我国现行的规范中，以 R_m 表示钢筋的抗拉强度，计算公式如下：

$$R_m = \frac{F_m}{S_0} \qquad (6—1—1)$$

式中 R_m——钢筋抗拉强度，MPa（N/ mm^2）；

F_m——试件拉断前的最大荷载（最大拉力），N；

S_0——试件的原横截面面积，mm^2。

2. 塑性

钢材的塑性是指抵抗永久变形的性能。在工程应用中，钢材的塑性指标有两个：伸长率和断面收缩率。

（1）伸长率

《金属材料　拉伸试验　第1部分：室温试验方法》（GB/T 228.1—2010）中，对伸长率定义为：钢材受拉发生断裂时原始标距的伸长与原始标距之比的百分率。工程上采用的主要指标为断后伸长率。

断后伸长率（A）是指试件受拉发生断裂后原始标距的残余伸长量与原标距长度之比的百分率，按下式计算：

$$A=\frac{L_u-L_0}{L_0}\times 100\% \tag{6—1—2}$$

式中　A——断后伸长率，%；

L_0——试件的原标距长度，mm；

L_u——试件拉断后的标距长度，mm。

（2）断面收缩率

试件拉断后，试件横截面积的最大缩减量与原始横截面积之比的百分率，称为断面收缩率。按下式计算：

$$Z=\frac{S_0-S_u}{S_0}\times 100\% \tag{6—1—3}$$

式中　Z——断面收缩率，%；

S_0——试件原始横截面积，mm^2；

S_u——试件拉断后最小横截面（颈缩处）的横截面积，mm^2。

Z与A越大，说明钢材的塑性越好。一般以$A\geqslant 5\%$、$Z\geqslant 10\%$为宜。

钢筋拉伸前后对比如图6—1—3所示。

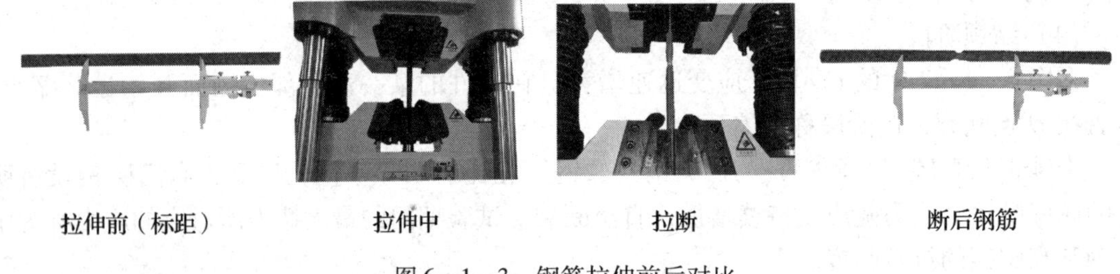

拉伸前（标距）　　拉伸中　　拉断　　断后钢筋

图6—1—3　钢筋拉伸前后对比

3. 冲击韧性

钢材抵抗瞬间冲击荷载而不破坏的能力称为冲击韧性。我国国家标准《金属材料　夏比摆锤冲击试验方法》（GB/T 229—2007）采用V形或U形缺口试件进行摆锤冲击试验来测定冲击耐性，如图6—1—4所示。

按规定制成有缺口的标准试件，以横梁式放在冲击试验机的支座上，缺口背向打击方向，使锤刃能沿缺口对称面打击缺口背面。然后把冲击试验机的摆锤抬高至规定高度，松开摆锤，摆锤自由下落，使试件承受冲击而弯曲以致断裂。以试件冲断时吸收的能量作为冲击韧性指标。用K表示，并用字母V或U表示缺口形状，用下标数字2或8表示摆锤刃半径。如KV_2表示V形缺口、摆锤刀刃半径为2 mm时的吸收能量，单位为J。

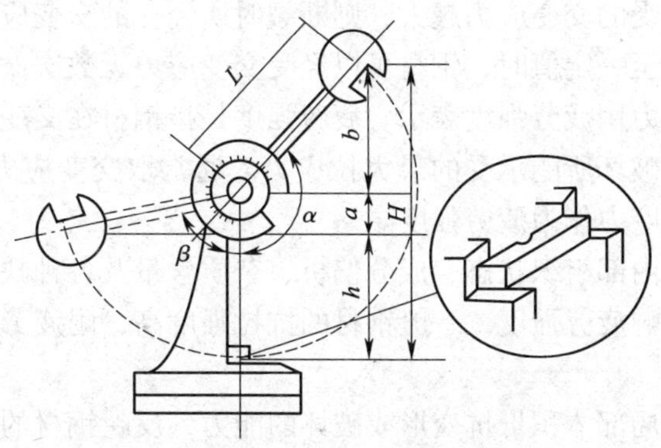

图 6—1—4 钢材冲击韧性试验方法

冲击韧性 K 值越大，钢材的冲击韧性越好。钢材的化学成分、冶炼方式、加工工艺和环境温度等对冲击韧性都有明显影响。如钢材中的磷、硫元素含量较高，或存在偏析、非金属夹杂物，以及焊接形成的微裂纹，都会导致冲击韧性显著降低。随温度下降，钢材的冲击韧性显著下降而表现出脆性的现象，称为钢材的冷脆性。冲击韧性显著降低时的温度称为脆性转变温度。脆性转变温度越低，说明钢材的低温冲击韧性越好。

4. 冷弯性能

冷弯性能是指钢材在常温条件下承受规定弯曲程度的弯曲变形能力，是钢材的重要工艺性能。

钢材的单轴拉伸试验的伸长率反映钢材的均匀变形性能，而冷弯试验则检验钢材在非均匀变形下的性能。因此，冷弯性能能更好地反映钢材内部组织结构的均匀性。

冷弯试验是将线形钢材试件在规定的条件下，弯曲至规定的角度（如 90°）、绕着弯心弯到两面平行及弯到两面接触（重合）后，检查在弯曲处外面及侧面有无裂纹、裂缝、断裂等情况。弯曲角度越大，弯心直径与试件厚度的比值越小，表明冷弯性能越好。冷弯试验由弯曲装置在万能试验机或压力机上完成。

钢筋弯曲前后对比如图 6—1—5 所示。

钢筋弯曲前

钢筋弯曲中

钢筋弯曲后

图 6—1—5 钢筋弯曲前后对比

5. 耐疲劳性

钢材在交变荷载反复作用下，在远小于其抗拉强度时发生突然破坏，此现象称为疲劳破坏。试验证明，钢材承受的交变应力越大，则断裂时所经受的交变应力循环次数越少，反之则多。当交变应力下降至一定值时，钢材可以经受交变应力无数次循环而不发生疲劳破坏。

疲劳破坏的危险应力用疲劳强度表示。疲劳强度是指钢材在交变荷载作用下，在规定的周期基数内不发生疲劳破坏所能承受的最大拉应力。通常取交变应力循环次数 $N=10^7$ 时试件不发生破坏的最大拉应力作为疲劳强度。

钢材疲劳强度与其内部组织状态、成分偏析、杂质含量及各种缺陷有关，钢材表面光洁程度和受腐蚀等都会影响疲劳强度。一般钢材的抗拉强度高，耐疲劳强度也较高。

6. 硬度

硬度表示钢材表面局部体积抵抗变形或破坏的能力，反映钢材的软硬程度。硬度测定是将硬物压入钢材表面，根据压力大小及产生的压痕面积或深度来评价的。建筑钢材的硬度常用布氏法和洛氏法测定，相应的指标称为布氏硬度和洛氏硬度。

7. 应力松弛

应力松弛是指在规定温度和规定约束条件下，钢材应力随时间而变小的现象。约束条件是指试验期间保持试样总应变（总变形和总位移）量恒定不变。如钢绞线在长时间承受大载荷的情况下，塑性变形的累积造成了变长、变细的现象，即为应力松弛。

四、道路桥梁工程中常用建筑钢材及技术要求

道路桥梁工程中应用的建筑钢材包括桥梁用结构钢和钢筋混凝土用的钢筋和钢丝。

1. 桥梁用结构钢

国家标准《桥梁用结构钢》（GB/T 714—2008）规定了桥梁结构钢的尺寸、外形、质量和允许偏差、技术要求、试验方法、检测规则及质量证明书等。

桥梁用结构钢的牌号由代表屈服点的汉语拼音首位字母 Q、屈服点数值、桥梁钢的汉语拼音首位字母 q、质量等级符号 4 个部分组成。根据《桥梁用结构钢》的规定，其牌号为 Q235q、Q345q、Q370q、Q420q 和 Q460q，质量等级分别为 C（钢中 P 含量≤0.030%，S 含量≤0.020%）、D（钢中 P 含量≤0.025%，S 含量≤0.020%）、E（钢中 P 含量≤0.020%，S 含量≤0.010%）三级。如 Q345qc，表示屈服点为 345 MPa、质量等级为 C 级的桥梁用结构钢。

桥梁结构钢的力学性能和工艺性能见表 6—1—1。

表 6—1—1　　桥梁结构钢的力学性能和工艺性能

牌号	质量等级	下屈服强度（MPa） 厚度（mm） ≤50	>50~100	抗拉强度（MPa）	断后伸长率（%）	V 形冲击功（纵向） 温度（℃）	J	180°弯曲试验 钢材厚度（mm） ≤16	>16
Q235q	C	235	225	400	26	0	34	$d=2a$	$d=3a$
	D					−20			
	E					−40			

续表

牌号	质量等级	下屈服强度（MPa）		抗拉强度（MPa）	断后伸长率（%）	V 形冲击功（纵向）		180°弯曲试验	
		厚度（mm）						钢材厚度（mm）	
		≤50	>50~100			温度（℃）	J	≤16	>16
Q345q	C	345	335	490	20	0	47	$d-2a$	$d=3a$
	D					−20			
	E					−40			
Q370q	C	370	360	510	20	0	47		
	D					−20			
	E					−40			
Q420q	C	420	410	540	19	0	47		
	D					−20			
	E					−40			
Q460q	C	460	450	570	17	0	47		
	D					−20			
	E					−40			

注：d 为弯心直径；a 为试样厚度，钢板和钢带取横抽试样。

2. 钢筋混凝土用钢筋和高强钢丝

桥梁工程中，钢筋混凝土结构用的钢筋和高强钢丝，根据工程使用条件和特点，必须具有良好的综合机械性能，除具有较高屈服点与极限抗拉强度外，还应具有良好的塑性、冷弯性能、冲击韧性，以及良好的焊接性和抗腐蚀性。桥梁钢筋混凝土结构使用的钢材主要有热轧钢筋、高强钢丝和钢绞线。

（1）热轧钢筋

钢材在高于结晶温度状态下，用机械方法轧制成不同外形的钢筋。热轧钢筋按外形分为光圆钢筋和带肋钢筋两种。带肋钢筋表面有凹凸的槽纹，增强了水泥混凝土与钢筋的结合力，提高了钢筋混凝土的整体性，所以被广泛地应用。

按照国家标准《钢筋混凝土用钢　第 1 部分：热轧光圆钢筋》（GB 1499.1—2008）的规定，光圆钢筋是指横截面通常为圆形，表面光滑的钢筋混凝土配筋用钢材。热轧光圆钢筋成品有直条钢筋（定尺长度在合同中注明，一般长度为 3.5 ~ 12 m）和圆盘条钢筋（每根盘条质量应不小于 500 kg，每盘质量应不小于 1 000 kg）。钢筋的公称直径为 6 mm、8 mm、10 mm、12 mm、16 mm、20 mm 等几种，其强度等级代号为 HPB235 和 HPB300，其中 HPB 为热轧光圆钢筋的英文缩写（Hot Rolled Plain Bars），数字为屈服强度特征值，相当于原标准的Ⅰ级钢筋。热轧光圆钢筋属于低碳钢，其强度较低，但塑性和可焊接性能较好，广泛用于钢筋混凝土工程中。

热轧带肋钢筋是钢筋混凝土结构中使用的主要钢筋类型，其横截面为圆形，长度方向有两条纵肋及均匀分布的月牙状横肋，纵肋是平行于钢筋轴线的均匀连续肋。按照国家标准

《钢筋混凝土用钢　第2部分：热轧带肋钢筋》（GB 1499.2—2007）的规定，热轧带肋钢筋分为普通热轧带肋钢筋和细晶粒热轧带肋钢筋两大类，普通热轧带肋钢筋划分为HRB335、HRB400、HR500三个牌号，细晶粒热轧带肋钢筋划分为HRBF335、HRBF400、HRBF500三个牌号。其中，HRB335钢筋相当于原标准的Ⅱ级钢筋，厂家生产的热轧带肋钢筋公称直径范围为6～50 mm，常用公称直径为6 mm、8 mm、10 mm、12 mm、16 mm、18 mm、20 mm、22 mm、25 mm、28 mm、32 mm等。HRB335钢筋属于普通低合金钢，强度、塑性和可焊性等综合性能都较好，钢筋表面带肋与混凝土黏结性能也较好。HRB400、HR500钢筋相当于原标准的Ⅲ级钢筋。

光圆钢筋的强度较低，但塑性和焊接性好，便于冷加工，广泛用于普通钢筋混凝土中的非预应力钢筋；带肋钢筋的强度较高，塑性和焊接性较好，广泛用于大、中型钢筋混凝土结构中的受力钢筋和预应力钢筋。

热轧钢筋的力学性能和工艺性能见表6—1—2。

表6—1—2　　热轧钢筋的力学性能和工艺性能

牌号	公称直径（mm）	下屈服强度（MPa）	抗拉强度 R_m（MPa）	伸长率 A（%）	180°弯曲试验（d—弯心直径 a—钢筋公称直径）
		不小于			
HPB235	6～22	235	370	25	$d=a$
HPB300	6～22	300	420	25	$d=a$
HRB335 HRBF335	6～25 28～40 >40～50	335	455	17	$d=3a$ $d=4a$ $d=5a$
HRB400 HRBF400	6～25 28～40 >40～50	400	540	16	$d=4a$ $d=5a$ $d=6a$
HRB500 HRBF500	6～25 28～40 >40～50	500	630	15	$d=6a$ $d=7a$ $d=8a$

此外，为了提高强度以节约钢筋，工程上常按施工规程对钢筋进行冷拉，得到冷拉钢筋；将热轧圆钢筋经冷轧和冷拔减径后，在其表面冷轧形成三面有月牙肋的钢筋，即得到冷轧钢筋；将热轧带肋钢筋经淬火和回火调质处理，即得到热处理钢筋（代号为RB150）。冷轧带肋钢筋的力学性能和工艺性能见表6—1—3。冷轧带肋钢筋的强度高、塑性好，综合力学性能优良；具有较强的握裹力；节约钢材，成本低。CRB550级钢筋用于普通钢筋混凝土结构构件的受力主筋、架立筋和构造钢筋，其余钢筋多用于中、小型预应力混凝土结构构件的受力主筋。

表 6—1—3　　冷轧带肋钢筋的力学性能和工艺性能

牌号	公称直径（mm）	抗拉强度 R_m（MPa）	伸长率 $A_{11.3}$（%）	伸长率 A_{100}（%）	180°弯曲试验（d－弯心直径 a－钢筋公称直径）	反复弯曲次数
		不小于				
CRB550	4～12	550	8.0	—	$d=3a$	—
CRB650	4、5、6	650	—	4.0	—	3
CRB800	4、5、6	800	—	4.0	—	3

（2）高强（碳素）钢丝

高强（碳素）钢丝是将热轧 $\phi 8$ 高碳钢盘条加热到 850～950℃，并在 500℃～600℃的铅浴中淬火，使其具有较高的塑性，然后再经酸洗、镀铜、拉拔、矫直、回火、卷盘等工艺得到的直径较小的钢筋。按照国家标准《预应力混凝土用钢丝》（GB/T 5223—2002）的规定，高强钢丝可分为冷拉钢丝（代号 WCD）和消除应力钢丝两种，消除应力钢丝按松弛性能又分为低松弛级钢丝（代号 WLR）和普通松弛级钢丝（WNR）。钢丝按外形又可分为光面钢丝（代号 P）、刻痕钢丝（代号 I）和螺旋肋钢丝（代号 H）。常用公称直径为 3 mm、4 mm、5 mm、6 mm、7 mm、8 mm 等。高强钢丝具有强度高、无须焊接、使用方便等优点，广泛应用于预应力混凝土结构。冷拉钢丝的力学性能和工艺性能见表 6—1—4。

表 6—1—4　　冷拉钢丝的力学性能和工艺性能

<table>
<tr><th rowspan="2">公称直径（mm）</th><th>抗拉强度 R_m（MPa）</th><th>规定非比例伸长应力 $R_{p0.2}$（kN）</th><th>最大力总伸长率 A_t（L_0 = 200 mm）（%）</th><th>弯曲次数 次/1 800</th><th rowspan="2">弯曲半径（mm）</th><th>断面收缩率（%）</th><th>每 210 mm 扭矩的扭转次数</th><th rowspan="2">初始应力相当于 70% 公称抗拉强度时，1 000 h 后应力松弛率（%）</th></tr>
<tr><th colspan="4">不小于</th><th colspan="2">不小于</th></tr>
<tr><td>3.00</td><td rowspan="3">1 470
1 570
1 670
1 770</td><td rowspan="3">1 100
1 180
1 250
1 330</td><td rowspan="6">1.5</td><td>4</td><td>7.5</td><td>—</td><td>—</td><td rowspan="6">≤8</td></tr>
<tr><td>4.00</td><td>4</td><td>10</td><td rowspan="2">35</td><td>8</td></tr>
<tr><td>5.00</td><td>4</td><td>15</td><td>8</td></tr>
<tr><td>6.00</td><td rowspan="3">1 470
1 570
1 670
1 770</td><td rowspan="3">1 100
1 180
1 250
1 330</td><td>5</td><td>15</td><td rowspan="3">30</td><td>7</td></tr>
<tr><td>7.00</td><td>5</td><td>20</td><td>6</td></tr>
<tr><td>8.00</td><td>5</td><td>20</td><td>5</td></tr>
</table>

（3）预应力钢绞线

预应力混凝土用钢绞线是由多根冷拉光圆钢丝或刻痕钢丝经绞捻和消除应力的热处理而制成。钢绞线按结构分为 5 类：2 根钢丝捻制的钢绞线（1×2）、3 根钢丝捻制的钢绞线（1×3）、3 根刻痕钢丝捻制的钢绞线（1×3 Ⅰ）、7 根钢丝捻制的标准型钢绞线（1×7）、7 根钢丝捻制的模拔型钢绞线［（1×7）C］。

预应力钢绞线的全称代号应符合国家标准《预应力混凝土用钢绞线》（GB /T 5224—2003）的规定。例如，公称直径为 8. 74 mm，强度级别为 1 670 MPa 的 3 根刻痕钢丝捻制的钢绞线，其标记为“预应力钢绞线 1 ×3 Ⅰ—8. 74—1 670—GB/T 5224—2003”。

钢绞线截面集中，盘卷运输方便，与水泥混凝土黏结性能良好，现场配束方便，是预应力混凝土桥梁广泛采用的钢筋。

钢绞线的力学性能应满足《预应力混凝土用钢绞线》（GB/T 5224—2003）的要求，部分预应力钢绞线的力学性能见表 6—1—5。

五、《公路钢筋混凝土及预应力混凝土桥涵设计规范》对钢筋的规定

1. 对公路混凝土桥涵的钢筋的一般规定

（1）钢筋混凝土及预应力混凝土构件中的普通钢筋宜选用热轧 R235、HRB335、HRB400 及 KL400 钢筋，预应力钢筋混凝土构件中的钢筋应选用其中的带肋钢筋；按构造要求配置的钢筋网可采用冷轧带肋钢筋。其中，HPB235（原代号为 R235）钢筋是指国家标准《钢筋混凝土用热轧光圆钢筋》（GB 13013—1991）中的Ⅰ级钢筋；HRB335、HRB400 钢筋相当于原国家标准（GB 1499—1991）中的Ⅱ级钢筋、Ⅲ级钢筋；KL400 钢筋系国家标准《钢筋混凝土用余热处理钢筋》（GB 13788—1991）中的Ⅲ级钢筋。

表 6—1—5　　预应力钢绞线的力学性能

钢绞线结构	钢绞线公称直径（mm）	抗拉强度 R_m（MPa）	整根钢绞线的最大力 F_m（kN）	规定非比例延伸力 $F_{p0.2}$（kN）	最大力总伸长率 A_t（$L_0 \geq$ 400 mm）（%）	应力松弛性能	
						初始负荷相当于公称最大力的百分数（%）	1 000 h 后应力松弛率（%）
1 ×2	8. 00	≥1 470	≥36. 9	≥33. 2	≥3. 5	60 70 80	≤1. 0 ≤2. 5 ≤4. 5
		≥1 570	≥39. 4	≥35. 5			
		≥1 720	≥43. 2	≥38. 9			
		≥1 860	≥46. 7	≥42. 0			
		≥1 960	≥49. 2	≥44. 3			
1 ×3	10. 80	≥1 470	≥86. 6	≥77. 9	≥3. 5	60 70 80	≤1. 0 ≤2. 5 ≤4. 5
		≥1 570	≥92. 5	≥83. 3			
		≥1 720	≥101	≥90. 9			
		≥1 860	≥110	≥99. 0			
		≥1 960	≥115	≥104			
1 ×7	12. 70	≥1720	≥170	≥153	≥3. 5	60 70 80	≤1. 0 ≤2. 5 ≤4. 5
		≥1860	≥184	≥166			
		≥1960	≥193	≥174			

（2）预应力混凝土构件中的预应力钢筋应选用钢绞线、钢丝；中、小型构件或竖、横向预应力钢筋，也可选用精轧螺纹钢筋。

2．对钢筋的抗拉强度标准值的规定

普通钢筋的抗拉强度标准值 R_{pk}、设计值 R_{pd} 和抗压强度设计值 R'_{pd}，应符合表 6—1—6 的规定。

表 6—1—6　普通钢筋抗拉强度标准值、设计值和抗压强度设计值（MPa）

钢筋种类	HPB235/d = 8 ~ 20	HRB335/d = 6 ~ 50	HRB400/d = 6 ~ 50	KL400/ d = 8 ~ 40
符号	ϕ	Φ	Φ	$Φ^R$
R_{pk}	235	335	400	400
R_{pd}	195	280	330	330
R'_{pd}	195	280	330	330

注：①表中 d 系指国家标准中的钢筋公称直径，单位 mm；②钢筋混凝土轴心受拉构件和小偏心受拉构件的钢筋抗拉强度设计值 > 330 MPa 时，仍应按 330 MPa 取用；③构件中配有不同种类的钢筋时，每种钢筋应采用各自的强度设计值。

预应力钢筋的抗拉强度标准值 R_{pk}、设计值 R_{pd} 和抗压强度设计值 R'_{pd}，应符合表 6—1—7 的规定。

表 6—1—7　预应力钢筋抗拉强度标准值、设计值和抗压强度设计值（MPa）

钢筋种类			符号	R_{pk}	R_{pd}	R'_{pd}
钢绞线	1×2（二股）	d = 8.0、10.0 d = 12.0	ϕ^s	1 470 1 570 1 720 1 860	1 000 1 070 1 170 1 260	390
	1×3（三股）	d = 8.6、10.8 d = 12.9	ϕ^s	1 470 1 570 1 720 1 860	1 000 1 070 1 170 1 260	390
	1×3（七股）	d = 9.5、11.1、12.7 d = 15.2	ϕ^s	1 720 1 860	1 170 1 260	390
消除应力钢丝	光面螺旋肋	d = 4.5 d = 6 d = 7、8、9	ϕ^P ϕ^H	1 470 1 570 1 670 1 770	1 000 1 070 1 140 1 200	410
	刻痕	d = 5、7	ϕ^I	1 470 1 570	1 000 1 070	410
精轧螺纹钢筋		d = 40 d = 18、25、32	JL	540 785 930	450 650 770	400

注：①表中 d 系指国家标准中钢绞线、钢丝、精轧螺纹钢筋的公称直径，单位 mm；②表中所列抗拉强度标准值、抗拉强度设计值、抗压强度设计值摘录于有关标准、规范，仅供参考。

3. 对普通钢筋的弹性模量 E_s 和预应力钢筋的弹性模量 E_p 的规定

普通钢筋的弹性模量 E_s 和预应力钢筋的弹性模量 E_p，应符合表6—1—8 的规定。

表 6—1—8　钢筋的弹性模量（MPa）

钢筋种类	HPB235	HRB335、HRB400、KL400、精轧螺纹钢筋	消除应力光面钢丝、螺旋肋钢丝、刻痕钢丝	钢绞线
E_s	2.1×10^5	2.0×10^5	—	—
E_p	—	—	2.05×10^5	1.95×10^5

思考与练习

1. 建筑钢材的性能指标主要有哪些？
2. 道路桥梁常用的建筑钢材有哪些？

任务二　认识建筑砂浆

学习目标

◆ 了解建筑砂浆的概念和分类。

◆ 了解建筑砂浆原材料的技术要求。

◆ 了解砂浆的性能指标及检测方法、砂浆配合比的相关知识。

想一想

房屋建筑都是用砖、石等材料砌筑起来的，用什么样的材料能把砖、石等材料黏结在一起呢？硬化后的强度满足要求吗？为了保证建筑物的安全性和经济性，用什么样的黏结材料好呢？用什么指标来评价黏结材料的性能呢？为了美化墙体，一般在墙上覆盖一层材料，这种材料用什么好呢？

以上情况用到的材料称为建筑砂浆，是建筑工程广泛采用的一种混合料。

相关理论

一、建筑砂浆的概念

建筑砂浆是由无机胶凝材料（水泥、石灰、石膏等）、细集料、掺和料和水，以及根据性能确定的各种组分按适当比例配合、拌制并经硬化而成的工程材料。

在道路、桥梁和隧道工程中，建筑砂浆是一种用量大、用途广的工程材料，主要用于桥涵、挡土墙和隧道衬砌等砌体的砌筑（起黏结、衬垫和传递应力作用）及砌体表面的抹面。合理地选择和使用建筑砂浆，对保证工程质量、降低工程成本有着重要意义。

二、砂浆的分类

建筑砂浆可按胶凝材料、用途和工艺对其进行分类。

1. 按黏结材料分类

按黏结材料不同可分为水泥砂浆、石灰砂浆、水泥石灰混合砂浆等。

2. 按用途分类

按用途不同可分为砌筑砂浆、抹面砂浆、保温砂浆、吸声砂浆等。公路工程上用的建筑砂浆多为砌筑砂浆和抹面砂浆两类。

3. 按工艺分类

按工艺不同可分为现场配制砂浆和预拌砂浆。其中，预拌砂浆是专业生产厂家生产的湿拌砂浆或干混砂浆。

三、建筑砂浆原材料的一般要求

道路工程上建筑砂浆多采用水泥砂浆。水泥砂浆的组成材料除了不含粗集料外，基本上与水泥混凝土的组成材料要求相同，但亦有差异。

1. 水泥

水泥宜采用通用硅酸盐水泥或砌筑水泥，且应符合国家标准的相应规定。水泥强度等级应根据砂浆品种及强度等级的要求选择。M15 及以下强度等级的砌筑砂浆，宜选用 32. 5 级的通用硅酸盐水泥或砌筑水泥；M15 以上强度等级的砌筑砂浆，宜采用 42. 5 级通用硅酸盐水泥。

2. 细集料

细集料为砂浆的骨料，宜选用中砂。砂的质量应符合水泥混凝土用砂的要求，且应全部通过 4. 75 mm 的筛孔。

3. 掺加料

为改善砂浆的和易性，除了水泥外，还掺入各种掺加料（如石灰膏、电石膏、粉煤灰、粒化高炉矿渣粉等）作为结合料，配制成各种混合砂浆，以改善砂浆的工艺性能和降低成本。消石灰粉不得直接用于砌筑砂浆中。

4. 保水增稠材料

能够改善砂浆可操作性及保水性能的非石灰类材料，使用前应试验验证。

5. 外加剂

为使砂浆具有良好的和易性和其他施工性能，可以在砂浆中掺入外加剂（如引气剂、早强剂、缓凝剂、防冻剂等），外加剂的品种和掺量及物理性能等都应通过试验确定。

6. 水

拌制砂浆用水与水泥混凝土用水相同。

四、砌筑砂浆技术性能

1. 新拌砂浆的和易性

新拌砂浆的和易性是指其是否便于施工并保证质量的综合性质。和易性良好的砂浆易在粗糙的砖、石表面铺成均匀的薄层，且能与底面紧密黏结，既便于施工，又能提高生产效率和保证工程质量。新拌砂浆的和易性可以根据其流动性和保水性来综合评定。

（1）流动性

流动性是指新拌砂浆在自重或外力作用下产生流动的性能，即能在粗糙的砖、石基面上铺筑成均匀的薄层，并能与底面很好黏结的性能。它实际上反映了砂浆的稠度，用砂浆稠度测定仪测定。试验时，将按预定配合比拌制的砂浆装入圆锥体容器中，使标准的试锥自由下沉，用 10 s 的沉入量作为流动性的指标，以 mm 计。砂浆流动性试验过程如图 6—2—1 所示。

将盛装砂浆的容器放在仪器上

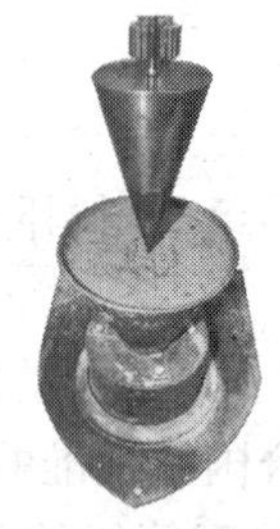

调整试锥尖与砂浆表面接触

使齿条下端接触试杆上端并读数

试锥下沉 10s，使齿条下端接触试杆上端并读数

图 6—2—1　砂浆流动性试验过程

砂浆的流动性受胶凝材料的品种和用量、用水量、混合材料及外加剂掺量、砂粒粗细、砂粒形状和级配以及搅拌时间的影响。砂浆流动性的选择与砌体种类、施工方法以及天气情况有关。砌筑砂浆的稠度应符合表 6—2—1 的标准。

表 6—2—1 砌筑砂浆的稠度

砌体种类	砂浆稠度（mm）
烧结普通砖砌体、粉煤灰砖砌体	70～90
混凝土砖砌体、普通混凝土小型空心砌块砌体、灰砂砖砌体	50～70
烧结多孔砖砌体、烧结空心砖砌体、轻集料混凝土小型空心砖砌体、蒸压加气混凝土砌块砌体	60～80
石砌体	30～50

（2）保水性

保水性是指新拌砂浆保持水分不流失的能力，也表示各组成材料不易分离的性质。保水性不好的砂浆，其塑性差，储运过程中水分容易离析，砌筑时水分易被砖石吸收，施工较为困难，对砌体质量将会带来不利影响。

砂浆保水性用保水率（%）表示。砂浆保水率就是吸水处理后砂浆中保留的水的质量，并用原始水的质量百分数来表示。

将砂浆一次性装入垫有不透水片的试模中，用抹刀抹平表面，盖以棉纱、滤纸、不透水片，并用重物压牢，静止 2 min 后称量滤纸的质量。其试验过程如图 6—2—2 所示。

称量不透水片与干燥试模质量

称量 8 片中速定性滤纸质量

将砂浆一次性装入试模、抹平、擦净

称量试模、下不透水片与砂浆总质量

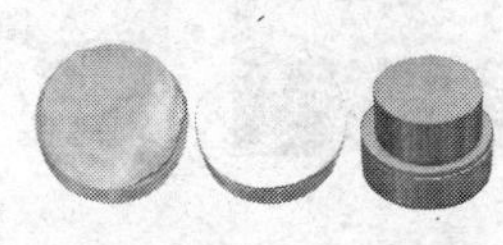
放置棉纱、滤纸、上不透水片和压块

2min 后称取吸水后滤纸质量

图 6—2—2 砂浆保水率测定过程

砂浆的保水性与胶结材料的类型和用量、细集料的级配、用水量等有关。为了改善砂浆的保水性，常掺入石灰膏、粉煤灰等。砌筑砂浆的保水率应符合表 6—2—2 的要求。

表 6—2—2 砌筑砂浆的保水率

砂浆种类	保水率（%）
水泥砂浆	≥80
水泥混合砂浆	≥84
预拌砌筑砂浆	≥88

为保证水泥砂浆的保水性，砂浆中胶凝材料用量应满足一定要求，才能填充砂子中间的空隙，同时也便于满足稠度、耐久性及强度的要求。砌筑砂浆胶结材料用量见表6—2—3。

表6—2—3　　砌筑砂浆的胶结材料用量

砂浆种类	胶结材料用量（kg/m^3）	备注
水泥砂浆	≥200	水泥用量
水泥混合砂浆	≥550	水泥和石灰膏、电石膏的总量
预拌砌筑砂浆	≥200	水泥和替代水泥的粉煤灰等活性矿物掺和料的总量

2．硬化后砂浆的技术性质

（1）强度

砂浆硬化后成为砌体的组成材料之一，应能承受和传递各种外力，因此，砂浆应具有一定的抗压强度。砂浆抗压强度是确定其强度等级的重要依据。

砂浆强度等级是以边长为70.7 mm的3个立方体试块，按规定方法成型并养护至28天后测定的立方体抗压强度算术平均值的1.3倍（MPa）来表示的。砂浆强度试验过程如图6—2—3所示。水泥砂浆和预拌砌筑砂浆的强度等级分为M30、M25、M20、M15、M10、M7.5和M5七个等级。水泥混合砂浆的强度等级分为M15、M10、M7.5和M5四个等级。

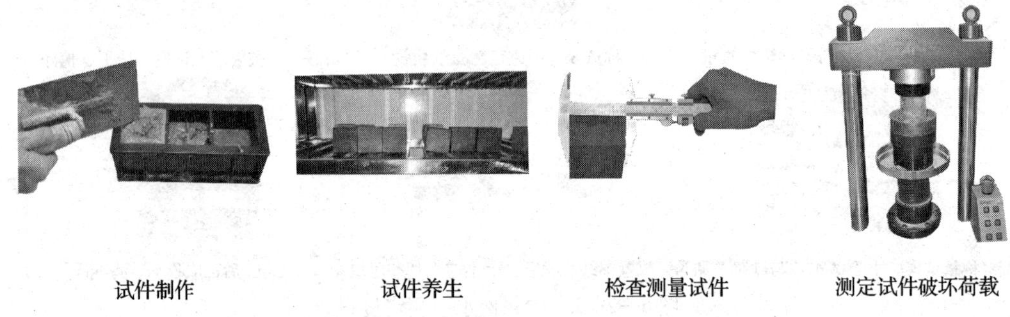

图6—2—3　砂浆抗压强度试验过程

（2）黏结力

由于砖、石等砌体是依靠砂浆黏结成整体的，因而要求砂浆与基材之间应有一定的黏结力。砂浆的黏结力与其强度密切相关，通常，砂浆强度越高，则黏结力越大。此外，黏结力也与基材的表面状态、清洁程度、湿润状况及施工养护条件等有关系。

（3）抗冻性

有抗冻性要求的砌体工程，砌筑砂浆应进行冻融试验。砌筑砂浆的抗冻性应满足表6—2—4的要求。

表 6—2—4 砌筑砂浆的抗冻性

使用条件	抗冻指标	质量损失率（%）	强度损失率（%）
夏热冬暖地区	F15	≤5	≤25
夏热冬冷地区	F25		
寒冷地区	F35		
严寒地区	F50		

注：表中 F 表示冷冻，后面的数字表示循环次数。

五、现场配制水泥砌筑砂浆配合比的确定方法

砌筑砂浆配合比用 1 m^3 砂浆中各种材料的质量来表示。如水泥: 石灰膏: 砂: 水 = 220: 130: 1 450: 300。砌筑砂浆配合比设计包括基准配合比、试配配合比和设计配合比三个阶段。

1. 基准配合比

基准配合比通过砂浆试配来进行。砌筑砂浆配合比试配包括以下几个步骤：

(1) 计算砂浆试配强度

砂浆的试配强度按下式计算：

$$f_{m,0} = kf_2 \tag{6—2—2}$$

式中 $f_{m,0}$——砂浆的试配强度，精确至 0.1，MPa；

f_2——砂浆强度等级，精确至 0.1，MPa；

k——系数，按表 6—2—5 选用。

表 6—2—5 砂浆强度标准差 σ 和 k 值

施工水平	强度标准差 σ（MPa）							k
	M5	M7.5	M10	M15	M20	M25	M30	
优良	1.00	1.50	2.00	3.00	4.00	5.00	6.00	1.15
一般	1.25	1.88	2.50	3.75	5.00	6.25	7.50	1.20
较差	1.50	2.25	3.00	4.50	6.00	7.50	9.00	1.25

注：表中数据是根据多年来的砖底模统计资料得到的，现在采用钢底模，但由于统计数据不多，用砖底模数据代替钢底模数据会使试配强度偏高，但工程质量保证率也较高。

(2) 以试配强度和水泥强度计算水泥用量

水泥强度应采用实测强度，在无法获得实测强度时，可用水泥的强度等级值乘以富余系数确定。

(3) 计算石灰膏用量

如果采用混合砂浆，在每立方米砌筑砂浆中，石灰膏（或电石膏）的用量可用每立方米砂浆中胶结材料的最小用量减去水泥用量求得。

(4) 计算每立方米砂浆中砂的用量

按照干燥状态（含水率小于 0.5%）的堆积密度值作为计算值。

（5）计算每立方米砂浆中的用水量

可根据砂浆稠度等要求选用 210 ~ 310 kg。

现场配制水泥砂浆的试配材料用量应符合表 6—2—6 的要求。

表 6—2—6　　现场配制水泥砌筑砂浆的试配材料用量

<table>
<tr><th>砂浆强度等级</th><th>水泥用量（kg/m³）</th><th>水泥强度等级</th><th>砂子用量（kg/m³）</th><th>用水量（kg/m³）</th><th>备注</th></tr>
<tr><td>M5</td><td>200 ~ 230</td><td rowspan="4">32. 5</td><td rowspan="7">砂子的堆积密度</td><td rowspan="7">270 ~ 330</td><td rowspan="7">当采用细砂或粗砂时，用水量分别取上限和下限；稠度小于 70 mm 时，用水量可小于下限；施工现场气候炎热干燥季节，可酌量增加用水量</td></tr>
<tr><td>M7. 5</td><td>220 ~ 260</td></tr>
<tr><td>M10</td><td>260 ~ 290</td></tr>
<tr><td>M15</td><td>290 ~ 330</td></tr>
<tr><td>M20</td><td>340 ~ 400</td><td rowspan="3">42. 5</td></tr>
<tr><td>M25</td><td>360 ~ 410</td></tr>
<tr><td>M30</td><td>430 ~ 480</td></tr>
</table>

按上述方法计算或查表后确定的配合比，经试拌后，其稠度、保水性均合格，该配合比称为基准配合比。

2. 试配配合比

试配至少 3 个不同的配合比，其中一个为基准配合比，其他两个水泥用量分别增加或减少 10%。在保证稠度、保水率合格的情况下，可将用水量和掺加料用量作相应调整。然后制成标准试件，在标准养护条件下，养护 28 d 后测定其抗压强度值。强度符合要求且水泥用量最低的配合比为试配配合比。

3. 设计配合比

根据砂浆的理论表观密度和实测表观密度计算校正系数，当实测表观密度与理论表观密度的差值小于理论表观密度的 2% 时，以试配配合比确定砂浆设计配合比；当大于 2% 时，应将试配配合比中每项材料用量乘以校正系数后，确定为设计配合比。

六、抹面砂浆的技术要求及配合比

以薄层涂抹于建筑物或构筑物表面的砂浆称为抹面砂浆。对抹面砂浆，要求其具有良好的和易性，容易抹成均匀平整的薄层，便于施工，还要有较高的黏结力，砂浆层要能与底面黏结牢固，避免干裂脱落。

根据抹面砂浆功能的不同，一般可将抹面砂浆分为普通抹面砂浆和防水砂浆等。

1. 普通抹面砂浆

普通抹面砂浆对砌体起保护作用，通常分两层或三层施工，各层的成分和稠度要求各不相同。底层砂浆的作用是使其能与底面牢固地黏结，因此，要求砂浆具有良好的和易性及较高的黏结力，稠度较稀，其组成材料常随基底而异；中层砂浆主要是为了找平，有时可省去不用，较底层砂浆稍稠；面层砂浆主要起保护作用，一般要求用较细的砂，且易于涂抹平整。

抹面水泥砂浆常用配合比为：水泥∶砂＝1∶2～1∶3（体积比）。

水泥石灰混合砂浆的配合比为：水泥∶掺加料∶砂＝1∶(0.5～1)∶(4.5～6.0)。

2. 防水砂浆

防水砂浆是一种具有高抗渗性能的砂浆，主要用于隧道和地下工程。配制防水砂浆的基本方法是合理选择配合比。用普通水泥砂浆多层抹面作为防水层时，要求水泥强度不低于32.5级，砂宜采用中砂或粗砂，配合比控制在水泥∶砂＝（1∶2）～（1∶3），水胶比控制在0.40～0.50。用膨胀水泥或无收缩水泥配制防水砂浆时，由于水泥具有微膨胀或补偿性能，提高了砂浆的密实性，砂浆的抗渗性提高，并具有良好的防水效果，配合比（体积比）为：水泥∶砂＝1∶2.5，水胶比为0.40～0.50。

配制防水砂浆的另一个方法是掺防水剂。常用防水剂有硅酸钠（水玻璃）类防水剂、氯化物金属盐类防水剂和金属皂类防水剂。

砂浆配合比设计

原始资料：某工程砌筑用混合砂浆，强度等级为M7.5级，稠度70～100 mm。采用32.5级普通水泥、堆积密度为1 450 kg/m³的中砂（自然状态的含水率为2%），稠度120 mm的石灰膏配制。施工水平一般，试进行砂浆配合比设计。

设计步骤：

1. 确定砂浆的试配强度

由资料可知，$f_2=7.5$ MPa，查表6—2—5得k＝1.2，则有：

$$f_{m,0}=kf_2=1.2\times7.5=9.0\ (\text{MPa})$$

2. 确定水泥用量

已知：$\alpha=3.03$，$\beta=-15.09$

$$Q_C=\frac{1\,000\ (f_{m0}-\beta)}{\alpha\cdot f_{ce}}=\frac{1\,000\ (9.0+15.09)}{3.03\times32.5}=245\ (\text{kg/m}^3)$$

3. 确定石灰膏用量

每立方米砂浆中水泥与掺加料的总量采用300 kg/m³，即$Q_A=300$ kg/m³，则有：

$$Q_D=Q_A-Q_C=350-245=105\ (\text{kg/m}^3)$$

4. 确定砂用量

干燥状态砂的堆积密度是1 m³砂浆所用的干砂用量，$Q_S=$ 1 450 kg/m³。

5. 选择用水量

现场采用的砂为中砂，根据施工经验，用水量取$Q_W=300$ kg/m³。

6. 确定基准配合比

按上述材料用量试配砂浆，进行稠度和保水性试验，稠度和保水性均符合要求，因此，砂浆基准配合比为：水泥∶石灰膏∶砂∶水 =245∶105∶1 450∶300。

7．确定试配配合比

将水泥用量分别增减10%，即220 kg、270 kg与原水泥用量（245 kg）配制3组砂浆，石灰膏用量相应调整为130 kg、80 kg。检验稠度和保水性，合格后进行28 d强度试验（数据略），结果均合格。

由于220 kg水泥用量最少，所以，砂浆的试配配合比为：水泥∶石灰膏∶砂∶水 =220∶130∶1 450∶300。

8．确定设计配合比

计算砂浆理论表观密度：

$$\rho_t = 220 + 130 + 1\ 450 + 300 = 2\ 130\ (\text{kg/cm}^3)$$

测定砂浆表观密度为：

$$\rho_c = 2\ 100\ (\text{kg/cm}^3)$$

计算校正系数：

$$\delta = \rho_c/\rho_t = 2\ 100/2\ 130 = 98.6\%$$

由于 $1-\delta = 1-98.6\% = 1.4\% < 2\%$，所以，试配配合比即为设计配合比，即水泥∶石灰膏∶砂∶水 =220∶130∶1 450∶300。

9．确定生产配合比

露天砂的含水率为2%，砂的用量为：

$$Q'_S = 1\ 450\ (1+0.02) = 1\ 479\ (\text{kg/m}^3)$$

实际用水量为：$Q'_W = 300 - 1\ 450 \times 0.02 = 271\ (\text{kg/m}^3)$

施工配合比为：水泥∶石灰膏∶砂∶水 =220∶130∶1 479∶271。

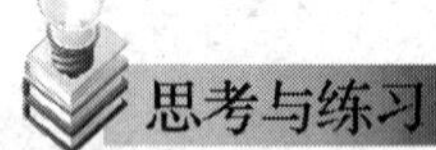

1．砂浆的和易性包括哪几个方面，用什么指标表示，如何测定？

2．砌筑砂浆分为哪几个等级，如何测定？

任务三　认识土工合成材料

◆ 了解土工合成材料的种类、性能指标。

◆ 熟悉土工合成材料在公路工程上的应用。

在进行路面硬化施工中，要对水泥混凝土路面进行养生，为了防止水分蒸发，会用塑料薄膜覆盖在上面。在沥青路面施工（罩面）时，有时会在施工前先铺一层网状的材料，然后再进行沥青混合料的摊铺。上述塑料薄膜和网状材料，均是人工合成的材料，是为了满足工程的某种需要（前者是封闭，后者是抗裂）而制成的高分子聚合物，应用在岩土工程中，称为土工合成材料。土工合成材料有哪些？其性能指标是什么？在公路上常用的土工合成材料有哪些？又有哪些技术要求呢？

一、土工合成材料的概念

土工合成材料是岩土工程中应用的合成材料的总称。它是指以人工合成的聚合物如塑料、化纤、合成橡胶等为原料，制成各种类型的产品，置于土体内部、表面或各层土体之间，能发挥加强或保护土体作用的岩土工程材料。

二、土工合成材料的分类

土工合成材料一般分为4大类：土工织物、土工膜、土工复合材料和土工特种材料。工程中常用的土工合成材料有以下几种：

1. 土工织物

用于岩土工程和土木工程的机织、针织和非织造的可渗透的聚合材料。土工织物与布的形状相似，又称土工布。土工织物的成分是人造聚合物，常用的有聚丙烯（丙纶）、聚酯（涤纶）、聚乙烯、聚酰胺（锦纶）等。

2. 土工格栅

由有规则的网状抗拉条带形成的用于加筋的土工合成材料。其开孔可容纳周围其他土工材料穿入。其特征是条带（筋带）较粗、条带布置不平行、开口较大（可根据需要调整）、条带能承受拉力作用。以适当的方式埋在土中或路面结构层中，可将荷载或应力均匀地扩散到较大的范围，也可处理软土地基、高路堤的沉降、作隔离栅栏等。

3. 土工网

由平行肋条经以不同的角度与其上相同的肋条黏结为一体的，用于平面排液、排气的土工合成材料。其特征为条带较细（线状）、条带平行布置、网眼较小。

4. 土工膜

由聚合物或沥青制成的一种相对不透水的薄膜。主要有聚乙烯（PE）土工膜、聚氯乙烯（PVC）土工膜和氯化聚乙烯（CPE）土工膜。

5. 土工复合材料

由两种或两种以上材料复合成的土工合成材料。如复合土工膜、复合土工织物、复合排水材料（排水带、排水管、排水防水材料等）。

常用的土工合成材料如图 6—3—1 所示。

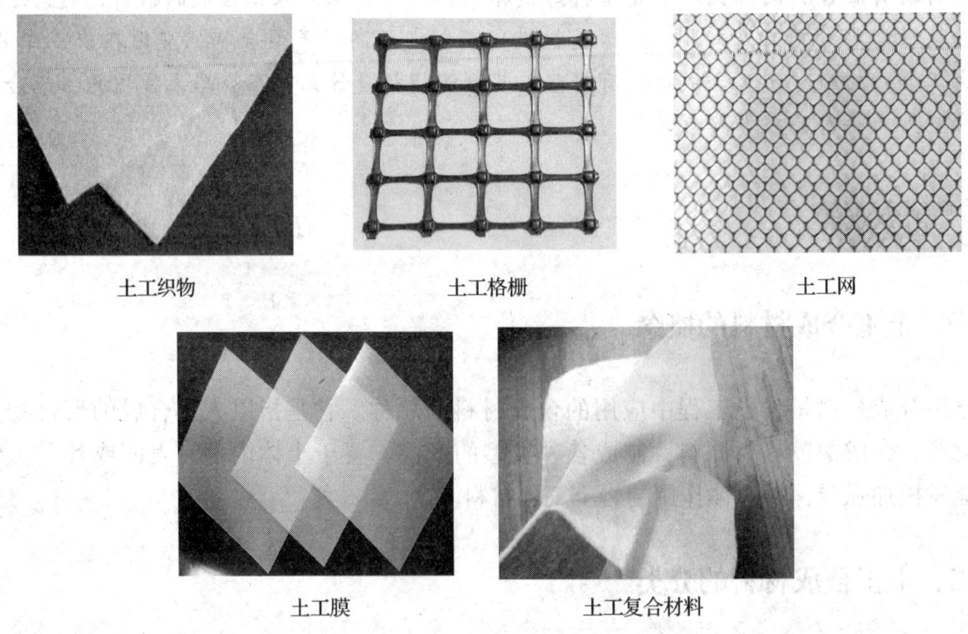

图 6—3—1　常用土工织物

三、土工合成材料的技术性质

1. 土工合成材料的物理性质

（1）单位面积质量

单位面积质量是指单位面积的试样在标准大气条件下的质量。单位面积质量是土工合成材料物理性能指标之一，反映土工合成材料的原材料用量以及生产的均匀性和质量的稳定性，与土工合成材料性能密切相关。目前，测定土工合成材料的单位面积质量通常采用称量法，单位采用 g/m^2。

（2）厚度

厚度是指土工合成材料在承受规定的压力下，正反两面之间的距离。某些土工合成材料在承受压力时，厚度变化很大。厚度变化对织物的孔隙率、透水性和过滤性等水力学特性有很大影响。目前，土工织物及复合土工织物的厚度采用专门的厚度测试仪测量，土工膜厚度的测定则采用机械测量方法测定。土工织物厚度测定仪如图 6—3—2 所示。

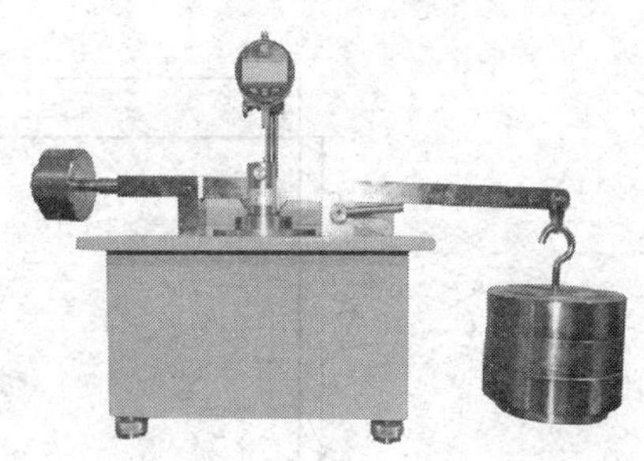

图 6—3—2　土工织物厚度测定仪

（3）幅宽

幅宽是指整幅样品经调湿除去张力后与长度方向垂直的整幅宽度。幅宽是土工合成材料的重要指标之一，直接影响到土工合成材料的有效使用面积。

（4）孔径

土工合成材料孔径包括当量孔径和有效孔径两种。当量孔径是用于表示网格型（如土工网、土工格栅）土工合成材料孔隙大小的指标，是将某种形状的网孔换算为等面积圆的直径。有效孔径是指能有效通过土工织物的近似最大颗粒直径。例如，O_{90} 表示土工织物中 90% 的孔径低于该值。

土工合成材料的孔径反映其透水性能和保持土颗粒的能力，测定土工合成材料孔径的方法有直接法和间接法两种。直接法包括显微镜直接测读法和千分尺测量法；间接法包括干筛法、湿筛法、水动力法、水银压入法、吸引法和渗透法等。干筛法适用于测定无纺织物的有效孔径，同样适用于孔径较小的有纺织物；对于结构较稀疏的有纺织物和孔径较小的土工格栅，则采用直接法测定。

2. 土工合成材料的力学性质

反映土工合成材料力学性质的指标主要有拉伸强度、撕破强力、顶破强力、刺破强力、穿透孔径等。

（1）拉伸强度

土工合成材料的拉伸强度与试样的宽度、形状以及试验条件有关。目前，测定土工合成材料的拉伸强度基本上采用宽条拉伸试验测定。其主要步骤如图 6—3—3 所示。

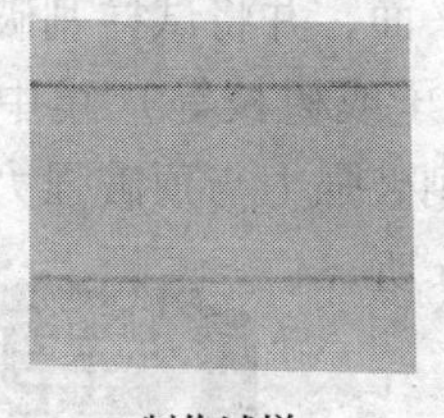

制作试样

试样拉伸

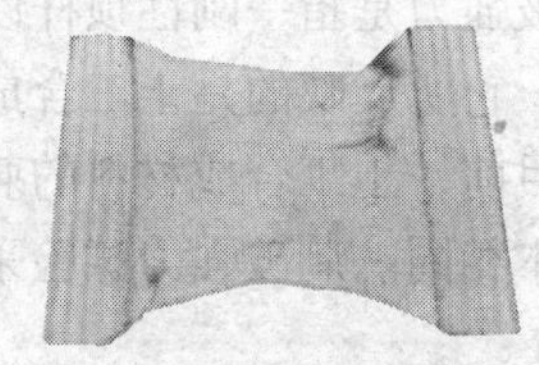

破坏后试样

图 6—3—3　宽条拉伸试验步骤

（2）撕破强力

撕破强力是指土工合成材料试样在撕裂过程中抵抗扩大破损裂口的最大拉力。土工合成材料在运输和现场铺设过程中，可能会受到剪切或撕破作用。此时，土工合成材料的抗破裂强度则可能由撕破强力所控制。目前，土工合成材料的撕破强力采用梯形撕破强力试验测定。梯形试样平面图如图 6—3—4 所示。

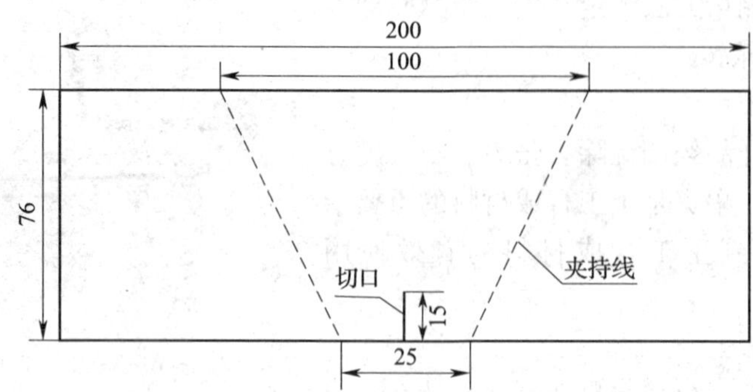

图 6—3—4　梯形试样平面图（单位：mm）

（3）顶破强力

顶破强力是指以圆球或 CBR 仪的圆柱形顶杆匀速垂直顶压土工合成材料平面时，土工合成材料所能承受的最大顶压力。它所反映的是土工合成材料抵抗垂直于织物平面的法向压力的能力。目前，土工合成材料的顶破强力采用 CBR 顶破强力试验测定。试验用试样及过程如图 6—3—5 所示。

试样　　夹持试样　　项破过程　　项破后

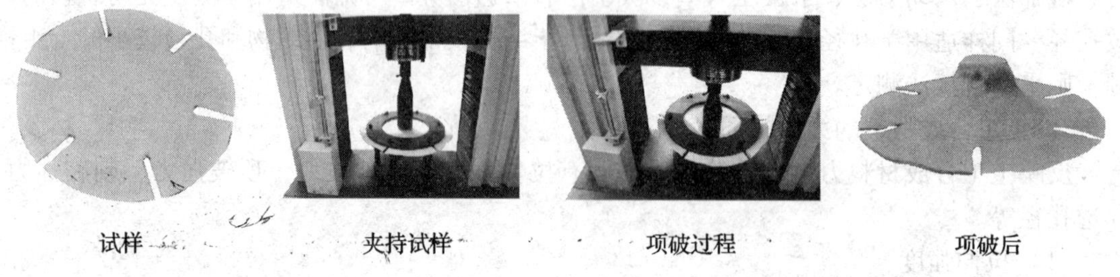

图 6—3—5　CBR 顶破强力试验试样及试验过程

（4）刺破强力

刺破强力是指一刚性顶杆以规定速率垂直顶向土工合成材料平面，并将试样刺破所需的最大力。它所反映的是土工合成材料抵抗小面积（如有棱角的石子或树枝等）集中荷载的能力。目前，土工合成材料的刺破强力采用刺破强力试验测定，刺破强力与顶破强力的试验方法基本相同。刺破强力试验采用刺破强力用顶杆，如图 6—3—6 所示。

图 6—3—6　刺破强力用顶杆

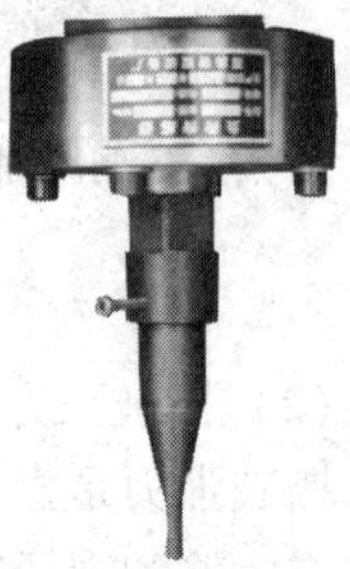

（5）穿透孔径

穿透孔径是指规定尺寸的落锥在土工合成材料上方 500 mm 高度处自由落下时，穿透土工合成材料的孔洞直径。它是反映土工合成材料抵御穿透能力的力学特性指标。

穿透孔径的测定采用落锥穿透试验。该试验方法模拟工程施工中具有尖角的石块或其他锐利物掉落在土工合成材料上的情况，通过测量穿透孔径的大小，来评价土工合成材料抵御穿透的能力。

3. 土工合成材料的水力学性质

土工织物可以让水和空气自由地通过，并能有效地截留和控制土颗粒的流失。与土工织物这种功能密切相关的水力学性质包括孔隙率、渗透特性等。

（1）孔隙率

土工织物的孔隙率是指其孔隙体积与总体积的比值。它是无纺织物的主要水力学特性之一。土工织物的孔隙率可直接通过下式计算：

$$n=\left(1-\frac{G}{\rho\delta}\right)\times100\% \tag{6—3—1}$$

式中 G——土工织物的单位面积质量，g/m²；

ρ——原材料密度，g/m²；

δ——织物的厚度，m。

无纺织物的孔隙率随其所承受的压力改变而改变。在一般承压情况下，无纺织物的孔隙率在90%以上，承压后孔隙率明显降低。

（2）渗透特性

土工合成材料的渗透特性用渗透系数和透水率来评价。渗透系数分为垂直渗透系数和水平渗透系数两种。垂直渗透系数是指与土工织物平面垂直方向的渗流的水力梯度等于1时的渗透流速；水平渗透系数是指在土工织物内部沿平面方向的渗流的水力梯度等于1时的渗透流速。透水率是指水位差等于1时垂直于土工织物平面方向的渗透流速。

土工合成材料的渗透特性包括两个方向：对土工织物来讲，渗透特性指的是它的透水性；对于土工膜来讲，则是指它的防渗性。

土工合成材料的厚度会影响水力梯度和渗透系数的精度，因此，在试验过程中，要测定土工合成材料的厚度。水流状态的改变也会影响试验结果，当水力梯度大于某一数值后，水流将由层流变为紊流，此时测得的渗透系数一般会导致低估土工合成材料的透水性能。

四、土工合成材料在公路工程中的应用

1. 路堤加筋

当路堤的稳定性不足时，可采用土工合成材料加筋，以提高路堤的稳定性。用于路堤加筋的土工合成材料可采用土工格栅、土工织物、土工网。当土工合成材料单纯用于加筋目的时，宜选择强度高、变形小、糙度大的土工格栅。所选用的土工合成材料，应具有足够的拉伸强度；对土工织物，还应具有较高的刺破强度、顶破强度和握持强度等。

2. 台背路基填土加筋

台背路基填土采用土工合成材料加筋的目的是为了减少路基与构造物之间的不均匀沉降。其适宜的台背高度为0.5～10.0 m。台背路基填土的加筋材料宜采用土工网或土工格栅，其在20℃温度下的各项性能指标应满足表6—3—1 的要求。台背填料应有良好的水

稳定性与压实性能，以砾石土、碎石土为宜。填料与土工合成材料之间应产生足够的摩擦力。

表 6—3—1　　加强筋材料的要求

纵向抗拉强度（kN/m）	横向抗拉强度（kN/m）	拉伸模量（kN/m）
>6	>5	>100

3. 过滤与排水

土工合成材料可单独或与其他材料配合，作为过滤体和排水体用于暗沟、渗沟、坡面防护等公路工程结构中。用于过滤的土工合成材料宜采用无纺土工织物，用于排水的土工合成材料可采用无纺土工织物、塑料排水板、带有钢圈和滤布及加强合成纤维组成的加劲软式透水管等。土工织物的单位面积质量宜为 300 ~ 500 g/m^2，其强度应符合表 6—3—2 的基本要求。一般情况下，宜采用Ⅱ级，如果铺设条件良好，可采用Ⅲ级；土工合成材料所处环境状况较恶劣（如有冲刷）时，应采用Ⅰ级。用于过滤体的土工合成材料，必须满足挡土、保持水流畅通（透水）和防止淤堵三方面的要求。用于排水体的土工合成材料应与工程中的其他排水结构充分配合，形成完善的排水体系，排除地下水、地表水和结构中多余水分。

表 6—3—2　　土工织物强度的基本要求

测试项目	用途分类					
	Ⅰ级		Ⅱ级		Ⅲ级	
伸长率	<50%	≥50%	<50%	≥50%	<50%	≥50%
握持强度（N）	≥1 400	≥900	≥1 100	≥700	≥800	≥500
撕破强度（N）	≥500	≥350	≥400	≥250	≥300	≥175
刺破强度（N）	≥500	≥350	≥400	≥250	≥300	≥175
CBR 顶破强度（N）	≥3 500	≥1 750	≥2 750	≥1 350	≥1 000	≥950

4. 路基防护

路基防护主要包括坡面防护和冲刷防护。坡面防护用于防护易受自然因素影响而被破坏的土质或岩质边坡；冲刷防护用于防护水流对路基的冲刷与淘刷。

（1）坡面防护

用土工合成材料进行土质边坡防护的边坡坡度宜为 1∶1.0 ~ 1∶2.0；岩石边坡坡度宜缓于 1∶0.3。

易碎岩面的侵蚀和小量的岩崩可采用土工网或土工格栅进行防护。有裸露式或埋藏式两种防护方式。裸露式是指将土工格栅直接固定并裸露于岩面；埋藏式是指将土工网或土工格栅固定于岩面后再用水泥砂浆喷护。裸露式防护方法适用于临时性工程边坡的防护或永久性工程边坡的临时防护。对永久性工程的边坡，在更换土工网或土工格栅较方便的场合，也可采用这种防护方式。裸露式防护应采用强度较高的土工格栅，埋藏式防护可采用土工网或土工格栅。用于岩石边坡防护的土工网、土工格栅，其性能指标应达到表6—3—3的要求。

表6—3—3　岩石边坡防护土工网、土工格栅的性能要求

防护方式	抗拉强度（kN/m）	网格尺寸（mm）
裸露式	≥25	单向拉伸格栅长边≤150 双向拉伸格栅≤100
埋藏式	≥8	单向拉伸格栅25～150 双向拉伸格栅25～100 土工网25～140

（2）冲刷防护

冲刷防护是保证路基坚固与稳定的重要措施。沿河路基可采用土工织物软体沉排或土工模袋进行冲刷防护。

土工织物软体沉排是在土工织物上以块石或预制混凝土块体为压重的护坡结构。土工织物软体沉排一般适用于水下工程及预计可能发生冲刷的路基坡面。视具体情况可采用单片垫和双片垫两种结构形式。单片垫是利用土工织物拼接成大面积的排体；双片垫是将两块单片垫重叠后按一定距离和形式连接在一起而构成管状或格状空间，其中再填充透水性材料（如砂卵石等），起到防冲与反滤的作用。排体材料可采用聚丙烯编织型土工织物，为了加固排体和施工时便于牵引定位，排体材料每隔30～50 cm应设一根尼龙绳。

土工模袋是一种双层织物袋，袋中填充流动性混凝土或水泥砂浆或稀石混凝土，凝固后形成高强度和高刚度的硬结板块。土工模袋材料应满足表6—3—4的技术要求。填充混凝土时，混凝土粗集料最大粒径应符合表6—3—5的要求，坍落度不宜小于200 mm，其强度等级不低于C15；填充砂浆时，砂浆强度等级不低于M5。

表6—3—4　土工模袋材料的技术指标要求

指标内容	指标要求	指标内容	指标要求
顶破强度（N）	≥1 500	等效孔径 O_{95}（mm）	0.07～0.15
渗透系数（10^{-3}cm/s）	0.86～10	延伸率（%）	≤15

表6—3—5　混凝土集料的最大粒径要求

土工模袋厚度（mm）	集料最大粒径（mm）	土工模袋厚度（mm）	集料最大粒径（mm）
150～250	≤20	≥250	≤40

采用土工模袋护坡的坡度不得陡于1∶1。如果在水下施工，水流速度不宜大于1.5 m/s。模袋选型应根据工程要求和当地土质、地形、水文、经济与施工条件等确定。根据出流量选定模袋滤水点的分布数量。当选用无滤水点模袋时，应增设渗水滤管。模袋缝制应用尼龙

绳。土工模袋的厚度应考虑抵抗弯曲应力、抵抗浮动力两方面的要求确定。在存在冰推力的情况下，还应考虑抵抗冰推力的要求。土工模袋不允许在沿坡面的分力作用下产生滑动。

5. 路面裂缝防治

土工合成材料可用于路面结构中，铺设于旧沥青路面、旧水泥混凝土路面的沥青加铺层底部或新建道路沥青面层底部，以减少或延缓由旧路面对沥青加铺层的反射裂缝，或半刚性基层对沥青面层的反射裂缝。应用于路面裂缝防治的土工合成材料宜采用玻纤网、土工织物等。用于裂缝防治的玻纤网、土工织物应分别满足表6—3—6和表6—3—7的要求。实际采用的玻纤网网孔尺寸宜为其上铺筑的沥青面层材料最大粒径的0.5～1.0倍。采用的土工织物应能耐170℃以上的高温。

表6—3—6　　玻纤网材料的技术要求

指标内容	指标要求	测试温度（t）
拉伸强度（kN/m）	≥50	20±2
最大负荷延伸率（%）	≤3	20±2
网孔尺寸（mm×mm）	12×12～20×20	20±2
网孔形状	矩形	20±2

表6—3—7　　土工织物材料的技术要求

指标内容	指标要求	测试温度（t）
拉伸强度（kN/m）	≥50	20±2
单位面积质量（g/cm^2）	≤200	20±2

思考与练习

1. 土工合成材料的种类有哪些，其性能指标是什么？
2. 公路上土工合成材料的应用有哪些方面，用到哪些土工合成材料？

参 考 文 献

[1] 夏连学，张艳华．道路材料技术．北京：人民交通出版社，2008

[2] 孙新枝．土质与公路建筑材料．北京：人民交通出版社，2009

[3] 钱进．土质与筑路材料．北京：人民交通出版社，2006

[4] 解先荣．公路水运工程试验检测人员考试用书 公路基础．北京：人民交通出版社，2010

[5] 中华人民共和国行业标准．公路土工试验规程（JTG E40—2007）．人民交通出版社，2007

[6] 中华人民共和国行业标准．公路工程集料试验规程（JTG E42—2005）．北京：人民交通出版社，2005

[7] 中华人民共和国行业标准．公路工程水泥及水泥混凝土试验规程（JTG E30—2005）．北京：人民交通出版社，2005

[8] 中华人民共和国行业标准．公路工程沥青及沥青混合料试验规程（JTG E20—2011）．北京：人民交通出版社，2011

[9] 中华人民共和国行业标准．公路工程无机结合料稳定材料试验规程（JTG E51—2009）．北京：人民交通出版社，2009

[10] 中华人民共和国行业标准．公路土工合成材料试验规程（JTG E50—2006）．北京：人民交通出版社，2006

[11] 中华人民共和国行业标准．建筑砂浆基本性能试验方法标准（JGJ/T 70—2009）．北京：中国建筑工业出版社，2009

[12] 人民交通出版社，中国标准出版社．公路工程金属试验规程汇编．北京：人民交通出版社，2008

[13] 中华人民共和国行业标准．公路工程水质分析操作规程（JTJ 056—84）．北京：人民交通出版社，1984

[14] 中华人民共和国行业标准．砌筑砂浆配合比设计规程（JGJ/T98—2010）．北京：中国建筑工程工业出版社，2011

[15] 中华人民共和国行业标准．公路路基路面现场测试规程（JTG E60—2008）．北京：人民交通出版社，2008

[16] 中华人民共和国国家标准．建设用砂（GB/T14684—2011）．北京：中国标准出版社，2011

[17] 中华人民共和国行业标准．公路路基施工技术规范（JTG F10—2006）．北京：人民交通出版社．2006

[18] 中华人民共和国行业标准．公路路面基层施工技术规范（JTJ 034—2000）．北京：

人民交通出版社，2000

［19］中华人民共和国行业标准．公路水泥混凝土路面施工技术规范（JTG F30—2003）．北京：人民交通出版社．2003

［20］中华人民共和国行业标准．公路沥青路面施工技术规范（JTG F40—2004）．北京：人民交通出版社．2004

［21］人民交通出版社，中国标准出版社．公路工程常用金属材料与钢结构标准汇编．北京：人民交通出版社，2008

［22］李福普，李闯民．公路工程沥青及沥青混合料试验规程（JTG E20—2011）释义手册．北京：人民交通出版社，2011

［23］规程编写组．公路工程无机结合料稳定材料试验规程（JTG E51—2009）释义手册．北京：人民交通出版社，2009

［24］王园，规程编写组．公路土工试验规程（JTG E40—2007）释义手册．北京：人民交通出版社，2007

［25］中华人民共和国行业标准．公路土工合成材料应用技术规范（JTJ/T 019—98）．北京：人民交通出版社，1998

［26］中华人民共和国国家标准．通用硅酸盐水泥（GB 175—2007）．北京：人民交通出版社，2007

［27］中华人民共和国国家标准．金属材料　拉伸试验　室温拉伸试验方法（GB/T 228.1—2010）．北京：中国标准出版社，2010

［28］中华人民共和国国家标准．金属材料·弯曲试验方法（GB/T 232—2010）．北京：中国标准出版社，2010

［29］中华人民共和国国家标准．水泥标准稠度用水量、凝结时间、安定性检验方法（GB/T 1346—2011）．北京：中国标准出版社，2011

［30］中华人民共和国行业标准．普通混凝土配合比设计规程（JGJ 55—2011）．北京：中国建筑工业出版社，2011